U0906191

21世纪工商管理特色教材

财务管理（第2版）

FINANCIAL MANAGEMENT

李延喜 秦学志 张悦玫 ⊙ 编著

清华大学出版社
北 京

前言

现代企业中几乎没有哪一活动不直接或间接与财务管理有关，无论是融资、投资、日常经营还是经营成果的分配。加强财务管理，节约资金成本，降低资金风险，加速资金流动正日益成为企业管理者的共识。宏观经济环境与企业内部环境的复杂多变及其应对策略的千差万别，给财务管理带来了新的挑战，引起了越来越多的学术界和实业界人士对财务管理的关注和思考。

本书以企业价值最大化目标和企业价值增长途径为着力点，以收益和风险管理为主线，系统介绍了财务管理理论、方法和技术。本书介绍的核心理念包括在适应市场环境变化的条件下，优化资本结构、合理选择融资渠道，意在通过科学的经营、投资和分配决策，促进企业价值增值，提高流动资产的流动性和固定资产、无形资产的使用效率，降低经营与财务风险，合理分配利润、协调利益相关者关系等。

本书注重理论阐释及实际应用的密切配合，符合工商管理教指委制定的大纲要求，突出了案例教学的作用，编写、采用一些典型案例；全书内容深入浅出，有利于提高读者的实战分析能力和解决问题能力；在内容选择上，适当吸收了最新的财务管理理论和研究动态，意在为读者提供进一步深入研究的素材；在格式的安排上，按照企业财务活动的先后顺序和重要程度构造各章节，并且每章前有框架体系、学习目标和导读，后有案例分析、计算、讨论等练习，采用层层深入的方式引导读者对相关内容更好地理解。

2009 年，我们主持的财务管理课程获得了国家精品课程的荣誉称号。本书的前一版作为此精品课程的教材之一，其质量和适用性受到了同行及专家的肯定。第 2 版部分充实的内容，直接来自我们的教学体会。

本书由李延喜、秦学志、张悦玫编著。全书共分 7 篇 21 章。第一篇是财务管理基础，包括第 1～4 章，介绍了财务管理的基本概念和财务报表分析的相关内容；第二篇是筹资管理，包括第 5～8 章，介绍了筹资方式和资本结构理论；第三篇是投资管理，包括第 9～11 章，介绍了投资决策、投资估价和风险管理方法；第四篇是财务战略与财务规划，包括第12、第13章；第五篇是价值增值管理，包括第14、第15章，分别介绍了流动资产和长期资产的增值管理；第六篇是绩效管理与控制，包括第16～18章，介绍了业绩管理方法、股利分配理论和日常财务控制；第七篇是财务管理专题，包括第19～21章，介绍了财务困境与资产重组、兼并与收购以及跨国公司财务。其中，第1～4章、第10章、第17章、第21章由李延喜编写，第5～9章、第11章、第20章由秦学志编写，第12～16章及第18、第19章由张悦玫编写。

限于作者水平和时间，书中难免有疏漏和不当之处，恳请读者不吝赐教。欢迎发送意见至 zymay@dlut.edu.cn，特此表示感谢。

编　者

2013年10月30日

目录

第一篇　财务管理基础

第四篇 财务战略与财务规划

第五篇 价值增值管理

第六篇 绩效管理与控制

第七篇 财务管理专题

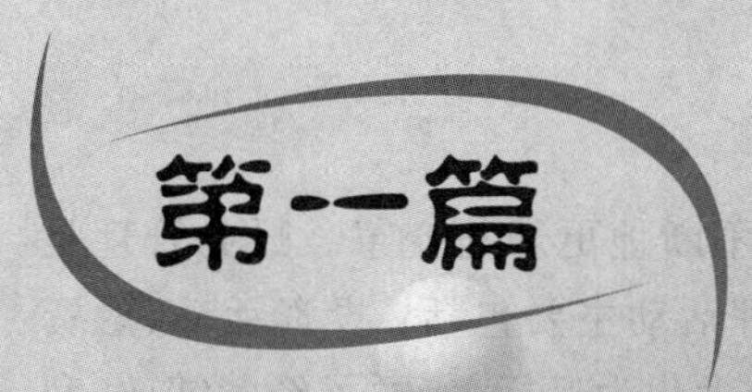

财务管理基础

第1章 绪论

本章框架体系

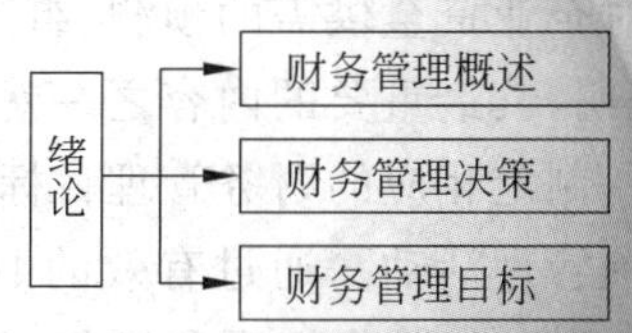

学习目标

了解财务管理的概念、内容和管理目标。

导读

乔治已经工作6年了,厌倦了替别人打工,现在想要开设自己的公司。然而,投资何种厂房、机器和设备?投资的资金从哪里来?应该引入其他股东,还是举债?如何管理每天的财务活动,比如向客户收款或向供应商付款?如果企业赚钱了,是保留现金,还是买些股票、债券?面对这些问题,乔治理不出头绪。

这些还不是所有的问题,但属于重要的问题,都与财务管理相关。

本章内容

伴随着财务学科的发展，财务管理的理论框架也在不断地更新与变革。财务管理是关于公司资源的取得与使用的一种管理活动。财务管理活动主要包括：投资活动、融资活动和股利分配活动。企业的财务管理是以公司价值最大化为目标，兼顾了经营绩效、利益相关者和社会责任等多方面的内容。

1.1 财务管理概述

财务管理活动与企业发展的成败、政府管理的效果、家庭财富的积累等都息息相关，它不仅作为一门科学在多个领域应用，还是我们生活和工作中必不可少的一项工具。科学的财务管理不仅使公司立于不败之地，它也给予我们对生活和个人的发展更多角度的思考与帮助。财务管理以经济学和会计学为基础，其应用的主体可小到一个家庭，大到一个国家，焦点集中于对资金的管理。通过对财务管理及相关概念的理解，以及其产生与发展和其重要性的学习，为进一步深入分析财务管理活动提供依据。

1.1.1 财务管理的含义

财务管理以企业资金运动为重点，是对企业资金取得和有效使用的管理工作。简单地说，企业财务管理是企业获得资金和有效使用资金的管理活动，财务管理的核心是企业的资金。财务管理具体表现为对企业资金供需的预测、组织、协调、分析、控制等方面。在众多的管理活动中，经过实践证明，其最重要的内容之一就是对财务的管理。企业的财务管理，就是根据企业发展的需要，制定相应的财务管理目标，运用财务管理的方法与原则，实现企业目标及价值增值的一项管理活动。通过有效的财务管理活动，可以理顺企业资金流转程序和各项分配关系，确保生产经营的顺利进行，使企业利益相关者的要求得到满足。

1.1.2 财务管理的产生与发展

财务管理的理论与实践经验都是在企业资金管理实践中，在处理重要的企业、经济和社会问题时逐渐形成和发展起来的。

1. 财务管理的产生

财务管理的萌芽可追溯到15—16世纪，意大利出现了类似于基金的商业组织，邀请公众入股，筹集资金后从事商业经营。在这期间，围绕基金管理产生了红利分配和股本回收等问题，促生了最早的财务管理活动。19世纪末20世纪初，股份公司迅速发展，企业规模不断扩大，各种各样的证券已经在市场上发行和流通，使公司出现了新的管理职能。这就是：怎样筹集资本，股票怎样发行，外界有什么资金来源，筹集到的资金怎样使用，企业盈利怎样分配等。于是，各个公司纷纷成立一个新的管理部门——财务管理部门——

来承担以上职能。公司财务管理作为一项独立的职能，开始从企业管理中分离出来，专业化的财务管理活动也就产生了。

2. 财务管理的发展

财务管理理论的发展，大致可以划分为以下四个阶段：

(1) 筹资阶段

财务管理的筹资阶段也被学者们称为“传统财务管理阶段”。20 世纪初期，西方国家资本市场已经发展到相当的规模，投资银行、商业银行、储蓄银行、保险公司等中介机构已经成为企业融资不可缺少的一个组成部分，各种各样的证券开始在资本市场上发行和流通，证券交易日趋活跃，企业理财手段在逐渐丰富。

随着股份公司的迅速发展，各公司都面临着如何筹集扩大经营所需资金的问题。这时，资金市场还不甚成熟，财务管理的主要内容是外部筹资。财务管理的注意力主要集中在如何利用股票、债券和其他证券来筹集资金，投资银行家和证券经纪商的作用和地位开始加强。

(2) 财务控制阶段

20 世纪 30 年代，西方国家出现了巨大的经济危机，企业在面临生死存亡的情况下，开始反思如何走出困境，企业的财务管理活动也开始从筹集资金向如何运用好和管理好资金方面进行深入的探索。很多企业将财务管理的重点转到如何维持企业的生存上，如维持资产的流动性、企业债务清偿、企业收购兼并等。这个时期，西方国家政府加强了对企业的监管，对财务管理学科的发展起了很大的推动作用。例如，美国政府在 1933 年和 1934 年分别通过了《证券法》和《证券交易法》，要求公司公开公布财务信息，为保证公司财务信息的透明和真实性奠定了基础。

20 世纪 40—50 年代，传统的财务管理观念依然占统治地位。直到 50 年代中期，财务管理的重心开始转向资本预算，开始从企业的外部资金筹集转向企业的内部资金管理，注重企业资金的内部决策和控制，这时，财务管理进入内部控制阶段。

20 世纪 50 年代后期，公司内部的财务决策被认为是公司财务管理最重要的问题，而与资金筹集有关的事项已退居到第二位。此时，财务分析、财务计划、财务控制等都得到了广泛应用。

(3) 投资管理阶段

随着企业经营规模的不断扩大，资金运用日趋复杂，市场竞争的加剧、通货膨胀和通货紧缩的发生、利率的波动使企业投资面临巨大风险。因此，在企业财务管理过程中，投资管理不断得到重视。20 世纪 60—70 年代，资本结构理论的发展，标志着财务管理进入一个崭新的发展阶段。在这个时期，财务管理理论得到很大发展，出现了由弗兰克·莫迪格利安尼(Franco Modigliani)和默顿·米勒(Mertor Miller)提出的著名 MM 资本结构理论以及马科维茨(Markowitz)、夏普(Sharpe)和林特(Linter)等人的投资组合理论。20 世纪 80 年代财务管理的理论研究开始侧重于不确定性条件下企业资产定价方面。

(4) 经济全球化及电子商务下的财务管理阶段

进入 20 世纪 90 年代，金融的全球化引起财务管理的重大发展，使得财务管理的投融资技术和方法日趋多样化和复杂化。跨国公司纷纷成立，它们利用运输条件的进步、国外人工费用的低廉、优惠的税收等条件，通过投资、联合、收购等方式来降低其生产成本，从而获取更高的利润。在经济全球化下的财务管理，就需要更加重视国际政策、汇率变动、投资风险等多方面的因素变化。

进入21世纪，随着国际经济一体化进程的推进，以及计算机、互联网、电子商务技术的发展，财务管理进入更高层次的发展阶段。电子商务一方面节约了公司的经营成本；另一方面也为消费者节约了时间。企业可以通过网络销售商品，人们可以坐在家里在网上购物，这种方式改变了企业经营的渠道也改变了人们的消费生活，这同时也在潜移默化中改变着财务管理的发展方向，使得财务管理的综合性和现代化水平大为提高。经济全球化与电子商务的迅速发展在给企业带来新机会的同时，也使企业面临着更加激烈的竞争与风险。同时，对如何在新形势下规避财务风险、防范外汇风险与通货膨胀等问题给财务管理提出了更多新的课题。

总之，财务管理在前进的道路上日臻完善，已从单纯描述性转向了严格的分析和研究；从单纯的筹资转到资产管理、资本分配和企业估价；从单纯注重企业外部分析转到注重企业外部分析和内部决策的有效结合上。

3. 我国财务管理的发展趋势

我国社会主义市场经济已经发展了三十多年，期间引进了国外先进的财务管理经验。我国金融市场在快速发展，资本的国际流动日趋活跃。尤其在2006年12月4日颁布的修订后的《企业财务通则》标志着我国财务管理向更加科学化、国际化、现代化方向发展，呈现出以下发展趋势。

(1) 注重财务决策的量化指标

随着市场竞争的加剧，企业的投融资决策日益需要，凭着感觉做判断已没有了说服力。财务人员需要依靠现代化的各种数量工具对决策进行详尽分析，提供可靠的量化指标，为企业制定各项决策提供参考。例如在投资项目评价中，利用内含报酬率、投资回报率、投资风险量化等指标进行决策已经成为一种趋势。

(2) 加强财务预测的前瞻作用

预测是对未来可能出现结果的判断，预测的准确性和科学性对于企业财务管理愈加重要。筹资、投资等财务活动都要进行前瞻性的预测工作，以此避免风险、减少损失。如在企业进行收购兼并过程中，资产定价往往利用企业未来现金流量折现来确定目标价值，而合理预测未来现金流量是影响定价结果的重要因素。因此企业的财务人员更加注重财务预测工作，即使在制定财务预算过程中，也会用到大量的数学工具。

(3) 防止通货膨胀对财务的影响

经济高速发展的同时，伴随着通货膨胀的困扰。为防止通货膨胀的出现和蔓延，我国财务管理活动更加注重财务决策的量化指标、财务预测的前瞻作用、财务监督的法律手段。通货膨胀的出现会造成企业会计信息失真，并影响企业的融资成本，带来巨大财务风险。因此，加强对通货膨胀的预测，控制债务规模，对于防范财务风险具有重要意义。

(4) 收购兼并与资产重组成为公司财务管理主要活动

企业的发展离不开资本市场的运作,其中收购兼并和资产重组成为企业跨越式发展的辅助手段。企业为进一步降低成本、增加利润,通过收购兼并实现强强联合、优势互补,或者达到借壳上市、二次融资等目的,国内外资本市场不断上演着资本竞争的大戏。在资产重组过程中,目标企业定价、并购风险控制等成为财务管理必须解决的课题。

(5) 发展电子商务下的财务管理

目前,我国网络营销市场规模在不断扩大,为我国电子商务环境下的理财理论和技术应用提供了广阔的空间。所以,我国自然科学基金委员会委托部分专家专门就电子商务环境下的财务管理问题进行研究,并取得了一定成果。其中资金实时控制、财务决策支持系统等项目成果开始在我国部分企业推广。

除此之外,中国加入 WTO 后逐渐融入国际资本市场,国际财务与跨国公司财务管理成为财务管理内容。需要我们不断熟悉国际资本市场规则,了解各国税收、会计、财务等方面的特点,帮助企业到国际市场竞争。

1.1.3 财务管理的基本观念

财务管理的基本观念贯穿于财务管理的整个体系,是企业财务管理预测、分析、决策的基础,它最基本、最重要的理念包括四个方面:货币时间价值、风险报酬、利率与通货膨胀、现金流转。

1. 货币时间价值

财务管理中最基本的观念就是货币时间价值。财务管理活动是围绕着资金的运动而开展的,在一个理想化的完美资本市场中,资金在资本市场中会得到不断升值,也就是说,现在的一元钱比未来的一元钱更值钱。资金会随着时间的延续而不断增值,这就是货币时间价值,也称为资金的时间价值。树立货币时间价值观念,可以帮助人们更好的管理资金,提高资金的使用效率,减少资金的浪费,从而提高财务管理的效率与效益。

2. 风险报酬

任何投资都会有风险,不同投资项目的风险与收益常常是不同的。风险越高,其预期收益也越高,反之亦然。因此,任何财务决策都是在风险与收益的博弈中做出的均衡决策。由此引出风险报酬的观念,即承担风险的同时,会获得风险报酬。把握住风险报酬中的机遇,是财务管理发挥作用的结果。

3. 利率与通货膨胀

利率的波动会影响到企业的融资成本、投资期望等。尤其在经济全球化时代,我国利率市场化的进程在加速,利率的波动也更加频繁。利率对财务管理的影响也越来越大,成为必须考虑的因素之一。

通货膨胀是经济发展不可避免的后果,对于企业财务工作也会产生巨大影响。通货膨胀使物价上涨,给企业的采购成本、人工成本、运营成本带来巨大压力。

利率的调整相伴着对通货膨胀的控制。当利率下调时，人们会增加消费，这样拉动了经济的增长，同时导致通货膨胀发生；相反，利率上调时，会抑制通货膨胀。

4. 现金流转

企业资产的流动性越来越受到重视，其中现金流量及其流转是重要的一环。企业现金的流转不单单是保证企业的正常运转，还可以通过自身的增值来提升企业的价值。在财务管理中，重视的是现金流量而不是会计学上的收入与成本。企业的现金流量必须足以偿还债务和购置为达到其经营目标所需要的资产，现金流量的充足与否将影响到公司的偿债能力。

1.2 财务管理决策

财务管理主要包括筹资活动、投资活动、股利分配三个主要部分，如图 1-1 所示。

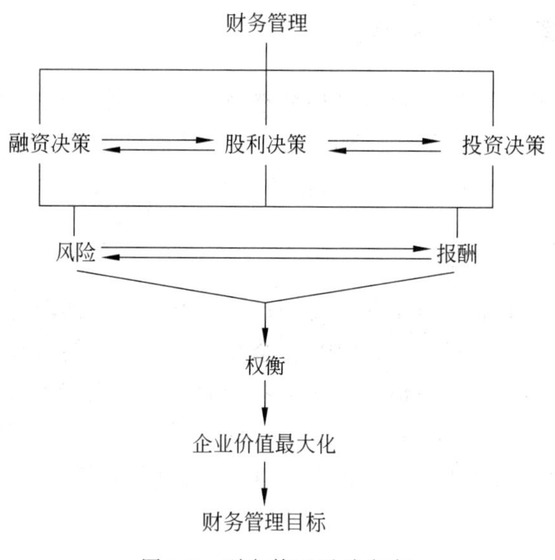

图 1-1 财务管理活动内容

从图 1-1 可见，财务管理主要包括三个决策过程：投资决策、融资决策和股利决策。同时，也反映出企业价值、财务管理活动的三种决策和风险与收益之间的权衡关系。

1.2.1 投资决策

企业拥有的固定资产、资金、无形资产等都可以根据具体需要进行投资，但什么时候进行投资、用什么去投资、怎样投资等问题，需要我们运用财务管理知识进行分析后再决策。

1. 投资决策概述

投资是指将财力投放于一定的对象，以期望未来获取收益的经济行为。企业财务管理的目标是不断提高企业价值，为此，就要采取各种措施增加利润，降低风险。企业要想获得利润、发展生产、扩大经营，就必须拥有一定数量的资金，并把资金合理地投放到各种资产上。

企业把资金投向生产经营的关键环节或薄弱环节，可以使企业各种生产经营能力配套、平衡，形成更大的综合生产能力。企业如把资金投向多个行业，实行多元化经营，则更能增加企业销售和盈利的稳定性。这些都是降低企业经营风险的重要方法。

对于企业而言，所谓投资决策就是为使企业在长时期内生存和发展，在充分估计影响企业长期发展的内外环境等各种因素的基础上，对企业长期投资做出的总体规划和部署。企业投资战略的主要目的在于：有效地利用人力、物力、财力，合理地、科学地组织配置企业生产资源，使企业在竞争中保持旺盛的生机与活力。

2. 投资决策的分类

投资决策按其性质的不同，可划分为稳定性投资决策、扩张性投资决策、紧缩性投资决策和混合性投资决策。这种划分可同企业的成长与发展时期相联系。

(1) 稳定性投资决策

这是一种维持现状的决策，即在外部环境不发生重大变化的情况下，将现有决策继续下去，有效地利用现有的资金和条件，继续保持现有市场，维持现有投资水平，降低成本和改善企业现金流量，以尽可能多地获取利润，积累资金为将来发展做准备。这种决策实际上是产品转向的一个前期准备阶段，可应用于企业成熟期。

(2) 扩张性投资决策

这种决策会使企业扩大生产规模，增加新的产品生产和经营项目，其核心是发展和壮大。具体包括市场开发决策、产品开发决策和多样化成长决策(即经营新的产品或服务)。可应用于企业在成长期。

(3) 紧缩性投资决策

这种决策是从竞争环境中退下来，从现有经营领域抽出投资，缩小经营范围的投资决策。这种决策可从两方面来分析：一是当企业受到全面威胁，欲将全部资产清算以收回资金、偿还债务，这是一种完全的紧缩投资决策；二是当企业在经营决策严重失误，经营优势丧失，或者在取得竞争胜利后，欲放慢竞争节奏，这是一种部分紧缩投资决策。这种决策一般在企业进入衰退期时应用较多。

(4) 混合性投资决策

这是指企业在一定时期内同时采取稳定、扩张、紧缩等几种决策，多管齐下、全面出击的投资决策。其核心是在不同阶段或不同经营领域，采取不同的投资决策。现代企业管理中多采用此种投资决策理念。

3. 投资决策的内容

财务管理的一个重要任务就是为企业进行投资决策提供方法上的支持，从而最大程度地保证投资决策的科学性与合理性。投资决策所要考虑的一些基本问题包括：企业现在或将来有多少可供选择的投资项目？这些项目所产生的现金流量或者所节约的现金流量能否补偿投资支出并带来符合要求水平的盈利？投资项目的风险程度如何？

具体地说，企业投资决策应包括如下内容：①预测企业的投资规模；②确定企业的投资结构；③研究企业的投资环境；④评价企业的投资方案；⑤选择可行的投资方案。

4. 投资决策在财务管理活动中的作用

投资决策所影响和改变的是企业的资产结构。不同的投资决策将产生不同的资产结构，进而影响到企业经营风险和收益。最佳的资产结构应是实现价值最大化的资产结构，要么在既定的风险程度上带来最高的收益水平，要么在要求收益水平下承担最小的风险。财务管理的任务就是为企业确定一个最佳的资产结构。

1.2.2 融资决策

企业从事经营活动必须筹集一定数量的资金。筹集资金是财务管理的一项最原始也是最基本的职能。融资决策是指企业根据生产经营、对外投资和调整资本结构等的需要，通过金融机构和金融市场，运用适当的方式获取所需资金的一种财务管理活动。

1. 企业融资的必要性

在财务管理活动中，如果预测到企业的现金流出量大于现金流入量，而银行存款又不能完全弥补这个差额时，企业就必须通过一定的方式筹集资金。具体来说，企业融资的原因主要有以下几方面的需要。

(1) 企业扩张

企业在扩张阶段，往往需要筹集大量的资金，尤其是长期资金，用于生产经营规模的扩大、设备更新和技术改造，以利于提高产品的产量和质量，增加新品种，满足不断扩大的市场需要。

(2) 偿还债务

企业可以利用一定的负债进行生产经营，以获得杠杆利益。如果企业的现有支付能力不足以偿还到期债务，那么企业必须通过一定的方式筹集资金，来满足到期债务的需求。

(3) 调整资本结构

资本结构是企业各种资金的构成及其比例关系，它是由企业采用各种筹资方式及其不同的组合而形成的。当企业的资本结构不合理时，可以通过采用不同的筹资方式对其进行调整。

2. 融资决策内容

投资决策一旦做出，公司财务人员必须进行融资决策，为企业投资筹集所需要的资金。融资决策所要考虑的一些基本问题包括：所需资金的数量有多大？需要短期资金还是长期资金？筹资资金所能承担的最高资本成本是多少？

具体说来，企业的融资决策应包括如下内容：①预测企业资金的需要量；②规划企业资金的来源；③研究企业可行的筹资方式；④确定企业资本成本与最优资本结构。

3. 融资决策在财务管理活动中的作用

融资决策会改变企业的资本结构。由于债务融资成本低于股权融资成本,因此众多企业利用债务融资手段。但是如果负债率过高,将加大企业财务风险,引发企业财务危机。因此在融资过程中,企业必须综合考虑企业内外的各种因素,以及将来可能发生的变化,审慎而合理地选择融资方式,确定合理的资本结构,提高企业价值。

1.2.3 股利决策

股利分配是指对企业盈余的管理,企业产生利润后,有多少向股东分配,有多少用于留存收益。在进行股利分配决策时,既要考虑股东对近期利益的要求,定期发放一定的股利,又要考虑企业的长远发展,留存一定的收益,用于项目投资,促进企业不断发展。同时,财务人员还要考虑到,用什么形式分配股利(现金或者股票)?这将影响股东的现金收入以及企业的现金流出。

企业股利决策的内容包括:①股利分配与内部融资的关系;②股利政策及其影响股利政策的因素;③股利的支付程序;④股票股利还是现金股利。

总之,投资决策、融资决策、股利决策是有机地联系在一起的。一般而言,融资是财务管理最基本的环节,在财务管理中,企业如果能采用适当的方式,以较低的成本和较小的风险筹集到所需要的资金,那么就有可能找到更多有利的机会取得盈利,也可以将更多的股利分配给股东;反之,如果融资成本较高,资本来源有限,就限制了企业的投资机会,也限制了企业股利发放的数额。同样,投资也会影响到资金筹集和股利分配,如果一个企业有较多的有利可图的投资机会,那就要求必须筹集较多的资金,保留更多的盈利来实现各种投资;反之,如果企业有利可图的投资机会较少,融资也就不是很重要了,那么发放股利的数额相对也就较多了。

因此构成财务管理基本内容的三种财务决策是通过影响企业的风险与收益来影响企业价值的,在风险和收益之间做出适当的平衡,可以使企业价值最大化。

1.2.4 财务管理中的代理问题

在财务管理中,由于委托代理关系的存在而会产生代理问题,而且随着管理者与股权的博弈程度更加复杂,这种问题对财务管理活动的影响越来越突出。

企业中的代理关系是由一方(委托人)雇用或委托另一方(代理人)处理相关事务,而达成的一种协议。双方可以是一个人、多个人或一个组织。在这种代理关系中存在着委托人与代理人之间追求利益的不一致性而产生的冲突,这就是财务管理活动中的代理问题。它主要表现在股东与管理者、股东与债权人之间和公司与相关利益者之间,如图 1-2 所示。

1. 股东与管理者

在企业管理活动中,股东以追求股东财富最大化为目标,而管理者在处理问题时并非

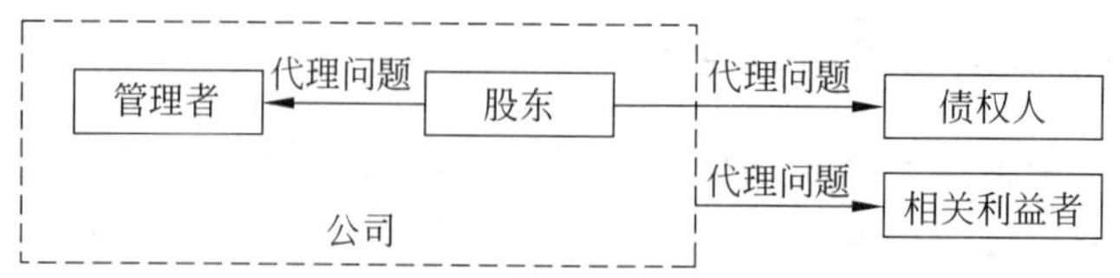

图 1-2 委托代理问题关系图

以此为目标。管理者往往会考虑自己的利益，如自己职位的保持、个人声誉的提升、自己福利的增加等问题，为满足自己的需要而向股东隐瞒真实情况。股东为了避免管理者违背自己的意愿行事，就必须对其进行约束与监督，这样就产生了相应的代理成本。这种成本也成为财务管理活动必须考虑的一部分。

2. 股东与债权人

股东为提高企业的利润，常以借贷的方式向债权人融资。在这种情况下，股东希望获得更多的利益，而债权人只要求收回其本金及利息即可，当双方对利益的要求存在一定的差距时就会有代理问题出现。例如，股东将借贷的资金投放于高风险的项目，项目盈利则股东获得高额利润，而债权人只能获得预定的利息收入。如果项目失败，则双方共同承担责任，甚至债权人承担更大的损失。

3. 公司与相关利益者

公司主要由股东与管理者负责，相关利益者包括员工、供应商、政府、顾客等。两者之间利益冲突表现在：公司为取得更高的利润而降低成本支出、产品质量或存在偷税漏税问题，又如员工需要公司向其支付更高的薪酬、供应商希望公司提高物资的进价、政府希望公司缴纳更多税收、顾客希望公司产品物美价廉，这其中就产生了代理问题。

为了减少股东与管理者的代理问题及代理成本，股东可以采取薪酬管理、解聘、直接干涉等激励与约束措施，达到股东与管理者在财务决策中目标的一致。为了避免股东与债权人的代理问题，债权人可以在借贷合同中制定相应的限制条件，或发现有高风险出现时不再追加资金或立即中止合同或提出更高的利息要求。为了缓解公司与相关利益者的代理问题，企业可以通过提升独立董事的地位、增加员工进入监事会、保证财务信息披露的真实性等方法进行处理。

总之，在开展财务管理活动中要重视委托代理问题，解决和规避这个问题，对于进行准确和合理的财务决策有重要的意义。

1.3 财务管理目标

财务管理目标是财务管理活动所要达到的目的和境界，是评价财务管理活动合理化的标准。

1.3.1 明确财务管理目标的必要性

财务管理目标具有导向、激励作用，对于财务人员而言，明确合理的财务目标是极为重要的。

(1) 有助于进行科学地财务决策

进行财务决策的过程实际上就是一个选择的过程，而选择行为将直接受到财务管理目标的制约。如果没有明确的目标，财务决策会由于没有目标约束而增大其随意性，使其选择过程呈现一种非理性状态，极大地影响到企业的稳定发展。例如在投资决策中，是选择能使企业规模最大的项目？还是选择能使企业利润最大化的项目？还是选择能使企业未来现金流量最大的项目？这些问题的回答完全受制于财务管理目标约束。

(2) 有助于日常财务行为的高效与规范化

明确了财务管理目标，可以使财务人员在日常的财务控制中有所依据，保持财务管理行为的稳定高效。比如，如果以企业价值最大化为目标，那么在日常的财务管理活动中，财务人员就可以侧重于对企业现金流量的预测和控制。反过来，现金流量的剧烈变化也足以引起财务人员的高度警觉，因为他们清楚，现金流量的变化就意味着企业价值的变化。

(3) 有助于财务人员树立正确的财务观念

管理人员的管理行为通常受到两种因素的制约：一种是外在的规章制度、管理模式的约束；另一种是内在的管理观念。正确合理的财务观念可以从根本上提高财务人员认识问题、解决问题的能力。按照企业价值最大化这一目标，财务人员应当树立起一些基本观念，并将其应用到具体的理财实践中，如风险与收益权衡观念、现金流量观念、货币的时间价值观念等。

1.3.2 财务管理目标的定位

财务管理目标依次经历了利润最大化、股东财富最大化、企业价值最大化三个阶段。利润最大化目标存在着许多不足，股东财富最大化忽视了债权人利益，企业价值最大化是市场经济下企业财务管理目标的合理选择。

1. 利润最大化

从传统的观念来看，以利润最大化作为财务管理目标，能够促进企业加强管理，提高劳动生产率，降低产品成本。

但是利润最大化存在一定缺陷，主要表现在：

(1) 利润最大化不是一个很明确的概念。例如，所说的利润指的到底是短期利润还是长期利润？是税前利润还是税后利润？是经营的总利润还是分配给股东的利润？这些都不明确。再比如，今年的利润意味着什么？是不是越大越好？如果是这样，那么推迟设备维护或取消其他支出性项目、不摊销有关费用，都可以提高当期利润，但这些行为都是不合理的财务行为。

另外，利润总额在不同企业之间的比较有时是无意义的。例如，甲企业的利润1 000万元，乙企业的利润是2 000万元，很难根据这一数据说明乙企业就一定优于甲企业。

（2）利润最大化没有考虑利润形成的时间，没有体现货币时间价值观念。利润最大化通常是指当期或最近几期的利润总额最大化，很难将其扩展至企业经营的较长时期。具体而言，利润最大化只适宜用作单期目标，不适宜作为多期或长期目标。例如，今年获利100万元和明年获利100万元，哪一个更符合企业的目标？如果不考虑货币时间价值，就难以做出正确的判断。

（3）利润最大化没有考虑风险问题，可能导致财务人员盲目追求利润，忽视风险。较高的利润额与较低的利润额之间有时并不具备可比性，因为过高的风险会抵消利润的绝对值优势。例如，投入500万元，获利100万元，一个获利已全部转化为现金，另一个则全部是应收账款，并可能发生呆坏账损失，哪一个符合企业的目标？不考虑风险，会使财务决策优先选择高风险的项目，一旦不利的情况出现，企业将陷入困境，甚至可能导致破产。

（4）利润最大化没有考虑所获利润与资本额的关系，有可能会使财务决策优先选择高投入而低效率的项目。例如，同样获利100万元，一个企业投入800万元，另一个企业投入1 000万元，哪一个符合企业的目标？

（5）利润最大化还容易导致企业行为短期化，只考虑眼前利益，而不考虑企业的长远发展。所以，利润最大化目标不适应企业持续发展的需要。

2. 股东财富最大化

股东财富是指股东持有企业股份的市场价值，股东财富最大化是指股东持有股份的市场价值达到最大。尤其对于上市公司而言，公司经营状况会影响到股票市场价格，高收益、高成长性、低风险的公司股票价格会表现良好。因此，股东持有这类上市公司股票，其财富会随着公司盈利能力的提高而增长。

股东财富最大化将利润动机明确集中于公司所有者。通过股东财富最大化，可以直接阐明利润最大化的问题。首先，股东财富非常明确，它基于期望流向股东的未来现金流量，而不是模糊的利润或收入概念，克服了企业在追求利润上的短期行为。企业在谋求所有者财富最大化的过程中，必须要保证产品质量，搞好售后服务，维护社会公共利益。其次，考虑了风险与收益之间的联系，能有效克服企业财务人员不顾风险大小，片面追求利润的倾向。最后，股东财富的计量过程考虑了风险与收益的时间因素，通过货币时间价值可以对企业价值进行科学的计量。

由于代理关系的存在，股东与债权人在企业决策中的地位不同，股东比债权人更能影响公司决策，股东可以对债务资金的投放施加影响，并改变契约约定。同时，股东可以决定增加新的借款，而这种做法将使公司的负债率上升，财务风险加大，侵犯原有债权人的利益。

由于股东与债权人之间存在博弈，股东为了自身利益而损害债权人利益，使公司债权人价值发生贬值。因此，股东财富最大化从股东角度考虑，实现股东价值最大化。但是由于资本市场的不完善，以及股东与债权人之间的信息不对称，股东在实现自身价值的同时，往往会损害债权人利益。

同时,由于利润操纵的行为的存在,股东会通过操纵利润来影响股票价格。虽然高股价会使股东持有股票的市值得到增加,但是却增加了股市风险,使股东潜在风险加剧。

因此,我们认为股东财富最大化在一定程度上可以反映公司的经营状况,但是仍然存在缺陷。股东财富最大化不能完全代表企业财务管理的最终目标。

3. 企业价值最大化

企业价值最大化,是指通过企业的合理经营,采用最优的财务决策,在考虑货币时间价值和风险的情况下使企业的总价值达到最高,进而使股东价值和债权人价值达到最大。这是现代财务管理的目标,也是衡量企业财务行为和财务决策的合理标准。

在市场经济条件下,企业应以追求企业价值最大化为目标。一方面,企业价值最大化在股份制企业里体现为股东财富最大化,在非股份制企业里,体现为企业投资者财富最大化。股东财富是由股东拥有的股票数量和股票市场价格决定的,当股票价格达到最高时,股东财富也达到最大。值得注意的是:股东财产价值并不是股票的账面价值,而是股票的市场价格。

另一方面,企业价值最大化还表现为债权人价值最大化。企业价值由股东权益和债务组成,在发达的市场中由于资产可以证券化,企业的债务价值可以通过市场价格来反映。企业债务价值不断增值,说明企业债权人价值也得到提升。当企业不断降低财务风险,提高偿债能力和盈利能力,扩大资产的流动性时,会引起债权人价值上升。

因此,企业价值最大化是财务管理的目标,企业价值最大化包括股东财富最大化和债权人价值最大化两方面。因此,财务管理过程中,必须均衡考虑股东利益和债权人利益,因为两者都是企业资金的供应者,都应该受到关注。

综上所述,价值最大化不仅反映股东和债权人的愿望,也反映了公司外部的客观评价;它不仅反映财务管理的目标,也反映了整个社会的经济目标。

1.3.3 财务管理目标与社会责任目标

企业的健康发展不单是企业价值最大化这一财务管理目标的实现,也是企业承担社会责任的一个过程。将企业价值最大化与社会责任目标相融合,是财务管理目标的更深层次探索。

1. 财务管理目标

企业价值最大化目标不单是财务管理目标的准确表述,也对企业相关利益者有着重大的意义。

(1) 企业价值最大化的意义

从债权人角度看:企业价值最大化的目标,是和债权人的利益相一致的。对企业来说,短期借款和长期借款的供应者主要有:商业信用提供者、债券持有人、商业银行和其他金融机构。这些债权人在企业破产清算时有权优先分得公司财产,而企业的所有者——股东,只有剩余财产权。这样,如果一个公司的目标是使享受剩余财产的股东财富最大化,那么,资本供应者的利益当然也能得到保证。

老王把申请表放在办公桌上，先批准了小李的10 000元支票。

小李刚出去，又来了一位请款者，原来是一生产车间的董主任，他是经主管厂长同意后来申请设备维修资金的。不一会儿，刘明理的办公室里挤满了申请资金的人，都是经过主管副厂长同意的，单等刘明理审批后办理付款手续。

刘明理感觉到非常紧张，看了一下财务处长提供的资金余额，发现与需求相差很多，于是让所有的请款者把资金申请单留下，自己详细审查和调配。

他详细数了一下请款单，总计36笔，合计金额1 500万元，分为5个方面，包括生产部门、物资采购部门、后勤服务部门、销售部门和设计部门，突然他又想起财务处长走时给他留下了一张银行的利息催款单，上月利息为300万元。

刘明理发现工厂账面资金只有600万元，根本不够支付所有申请，于是开始给5个部门的主管副厂长打电话，核实资金需求的迫切程度，并在600万元的限度内支付了590万元的资金，只留下了10万元资金预备急需。

他不明白，为什么有这么多的请款者来要钱，为什么主管副厂长都批准，为什么资金如此紧张。

这时销售处长曲宏来了，他带来了一张400万元的汇票，是成都某厂定购产品的预付款。

刘明理非常高兴，因为这是唯一不向他要钱的人，于是向曲宏了解工厂的情况。

曲宏说，龙飞厂2008年以前经济效益非常好，2009年开始策划股票上市，将工厂划分为几个分厂，将其中的加工、热处理和装配三个主要车间合并，组成有限责任公司，并准备改制为股份有限公司，结果由于行业限制迟迟未能批准。其余的分厂，有的作为全资子公司独立经营；有的作为二级厂，行使子公司权利；有的作为生产车间，依附于总厂。由于层次繁多，而且依附于不同的主管领导，因此造成了目前争资金的情况。这两年，由于经济危机的影响，导致销售量大幅度下降，2009年销售收入只有2005年的1/3。

曲宏走后，刘明理又叫来了财务处长，询问财务处的基本情况。财务部设有四个科室，分别是财务会计科、资金科、销售科和成本核算科，共50人，负责龙飞厂的会计核算、资金管理、成本核算等所有会计业务。

1. 资金科

资金科负责龙飞厂资金收支核算和处理银行事务。

由于目前企业资金紧张，导致采购、生产等环节因为出现资金问题而延误，使企业的所有问题都集中在资金和财务部门。

2. 销售科

销售科负责龙飞厂的销售核算、应收账款回收、内部往来结算、销售发票、合同管理等业务。

由于部分产品拖期，导致经常出现违反合同货期的现象。

3. 成本核算科

成本核算科负责龙飞厂所有产品的成本核算和费用核算。成本实行二级核算，由车间一级进行成本归集和汇总，月末上报到财务处成本核算科，成本核算科进行产品的成本核算。

4. 财务会计科

财务会计科主要负责龙飞厂的记账、过账、结账、科目汇总、报表编制等方面的核算业务。

2009 年龙飞厂改制制定了一套财务核算办法,随着龙飞厂体制不断调整,核算办法也出现了一些调整,目前基本遵照执行。龙飞厂的会计核算及财务科室非常细致,完全是工厂全盛时间 2008 年的组织机构岗位,虽然有些岗位业务大幅度萎缩。

目前由于工厂接不到订单,许多工人下岗,由 5 000 人减少到 2 500 人,然而财务处一直没有裁员,倒有一些大学毕业生在一年实习期后跳槽。财务处人员由 53 人减少到 50 人。

另外,资金使用方面比较严格,经过部门经理、主管副厂长、总会计师的签字后才能付款。但是基本上天天送款,天天没钱,企业欠了很多债务,尤其是银行的债务,将近 5 亿元,每年的利息大约 4 000 万元。

了解了基本情况后,刘明理准备再对工厂的情况进行详细了解,并采取一些应急措施,但是一时不知如何下手。请你帮助他理出一个头绪。

案例 1-2 大连瑞迪泵业有限公司的财务管理

大连瑞迪泵业有限公司由大连大高泵业有限公司和法国瑞迪公司在 2001 年合资兴建,注册资本为 500 万美元,瑞迪公司出资占 51%,大连大高泵业有限公司出资占 49%,合资期限为 20 年。合资公司可以生产 15 个系列、200 个品种的泵产品,可广泛应用于制冷、化工、石油化工、医药、纺织、电力等行业。法国瑞迪公司是世界上生产无泄漏泵的知名公司,产品种类繁多,服务领域广泛,其技术为世界一流。大连瑞迪密封泵有限公司利用法国瑞迪公司的制造技术,向用户提供各种无泄漏泵。公司技术力量雄厚,设备、工艺先进,检测手段齐备,泵性能测试精度高,坚持“以信誉求发展,用户至上”的经营方针,坚持“科学技术是第一生产力”的经营理念,向社会提供优质的产品和卓越的服务。

王刚原来是大连瑞迪泵业有限公司的总工程师,今年 43 岁,2004 年原来的总经理退休后,经两股东协商后被任命为总经理。王刚对技术研发和市场开拓特别重视,视产品质量为企业的生命,其他的事情王刚也过问,但主要精力集中在产品研发和技术创新上。

财务部部长李丽是一名接近 50 岁的中年人,大专毕业,原来一直在母公司从事财务工作,有着非常丰富的财务经验,合资公司成立后就被选聘到合资公司担任财务部长。她的工作得到了合资双方股东的信任,特别是中方股东的信任,法方股东不太满意的就是李部长不能用英语与法方沟通,这样一来法方股东只能看翻译过来的财务报表。好在王总在英国留学过,法方股东主要就是与王总沟通交流了,不过,因为在中国无泄漏泵是一个新兴市场,公司的销售收入连年增长,从 2001 年的 2 000 万元增长到了 5 000 万元,利润也是翻番增长,所以法方股东特别满意公司的业绩,除了看看三大报表外,其余的经营事项几乎全不过问,完全任由王总做主,而且也没有给王总安排副职。

2006 年 2 月 13 日,李丽找到了王总,告诉王总明天是公司发工资的日子,但是现在账上没有钱了,公司现在有二百多名员工,工资总额在 50 万元左右,问王总怎么办。

王总听到这个消息非常吃惊,因为这个问题他从来就没有考虑到,公司效益这么好,怎么会没有钱发工资呢？虽然王总对数字不很敏感，但也隐约记得年末账上还有二百多万元呢！吃惊过后就是震怒，王总的脾气不是很好，但是因为王总从来都是以工作为重，不计前嫌，所以员工还是很理解的。

王总怒问李部长："明天发工资，今天告诉我没有钱？你这个部长是怎么当的？"

李部长也发懵了，因为公司自从成立以来就没有拖欠过工资，不但没有拖欠过工资，公司的工资水平在行业内还很高。王总这么一说，李部长很懊悔，自己怎么没有注意这件事呢？

没有办法，王总赶快召集各部部长开会，看看问题出在哪儿。

一听说是资金出了问题，大家的目光先转向了销售部的赵阳部长。赵阳说，我们公司平均每个月销售400多万元，平均回款也在400万元左右，多数是上个月的欠款回收和当月的预售货款，但是2006年年初不知什么原因，很多客户要求延迟付款，以前也有过这种情况，因为都是老客户，信用没有问题，所以就同意了，因为我们公司资金状况一直比较好，李部长没有和我说资金紧张，所以我也没有在意，这样做又可以扩大销售，没想到这么一松手，1月才回来200多万元。

听赵阳这么一说，李丽很不高兴，心想你想什么时候要钱就什么时候要钱，不定和客户有什么猫腻儿呢！但是李部长忍着没有说话。

看大家不说话，王总就对采购部部长孙前说："你那儿上个月付了多少款？"

孙前是公司的采购部部长，他可是公司花钱的"大户"。孙前想了想，说："大约有500万元吧。"孙前接着说，这大约500万元中有还欠款200多万元，还有200万元左右的当月采购，100万元左右的预付，所有这些物资的采购都是由生产部提要求的，没有擅自采购的现象，而且每一笔付款都是经过王总同意的。

王总一听这个话，有点不快，心想你逃避责任倒是很快，不过想想也是，公司花钱确实是经过自己亲笔审批的，但当时怎么没有想到会没有钱这件事情呢？王总对孙前无话可说，突然想起了生产部，因为生产计划和采购计划都是由生产部制订的，于是王总把目光转向了生产部部长刘越，问道："生产计划应该很平稳，怎么增加这么大的采购量？"

刘越今年32岁，某重点大学的机械专业硕士毕业，目前正在某大学在职学习MBA课程。刘越对生产管理很在行，但是一被问到财务问题他就有点迷糊，他的想法就是库存越大越好，因为公司生产的密封泵需要一些特殊材料，买起来有点费时费事，所以他在提交材料计划时常常留有较大的余地，因为万一短缺材料就会影响交货期，这个责任他可不愿意承担。听王总这么一问，刘越马上清醒了，就说上个月提交计划是多了一点，他主要是担心储备不够用，因为过了春节生产任务可能很紧张。

王总听大家这么一说，感觉好像都有理，销售部是为了扩大销售收入，就采用延迟收款；采购部是生产部让买什么就买什么，而且每笔付款都是经自己审批的；生产部是生产有需要就提交采购计划；财务部是见了自己的签字就付款；那么难道是自己错了吗？

不过这里头肯定有不对头的地方，王总感觉公司资金出了问题，可是问题出在哪儿呢？王总陷入到了困惑中……请你帮王总想想，问题到底出在了哪里？

本章小结

财务管理是企业管理的重要部分，它是围绕着资金运动对企业的财务活动进行管理，从而实现企业价值最大化的目标。财务管理的产生与发展是伴随着经济社会的不断进步而逐渐成长起来的。在经历了基础理论的产生，筹资阶段、控制阶段、投资管理阶段后，通过运用现代科学经济理论与电子商务技术，发展成为当今具有科学的分析研究手段、坚实的理论实践基础、注重企业财务多视角评价与论证的一门现代实用性科学。

货币时间价值、风险报酬、利率与通货膨胀、现金流转四方面构成了财务管理最基本、最核心的观念，反映了财务管理实践中的基本原理与假设。根据资金的运动特点，财务管理活动可分为投资决策、融资决策、股利决策三个过程，同时这三者还有着相互促进、相互制约的紧密联系。在财务管理活动中还有一项重要内容就是代理问题，代理问题由于委托代理关系、双方利益要求不一致、信息不称等原因产生，主要存在于股东与管理层、股东与债权人、公司与相关利益者三方面。

财务管理最终所要达到的目的就是财务目标。财务目标的明确有助于科学决策、规范日常财务管理行为、树立正确的财务观念。财务管理目标的发展，跟随着时代的步伐走过了利润最大化、股东财富最大化、企业价值最大化三个阶段，企业价值最大化被公认为是科学的财务管理目标。同时，财务管理目标的发展将会与社会责任目标相融合，使企业与社会的发展更同步、更和谐、更成功。

思考题

1. 我国的财务管理未来发展趋势是什么？
2. 财务管理活动包括哪些内容？
3. 财务管理活动中有哪些代理问题？应如何防范？
4. 财务管理的目标是什么？它与社会责任的关系如何？

习题

1. 名词解释题

财务管理，代理问题，财务管理目标，投资决策，融资决策，股利分配，企业价值最大化

2. 选题择(包括单选与多选)

(1) 现代财务管理发展的主要影响因素是(　　)。

A. 企业自身发展的要求　　B. 企业相关利益者的需要

C. 国家政策的导向　　D. 经济全球化与电子商务技术的进步

(2) 投资决策按性质划分为(　　)。

A. 稳定性投资决策　　B. 多样性投资决策
C. 扩张性投资决策　　D. 紧缩性投资决策
E. 混合性投资决策

(3) 财务管理中股东与管理层之间的代理问题主要是(　　)。
A. 双方利益的要求不一致　　B. 分管的财务内容不同
C. 在财务管理活动中的作用不同　　D. 代理与委托之间存在矛盾

(4) 利润最大化作为财务管理目标的缺点是(　　)。
A. 片面追求利润最大化,可能导致公司的短期行为
B. 没有反映投入与产出之间的关系
C. 没有考虑风险因素
D. 没有反映剩余产品的价值量
E. 没有考虑货币的时间价值

(5) 作为财务管理的目标,股东价值最大化目标与利润最大化目标相比,其优点在(　　)。
A. 能够避免企业的短期行为
B. 考虑了货币时间价值因素
C. 反映了创造利润与投入资本之间的关系
D. 考虑了风险价值因素

(6) 企业在组织财务管理活动中,有义务按照相关的规定真实、准确地披露财务信息,这是企业社会责任的哪一方面?(　　)
A. 道德责任　　B. 法律义务
C. 经济义务　　D. 文化责任

3. 判断题

(1) 以企业价值最大化作为财务管理的目标有利于社会资源的合理配置,从而实现社会效益最大化。(　　)

(2) 财务经理的基本职能是以提高企业价值为目标进行投资管理、筹资管理和收益分配管理。(　　)

(3) 与企业其他各项管理工作比较,财务管理侧重于使用价值和劳动的管理。(　　)

(4) 企业的社会责任目标与财务管理目标在一般情况下是一致的。(　　)

(5) 企业只要满足法律要求,就可以任意地进行生产经营活动。(　　)

4. 简答题

(1) 企业财务管理的基本观念有哪些?

(2) 企业财务管理的基本活动包括哪些具体内容?

第2章 财务管理环境

本章框架体系

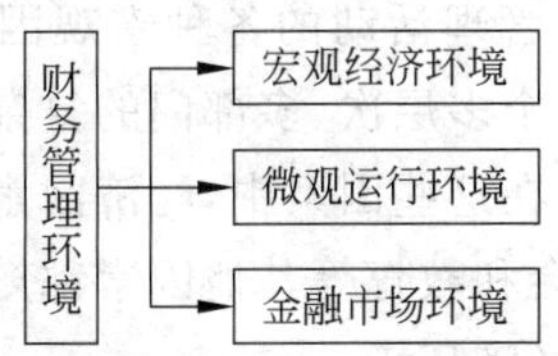

学习目标

1. 熟悉企业财务管理的宏观经济环境。
2. 了解企业财务管理的微观运行环境。
3. 掌握企业财务管理的金融市场环境。

导 读

自2007年开始的美国次贷危机愈演愈烈，从信用危机到市场震荡，从金融体系到实体经济，从美国本土波及欧洲、亚洲，直到拖累美国经济陷入低谷，最终演化为全球经济危机。

随着居民财富严重缩水，发达国家步入经济衰退，新兴经济体也难以独善其身，各行业出现了不同程度的变化：2008年12月，美国制造业景气指数降至1990年以来的最低点32.9，随后稍有回升；房地产业和建筑业表现为住房空置率持续攀升、房地产价格持续下跌、建筑业完工额持续下跌、新建住房销售量持续大幅下跌；零售业也受到了金融危机的巨大冲击，从2007年5月开始，美国零售额同比增幅不断下滑。

任何社会实践活动都是在一定的环境中开展的，这种环境总是直接或间接地影响实践活动，财务管理活动也是处在一定的环境中进行的，也受到周围环境的影响。研究财务环境有助于提高企业对环境的适应能力，实现企业财务目标，提高财务效率。

企业在许多方面与生物体一样，遵循“适者生存”的规则。如果企业不能适应周围的环境，也就不能生存。财务管理工作要取得成功，必须充分认识其所面临的内外部环境。

本章将围绕内外部环境，主要讨论财务管理环境的内容、财务管理的宏、微观等环境对财务管理的影响。

本章内容

财务管理环境是指企业在理财过程中所面对的各种客观条件或影响因素，是影响财务管理工作诸要素的总和。财务管理环境在制约着企业财务管理活动的同时，也为其提供着发展的机会。如在金融资本市场中，企业上市融资将受到一些政策、法规的制约，但企业一旦抓住机会成功上市，将为企业提高融资效率。按影响财务管理活动范围进行分类，可将财务管理环境分为宏观和微观环境两大类。

2.1 宏观经济环境

宏观环境是指影响企业财务管理活动的各种宏观因素，它可以概括为多个方面：政治、经济、法律等。宏观环境是一个多层次、多部门的复杂系统，对各类企业的财务管理活动都会产生直接或间接的影响。在这些因素中，经济因素是主要的，它不仅直接影响财务管理活动，而且对政治、法律、社会和教育等其他因素都产生决定性的作用。因此，我们在分析宏观环境时，主要分析宏观经济环境。

宏观经济环境是指影响企业财务管理的各项宏观经济因素，如经济周期、经济政策、税收环境等。

2.1.1 经济周期

经济周期是指经济的发展在一般情况下不会一直保持一种状态存在，如持续增长或持续衰退，它呈现出的是一种增长和衰退交替出现的波浪式前进规律。这种规律一般细分为复苏、繁荣、衰退、萧条四个阶段，在这四个阶段中，经济周期性地波动对财务管理活动有着重要的影响。

(1) 经济复苏时，企业开始开展一些新产品的筹资和投资，增加生产规模的投入，抢占先机，为繁荣时期的大显身手做准备。

(2) 经济繁荣时期，市场需求旺盛，购销活跃，销售大幅度上升，企业为了获得更多的利益，在开展大量筹资和投资活动的同时要注意对风险的控制、提高资金的使用效率。

(3) 经济在衰退期时，企业要开始收紧投资规模，转向稳步发展阶段，加大财务控制、监督的力度，谨慎开展财务管理活动。

(4) 经济萧条时期，由于整个宏观环境的不景气，需求减少，投资锐减，企业处于紧缩状态，产量和销量下降，有时资金紧缺，有时资金又闲置，所以对财务决策要进行多角度的论证后再开展。

当然，以上的经济时期内开展的财务管理活动是有相对的侧重性的，如果企业在各个时期都能达到最优的财务管理状态，那么企业将经久不衰。

在经济全球化与电子商务技术迅速发展的同时，各国面临的经济周期性发展更趋于一致性或同步性。距离我们较近的例子就是，美国次贷危机演变成了席卷世界的全球金融危机。这种经济现象为我们的财务管理活动带来了巨大的挑战，使财务决策在需要考虑本国经济周期的发展态势时，更要关注其他国家的经济周期中出现的情况，以做出更合理、科学的应对方案。

2.1.2 经济政策

经济政策是指国家或政府为了实现一定的经济目标，运用掌握的政策工具而制定的解决经济问题的管理办法与指导原则。经济政策是政府进行宏观调控的重要手段，主要运用的政策是财政政策和货币政策。

1. 财政政策

财政政策是指国家为实现一定的经济目标而调整财政收入与支出的规模，达到收支平衡而提出的指导原则与相应的措施。它一般包括国家预算平衡政策、税收政策、国债政策、财政管理体制等。例如，国家采取紧缩的财政政策时，会导致企业的现金流入减少、现金流出增加、资金紧张、投资压缩；反之，当国家采取宽松的财政政策时，企业现金流出减少，筹资相对容易，就可能会扩大投资，现金流入增加，从而利润上升。

2. 货币政策

货币政策是指中央银行为实现其特定的经济目标，而采取的各种控制和调节货币供应量或信贷规模的方针和措施的总和。它涉及整个国民经济运行中的货币供应量、利率、汇率等问题。例如，国家实行从紧的货币政策，提高商业银行上缴的存款准备金率，增加贷款条件，使企业融资受到一定程度的限制，从而促进企业提高财务决策的准确性。

在实际的经济政策运用上，一般情况下财政政策与货币政策是配合使用的。两种政策协调配合的形式有："双松"、"双紧"、紧的财政政策和松的货币政策、松的财政政策和紧的货币政策。例如："双松"可以减少企业的税收、扩大信贷规模，使企业去开展更多的投资项目；松的财政政策和紧的货币政策，可以刺激消费需求，促进产业结构的调整，同时减少由于通货膨胀而给企业带来的难题。

2.1.3 税收环境

税收具有调节社会总供给与总需求、经济结构，维护国家主权和利益等宏观经济作用。税收对企业财务活动的影响主要表现在以下几个方面。

(1) 影响企业融资和投资决策。企业采用负债方式融资的重要原因之一就是因为负债融资成本低于权益融资成本。企业负债式融资的代价是支付利息费用，利息费用可以在交纳所得税之前支付，这样做可使应纳税所得额减少，因而有抵减所得税作用。权益式融资的代价是支付股息，股息在税后利润中支付，无抵税作用。此外，企业投资建立不同形式的企业、不同规模的企业，投资于不同的行业，投资经营不同业务等，都会面临着不同的税收政策。因此，企业在进行投资决策尤其是长期投资决策时要充分了解税收环境，尽可能做出减少税赋费用的有利决策。

(2) 影响企业现金流量。税收有强制性、无偿性和固定性三个特征，企业作为法人，向税务机关纳税是其应尽的义务，并且要按税法的有关规定及时以货币资金上缴，否则，会受到经济处罚，导致企业形象受损。但是，交税要增加企业现金流出量，这就要求企业在进行理财时要解决好三个问题：①纳税期限临近时需筹足税款；②采用合法的财会方法使纳税递延，从而减少当期现金流出量，避免现金短缺；③编制现金预算时要尽可能准确预测税金费用。

(3) 递延所得税有利于保全企业资本。递延所得税是指企业采用允许的财会方法，使应在本财务成果期交纳的所得税递延到以后财务成果期。一般而言，应用稳健原则的会计方法如物价上涨时的后进先出法、提取坏账准备金等能使所得税递延。要实现所得税递延，必须增大当期的已售产品或商品成本或期间费用，这有利于成本费用足额补偿，避免虚盈实税、实分等侵蚀企业资本的行为发生，从而达到保全企业财务资本的目的。

我国已实行以流转税为主、所得税为辅、其他各税为补充的税制模式。目前正在建立的是以流转税和所得税并重，其他各税为补充的税制模式。待这一模式完善后，有关条件成熟时，将来要实行以所得税为主、流转税为辅，其他各税为补充的模式。

在现行税制下，共有23个税种，即增值税、消费税、营业税、资源税、城镇土地使用税、企业所得税、外商投资企业和外国企业所得税、个人所得税、筵席税、城市维护建设税、土地增值税、车辆购置税、耕地占用税、房产税、城市房地产税、车船使用税、车船使用牌照税、印花税、屠宰税、契税、农业税、牧业税和关税。

2.2 微观运行环境

微观环境同样会对财务管理产生重要的影响。公司财务人员在进行各种财务决策时，既要考虑宏观环境，也要注意微观环境，还要考虑各种因素之间的制约牵制作用，同时，又要学会抓主要矛盾，以便不断地提高财务管理水平。这些因素主要包括企业组织形式、市场环境、采购环境和生产环境等几个方面。微观环境的变化一般只对特定企业的财务管理活动产生影响。

2.2.1 企业的组织形式

企业的组织形式是指企业的内部按照何种方式或形式组织财产及所承担的法律责任。一般认为，企业的组织形式主要包括：独资企业、合伙企业和公司。

1. 独资企业

由个人单独拥有的企业称为独资企业。独资企业虽然属于最简单的企业组织形式，在开业之前还是要履行必要的手续，如领取营业执照。

独资企业有如下主要优点：①创建成本较低；②独资企业一般不是纳税主体。

独资企业也有其缺点：①独资企业难以筹集到大量的资本；②独资企业业主负无限责任；③有限的生命力。

2. 合伙企业

合伙企业是指由两个或两个以上的民事主体出于共同的经济目的,自愿签订协议,共同出资和经营,共负盈亏和风险,对外负无限连带责任的经济组织。

成立容易而且创建成本较低是合伙企业的主要优点。而其缺点与独资企业相类似:①无限的连带偿债责任;②有限的生命力;③所有权的转移有困难;④合伙企业难以筹集大量的资本。

3. 公司

公司是由政府主管部门创建的法人主体,具有所有权与经营权分离的重要特征。正是由于这个特征,公司具有以下三个主要的优点:①公司具有无限期;②股份的转让方便;③公司的所有者即股东只负有限的偿债责任。

公司也存在着缺点:①股权分散,会引发决策问题;②上市公司要求信息透明,容易泄露公司机密,容易引起公司股价的大幅波动等。

不同企业组织形式对财务管理活动有着不同的影响。如果企业的组织形式是独资企业,则财务管理相当简单。独资企业主要是利用业主的资本和供应商提供的商业信用,利用借款方式筹集少量的资金。独资企业的利润分配和资本抽回都比较简单,没有什么法律限制。而对于合伙企业来说,资金来源增加,信用能力增强,利润的分配也相对比较复杂。三种组织形式中,公司的财务管理活动最复杂,其资本来源渠道众多,筹资方式也是多种多样的。这就需要认真分析和选择,以便以较低的资金成本筹集所需要的资金。同时,公司的利润分配也比较复杂,需要考虑企业的内外部多种因素。

2.2.2 市场环境

市场环境又称销售环境,是指企业的商品和劳务在市场上销售时的竞争关系构成的组合,大体上反映了市场竞争的程度。企业所处的市场环境通常包括以下四种:完全垄断市场、完全竞争市场、不完全竞争市场和寡头垄断市场。不同的市场环境对企业财务活动有着不同的影响。

1. 完全垄断市场

完全垄断市场是指市场仅由一个企业控制了某种产品的全部供应,与完全竞争市场相对立。处于完全垄断市场的企业,销售一般都不成问题,价格波动不大,利润稳中有升,经营风险较小,企业可以较容易筹集资金。

2. 完全竞争市场

完全竞争市场是指在市场中买卖双方可以自由竞争,完全不受任何因素的制约和影响。处于完全竞争市场的企业,销售价格完全由市场来决定,企业利润随价格波动而波动,企业不宜过多的采用负债方式去筹集资金。

3. 不完全竞争市场和寡头垄断市场

不完全竞争市场是指市场中既有竞争又有垄断的一种综合性市场结构。寡头垄断市场是指市场仅由几个企业进行控制，它们往往通过限制产量而控制价格，破坏市场竞争。处于不完全竞争市场和寡头垄断市场的企业，关键是要使企业的产品具有优势、特色，具有品牌效应，这就要求在研究与开发上投入大量资金，研发出新的优质产品，并做好广告宣传，搞好售后服务，给予优惠的信用条件。要求企业筹集足够的资金，用于研究与开发支出，支付各种产品促销活动所发生的费用。

完全垄断市场与完全竞争市场是市场环境中比较极端的两个现象，一般经济情况下都是两者的混合体，即不完全竞争市场和寡头垄断市场。不完全竞争市场在企业经济效益与企业产品销售方面要好于处在寡头垄断市场中的企业，而价格水平方面寡头市场的企业要好于不完全竞争市场。

2.2.3 采购环境

采购环境是企业在市场上采购所需物资时，需要考虑的采购数量及价格等影响采购的相关因素。主要考虑的因素有：

1. 采购环境的稳定与波动

根据企业采购时所需物资充足情况，可以将采购环境划分为稳定的采购环境和波动的采购环境。如果企业处于稳定的采购环境中，市场上提供的物资较为充足，可以少储备存货，减少存货占用的资金；反之，如果企业处于波动的采购环境中，则必须增加存货的保险储备，以防因存货不足而影响生产经营活动。这时，企业将要把大量的资金投资于存货的保险储备上。

2. 原材料价格

在价格上涨的情况下，企业应该尽量提前进货，以防因价格上涨而遭受损失。这时，要求在存货上投放更多的资金。反之，如果价格下跌，则应推迟进货，以便从价格下降中获得好处，也可在存货上少投入资金。

3. 运输条件

运输条件好时可以节约企业的采购成本。在选择采购地点时，水、路、空运输条件的便捷程度，一方面可以缩短材料的在途时间，保证一些受温度、时间等因素影响的材料达到新鲜的程度；另一方面还可以选择最经济的运输方式节省采购成本，如水运价格相比空运价格优惠时，可以选择水运，相反可以选择空运。

除以上需要考虑的因素外，企业还可以利用供应商之间的激烈竞争，降低材料的购入价格；在采购国际材料时，利用外汇和汇率的变动或根据国家相关的退税政策的变动，相应降低采购成本；还应该根据材料的季节性情况，选择适当的时机进行备料，从整体上降低采购成本。

2.2.4 生产环境

生产环境是指由企业生产所需要的人力资源、技术资源、物质资源和生产能力等构成的组合。不同行业的企业有着不同的生产环境。从生产条件方面看，可将企业划分为劳动密集型、技术密集型和资源密集型的企业。

1. 劳动密集型企业

劳动密集型企业是指企业生产主要依靠使用大量的劳动力。在这种情况下，企业的工人工资支付较多，现金流量较大，短期资金的需求量较大，但占用的长期资金较少。

2. 技术密集型企业

技术密集型企业是指企业生产主要以尖端的、先进的科学技术为主。其对设备或生产工艺的技术要求含量较高，并且需要的大多为高科技人才，而对于资源的要求相对较低。所以企业要筹集较多的长期资金投入到技术改革上，但往往通过先进的技术发明会使相关产业发生突破性的改革，所以企业的回报也较高。

3. 资源密集型企业

资源密集型企业是指企业生产主要依靠如土地、矿物等自然资源。对相关自然资源的使用，需要开展大量的开采、挖掘、勘探等工作，所以资金占用的时间较长，资金量比较大。

所以，企业的生产环境也会对财务管理行为产生重要的影响。企业生产状况的变化，会影响到资金的使用时间、流通速度、分配比例等。

2.3 金融市场环境

金融市场是指资金供应者和需求者双方通过各种形式融通资金的场所。而金融市场环境正是基于金融市场的特定规则而构筑的财务环境。

金融市场有两个基本特征：①金融市场的交易对象是资金供应者直接或通过中介把资金让渡给资金需求者，并取得一定的金融工具；②金融市场可以是有形的市场，如银行、证券交易所等，也可以是无形的市场，如利用计算机、电传、电话等设施，通过经纪人进行资金融通活动。

企业是金融市场的参与者，有时需要从金融市场上筹措资金以满足生存与发展需要，是资金的需求者；有时，企业也会将闲置的资金投资到金融市场，以获取尽可能高的收益。

金融市场直接制约着企业的融资与投资活动，同时也可以防范和分散企业风险。市场主体运用金融工具在各种金融交易场所进行资金交易，最后形成金融市场上的各种交易参数，如证券价格、证券指数、市场利率等，这些都对企业的融资与投资活动起着一定的制约作用。同时，如果企业充分利用金融工具，选择合适的金融交易参数时机进行投资，在形成科学、合理的投资组合时，还可分散企业的投资风险、防范风险，甚至是获得更多的利益。

2.3.1 金融市场的分类

根据不同的分类标志，可以将金融市场划分为不同的类型，具体为：按融资期限分，可分为短期的货币市场和长期资本市场；按证券发行与流通分，可分为一级市场和二级市场；按交易方式分，可分为现货市场、期货市场和期权市场；按交易区域分，可分为国际市场、国内市场和地区市场；按交易种类分，可分为资金市场、外汇市场和黄金市场等。金融市场的分类如图2-1所示。

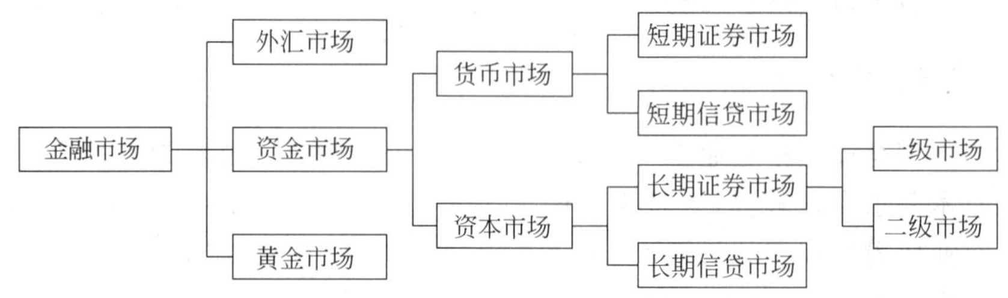

图2-1 金融市场分类图

(1) 按融资期限分，可分为短期货币市场和长期资本市场。

根据融资期限的长短，可以将金融市场划分为短期货币市场和长期资本市场。短期货币市场是指一般交易期限不超过一年的资金交易市场，由于短期的有价证券交易通常都是作为货币使用或变成货币交易，所以称之为短期货币市场。短期货币市场主要是为了保持金融资产的流动性，风险比较低。例如：商业票据市场、银行承兑汇票市场、短期政府债券市场。长期资本市场是相对于短期货币市场而言的，一般是指超过一年以上的交易期限的市场。这种市场风险较高，同时回报也高。例如：债券市场、股票市场、基金市场等。

(2) 按证券发行与流通分，可分为一级市场和二级市场。

一级市场也称发行市场，是指从事原始股票和新证券等金融工具买卖的市场。在一级市场中还可具体分为公开发行和私下募集，公开发行是由国家政府进行监管的，具有投资者多、筹资潜力大的特点；而私下募集一般都有确定的投资者，但一般不受法律保护，具有发行手续简单、节约费用的特点。二级市场也称流通市场或次级市场，是指从事上市后的旧股票和证券等金融工具买卖的市场。一般根据二级市场中交易的地点不同可分场内交易和场外交易。场内交易一般指通过证券交易所进行的金融产品买卖，具有企业信息公开、交易价格动态变化的特点；场外交易一般指通过银行或证券经商的柜台进行的交易，具有手续费低、投资回报高的特点。

(3) 按交易方式分，可分为现货市场、期货市场和期权市场。

现货市场是指金融交易成交后，在当天或成交后三天内进行的买卖交割的市场。现货市场具有资金周围快、风险低的特点。期货市场是指在金融交易成交后，双方约定在未来某一特定的时间进行交割的市场。期货市场具有投资风险高而且可以进行套期保值的特点。期权市场是能在未来特定时间以特定价格买进或卖出一定数量特定资产权利的市场。期权交易是期货交易的一种延伸，具有更好的控制投资风险的能力。

（4）按交易区域分，可分为国际市场、国内市场和地区市场。

国际市场是指交易活动是跨越国界的，在国际间进行资金融通的市场。国内市场是指交易活动的双方都是国内的，在国内进行金融交易的市场。地区市场是将交易的范围缩小到一个经济地区或一个城市内进行金融交易的市场。随着交易区域的扩大，对于企业所要面临的风险也是在扩大的，尤其是在国际市场上进行交易，竞争对手的实力更加强大、可供交易的金融品种更多、交易考虑的不确定因素也更多。

（5）按交易种类分，可分为资金市场、外汇市场和黄金市场。

资金市场是指只进行现金交易的市场，它具有很强的变现能力。外汇市场是指从事外汇交易的市场。外汇市场可以促进资金的利用效率、规避国际交易风险，还可以通过对两种货币汇率之间的变动差额进行投机进而取得更大的盈利。黄金市场是指市场上交易买卖的都只是黄金的市场。由于黄金仍是国际支付中重要的通用支付工具，所以在国际结算中占据着重要的地位。

通过对金融市场进行详细的分类，可以使企业根据自己的发展需要，开展与之相对应的金融管理活动。

2.3.2 金融机构

金融机构是指专门从事金融产品交易或货币信用活动的中介组织。我国主要的金融机构可分为银行类和非银行类。银行类主要有中央银行、商业银行、政策性银行。中央银行主要是制定、执行和监督相关金融政策及其完成的情况，起着维护金融市场稳定、防范金融风险的作用。商业银行主要以营利为目的，办理各种存款、发放贷款或转账结算业务。政策性银行是指贯彻、执行、配合国家的政策，为国家经济发展、宏观调控、社会进步开展政策性金融活动的机构。我国的非银行性金融机构主要包括保险公司、证券公司、农村信用合作社、典当行等。

资金供应者与资金需求者之间有时进行资金交易，有时则要通过金融机构来进行。金融机构在资金供给者和需求者之间起着至关重要的中介作用。具体来说，资金供应者与资金需求者之间进行资金交易有如下三种方式。

第一，不经过任何中介机构的资金交易。在这种方式下，需要资金的公司直接将其股票或债券卖给资金供应者（投资者）。图 2-2 描述了其资金转移方式。这种直接交易是最简单的一种方法，同时它的效率也是最高的。但这种方式也有相应的局限性，一方面投资者想直接找到合适的企业需要收集大量的信息，对这个企业进行了解，这增加企业的信息成本也降低了财政管理的效率；另一方面，企业必须愿意接受投资者的参加，如果投资者向企业提出很高的投资条件，企业不一定愿意收受，那么这种交易也不能实现。

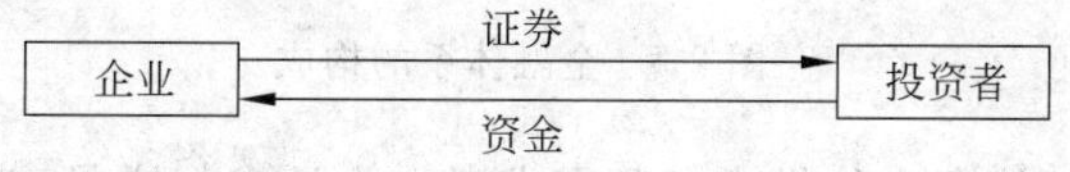

图 2-2　不经中介机构的资金交易

第二，经由投资银行的资金交易。在这种方式下，投资银行是一种承销公司的新证券并协助公司获得融资的金融机构，它扮演中间人的角色。图2-3描述了其资本转移方式。这种方式是在中间商投资银行的作用下，企业与投资者很快建立起财务关系。这使双方都节约了信息成本，也使投资银行从中获得一定的收益。但对于投资银行来说，它也要承担一定的风险，如果失败他们要共同承担损失。

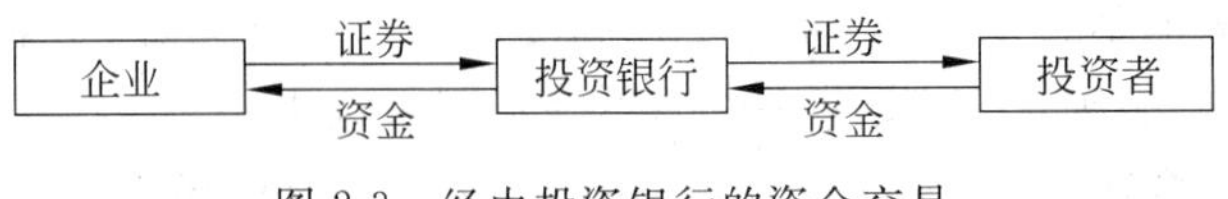

图2-3 经由投资银行的资金交易

第三，经由金融中介机构的资金交易。在这种方式下，金融中介机构以其本身所发行的证券来交换投资者的资金，然后再将资金转投资到各种股票或债券上。图2-4描述了其资金交易方式。此种交易中，首先通过金融中介将资金供应者的资本聚集到一起在金融机构中共同购买企业的证券，可以同时为家企业提供资金。金融机构为资金供应者和企业提供了更多、更容易获得的投融资机会。

图2-4 经由金融中介机构的资金交易

上述三种转移方式都是通过金融市场完成的。

2.3.3 金融体系

由金融市场、金融机构和资金供应者、需求者所构成的资金集中与分配的系统称为金融体系。金融体系的构成如图2-5所示。

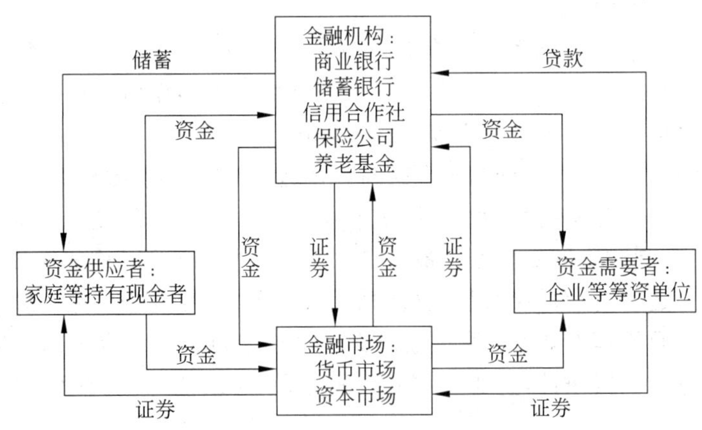

图2-5 金融体系的构成

健全的金融体系，使资金的供应者和需求者自由地参加交易，为资金的融通提供了方便，也有利于引导资金流向，因而对于国家的经济发展和企业的财务管理工作都具有重要意义。

金融体系具有以下基本功能。

(1) 清算和支付功能：金融体系可以提供商品和服务购买的清算支付机制，如目前发展较快的借记卡和信用卡的使用。

(2) 融通资金和股权细化功能：金融体系通过提供各种相应机制，将资金汇聚到一起并向大规模的无法分割的项目进行投资。

(3) 提供经济资源转移渠道：通过金融体系的融通，可以实现并促进经济资源跨时间、地域和产业转移。

(4) 风险管理功能：金融体系提供了应付无法测预和难以控制风险的手段及途径。

(5) 提供信息功能：金融体系通过提供市场信息，帮助协调不同经济部门的科学决策。

(6) 解决激励问题：在代理问题中，金融体系可以在金融交易双方拥有不对称信息及委托代理行为中，运用金融体系自身的优势为企业提供激励问题的解决方案。

总之，财务管理环境影响着企业的生存与发展，了解金融市场上资本的供求关系、国家有关的经济政策以及国内外政治、经济和技术发展的动向，可以使企业的财务决策有坚实的基础，保证财务决策的正确性。同时，及时了解企业所面临的环境之变化，保证财务决策的及时性。当环境出现有利条件时，要积极利用，以便获得最大的收益；反之，当环境出现不利于企业的因素时，要及时采取对策，以避免客观环境所带来的不利影响。进一步的，了解财务管理的环境，可以使企业预计到未来环境的变化，提高财务决策的预见性。如果企业的财务管理活动只是跟在环境变化后面被动地变化，那么，要取得良好的业绩是困难的。财务决策者要站得高、看得远，充分预见未来环境的变化情况，做出符合长远发展趋势的决策。

案例分析

案例 2-1　开麦商场股份有限公司债务重组案例

2009 年的第 5 天，开麦商场刊登了一则公告引起各方关注。就在 2008 年的最后一天，开麦商场从慷慨的债权人那里得到了一份合计 2 091 万元的新年大礼：开麦商场于 2008 年 12 月 31 日与第一大股东红丰集团股份有限公司(以下简称红丰集团)订立债务重组协议，“为积极扶持公司的发展，并充分考虑到公司的实际还款能力”，大股东红丰集团将此前开麦商场对其累计欠款 1 750 万元一笔勾销。同时公司所在辖区的红丰市财政局出于和大股东同样的考虑，将公司累计欠付财政局共计本金 1 191 万元产生的利息 341 万元全部豁免。

1. 背景

开麦商场股份有限公司成立于 1986 年，主营商业零售、酒店服务业，是红丰市第一家规范化商业股份制企业。该公司的商场地处本市中心最繁华的山东路黄金路地段，此外，该公司还经营一家“五洲大酒店”。1995 年 3 月，开麦商场作为历史遗留问题在沪证券交易所挂牌上市，上市前的 1994 年每股收益 0.091 元，每股净资产 1.43 元；上市时，开麦商场已经是本市经营规模最大的商业服务企业及利税大户。

2006年4月开麦商场公布2005年报表时，主营业务收入和净利润分别比上市公司预测数低51.5%和91.3%，比2004年实际下降33%和84%，每股收益只有0.014元，并且2006年、2007年连年亏损。2007年6月，开麦商场因为主营业务连续滑坡，每股净资产接近面值而被特别处理，成为ST。2008年中期，开麦商场仍然亏损，如果2008年开麦商场仍然无法扭亏，开麦商场将终止上市。

开麦商场2008年年中报显示，上半年已亏986万元，长期投资和存货已计提跌价准备；而应收款项均未提坏账准备，3年以上应收款项560万元。因此，2008年报要求计提四项准备，将进一步加大开麦商场的财务压力。而公司目前资金匮乏，支付能力很差。

2. 新的转机

在开麦商场百货经营开始走下坡路时，新的大股东来了。在首次亏损的2006年的最后一天，公司发起人红丰市建设发展公司将其所持开麦商场发起人国有法人股票1 992.7万股中的1 492.7万股转让给红丰集团股份有限公司。

此次转让后，红丰集团以29.5%的持股比例成为第一大股东。

红丰集团成立于1993年9月，是集技、工、贸于一体的综合性企业集团，是1996年12月在深圳证券交易所上市的红丰电子股份有限公司的控股股东。据红丰集团投资管理部经理刘林西介绍，红丰集团本身也有部分商业经营，而且以前在红丰做得不错，当初并购开麦商场是希望在本市和本省扩大红丰的商业经营规模。红丰超市在红丰地区已有30多家连锁店，但目前处于微利状态。在1996年年底收购开麦商场时，红丰集团对其财务状况有所了解，知道可能亏损，但认为通过资产置换、引进一些新项目后，能使开麦商场改善产业结构，步入良性发展。

红丰集团以4 500万元、每股0.38元的价格收购开麦商场，经过评估，开麦商场的每股净资产1.05元。

在红丰集团入主开麦商场后的近两年时间内，开麦商场管理层逐渐进行了一些调整：

2007年5月，开麦商场股东大会选举张树立(红丰集团董事长)、王建业(红丰集团董事、副总经理)、吴夏历(红丰集团副总裁)为公司董事。原公司董事长郭伟平由于工作和身体原因，辞去公司董事长职务，由张树立接任，经其提议，郭伟平担任副董事长。

从2007年开始，易主的开麦商场在新任大股东的帮助下，做了种种扭转颓势的努力：

2007年4月中旬，开麦商务停业两个月进行装修改造。开麦商场董事长兼副总经理牛威名认为，公司连年亏损主要是由于主营商业滑坡严重，究其原因是商场的规模偏小和硬件设施较差，导致公司在激烈的商战中处于不利地位。

红丰集团投资管理部经理刘林西说：豁免的1 750万元是公司入主开麦商场后分几笔投入的，用于开麦商场日常经营周转，并投资了一些新项目。如商场重新定位装修后，招商招租生产厂家和客户进入商场经营，并在商场地下楼层开设了迪厅等。此外，红丰集团还协助开麦商场清理了部分不赚钱的子公司。

3. 相关交易

在2006年年底红丰集团入主开麦商场的同时，双方还签订了由开麦商场受让红丰集团下属两家子公司——深圳红丰影视设备有限公司和深圳市红丰珠宝贸易有限公司控股权的协议。直至2008年6月，开麦商场董事会决定采用购买的方式受让红丰影视设备公司65%的股权，受让总价款960万元，须由开麦商场自筹，按月分期付款，一年内支付完毕。

据红丰集团刘林西介绍，由于金融危机影响，珠宝行业赢利能力下降，所以至今没有进行这项转让。而对于开麦商场能否如约分期支付影视设备收购款，刘林西说，不了解。另据开麦商场牛威名透露，尽管大股东在红丰影视设备公司的转让价格上作了较大让步，但由于目前公司资金紧张，无力支付收购价款，也没有适当的资产可以置换，该收购协议一时可能还难以履行。

4. 无奈的赞助

在开麦商场举步维艰时，大股东和地方财政局的"慷慨之举"虽然不多见，但是也没有超出人们的想象。

据开麦商场牛威名介绍，红丰集团本次豁免的1 750多万元是开麦商场2007年以来因经营中发生支付困难，陆续向大股东借的款。红丰集团刘林西说，本次豁免，确实考虑到开麦商场的实际情况：经营困难，现金流量少，债务负担沉重，不具备还款能力，经营方式尚存在转变中，等等。他不否认豁免债务也是努力使开麦商场扭亏为盈，达到"保牌"目的，但目前开麦商场的审计结果没有出来，无法预料本次豁免债务的收益能否抵消经营亏损，保牌也许是可能的。他认为，ST对开麦商场和所有股东都不好，红丰集团作为大股东，有责任帮助开麦商场搞好经营，而红丰集团走在考虑开麦商场产业结构调整的方向，但目前具体方案还不能透露。

记者从红丰市财政局了解到，本次利息豁免是经政府领导批准，由市财政局来执行的。主要是由于，开麦商场整体经营暂时出现困难，职工工资虽然没有问题，但是保险、福利费也应该有保障。开麦商场有一千多名职工，都属本市管理，政府要对职工的稳定负责。此外，开麦商场如果能够保牌经营并有好转，财政局也能取得税收。正是综合考虑了这些因素后，才决定暂时放弃部分利益，扶持开麦商场渡过难关。

对于本次债务重组，开麦商场牛威名认为，正如国家通过债权转股权来支持国有大企业发展一样，大股东红丰集团这样做无疑是对上市公司的支持，有利于调整公司负债结构，减少上市公司的负伤压力，为公司今后发展创造一个相对宽松的环境。

5. 各方看法

就在这时，红丰集团内部也发生了分歧，红丰集团董事长王建业认为应该继续加大开麦商场的扶持，再争取一些好的项目注入开麦商场，彻底帮助开麦扭亏；红丰集团董事、副总经理吴夏历认为不应该再投入，而是应该及早撤出，因为开麦商场已经连续三年亏损，无法医治；郭伟平副董事长认为，开麦商场并非不可救药，而是在于红丰没有充分利用开麦的资源，职工的积极性没有调动，加上国家经济处于低谷，所以未能实现盈利，如果准确估计经济发展趋势，采取措施，开麦商场还是有希望的。

资料来源：来自自编案例集.

问题：请就上述内容说明本案例的主要议题；并谈谈你对上述案例的看法。你从红丰集团的决策者、红丰集团的股东、国家政府领导、当地财政领导的角度，该如何对这件事进行处理，并采取什么措施？

本章小结

财务管理环境是企业在理财过程中所面对的各种客观条件或影响因素，是影响财务管理工作诸要素的总和。根据影响财务管理活动范围的大小进行分类，可分为宏观经济环境和微观运行环境。

财政管理宏观经济环境主要的影响因素是经济周期、经济政策。根据经济周期复苏、繁荣、衰退、萧条的不同四个阶段，财务管理活动要有所侧重，相应地开展增加或缩减财务投融资活动。财务管理微观运行环境的主要影响因素有企业的组织形式、税收环境、市场环境、采购环境及生产环境。

金融市场直接制约着企业的融资与投资活动，同时也可以防范和分散企业风险。根据金融市场的不同分类，以及金融机构和金融体系对财务管理活动的不同限制与提供的不同条件，使企业可以通过合理地运用金融市场的优势实现企业价值最大化目标。

思考题

1. 影响财务管理的宏观环境包括哪些？具体有什么影响？
2. 影响财务管理的微观环境包括哪些？具体有什么影响？
3. 金融市场对财务管理的影响体现在哪些方面？

习题

1. 名词解释题

宏观经济环境，经济政策，企业的组织形式，市场环境，金融市场，寡头垄断

2. 选择题（包括单选与多选）

(1) 财务管理中最重要的环境因素是（　　）。

A. 经济环境　　B. 法律环境　　C. 体制环境　　D. 金融环境

(2) 财务管理的微观运行环境包括（　　）。

A. 企业的组织形式　　B. 市场环境　　C. 采购环境　　D. 通货膨胀

E. 生产环境

(3) 对于企业财务管理而言，下列因素中（　　）只能加以适应和利用，但不能改变。

A. 国家的经济政策　　B. 金融市场环境

C. 企业的组织形式　　D. 通货膨胀

E. 生产环境

(4) 将金融市场划分为一级和二级市场的划分标准是（　　）。

A. 金融市场的融资期限　　B. 金融市场的交易方式

C. 金融市场上证券发行与流通　　　　　D. 金融市场的交易区域

(5) 各类银行、证券交易公司、保险公司等均可称为(　　)。

A. 金融市场　　B. 金融机构　　C. 金融工具　　D. 金融体系

(6) 在未来特定时间以特定价格买进或卖出一定数量特定资产权利的市场，称之为(　　)。

A. 期权市场　　B. 外汇市场　　C. 期货市场　　D. 现货市场

3. 判断题

(1) 国家实行从紧的货币政策，提高商业银行上缴的存款准备金率，增加贷款条件，使企业融资受到一定程度的限制，从而促进企业提高财务决策的准确性。(　　)

(2) 要实现所得税递延，必须减少当期的已售产品或商品成本或期间费用。(　　)

(3) 如果企业处于稳定的采购环境中，则必须增加存货的保险储备，以防因存货不足而影响生产经营活动。(　　)

(4) 技术密集型企业对设备或生产工艺的技术要求含量较高，并且需要的大多为高科技人才，而对于资源的要求相对较低。(　　)

(5) 政策性银行主要是制定、执行和监督相关金融政策及其完成的情况，起着维护金融市场稳定、防范金融风险的作用。(　　)

4. 简答题

(1) 了解财务管理活动所处的环境，对我们有什么意义?

(2) 企业组织的主要形式具体有哪些区别?

第3章 财务报表分析

本章框架体系

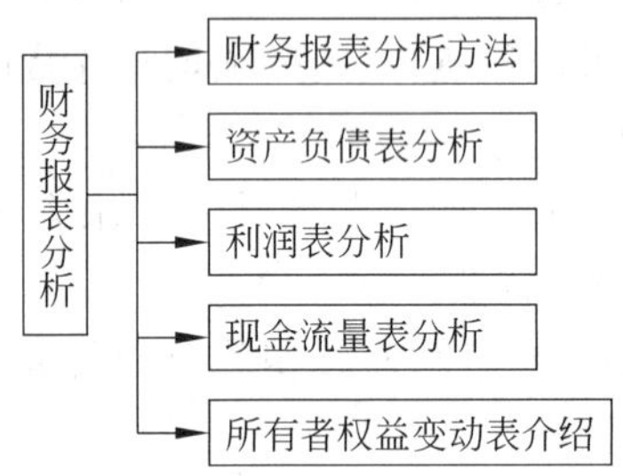

学习目标

1. 了解财务报表分析方法。
2. 了解资产负债表、利润表、现金流量表和所有者权益变动表的内容及结构。
3. 掌握资产负债表、利润表以及现金流量表的主要分析内容。

导 读

当同学们快要毕业准备参加工作时，每个人都希望能到一家效益好的公司。那么，对于这家公司的效益你都会从哪些方面进行了解呢？如果你掌握了财务报表的分析方法，可以很快的通过报表来观察公司的经营状况。

一般来说，人们查阅财务报表的目的，不外乎为了回答如下的问题：

1. 这家公司投资能够带来预期的收益吗？
2. 我手头的这些股票或者债券或者其他证券是否应当出手？
3. 这家公司为什么借贷？能不能按时偿还所借款项的本金和利息？
4. 这家公式在同行业中占据什么地位？是否能在同行业中独占鳌头？

财务报表是财务会计报告系统的重要组成部分，反映企业的资本结构、盈利能力和现金流量等经营状况。一个公司的整套财务报表包含了大量信息，如公司的财务状况、经营业绩、管理政策，甚至可以由此预测该公司未来的经营情况。

本章内容

3.1 财务报表分析方法

财务报表分析是指以企业财务报表资料为基础点，采用一系列的分析方法和指标计算，对企业的财务状况和经营成果所进行的分析与评价，来反映企业经营过程中的利弊得失及未来发展前景，为改进企业财务管理工作和优化管理决策提供重要的财务信息。通过对财务报表的解读，可以分析企业过去、评价现在并预测未来，向有关利益各方提供对特定决策有用的信息，减少决策的不确定性。

财务报表分析的方法主要有比较分析法、因素分析法、趋势分析法、比率分析法等。对于企业的三大报表分析，通常都是综合运用四种方法来具体分析。

3.1.1 比较分析法

比较分析法是对两个或两个以上相关的财务指标进行比较，揭示差异和矛盾的方法。比较分析法是财务分析中最基本、最主要的方法。

根据财务分析的要求与目的的不同，比较分析分为以下三种基本类型。

(1) 将分析期的实际指标与计划指标进行对比，以确定实际与计划的差异，检查计划的完成情况。

(2) 将分析期的实际指标与前期指标(或过去的某期指标)进行对比，以确定本期实际与前期(或某期)实际的差异，提示有关指标的增减变动情况，预测企业未来的发展趋势。在实际工作中，最典型的形式是本期指标与上期指标或历史最好水平的比较。

(3) 将本企业的实际指标与同行业相应指标的平均水平或先进水平作比较，以确定本企业与行业平均水平或先进水平的差异，分析存在的问题，不断提高企业的管理水平。

【例 3-1】 A 公司 2012 年度产品销售成本指标的对比情况如表 3-1 所示。

表 3-1　A 公司 2012 年度产品销售成本指标的对比　　元

指　标	实际数	计划数	差　异	
			差额	百分比/%
产品销售成本	348 654 000	345 000 000	3 654 000	1.06%

由表 3-1 可知，A 公司实际发生的产品销售成本比计划数高出 3 654 000 元，高出了 1.06 个百分点，应该分析原因，找出成本上升的原因。

3.1.2 因素分析法

因素分析法，是依据分析指标和影响因素的关系，从数量上确定各因素对财务指标的影响程度。

企业的活动是一个有机整体,每个指标的高低都受若干因素的影响。从数量上测定各因素的影响程度可以抓住主要矛盾,更有说服力地评价经营状况。因素分析法具体又分为以下几种。

(1) 差额分析法:它是利用各个因素的比较值与基准值的差额,在其他因素不变的情况下,来分析各因素对财务指标的影响。

(2) 指标分解法:是将所要分析的项目分解成若干个子指标,然后对每一个指标影响项目的程度进行分析。

(3) 连环替代法:依次用分析值替代标准值,测定各因素对财务指标的影响。此种方法在实践中应用的比较广泛。

(4) 定基替代法:分别用分析值替代标准值,测定各因素对财务指标的影响。

在实际的分析中,各种方法通常是结合使用的。而且在应用中也要注意因素分解的相关性、分析前提的假设、因素替代的顺序及连环性。这样既可以保证因素分析的实际经济意义,也可以提高分析结果的准确性。

3.1.3 趋势分析法

趋势分析法是将企业连续几年的财务报表的有关项目进行比较,用以分析企业财务状况和经营成果的变化情况及发展趋势的一种方法。

1. 按金额编制的比较财务报表

按金额编制的比较财务报表,将两期或数期财务报表上的相同项目按金额分别列示,计算出增减变动额,以便财务分析者应用。

表3-2列示了B公司2008年到2012年的销售收入和净收益情况。

表3-2 B公司2008到2012年的销售收入与净收益情况 元

项 目	2008	2009	2010	2011	2012
销售收入	23 000 000	20 000 000	24 000 000	26 000 000	30 000 000
净收益	10 500 000	10 000 000	11 000 000	11 800 000	14 100 000

从表3-2可以看出,B公司2008年到2012年五年来的销售收入与净收益都有比较令人满意的增长趋势,但仍不能更精确地确定其逐年变动的程度。因此,为了更为精确地确定各年变动程度,还要进一步编制以百分比表现的比较财务报表,反映其趋势百分比。

2. 按百分比编制的比较财务报表

有的企业不仅要按金额编制比较财务报表,反映有关项目的增减变动额,还要按百分比编制比较财务报表,反映有关项目的增减变动百分比。要按百分比编制比较财务报表,必须首先确定比较的基准期即基期。

根据表3-2的资料,以2008年为基期,用基期的数字去除其他各期的数字,可以得出B公司五年来的趋势百分比,如表3-3所示。

表 3-3　B 公司 2008 年到 2012 年趋势百分比　%

项　目	2008	2009	2010	2011	2012
销售收入	100.00	86.96	104.35	113.04	130.43
净收益	100.00	95.24	104.76	112.38	134.29

从表 3-3 可以看出，B 公司 2009 年销售收入与净收益都有所下降，但净收益下降的幅度比销售收入下降的幅度小，而 2008 年到 2012 年这个期间内净收益的增长基本超过销售收入增长，且 2012 年的净收益是 2008 年的 1.34 倍，而同期销售收入仅增长 1.30 倍。

3.1.4　比率分析法

在同一期财务报表上有一些项目或类别之间彼此存在着一定的关系，可用相对数来表示它们之间的相互关系，据以分析和评价企业的财务状况和经营成果，以表明企业某一方面的情况。这种分析就是比率分析。比率分析法是财务分析最重要的方法。

比率分析法的计算方法有：结构比率分析、效率比率分析、相关比率分析。

(1) 结构比率分析是用个体指标与总体指标的比值来分析项目的构成变化。如分析企业的资产构成时分别用流动资产、长期投资等除以资产总额，来分析各部分在资产中的比重，观察企业的资产结构是否合理。

(2) 效率比率分析是企业的某项费用与收入之间的比率，来反映企业的投入与产出的效率关系。它可以考察企业的经营成果，评价企业的经济效益。如通过利润指标与销售成本、销售收入、资本资金等进行对比计算，可反映出企业的获利能力。

(3) 相关比率分析是指两个不同的指标但又具有相关性，经过对比后可反映企业活动情况的相互关系。如可用负债总额除以股东权益，得出负债比率来反映企业的长期偿还债务的能力。

3.2　资产负债表分析

资产负债表是企业财务报表中较重要的报表之一。通过对财务报表的分析，不仅可以对企业财务及经营状况的变动情况和变动原因有所掌握，还可以为企业将来的工作重点和发展方向提供依据。

3.2.1　资产负债表概述

资产负债表是反映企业在某一特定时点上(一般为月末、季末或年末)财务状况的报表，它全面反映了公司在某一时点上所拥有的资产、债务和资本的存量情况。由于该表反映了一个企业在特定时点的财务状况，因而又可称为财务状况表。资产负债表是一幅企业财务状况的静态图画，它是报表编制日企业财务结构的快照，而在这一天之后或之前的资产负债表可能发生变化。

资产负债表有两种基本格式，即账户式和报表式(垂直式)。

3.2.2 资产结构分析

资产结构是企业资产的各组成部分与资产总额的比重。对于资产结构的分析不仅要看其结构的分布情况，还要分析其资产的效率。

资产负债表中的资产项一般按其变现能力即流动性程度高低顺序排列，即先流动资产、后非流动资产，反映了公司的总资产和各类资产的构成。对于企业的资产结构分析具体从一般结构分析、短期偿债能力分析和资产运营效率分析三方面展开。

1. 资产结构一般性分析

资产结构的一般性分析是指简单地用各项资产与资产总额进行对比，观察企业的资产构成情况，计算公式为

$$资产各项的构成比率=\frac{各项资产金额}{资产总额}\times 100\%$$

通过计算各项资产占总资产的比重，可以看出企业的技术装备特点、经营特点甚至是其所在的行业特点。一般来看，工业的固定资产比重较大，商业的流动资产比重较大。

2. 短期偿债能力分析

短期偿债能力分析指企业以流动资产支付流动负债能力的分析，一般又称为流动性分析、变现能力分析。对一个企业来说，短期偿债能力相当重要。如果企业缺乏短期偿债能力，不仅无法获得有利的进货机会，而且还会因无力支付其短期债务而被迫变卖其他资产，甚至导致破产。所以企业的流动资产和流动负债之间应保持合理的比率关系。

衡量和评价企业短期偿债能力的比率主要包括：

(1) 流动比率

流动比率是财务分析中最常用的比率之一，它是指企业一定时期全部流动资产对全部流动负债的比率。其计算公式如下：

$$流动比率=\frac{流动资产}{流动负债}\times 100\%$$

由于流动负债通常是用流动资产来偿还的，因此，流动比率越大，表明公司资产的流动性越高，短期偿债能力越强。该比率并不是越高越好，通常认为应保持在2。

(2) 速动比率

流动比率只能表明企业流动资产与流动负债之间的关系，没有提示流动资产的构成与素质。如果流动比率较高，而流动资产的流动性却很低，则企业的短期偿债能力依然较差。速动比率的提出就是要弥补流动比率的这些缺陷。

速动比率是企业一定时期的速动资产与流动负债的比率。其计算公式如下：

$$速动比率=\frac{速动资产}{流动负债}\times 100\%$$

企业的速动资产是指可以立即用来偿付流动负债的那些流动资产，它的计算是将流

动资产总额减去存货后的余额。

3. 资产运营效率分析

资产运营效率主要是通过对企业资金周转能力的分析，来评价企业各项资产的利用水平和盈利能力。其主要指标是资金周转率。它是反映企业在一定时期内资金的周转次数或周转一次所需要的天数，主要可按应收账款、存货和固定资产等来计算。

(1) 应收账款周转率

应收账款周转率是企业一定时期赊销净额与应收账款平均余额的比率，反映企业在一定期间内应收账款转变为现金的速度。其计算公式如下：

$$应收账款周转率=\frac{销售收入}{(期初应收账款+期末应收账款)\div 2}\times 100\%$$

该比率越小，表明应收账款的收现过于缓慢，管理上缺乏效率，如收款工作不力、赊账条件过松、呆账过多等。

此外，还可以计算应收账款周转天数：

$$应收账款周转天数=\frac{360}{应收账款周转率(次)}$$

一般来说，应收账款周转率越大越好，说明企业资金有较高的利用水平；相反，应收账款周转天数在一般情况下却是越小越好，说明企业资金周转一次只要较少的天数，资金的利用水平较高。

(2) 存货周转率

存货周转率是企业一定时期的销售成本总额与存货平均余额之比，用来衡量公司销货能力的强弱和存货是否适量。其计算公式如下：

$$存货周转率=\frac{销售成本总额}{存货平均余额}\times 100\%$$

$$存货平均余额=(期初存货余额+期末存货余额)\div 2$$

存货周转率高，表明存货周转快，积压的存货少，费用等支出也少。存货周转的慢，可能表明存货中冷、背、残、次货品增加，不适销对路。此外，也常用平均存货周转天数来衡量存货的周转速度，其计算公式如下：

$$存货周转天数=\frac{360}{存货周转率}$$

平均存货周转天数越多，表明存货数额越大，存货周转越慢；反之亦然。

(3) 固定资产周转率

固定资产周转率也称固定资产利用率，它是企业一定时期销售收入总额与固定资产净值的比值，表示固定资产全年的周转次数，用来衡量公司固定资产的利用程度。其计算公式如下：

$$固定资产周转率=\frac{销售收入}{(期初固定资产+期末固定资产)\div 2}\times 100\%$$

一般来说，比率越高，表明资产周转的速度越快，闲置的固定资产越少；反之，比率越低，则表示固定资产存在闲置现象，或者固定资产的投资过分扩张。

通过对企业资产结构的一般结构分析、短期偿债能力分析和资产运营效率分析这三个方面，企业可以更好地对资产结构进行优化，进一步提高企业的资产使用效率，达到资产的合理配置。

3.2.3 资本结构分析

企业的资本结构包括负债总规模与所有者权益的对比，也包括各类负债占总负债的比重及所有者权益各组成部分占总所有者权益的比重。

由于资本结构的不同，企业的资金构成与所承担的风险也不同。对于企业资本结构的分析可以从一般性结构分析、长期偿债能力分析以及资本效率分析三方面展开。

1. 资本结构一般性分析

资本结构的一般性分析就是简单地将各类负债或所有者权益项目与之相对应的负债总额或所有者权益总额进行对比分析。计算公式为

$$负债的构成比率=\frac{各项负债数额}{负债总额}\times 100\%$$

$$所有者权益的构成比率=\frac{各项所有者权益数额}{所有者权益总额}\times 100\%$$

企业资本结构的一般分析可以反映企业的资金来源、资金成本及所承担的风险。自有资金越多，企业所承担的偿还负债风险就越小；反之，则承担的风险越大。

2. 长期偿债能力分析

(1) 权益负债比率

该比率与负债比率刚好相反，为股东权益与负债总额之间的比率，用来表示公司的每百元负债中有多少元的自有资本可用来抵偿。其计算公式为

$$股东权益与负债比率=\frac{股东权益}{负债总额}\times 100\%$$

这一比率越大，表明公司自有资本越雄厚，负债总额越小，债权人的债权就越有保障；比率越小，则意味着公司负债越重，财务可能陷入危机而无力偿还债务。

(2) 利息保障倍数

利息保障倍数又称已获利息倍数，是企业的息税前利润与利息费用的比率。该指标反映了企业全部收益对于支付利息的保障能力。其计算公式如下：

$$利息保障倍数=\frac{息税前利润}{利息费用}$$

一般来讲，该比率越大说明企业利息保付能力越强；如该比率过低，则说明企业可能无法按时偿付当期的利息费用。

3. 资本效率分析

资本的效率分析是通过有关权益与资产之间、资产和负债之间、负债的比例关系进行分析。资本效率的分析可以反映企业的资本结构是否健康合理，也体现出企业的长期偿

偿能力和承担风险的能力。具体可通过资产负债率、产权比率、有形净值债务率进行分析。

(1) 资产负债率

它是将企业的负债总额与资产总额进行比较,来反映债权人所提供的资本占全部资本的比例。

$$资产负债率=\frac{负债总额}{资产总额}\times 100\%$$

资产负债率体现了企业的总资产中借债筹资所占的比例,也可以衡量企业在清算时保护债权人利益的程度,因此要从不同使用者的角度来分析。

(2) 产权比率

它是衡量企业长期偿债能力的指标之一,表示为负债总额与股东权益总额的比率。

$$产权比率=\frac{负债总额}{所有者权益}\times 100\%$$

该指标表明债权人投入的资本受到股东权益保障的程度。产权比率越高,说明企业的负债风险高,在企业盈利率大于借款利率的情况下,其收益率也高;产权比率越低,其财务结构风险越低,财务越稳健。

(3) 有形净值债务率

它是企业负债总额与有形净值的百分比。有形净值是股东权益减去无形资产净值后的净值。

$$有形净值债务率=\frac{负债总额}{股东权益-无形资产净值}\times 100\%$$

它实质上是产权比率指标的延伸,它更为谨慎、保守地反映了企业清算时债权人的资本受到股东权益保障的程度。从长期偿债能力来看,有形净值债务率越低越好。

3.3 利润表分析

企业经营的主要目的是获取利润。所谓利润,是企业以其生产经营收入补偿为取得收入而花费的支出之后的余值,是收入与费用支出相抵减的结果。若该余值为正,说明企业当期经营形成了利润;如果余值为负,则说明企业发生了亏损。企业这种利用所拥有的经济资源能力就是企业盈利能力。

3.3.1 利润表概述

利润表,又称损益表,一般按月编制,它是反映企业在一定会计期间经营成果的会计报表,是企业主要财务报表之一。每个独立核算的企业都应按期编制利润表,并及时对外报送。利用利润表提供的财务信息,可以了解企业在某一个经营期间(如月份、年度)实现或发生亏损及其利润分配情况,评价企业经营业绩的好坏,分析企业盈亏增减的原因,预测未来盈利能力的变化趋势,从而作出相应的决策。

利润表按照各项收入、费用以及构成利润的各个项目,分类分项分别列示。其中收入、费用和利润被称为利润表三要素。

3.3.2 收入类项目分析

在《企业会计准则》中将收入定义为，企业在日常活动中形成的、会导致所有者权益增加的、与所有者投入资本无关的经济利益的总流入。利润表中的收入类项目主要包括营业收入、投资收益、补贴收入和营业外收入。

1. 营业收入

营业收入是企业经济业务所产生的收入，即主营业务所带来的收入。此项目收入越多，才能表明企业越有持续的发展能力和创利实力，预示着企业良好的成长性。

2. 投资收益

投资收益主要指企业在对外投资方面所取得的收入，包括对外投资中所获得的分红、股利、利息等。企业投资收益的情况可以通过计算投资收益率，即公司的投资收益与平均投资额的比值。其计算公式如下：

$$投资收益率=\frac{投资收益}{(期初投资收益额+期末投资收益额)\div 2}\times 100\%$$

该比率越大说明公司利用资金对外投资的能力越强，财务投资水平越高。

3. 补贴收入

补贴收入是指企业从政府或某些国际性组织、民间组织等得到的补贴，一般是在企业履行了一定的义务后所发的定额补贴。我国企业的补贴收入主要是政策性亏损补贴和其他补贴，一般不构成企业的主要收入，除非是国家规定的一些特殊行业。

4. 营业外收入

营业外收入指企业主营业务以外的不独立核算的其他各项业务收入，如固定资产盘盈收入、罚款收入、教育费附加返还等收入。营业外收入与公司的生产经营无直接关系或相关度不大，而这一项目又往往受到宏观经济和意外的情况影响较大，是企业自身难以控制的。

3.3.3 成本费用项目分析

各部分成本费用的变动都对企业财务成果产生重要影响，企业盈利的多少与成本费用支出的数量有直接关系。具体分析如下：

1. 成本费用项目分类

成本费用项目可分为生产经营成本和期间费用两部分。

(1) 生产经营成本分析

影响生产经营成本的因素有很多，如直接原材料价格、直接工人工资、制造费用和其他直接支出等。所以，为了更好地对成本进行控制，一般采用建立一个合理的计划来作为成本控制分析的依据。

(2) 期间费用分析

企业的期间费用主要由销售费用、管理费用和财务费用组成。对于期间费用的分析可以用实际额与计划数进行绝对额差异比较，也可以从费用的构成方面进行比较。对于绝对额差异较大和相对变动额大的项目应该作重点分析，以为进一步分析差异原因提供线索。

2. 成本费用指标

成本费用指标是财务分析的重要内容，因为现代企业财务管理离不开高水平的成本管理和费用控制，因为成本和费用控制水平的好坏是一个企业是否具有较强市场竞争能力的关键。成本费用指标包括以下内容。

(1) 销售成本率

销售成本率是企业一定时期销售成本(费用)与销售收入总额的比率。其计算公式如下：

$$销售成本率=\frac{销售成本(费用)}{销售收入}\times 100\%$$

一般情况下，该指标越低越好，说明企业只需支付较少的成本费用代价，便能获取较大的收入。

(2) 成本利润率

成本利润率是企业一定时期净利润与其成本(费用)总额的比率。其计算公式如下：

$$成本利润率=\frac{净利润}{成本费用总额}\times 100\%$$

在正常情况下，该比率越大，说明企业获利能力越强，只要花较少的代价，便能获得较大的利润，同时也说明企业有较好的成本费用的管理水平。

3.3.4 利润项目分析

利润是企业获利能力的直接反映，是衡量一定时期内收入和成本情况的重要信息。对于利润项目的具体分析可以从利润构成及识别利润操纵指标的比率分析两方面进行。

1. 利润的构成分析

利润表中所包含的利润项目主要有营业利润、利润总额和净利润，这三方面反映了企业的经营收益情况。

(1) 营业利润

营业利润是企业营业总收入减去营业总成本后的差额，它是企业利润形成的主要渠道。

（2）利润总额和净利润

利润表中的利润总额是在营业利润的基础上加上营业外收入再减去营业外支出。净利润是在利润总额的基础上减去所得税费用。

2. 识别利润操纵指标的比率分析

利润指标成为企业经营结果的指示器，成为投资者、债权人、管理者、政府等各个利益相关方普遍关注的综合性计量指标。也正因为如此，利润操纵成为最直接的会计造假手段。

通过会计报表进行利润操纵必然带来某些会计指标的异常，这种异常更多地体现为对会计核算根本原则和逻辑的违背，体现为某些会计要素对应关系上的矛盾。利用利润表与资产负债表相关的数据，可从以下两个指标来识别利润操纵的情况。

（1）应收账款增长与主营业务收入总额增长对比

该指标反映的是企业一定时期应收账款增长额与主营业务收入总额增长时间的对比关系。其计算公式为

$$\text{应收账款增长与主营业务收入总额增长对比}=\frac{\text{应收账款期末余额}-\text{应收账款期初余额}}{\text{主营业务收入期末余额}-\text{主营业务收入期初余额}}$$

当企业的应收账款增长远远超过销售的增长，或应收账款增长远远低于销售的增长时，则表明收入确认可能过于激进，过早地记录收入或放宽了客户支付条款，或者应收账款可能被重新分类为另一个资产类别。

（2）坏账准备与应收账款对比比率

该比率反映了企业一定时期内坏账准备与应收账款的对比关系。其计算公式如下：

$$\text{坏账准备与应收账款对比比率}=\frac{\text{坏账准备}}{\text{应收账款}}\times 100\%$$

如果坏账准备相对于总应收账款下降，则说明企业有可能储备不足或夸大营业收入。

对于利润操纵的识别还应该与现金流量表结合起来，具体在现金流量比率分析中进行介绍。

3. 盈利能力分析

盈利是企业最直接的经营目标，也是企业生存和发展的重要保证，从分析主体的角度看，不论是投资人、债权人还是企业经营者，都非常重视和关心企业的盈利能力，因此财务分析必须要分析盈利能力指标。常用的反映企业盈利能力的比率有：

（1）资本收益率

资本收益率亦称权益净利率，它是指企业一定时期的税后净利与权益资本的比率，表明公司每百元的自有资本可获得多少元的税后利润，计算公式为

$$\text{资本收益率}=\frac{\text{税后利润}}{\text{自有资本}}\times 100\%=\frac{\text{税后利润}}{\text{股东权益}}\times 100\%$$

该指标反映了权益资本的盈利能力，资本收益率越高，说明公司运用资本的能力越强，经营效率也越高。在一般情况下，该指标越大越好。

(2) 资产净利率

资产净利率是企业税后利润与平均资产总额之比，表示公司平均每百元的资产能获得多少元的税后利润。计算公式为

$$资产净利率=\frac{税后利润}{平均资产总额}\times 100\%$$

式中：平均资产总额=(期初资产总额+期末资产总额)÷2。

把企业一定期间的净利与企业的资产总额相比较，表明企业总资产的利用水平和盈利能力，资产净利率越高，表明公司运用资产的效率越高，获利能力就越强，由企业所有者享受的净利润就越高，投资水平也越高。

(3) 销售利润率

企业销售利润率有两种基本形式：销售毛利率和销售净利率。其计算公式如下：

$$销售毛利率=\frac{销售毛利}{销售收入}\times 100\%$$

$$销售净利率=\frac{净利润}{销售收入}\times 100\%$$

销售毛利率反映了企业一定时期销售毛利与销售收入的比率，说明了每百元销售收入扣除销售成本后，有多少钱可以用于各项期间费用和形成盈利。销售净利率反映了企业每百元销售收入最终能获取多少元的税后利润，它包含了企业当期的投资收入和营业外收支。

3.4 现金流量表分析

企业拥有足够的现金流是非常重要的，资产负债表体现的是企业现金的静态情况，现金流量表从企业的经营活动、筹资活动、投资活动三方面表现现金流量的流入与流出情况，体现了企业现金的动态变化情况。根据现金流量表的分析，可以体现企业的现金流量构成及其发展趋势，使企业加强对现金流量的管理，提高现金使用效率。

3.4.1 现金流量表概述

1. 现金流量表定义

现金流量表又称现金流动表或现金流转表，是《企业会计准则》规定的主要报表之一。现金流量表是反映一定会计期间现金和现金等价物流入和流出状况，反映企业在特定期间的营业、投资和财务管理活动情况的基本财务报表。

无论如何，资产负债表和利润表都不能真实地反映一个企业的现金流动状况，只有现金流量表才能反映企业的现金流量状况。对于广大投资者和债权人而言，最为关心的是投资对象或债务人的偿付能力。因此，公司是否有足够的现金流入是至关重要的。

2. 现金流量表各项目的变动分析

企业的现金流量变动情况，主要是从其经营活动现金流量、投资活动现金流量、筹资

活动现金流量三方面进行的。具体的变动如表3-4所示。

表3-4　现金流量的变动组合表

<table>
<tr><th>项　目</th><th>序号</th><th>经营活动现金流量</th><th>投资活动现金流量</th><th>筹资活动现金流量</th><th>项　目</th></tr>
<tr><td rowspan="8">现金流入量</td><td>①</td><td>＞</td><td>＞</td><td>＞</td><td rowspan="8">现金流出量</td></tr>
<tr><td>②</td><td>＞</td><td>＞</td><td>＜</td></tr>
<tr><td>③</td><td>＞</td><td>＜</td><td>＞</td></tr>
<tr><td>④</td><td>＞</td><td>＜</td><td>＜</td></tr>
<tr><td>⑤</td><td>＜</td><td>＞</td><td>＞</td></tr>
<tr><td>⑥</td><td>＜</td><td>＞</td><td>＜</td></tr>
<tr><td>⑦</td><td>＜</td><td>＜</td><td>＞</td></tr>
<tr><td>⑧</td><td>＜</td><td>＜</td><td>＜</td></tr>
</table>

注：“＞”表示“现金流入量”大于“现金流出量”；“＜”表示“现金流入量”小于“现金流出量”。

对表3-4的具体分析如下：

第①种组合，表现企业的经营活动、投资活动、筹资活动运行良好，这种是较为理想的组合，应该提高资金使用效率，把握良好的投资机会。

第②种组合，一般是企业进入成熟期后的状态，这时企业产品销售市场较为稳定，进入投资回收期，经营及投资进入良性循环，财务状况稳定安全。

第③种组合，是企业高速扩张时期的表现，企业产品市场占有率高，销售呈快速上升趋势，造就经营活动中大量货币资金的回笼。

第④种组合，企业的经营状况良好，可在偿还前欠债务的同时继续投资，但应密切关注经营状况的变化，防止由于经营状况恶化而导致财务状况恶化。

第⑤种组合，企业靠借债维持经营活动所需现金，财务状况可能恶化；投资活动现金流入增加是一个亮点，但要分析来源于投资收益还是投资收回。

第⑥种组合，企业进入衰退期，市场萎缩，产品销售的市场占有率下降，经营活动现金流入小于流出，同时企业为了应付债务不得不大规模收回投资以弥补现金不足。

第⑦种组合，可能有两种情况，一是企业处于初创阶段，企业需要通过举债来筹集资金开展生产；二是企业处于衰退期，靠借债维持日常生产经营活动。

第⑧种组合，这种情况往往发生在盲目扩展后的企业中。由于市场预测失误等原因，造成经营活动现金流出大于流入，投资效益低下并亏损，财务状况异常危险。

针对以上现金流量的增减变动情况，企业要根据不同的时期、不同的背景、不同的阶段，做出不同的经营、投资、筹资决策，来保证企业的健康发展。

3.4.2　现金流量的结构分析

现金流量表的结构分析可以从总体的现金流入与流出结构和具体的经营、投资、筹资活动内部结构两大部分分析。这样方便企业的管理者、投资者对企业现金流量有总体把握的同时，还可以具体了解内部的变化原因。

1. 现金流入流出总体结构分析

现金的总体流入量可以反映企业的现金来源，总体流出量可以反映现金的用途，总体流入量与总体流出量进行比较反映现金的使用效率。具体公式如下：

$$各项活动现金流入量占现金总流入量之比=\frac{各项活动现金流入量}{各项活动现金流入量之和}\times100\%$$

$$各项活动现金流出量占现金总流出量之比=\frac{各项活动现金流出量}{各项活动现金流出量之和}\times100\%$$

$$各项活动现金流入流出比率=\frac{各项活动现金流入量}{各项活动现金流出量}\times100\%$$

具体分析如下：

(1) 各项活动现金流入量占现金总流入之比：稳定的企业发展状况应是经营活动的现金流入量在现金总流入中占有较大的比重，表现企业的经营现金流转正常；投资和筹资活动的现金流入量根据企业不同的发展阶段会体现出不同的数量。

(2) 各项活动现金流出量占现金总流出之比：企业经营活动的现金流出量在现金总流出量中占的比重较大，表明企业的经营有较好的稳定性；而投资和筹资活动的流出量会因企业的财务政策不同而存在差异。

(3) 各项活动现金流入流出比率：经营活动的流入与流出量比值大，说明企业等量的现金流出可以获得更多的现金流入；投资活动流入流出比根据企业所处不同经营阶段而有所变化；筹资活动流入流出比值反映了企业的借款与还款情况。

2. 经营、投资、筹资活动内部结构分析

企业经营、投资、筹资活动的内部结构分析可以从现金流入和流出两大方面进行，具体计算方法是：

$$各项活动的现金流入结构比率=\frac{各项活动产生的现金流入明细项目}{各项活动现金流入量小计}\times100\%$$

$$各项活动的现金流出结构比率=\frac{各项活动产生的现金流出明细项目}{各项活动现金流出量小计}\times100\%$$

具体分析如下：

(1) 各项活动的现金流入结构比率：经营活动的现金流入结构比率，反映了企业经营活动现金流入的来源是主营业务收入还是其他明细项目，进而判断经营活动是否会为企业创造更多的现金流入；投资与筹资活动的现金流入结构比例作用同经营活动。

(2) 各项活动的现金流出结构比率：经营、投资和筹资活动的现金流出结构比率，都能反映企业经营、投资和筹资活动现金流出的主要用途及其途径，以提高企业盈利水平，评价资金的使用风险，为管理者安排资金使用节奏提供依据，防止财务危机的出现。

通过从总体和内部两方面对企业的经营、投资、筹资活动现金的流入与流出进行分析，可以动态表现企业现金的变化情况，并为企业对资金的使用提供依据，可进一步预期企业未来的发展状况。

3.4.3 现金流量的比率分析

针对不同现金流量表使用者的要求，为了更好地揭示现金流量状况，通常需要进行现金流量的比率分析，而且从现金流量的比率分析中可以更好地反映出企业是否存在利润操纵的情况。具体如下：

1. 经营现金净流量与净利润盈利现金比率

该比率是企业一定时期经营现金净流量与净利润盈利现金之间的比率。其计算公式为

$$经营现金净流量与净利润盈利现金比率=\frac{经营现金净流量}{净利润盈利现金}\times 100\%$$

该比率的理想值为1。在通常情况下，经营现金净流量占净利润的比例下降，则该企业可能存在虚拟资产或挂账利润、虚拟利润。

2. 经营现金流出量与总成本比率

该比率反映的是企业一定时期经营现金流出量与总成本之间的比率关系。其计算公式如下：

$$经营现金流出量与总成本比率=\frac{经营现金流出量}{总成本}\times 100\%$$

在通常情况下，当成本远远小于现金流出量时，则企业有可能调减成本项，夸大利润。

3. 投资活动现金净流量与投资收益比率

该比率是企业一定时期内投资活动现金净流量与投资收益之间的比率。其计算公式如下：

$$投资活动现金净流量与投资收益比率=\frac{投资活动现金净流量}{投资收益}\times 100\%$$

当两者比例下降时，则有可能会出现企业投资收益回报小或投资于关联方，隐瞒收益的情况。

4. 投资活动现金净流量与净利润比率

该比率反映了企业一定时期内投资活动现金净流量与净利润之间的比利关系。其计算公式如下：

$$投资活动现金净流量与净利润比率=\frac{投资活动现金净流量}{净利润}\times 100\%$$

当两者比例上升时，反映了该企业的利润中投资比例加大，主营业务利润减小。

通过不同的现金流量比率可以为投资者、债权人、管理者提供企业未来利润分配或股利支付的情况及偿债能力，估计企业可能产生的各种风险概率，从而为企业的经营、投资、筹资决策提供依据。

3.5 所有者权益变动表介绍

3.5.1 所有者权益变动表概述

所有者权益变动表,反映构成所有者权益的各组成部分当期的增减变动情况。

所有者权益变动表反映一定时期所有者权益变动的情况,不仅包括所有者权益总量的增减变动,还包括所有者权益增减变动的重要结构性信息,特别是要反映直接计入所有者权益的利得和损失,让报表使用者准确理解所有者权益增减变动的根源。

所有者权益变动表解释在某一特定时间内,股东权益如何因企业经营的盈亏及现金股利的发放而发生的变化。它是反映管理阶层是否公平对待股东的最重要的信息。

3.5.2 所有者权益变动表内容

所有者权益变动表主要列示信息:

(1) 净利润;

(2) 直接计入所有者权益的利得和损失项目及其总额;

(3) 会计政策变更和差错更正的累积影响金额;

(4) 所有者投入资本和向所有分配利润等;

(5) 按照规定提取的盈余公积;

(6) 实收资本(或股本)、资本公积、盈余公积、未分配利润的期初和期末余额及其调节情况。

3.5.3 各报表之间的关系

综上所述,我们可以列示出资产负债表、利润表、现金流量表与所有者权益变动表之间的具体关系,如图 3-1 所示。

案例分析

案例 3-1 四川长虹(600839, SH)的财务报表分析

四川长虹历史上是中国彩电大王,但是,在 2000 年左右长虹由于内部和外部的环境变化,处于历史的经营低谷,目前的长虹举步维艰,应该寻找新的对策。我们来看一下长虹的财务状况。

通过对四川长虹 1998 年至 2003 年 5 年间公司基本财务数据分析,纵向比较分析长虹五年来规模扩张情况、生产经营情况、盈利状况和发展趋势,见图 3-2～图 3-5。

从图 3-2 中可以看出,公司主营业务收入波动不大,1999 年和 2001 年有所下降,2001 年降到最低点不到 100 亿元。2001 年之后,长虹开创人倪润峰再次上台,之后主营收入和净利润开始稳步上升。

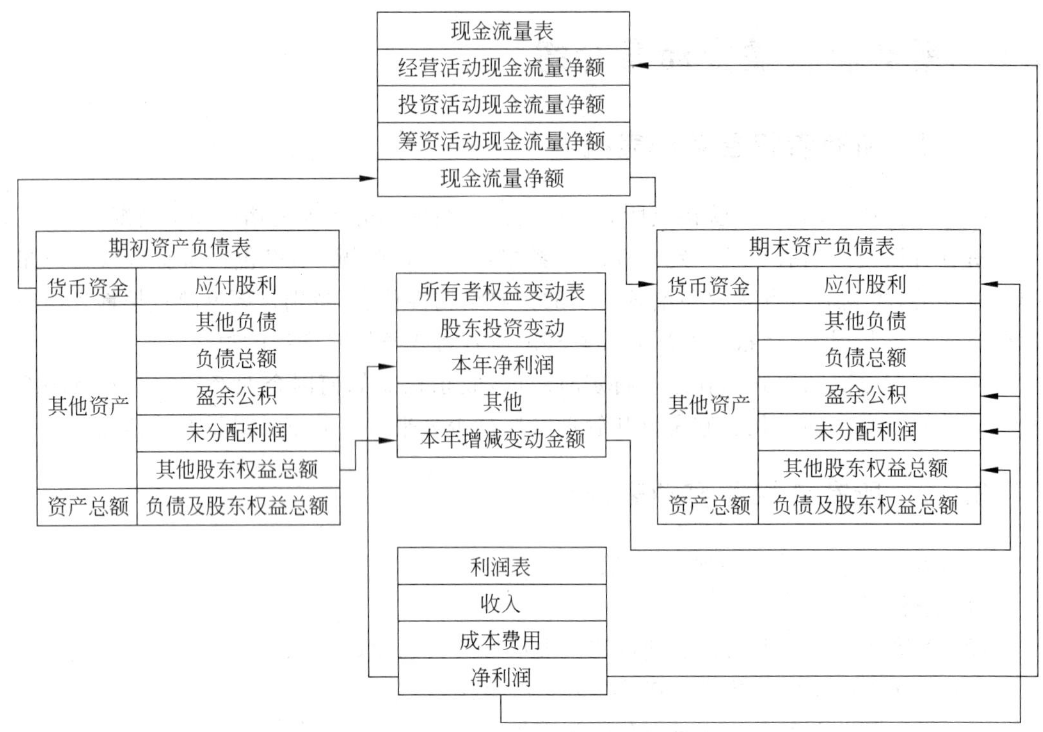

图 3-1 各财务报表之间的具体关系

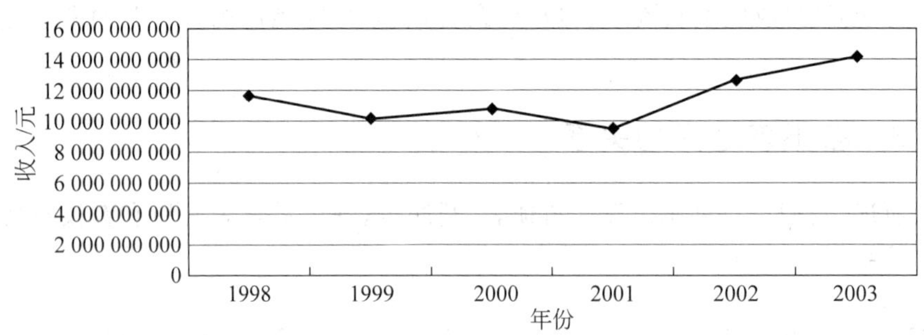

图 3-2 主营业务收入变化曲线图

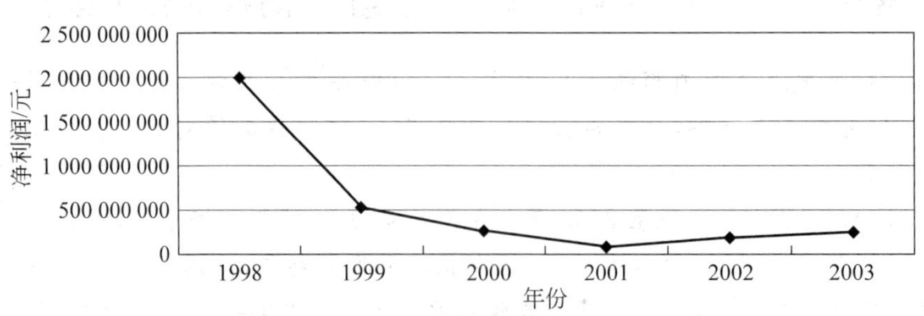

图 3-3 净利润变化曲线

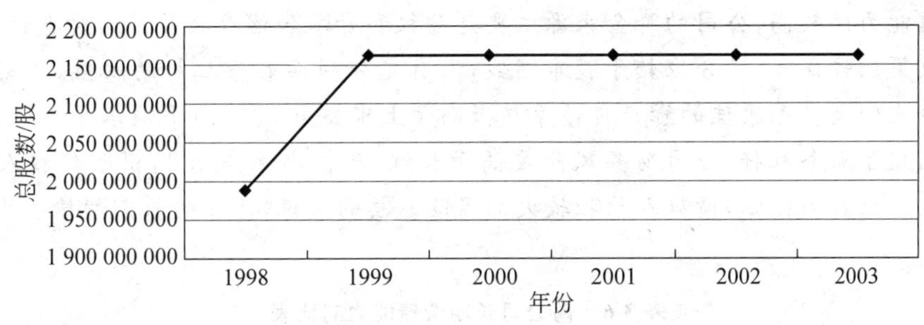

图 3-4 总股本变化曲线

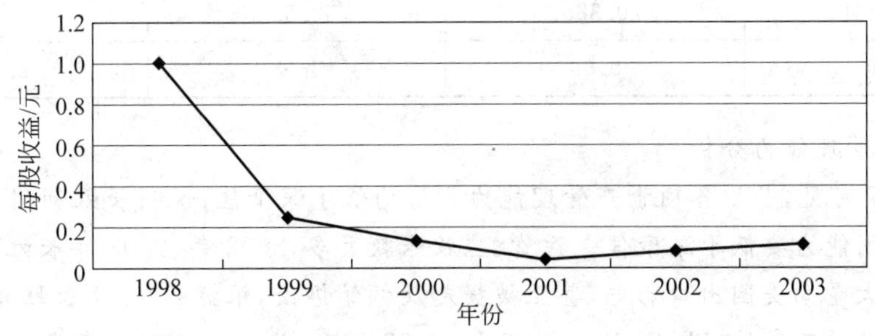

图 3-5 每股收益变化曲线

1999 年，长虹因为“郑百文”事件，大量应收账款无法收回，导致净利润大幅下降 73.78%。加上 1999 年长虹有过一次 10 配 2.31 的增配股和送股使得股本扩张摊薄了每股收益，1999 年每股收益大幅下降。

根据 2003 年的财务报表进行四川长虹与同行业深康佳 A(000016)的财务指标横向对比。

1. 公司偿债能力(变现能力)分析

从表 3-5 可以看出，四川长虹短期偿债能力各项指标均高于深康佳，它的流动比率大于 2，速动比率大于 1，说明流动负债偿还能力有保障，但是其现金债务比率为负，说明 2003 年长虹经营现金净流量为负，现金净流出量大于现金净流入量，说明没有合理分配现金流量，现金在流动资产中占的比例在减少，应收账款和存货等不能迅速变现的资产比例在增加。而深康佳现金流量管理状况比四川长虹好，但是流动和速动比率不高，短期偿债能力比长虹差，说明深康佳流动资产在总资产中比重不高。总的来说，长虹的短期偿债能力要好于深康佳。

表 3-5 两公司偿债能力(变现能力)对比表 %

公 司	流动比率	速动比率	现金债务比率
四川长虹	2.167 6	1.301 7	−9.196
深康佳	1.283 4	0.783 7	5.54

2. 长期偿债能力

从表 3-6 可以看出，长虹的负债率是比较低的，负债总额低于净资产，股权资本对债务的保障能力比较高，公司的资金来源主要是股权和资本和留存收益。同时也说明了，长虹融资政策比较保守，过分依赖于股市圈钱，没有充分利用财务杠杆的收益，公司股东承担的风险比较大。深康佳的资产负债率稍微高于上市公司50%的平均水平，说明深康佳较多的利用了财务杠杆，公司财务风险要高于长虹，产权比率高于1，说明债权人的投资得不到股东权益的保障，债权人承担较大的风险。总的来说，长虹的长期偿债能力要优于深康佳。

表3-6 两公司长期偿债能力对比表 %

公　司	资产负债率	产权比率	有形净值债务率
四川长虹	0.385	0.62	0.64
深康佳	0.68	2.08	2.106

3. 资产管理能力分析

由表3-7可见，长虹各项资产管理能力指标均低于深康佳，说明长虹利用资产获取收益的资产利用能力要低于深康佳。存货、应收账款太多，2002年、2003年长虹通过美国的APEX公司大量向美国出口彩电，甚至被提起反倾销诉讼，根据2003年长虹公司年报，其通过信用程度并不高的APEX的出口额为50.38亿元，其中应收账款竟高达44.4亿元，坏账的风险非常高。深康佳本期存货和应收账款大量减少，尤其是应收账款周转率高达42，每8天应收账款就周转一次，说明深康佳减少了销售额同时加强了对应收账款的收回，在资产上汲取了过多的水分。但同时势必确认较多的费用，本期营业费用高达14亿元，比2002年增加118.75%，使得净利润有所下降。总的来说，深康佳的资产管理能力明显好于长虹。

表3-7 两公司资产管理能力对比表 %

公　司	资产负债率	产权比率	有形净值债务率
四川长虹	1.702	3.07	0.706
深康佳	3.8	41.77	1.54

4. 盈利能力分析

由表3-8可见，本期长虹和康佳盈利能力指标大体相当，说明在竞争越来越激烈的家电行业，已经没有哪家公司可以使得盈利能力明显高于其他公司。每家企业都大体能够获得行业平均利润率。从销售毛利率来看，彩电行业已经到了饱和的程度，结合销售净利率来看，长虹和深康佳的盈利能力已经非常弱，2003年长虹正处于发展的低谷，自杀性的价格战导致其非常微薄的净利润。美国的反倾销诉讼导致长虹出口大幅下降，主营业务收入下降，大量应收账款无法收回，长虹处境非常恶劣，长虹潜在的危机开始暴露。而同行业的TCL完成整体上市，2003年净资产收益率高达25.2%。长虹必须寻找新的出路，加大研发力度，开发高端产品，寻找新的业务增长点，同时发挥销售上的优势。而深康佳也积极开拓新的出路，进军IT产业。

表 3-8　两公司盈利能力对比表　　%

公　司	资产收益率	净资产收益率	销售毛利率	销售净利率
四川长虹	1.03	1.57	14.46	1.46
深康佳	1.21	3.31	14.69	0.79

总体评价：从以上的分析可以看出，四川长虹和深康佳在家电行业走向激烈竞争的过程中，都出现了收入下滑、利润下降、盈利能力降低的局面，主要的原因是两家公司的生产经营都过分集中于彩电这一单一产品，彩电行业长期的价格战使得利润非常微薄。四川长虹的财务政策比较保守，较多利用股权资本，降低了公司的财务风险；而深康佳较多利用财务杠杆，在经营状况好时可以利用杠杆的优势，在状况差的时候会加大财务风险。在资产管理方面，深康佳优于长虹，资产利用力较高，而长虹应收账款负担较重，应该在这方面做出改进。总的来说，两家公司的财务状况都不乐观，都需要做出相应的对策。

要求：讨论财务报表分析的方法，每种分析方法如何使用？本案例使用了哪些方法？

资料来源：acct.shufe.edu.cn/JpCourse/financial/case/6.pdf。

本章小结

财务报表分析是企业采用一系列的分析方法和指标，根据财务报表提供的资料，对企业的财务状况和经营成果所进行的分析与评价。

财务报表分析方法主要包括：比较分析法、因素分析法、趋势分析法和比率分析法。

资产负债表是反映企业在某一特定时点上财务状况的报表。通过对资产负债表中的资产结构和资本结构进行分析，可以了解企业所拥有的资产、负债和所有者权益情况。

利润表是反映企业在一定会计期间经营成果的会计报表。对利润表的收入、成本费用、利润项目和盈利能力进行分析，可以判断企业的经营成果和获得能力，为投资者、债务人、管理者提供投资决策依据。

现金流量表反映一定会计期间现金和现金等价物流入和流出状况。企业的现金流量增减变动情况，可以通过其经营活动现金流量、投资活动现金流量、筹资活动现金流量的组合进行分析。

所有者权益变动表反映构成所有者权益的各组成部分当期的增减变动情况。

思考题

1. 简述资产负债表、利润表、现金流量表、所有者权益变动表四大报表的内容。
2. 财务报表常用的分析方法有哪几种？具体如何运用？
3. 如何对资产负债表进行分析？
4. 如何对利润表进行分析？

5. 如何对现金流量表进行分析？

习题

1. 名词解释题

报表分析，资产负债表，利润表，现金流量分析

2. 选择题

(1) 企业对外披露的财务报表有(　　)。
A. 资产负债表　　B. 利润表　　C. 成本计算单　　D. 现金流量表

(2) 自有资本率反映的是财务(　　)。
A. 获利能力　　B. 长期偿债能力
C. 短期偿债能力　　D. 发展能力

(3) 下列属于企业期间费用的有(　　)。
A. 制造费用　　B. 财务费用　　C. 销售费用　　D. 管理费用

(4) 现金流量表的编制基础是(　　)。
A. 营运资金　　B. 现金和现金等价物
C. 流动资金　　D. 货币资金

(5) 在现金流量项目的组合中，当经营活动和投资活动的现金流入量大于现金流出量，但筹资活动的现金流出量大于现金流入量时，企业处于(　　)。
A. 初创期　　B. 成长期　　C. 成熟期　　D. 衰退期

(6) 常用的财务报表分析方法包括(　　)。
A. 回归分析法　　B. 趋势分析法　　C. 比较分析法　　D. 因素分析法

3. 判断题

(1) 财务分析的主体不同，其所关注的着眼点也不同，所以在财务分析中要根据使用者的需求有所侧重。(　　)

(2) 一般情况下，工业企业的资本结构中流动资产比重较大，而商业企业固定资产比重较大。(　　)

(3) 对于利润表的分析也要用到其他财务报表的信息，其实财务分析并不是完全按照各个报表的类别来划分范围的。(　　)

(4) 收入包括提供劳务所获得的收益，但由于劳动完成的内容与时间不同，其在计量上有一定的复杂性。(　　)

(5) 企业的净现金流量为正，说明企业不处于亏损状态。(　　)

(6) 速动资产总额中不包括存货。(　　)

4. 简答题

(1) 财务报表分析方法有哪几种？

(2) 何为资产结构？如何分析企业的资产结构？

(3) 如何评价企业的盈利能力？

5. 计算题

(1) 某公司 2012 年净利润为 22 057 971.43 元，实收资本为 227 142 909.76 元，则该公司 2006 年的资本收益率为多少？

(2) 某公司 2012 年净利润为 22 057 971.43 元，年初净资产为 389 904 716.86 元，年末净资产为 405 344 509.84 元，则该公司 2006 年的净资产收益率为多少？

(3) 某企业 2012 年经营现金净流入为 68 392 百万元，年末到期的债务为 10 387 百万元，要求：计算该企业 2012 年现金到期债务比。

(4) 某企业 2012 年经营现金净流入为 68 392 百万元，年末全部资产为 403 856 百万元，要求：计算该企业 2012 年全部资产现金回收率。

(5) 某企业 2012 年经营现金净流量 5 716.5 百万元，公司有普通股 40 000 万股，要求：计算 2007 年该公司的每股营业现金净流量。

(6) 某企业本年经营现金净流入为 84 963 百万元，年末流通在外的普通股股数为 280 000 万股，年末每股现金股利为 0.09 元。要求：计算该公司本年的现金股利保障倍数。

第4章 财务管理观念

本章框架体系

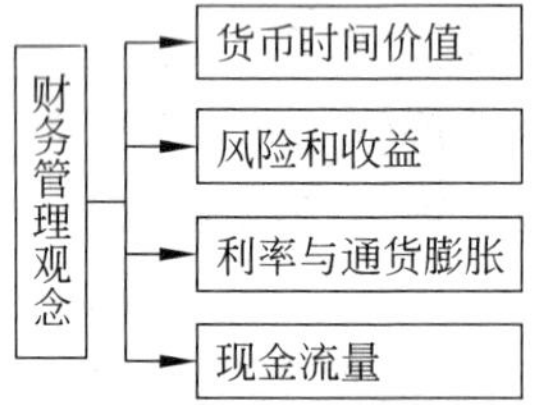

学习目标

1. 了解现代公司财务管理的观念。
2. 明确货币时间价值的重要性。
3. 明晰风险与收益的均衡问题。
4. 理解利率对公司财务管理活动的影响。
5. 掌握现金流量的概念及其计算方法。

导读

1540 年，法国国王弗兰西斯用 2 万美元的价格购买了达·芬奇的名画“蒙娜丽莎”。若考虑货币的时间价值，如果按照 4% 的复利计算，截至 2008 年，这笔投资价值竟达到 1.73 万亿美元！

2002 年 4 月佐治亚州 20 岁的仓管员成了赢得大家乐头奖 3 个中奖者中的一个，而且竟然是她买的第一张彩票！然而，大部分头奖的价值实际上并不等同于其对外宣布的金额。要收到全部奖金，这个仓管员不得不接受超过 26 年的等量分期付款，每年约为 4 262 213 美元。这位获奖者放弃了年金形式的支付方式，而选择马上拿到一次性支付 58 938 743 美元。

法国国王弗兰西斯和仓管员做了正确的选择吗？

相同资金在不同的时间点，价值不一样；投资的未来收益是有风险的。

本章内容

4.1 货币时间价值

4.1.1 货币时间价值概述

货币的时间价值,是指货币经历一定时间的投资和再投资所增加的价值,也称为资金的时间价值。

为了理解货币的时间价值,我们来看一个简单的例子:对于今天的1 000元和10年后的1 000元,你会选择哪一个呢?一般人们会选择今天的1 000元。今天得到1 000元就有一个用这笔钱去投资,并从中获得收益的机会。这便是货币的时间价值观念。

货币时间价值表明在不同时点上资金的筹集、投放、使用和回收其价值是不等的。认识到货币时间价值,才能用动态的眼光去看待资金,提高资金使用的经济效果。公司在财务管理活动中对货币时间价值的研究,主要是对资金筹集、投放、使用和收回从量上进行分析,以便了解不同时点上收到或付出的货币价值之间的数量关系,寻找适用于决策方案的数学模型,改善财务决策的质量。

4.1.2 货币时间价值的成因

企业资金循环和周转的起点是投入货币资金,企业用它来购买所需的资源,然后生产出新的产品,产品出售,得到的货币量大于最初投入的货币量,并将得到的货币量进行再次投入,以此不断循环。随着时间的延续,货币总量在循环的周转中按几何级数增长,使得货币具有时间价值。同时,资金为了追逐尽可能高的收益,会不断地从收益低的部门向收益高的部门转移,最终会在各行业之间形成一个大体相当的平均收益值,这个平均收益就构成了货币时间价值的基础。

综上分析,可以认为时间价值是资金周转使用中由于时间因素而形成的差额价值。但是,人们往往将通货膨胀因素从诸多风险因素中分离出来单独考虑,这时,货币时间价值就表现为投资收益减去风险报酬和通货膨胀贴水后的那一部分收益。所以,可以说,货币时间价值就是扣除其风险报酬和通货膨胀贴水之后的那一部分平均收益。

4.1.3 货币时间价值的计算

由于资金不同时间的单位货币价值不相等,因此,货币时间价值就表现为两种形式:从现在观点看的现值(present value,PV)和从未来观点看的未来值或终值(future or final value,FV)。现值是资金的现在价值,终值是资金现在价值在一定期限后的本息和。

不同时间的货币收入不能直接进行比较,需要把它们折算到相同的时间基础上,然后才能进行大小的比较和比率的计算。在换算时广泛使用计算利息的各种方法。

1. 现金流

计算货币时间价值，首先要弄清每一笔资金运动发生的时间和方向。所谓发生的时间，是指每一笔资金运动是发生在哪一个时点上；所谓发生的方向，是指这一笔资金是流出还是流入。用现金流来描述资金的这种运动，是一种清晰、方便的做法。

现金流是一种常用的资金运动分析方法，它是把资金的流动作为时间的函数用图形和数字表示出来。在现金流的图上，横轴向右方，表示时点的增加，从各个时点上引出的不同方向的纵向箭线表示发生在那个时点上现金的流入或流出，现金流的大小由箭头线旁的数字表示。

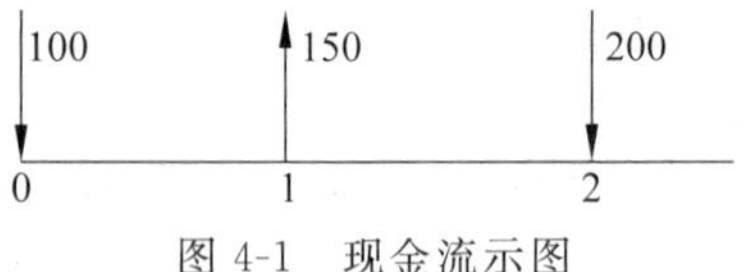

图 4-1　现金流示图

图 4-1 就是一个现金流图，表示在 0 时点和 2 时点分别有 100 单位和 200 单位的现金流入，在 1 时点有 150 单位的现金流出。

2. 单利和复利

利息的计算有单利和复利两种方法。单利是指在规定的期限内只计算本金的利息，每期的利息不计入下一期计息的本金，不产生新的利息收入。复利，是指每期的利息收入在下期转化为本金，产生新的利息收入，即所谓的“利滚利”。

复利的概念非常重要，它充分体现了货币时间价值。在讨论货币时间价值时，都采用复利的计算方法。

3. 一笔资金发生的情形

(1) 期初一次投入计算本利和（如图 4-2 所示）

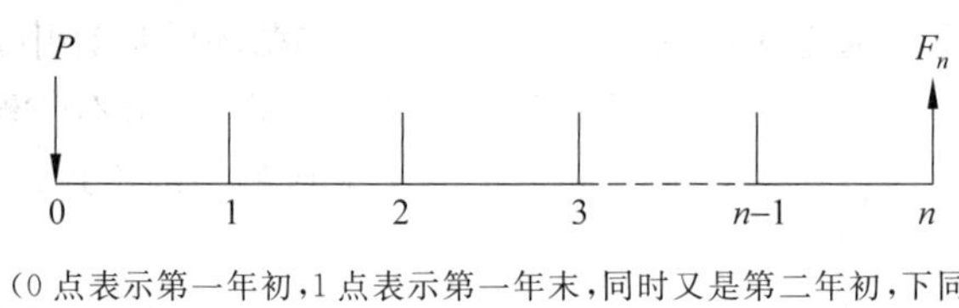

（0 点表示第一年初，1 点表示第一年末，同时又是第二年初，下同）

图 4-2　一次投入示图

图中：P 为投入的资金（本金）；F_n 为投入的资金在第 n 年末的本利和。

如果在期初（第一年初或第 0 年末）投入为 P，以后不再投入，要求按复利法计算出到第 n 年末的本利和，计算过程见表 4-1。

表 4-1　复利终值的计算

年	各年初的数	各年的利息	各年末的本利和
1	P	Pi	$P+Pi=P(1+i)$
2	$P(1+i)$	$P(1+i)i$	$P(1+i)+P(1+i)i=P(1+i)^2$
3	$P(1+i)^2$	$P(1+i)^2i$	$P(1+i)^2+P(1+i)^2i=P(1+i)^3$
⋮	⋮	⋮	⋮
n	$P(1+i)^{n-1}$	$P(1+i)^{n-1}i$	$P(1+i)^{n-1}+P(1+i)^{n-1}i=P(1+i)_n$

从表 4-1 中可知，一次投入到 n 年末的本利和为

$$F_n = P(1+i)^n \tag{4-1}$$

式中，P 又常称为现在值(现值)，Fn 又常称为未来值(终值)。$(1+i)^n$ 常用符号$(F/P,i,n)$表示，称为终值系数。则

$$F_n = P(F/P,i,n) \tag{4-2}$$

式中，F/P 为知道现在值求未来值的表示；i 为利率，具体代入时只写百分数里面的数，如 $i=10\%$，代入时只在 i 处写上 10；n 为计算年限。

对不同的 i 和 n，其终值系数可通过查阅终值系数表直接得到。

【例 4-1】 某人将 100 元存入银行，年利率 10%，求 10 年末的本利和为多少钱(示图见图 4-3)。

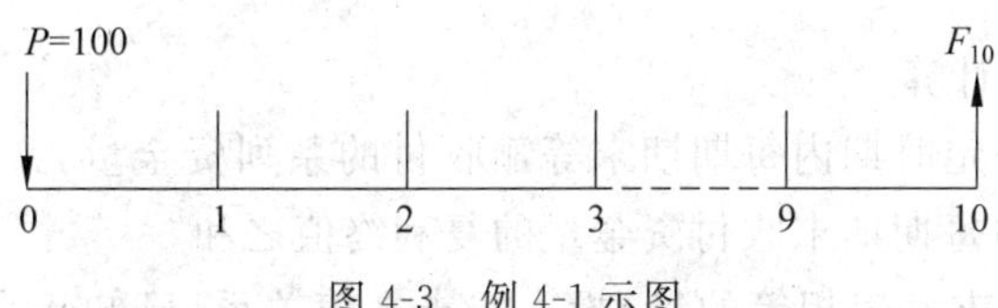

图 4-3 例 4-1 示图

解法 1：因为

$$F_n = P(1+i)^n$$

所以

$$F_{10} = 100(1+10\%)^{10} = 100 \times 2.59 = 259(\text{元})$$

解法 2：因为

$$F_n = P(F/P,i,n)$$

所以

$$F_{10} = 100(F/P,10,10) = 100 \times 2.59 = 259\ (\text{元})$$

(2) 已知未来值计算现在值

由 $F_n=P(1+i)^n$ 不难导出

$$P = F_n \frac{1}{(1+i)^n} \tag{4-3}$$

或

$$P = F(P/F,i,n) \tag{4-4}$$

式中，P/F 为知道未来值求现在值的表示；$(P/F,i,n)$为现值系数，可直接查现值系数表得到。

【例 4-2】 如果已知年利率为 10%，希望 10 年末能得到 10 000 元，那么现在一次需存入多少钱?(示图见图 4-4)

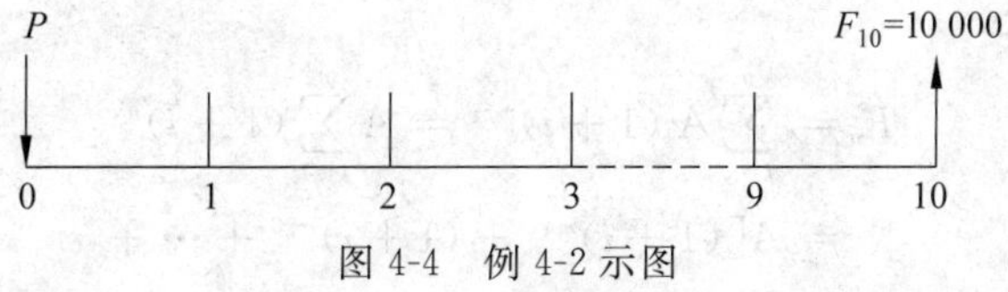

图 4-4 例 4-2 示图

解法 1：由式(4-3)可得

$$P = F_n \frac{1}{(1+i)^n} = 10\,000 \frac{1}{(1+10\%)^{10}} = 10\,000 \times 0.386 = 3\,860(\text{元})$$

解法 2：由式(4-4)可得

$$P = F_n(P/F,i,n) = 10\,000(P/F,10,10) = 10\,000 \times 0.386 = 3\,860(\text{元})$$

4. 等额发生的情形

在现实经济生活中，还存在一定时期内多次收付的资金量，即系列收付的资金量。如果每次收付的金额相等，这样的系列收付款项便称为年金，记为 A。年金按其每次收付发生的时点不同，可分为普通年金、预付年金、递延年金及永续年金。这里首先讨论普通年金的计算。

(1) 普通年金的计算

普通年金是指一定时期内每期期末等额收付的系列资金量，又称后付年金。普通年金终值是一定时期内每期期末收付资金量的复利终值之和。

① 等额(即各年末发生相等的量)投入与未来值关系(已知年金 A，求年金终值 F_n)(示图见图 4-5)

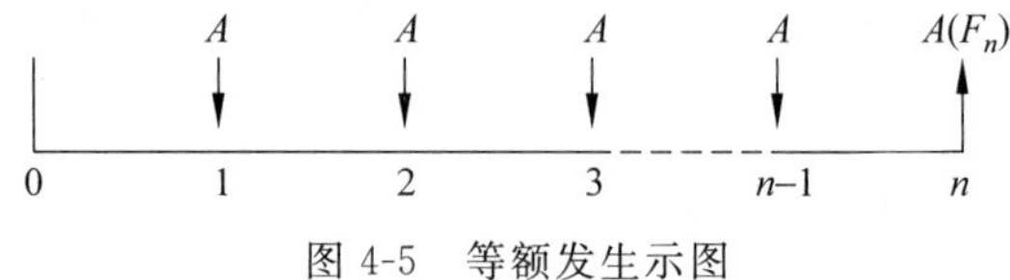

图 4-5　等额发生示图

设各年末投入等额量 A，年利率为 i，求未来值 F_n。

第 1 年末的 A 折到第 n 年末的本利和为

$$A\,(1+i)^{n-1}$$

第 2 年末的 A 折到第 n 年末的本利和为

$$A\,(1+i)^{n-2}$$

第 3 年末的 A 折到第 n 年末的本利和为

$$A\,(1+i)^{n-3}$$

……

第$(n-1)$年末的 A 折到第 n 年末的本利和为

$$A\,(1+i)^{n-(n-1)} = A\,(1+i)^1$$

第 n 年末的 A 折到第 n 年末的本利和为

$$A\,(1+i)^{n-n} = A\,(1+i)^0$$

因此

$$\begin{aligned} F_n &= \sum_{j=1}^{n} A\,(1+i)^{n-j} = A\sum_{j=1}^{n}(1+i)^{n-j} \\ &= A[(1+i)^{n-1} + (1+i)^{n-2} + \cdots + \\ &\quad (1+i)^2 + (1+i)^1 + (1+i)^0] \end{aligned} \tag{4-5a}$$

将两边都乘以(1+i),则得

$$F_n(1+i)=A[(1+i)^n+(1+i)^{n-1}+\cdots+(1+i)^3+(1+i)^2+(1+i)^1] \quad (4\text{-}5b)$$

式(4-5b)－式(4-5a)得

$$F_n(1+i)-F_n=A[(1+i)^n-(1+i)^0]$$

所以

$$F_n=A\frac{(1+i)^n-1}{i} \quad (4\text{-}6)$$

将 $\frac{(1+i)^n-1}{i}$ 用符号表示为 $(F/A,i,n)$,可直接查阅有关附表得到,则

$$F_n=A(F/A,i,n) \quad (4\text{-}7)$$

式中,F/A 表示知道各年末等额发生值求未来值。

② 已知未来值计算年金

由式(4-6)、式(4-7)可以导出,若已知未来值求各年等额发生量的公式为

$$A=F_n\frac{i}{(1+i)^n-1} \quad (4\text{-}8)$$

$$A=F_n(A/F,i,n) \quad (4\text{-}9)$$

式中,A/F 表示知道未来值求各年末等额发生值。

【例 4-3】 某企业每年末结算均可获得利润 20 万元,若及时存入银行,年利率 10%,求到第 10 年末时一次取出的本利和为多少。(示图见图 4-6)

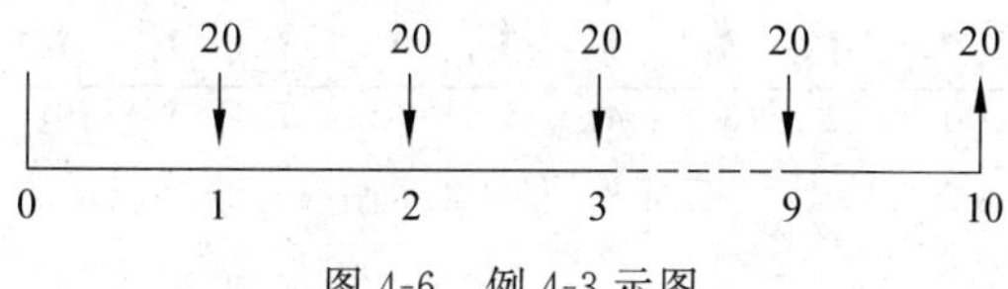

图 4-6 例 4-3 示图

解:由式(4-6)可得

$$F_n=A\frac{(1+i)^n-1}{i}$$

$$F_{10}=20\frac{(1+10\%)^{10}-1}{10\%}=20\times 15.94=318.8(\text{万元})$$

③ 等额投入与现在值的关系(如图 4-7 所示)

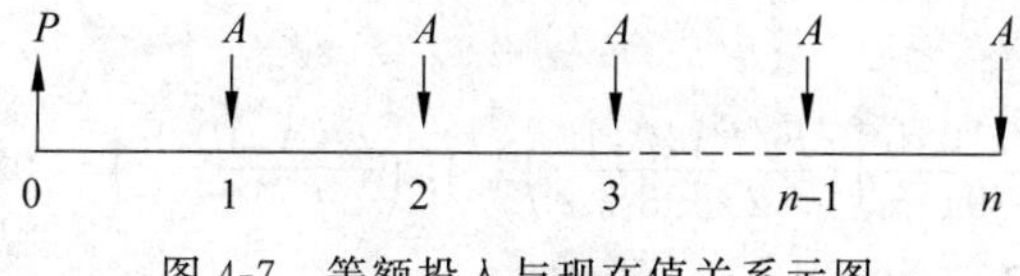

图 4-7 等额投入与现在值关系示图

由式(4-3)和式(4-8)不难得到

$$P=A\frac{(1+i)^n-1}{i(1+i)^n} \quad (4\text{-}10)$$

用 $(P/A,i,n)$ 表示 $\frac{(1+i)^n-1}{i(1+i)^n}$，则可得

$$P = A(P/A,i,n) \tag{4-11}$$

式中，P/A 表示已知各年等额发生求现在值。

④ 已知现在值计算年金

由式(4-10)和式(4-11)可知，若已知一次期初(第一年初或第0年末)投入，求各年末等额量为多少，则很容易得到下式：

$$A = P\frac{i(1+i)^n}{(1+i)^n-1} \tag{4-12}$$

同样，用符号 $(A/P,i,n)$ 表示 $\frac{i(1+i)^n}{(1+i)^n-1}$，则可得

$$A = P(A/P,i,n) \tag{4-13}$$

式中，A/P 表示已知一次投入求各年等额量。

【例 4-4】 某企业前5年每年末均可获得利润10万元，后5年每年末获得利润15万元，若及时存入银行，求第10年末的本利和为多少。

我们用三种方法求解。

解法 1：将前5年每年末10万元按等额求未来值本利和的方法一次折到第5年末，再将该本利和看作第5年末的一次性投入，折到第10年末；然后，再将后5年每年15万元的等额投入折到第10年末的本利和。将两者相加即为所求(如图4-8所示)。

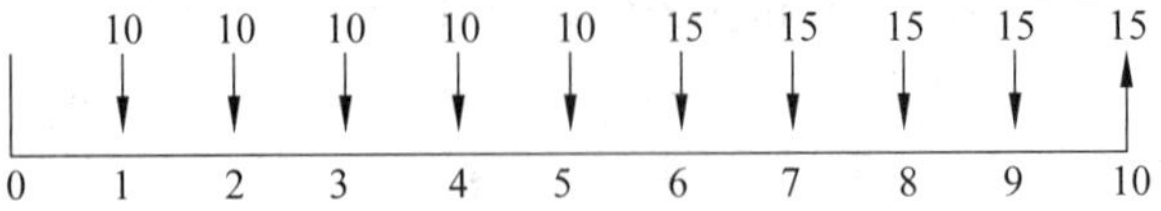

10 10 10 10 10 15 15 15 15 15
0 1 2 3 4 5 6 7 8 9 10

图 4-8 例 4-4 示图(1)

计算如下：

$$F_{10} = 10\left(\frac{F/A,10,5}{6.105}\right)\left(\frac{F/P,10,5}{1.6105}\right)+15\left(\frac{F/A,10,5}{6.105}\right) = 98.322+91.575$$
$$\approx 189.9(\text{万元})$$

解法 2：先将前5年每年末10万元按等额求现值法一次折到第一年初，再将该现值看作第1年的一次性投入求出第10年末的本利和；然后，再将后5年每年15万元的等额投入折到第10年末的本利和。将两者相加即为所求。

计算如下：

$$F_{10} = 10\left(\frac{P/A,10,5}{3.791}\right)\left(\frac{F/P,10,10}{2.5937}\right)+15\left(\frac{F/A,10,5}{6.105}\right) = 98.322+91.575$$
$$\approx 189.9(\text{万元})$$

5 5 5 5 5
10 10 10 10 10 10 10 10 10 10
0 1 2 3 4 5 6 7 8 9 10

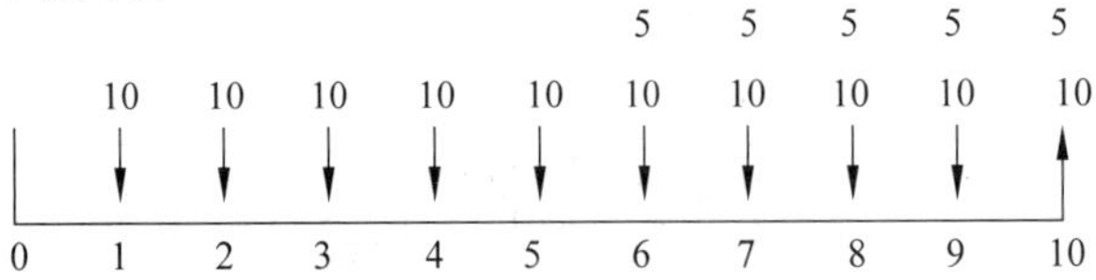

图 4-9 例 4-4 示图(2)

解法 3：将图 4-8 改为图 4-9 所示，将各年末发生的数据分成两组，一组为 10 年内每年都发生等额数 10 万元，一组为后 5 年每年末发生等额数 5 万元；再把两组数据都折换为第 10 年末的本利和相加即为所求。

计算如下：

$$F_{10} = 10\left(\frac{F/A,10,10}{15.937}\right) + 5\left(\frac{F/A,10,5}{6.105}\right) = 159.37 + 30.525$$
$$\approx 189.9(\text{万元})$$

(2) 预付年金的计算

预付年金是指一定时期内每期期初等额收付的系列款项，又称即付年金、先付年金。预付年金与普通年金的区别仅在于付款时间不同。

① 预付年金终值的计算

预付年金终值是其最后一期期末的本利和，是各期收付款项的复利终值之和。

n 期预付年金终值与 n 期普通年金终值之间的关系如图 4-10 所示。

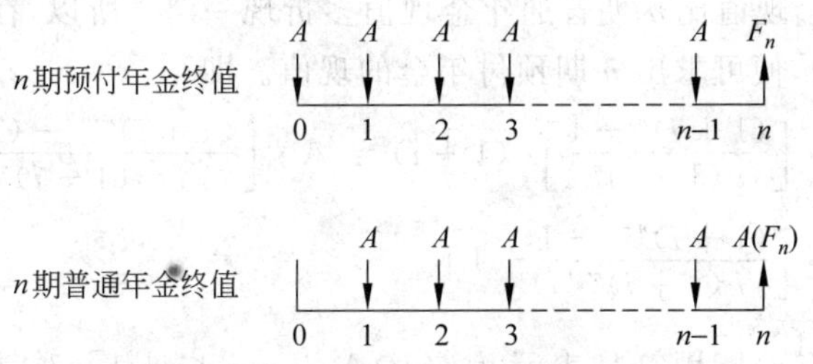

图 4-10 预付年金终值与普通年金终值关系图解

从图 4-10 可知，n 期预付年金与 n 期普通年金的付款次数相同，但由于付款时间不同，n 期预付年金终值比 n 期普通年金终值多计算一期利息。因此，在 n 期普通年金终值的基础上乘以 $(1+i)$，就是 n 期预付年金终值。即

$$F_n = A \cdot \left[\frac{(1+i)^n - 1}{i}\right] \cdot (1+i) = A \cdot \left[\frac{(1+i)^{n+1} - (1+i)}{i}\right]$$
$$= A \cdot \left[\frac{(1+i)^{n+1} - 1}{i} - 1\right] \tag{4-14}$$

将 $\left[\frac{(1+i)^{n+1}-1}{i}-1\right]$ 用符号表示为 $[F/A, i, (n+1)-1]$，称为“预付年金终值系数”，可查“年金终值系数表”得 $(n+1)$ 期的值，然后减去 1 便可得到对应的预付年金终值系数。

【例 4-5】 某公司决定连续 5 年每年年初存入 150 万元作为住房基金，银行存款利率为 10%。则该公司在第 5 年末能一次取出本利和多少元？（见图 4-11）

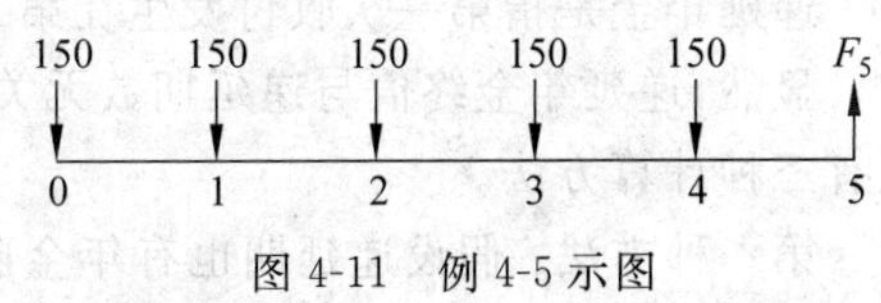

图 4-11 例 4-5 示图

解：由式(4-14)可得

$$F_5 = A \cdot \left[\frac{(1+i)^{n+1} - 1}{i} - 1\right]$$

$$= 150 \cdot \left[\frac{(1+10\%)^{5+1}-1}{10\%}-1\right] = 1\,007.34(\text{万元})$$

② 预付年金现值的计算

n 期预付年金现值与 n 期普通年金现值之间的关系如图 4-12 所示。

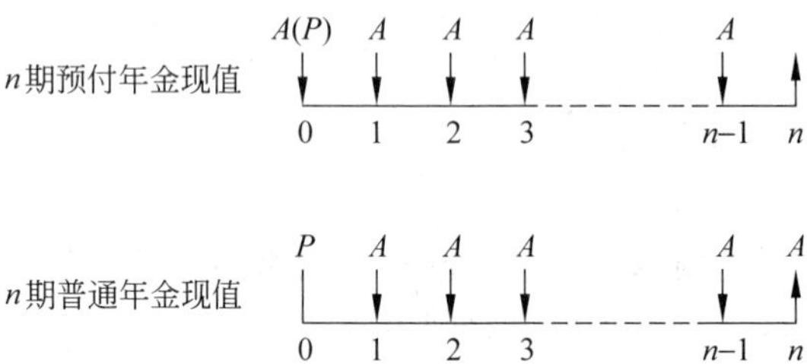

图 4-12 预付年金现值与普通年金现值关系图解

从图 4-12 可知，n 期预付年金现值与 n 期普通年金现值的期限相同，但由于付款时间不同，n 期预付年金现值比 n 期普通年金现值多折现一期。所以，在 n 期普通年金现值的基础上乘以 $(1+i)$，便可求出 n 期预付年金的现值。即

$$P = A \cdot \left[\frac{(1+i)^n-1}{i(1+i)^n}\right] \cdot (1+i) = A \cdot \left[\frac{(1+i)^{n+1}-(1+i)}{i(1+i)^n}\right]$$

$$= A \cdot \left[\frac{(1+i)^{n-1}-1}{i(1+i)^{n-1}}+1\right] \tag{4-15}$$

将 $\left[\frac{(1+i)^{n-1}-1}{i(1+i)^{n-1}}+1\right]$ 用符号表示为 $[(P/A, i, n-1)+1]$，称为“预付年金现值系数”，可查“年金现值系数表”得 $(n-1)$ 期的值，然后加上 1，便可得到对应的预付年金现值系数。

【例 4-6】 某公司租用一台生产设备，在 5 年中每年年初支付租金 10 000 元，利息率为 8%，问这些租金的现值是多少？（见图 4-13）

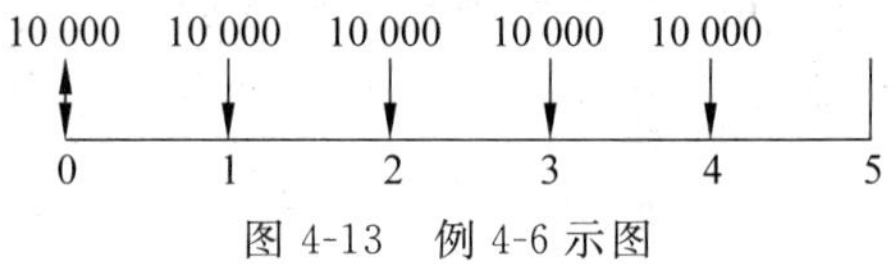

图 4-13 例 4-6 示图

解： 由式(4-15)可得

$$P = A \cdot \left[\frac{(1+i)^{n-1}-1}{i(1+i)^{n-1}}+1\right]$$

$$= 10\,000 \cdot \left[\frac{(1+8\%)^{5-1}-1}{8\%(1+8\%)^{5-1}}+1\right] = 43\,121(\text{元})$$

(3) 递延年金的计算

递延年金是指第一次收付发生在第二期或以后各期的年金，它是普通年金的特殊形式。显然，递延年金终值与递延期数无关，其计算方法与普通年金终值相同。递延年金现值有三种计算方法。

第一种方法：假设递延期也有年金收支，先求出 $(m+n)$ 期的年金现值，再减去递延期 (m) 的年金现值。

第二种方法：先把递延年金视为普通年金，求出其至递延期末的现值，再将此现值换算成第一期期初的现值。前者按普通年金现值（n 期）计算，后者按复利现值（m 期）计算。

第三种方法：先把递延年金视为普通年金，求出其终值，再将该终值换算成第一期期

初的现值。前者按普通年金终值(n 期)计算,后者按复利现值($m+n$ 期)计算。

【例 4-7】 某公司向银行借入一笔钱,贷款年利率为 15%,银行规定前 5 年不用还本付息,但从第 6 年到第 10 年每年年末偿付本息 5 000 元。问该笔贷款的现值是多少?(示图见图 4-14)

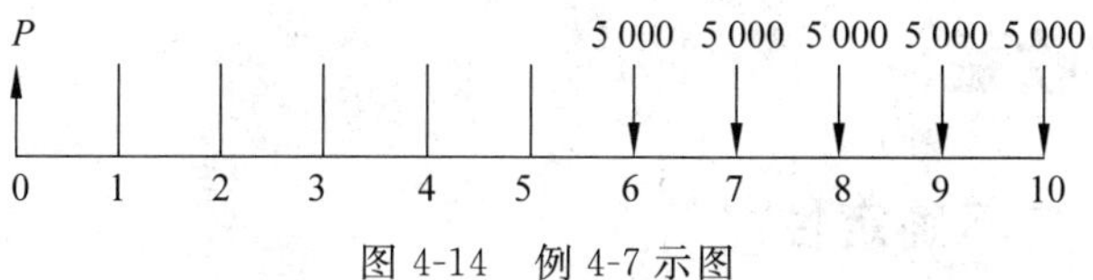

图 4-14 例 4-7 示图

解:由式(4-11)及式(4-4)可得

$$P = A\cdot(P/A,i,n)\cdot(P/F,i,m)$$
$$= 5\,000\cdot(P/A,15\%,5)\cdot(P/F,15\%,5) = 8\,333.60(\text{元})$$

(4) 永续年金的计算

永续年金是指无限期支付的年金。在实际经济生活中,无限期债券、优先股股利、奖励基金都属于永续年金。永续年金没有终止的时间,所以没有终值。永续年金现值可从普通年金现值的计算公式中推导出来:

$$P = \lim_{n\to\infty}\left[A\cdot\frac{(1+i)^n-1}{i(1+i)^n}\right] = \frac{A}{i} \tag{4-16}$$

【例 4-8】 某人持有无限期债券一张,每年年末可获得 1 000 元收入,利息率为 10%,则其永续年金现值为多少?

解:根据式(4-16)可得

$$P = \frac{A}{i} = \frac{1\,000}{10\%} = 10\,000(\text{元})$$

5. 有残值的情形

以上讨论的问题均没有考虑投入到结束时会有残值产生,而实际中,如果期初的投入是形成固定资产的话,那么到期末都会有一定的残余价值——残值发生。

若第一年投入为 P,第 n 年末有残值 S_v 发生,每年等额收益 A 为多少时(考虑货币时间价值)才不亏不盈?

若将一次投入 P 按现值折为各年等值,再将残值按终值折为各年的等值,两者的差额即为所求(见图 4-15)。

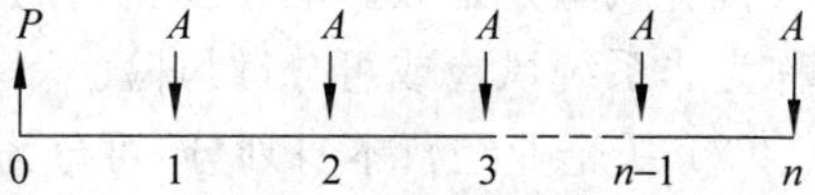

图 4-15 等额发生与现值关系(有残值时)

具体计算如下:

$$A = P(A/P,i,n) - S_v(A/F,i,n) \tag{4-17}$$

【例 4-9】 某企业固定资产投资 50 000 元,预计可经营 10 年,第 10 年末该资产还可折价出售 20 000 元,若年利率 10%,试计算等额年折旧为多少。

解:等额年折旧就是指考虑货币时间价值时每年必须摊入成本的折旧额。具体求法如下:

$$A = P(A/P,i,n) - S_v(A/F,i,n)$$
$$= 50\,000\left(\frac{A/P,10,10}{0.162\,8}\right) - 20\,000\left(\frac{A/F,10,10}{0.062\,8}\right) = 6\,882.5\ (元)$$

即每年必须摊入成本的折旧额为 6 882.5 元。

4.2 风险与收益

4.2.1 风险与不确定性

1. 风险的概念

风险是指在未来一定时期内、一定环境下,不利事件发生的可能性,意味着损失的不确定性。一般说来,风险是指在一定条件下和一定时期内可能发生的各种结果的变动程度。变动程度越大,我们就说投资风险就越大。风险可能给投资人带来超出预期的收益,也可能带来超出预期的损失。风险的大小随时间的变化而变化。

风险是事件本身的不确定性,具有客观性,而是否愿意去冒风险及冒多大风险则是可以选择的,是主观决策的。

2. 风险与不确定性的区别

严格说来,风险和不确定性是有区别的。风险是指事先可以知道所有可能的结果,以及每种结果发生的概率;而不确定性则是指事前并不知道所有可能的结果,或者虽然知道可能结果但无法知道它们发生的概率。

从投资的实务看,风险与不确定性却难以严格地区分,因此都视为"风险"问题对待,把风险理解为"可测定概率"的不确定性。

4.2.2 风险的分类

(1) 从单个投资主体的角度划分,可以把风险分为市场风险和特有风险

市场风险是指那些影响所有公司即整个市场的因素引起的风险,例如经济危机、自然灾害、战争等。这类风险不能通过多样化投资来分散,又称为系统风险或不可分散风险。

特有风险是指只影响个别公司的特有事件而造成的风险,可通过多样化投资来分散,又称为非系统风险或可分散风险。

(2) 从企业经营本身划分,可分为经营风险和财务风险

经营风险是指生产经营的不确定性带来的风险,它是任何经营活动都具有的。企业经营活动的每一环节都会有风险,而且有时往往是企业所不能控制的。

财务风险是指企业因负债经营而增加的风险。若企业不借钱,全部使用股东的资本,那么就不会出现财务风险,而只有经营风险。只要企业负债经营,就可能发生财务风险。

4.2.3 风险产生的原因

风险产生的原因主要有两个:

(1) 缺乏信息

在决策时,有许多情况决策者并不知道。有时是因为取得这些信息的成本过高,有时则因为根本无法取得这些信息。

(2) 决策者不能控制事物的未来进程

如政府政策的变化、顾客需求的改变、供应商的违约等,企业管理者无法控制这些进程,从而产生风险。

4.2.4 风险收益的含义

所谓风险收益就是投资者因冒风险进行投资而获得的超过时间价值的那部分额外报酬,通常用相对数——风险收益率来表示。所谓风险收益率,是指投资者因冒风险进行投资活动而获得的超过时间价值率的那部分额外收益率,即风险报酬额与原投资额的比率。如果忽略通货膨胀因素的影响,投资收益率就是无风险的投资收益率(货币时间价值率)和有风险的投资收益率(风险收益率)之和。用公式表示就是

$$投资收益率=无风险收益率+风险收益率$$

4.2.5 风险的衡量

风险的衡量,主要使用概率和统计的方法。

1. 概率分布

某一事件出现的可能性可以用概率表示。而把每种可能性或结果列示出来,并给予一种概率,就构成了概率分布。任何一个事件的概率分布都必须符合以下两个条件:

(1) $0 \leqslant P_i \leqslant 1$

(2) $\sum_{i=1}^{n} P_i = 1$

【例 4-10】 假设某企业有一投资项目,现有 A、B 两个方案可供选择。这两个方案在未来三种经济状况下的预期收益率及其概率分布如表 4-2 所示。

表 4-2 A、B 方案预期收益率及其概率分布表 %

经济情况	发生概率	A 方案预期收益率	B 方案预期收益率
繁荣	30	90	20
正常	40	15	15
衰退	30	−60	10
合计	100		

在这里,概率既表示每一种经济状况出现的可能性,又表示各种不同预期收益率出现的可能性。例如,当未来经济情况出现繁荣的可能性有 30%时,A 方案可以获得高达 90%的收益率,也就是说,采纳 A 方案获利 90%的机会是 30%。这里为了简化,我们只考虑了经济情况这一个影响收益率的因素,当然,收益率还受到其他多种因素的影响。

2. 期望收益率

期望收益率是概率分布的平均值，即对每种可能的收益率按其各自的概率进行加权平均所得的收益率。期望收益率可按下列公式计算：

$$\overline{K} = \sum_{i=1}^{n} K_i P_i \tag{4-18}$$

式中，$\overline{K}$ 为期望收益率；K_i 为第 i 种可能的收益率；P_i 为第 i 种可能结果的概率；n 为所有可能结果的数目。

如例 4-10 中 A 方案的期望收益率为

$$\overline{K}=30\%\times90\%+40\%\times15\%+30\%\times(-60\%)=15\%$$

B 方案的期望收益率为

$$\overline{K}=30\%\times20\%+40\%\times15\%+30\%\times10\%=15\%$$

两方案的预期收益率相同，但从图 4-16 中我们可以看出其概率分布并不相同，A 项目的收益率的分散程度大于 B 项目。这说明两个项目的报酬率相同，但风险程度不同。这样，我们就要运用离散程度来定量地衡量风险大小。

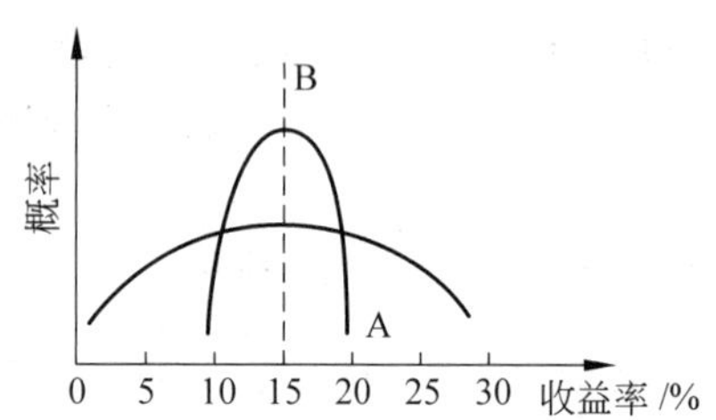

图 4-16 两方案预期收益率的概率分布

3. 离散程度

表示随机变量离散程度的最常用的参数是方差和标准差。

方差是用来表示随机变量与期望值之间离散程度的一个量数，通常用 σ^2 表示。其计算公式为

$$\sigma^2 = \sum_{i=1}^{n} (K_i - \overline{K})^2 \times P_i \tag{4-19}$$

标准差也叫均方差，是方差的平方根。它是各种可能的收益率偏离期望收益率的综合差异。标准差越小，说明离散程度越小，风险也就越小。标准差通常用 σ 表示，其计算公式为

$$\sigma = \sqrt{\sum_{i=1}^{n} (K_i - \overline{K})^2 \times P_i} \tag{4-20}$$

例 4-10 中 A 方案的标准差为

$$\sigma_A = \sqrt{(90\% - 15\%)^2 \times 30\% + (15\% - 15\%)^2 \times 40\% + (-60\% - 15\%)^2 \times 30\%} = 58.09\%$$

方案 B 的标准差为

$$\sigma_B = \sqrt{(20\% - 15\%)^2 \times 30\% + (15\% - 15\%)^2 \times 40\% + (10\% - 15\%)^2 \times 30\%} = 3.87\%$$

可见，A 方案和 B 方案的期望收益率相同，但相比之下，A 方案的风险要比 B 方案的风险大得多。

4. 标准差率

标准差是一个绝对值，而不是一个相对量，只能用来比较期望收益率相同的各项投资的风险程度，而不能用来比较期望收益率不同的各项投资的风险程度。要比较不同期望收益率的项目的风险程度，就需用标准差同期望收益的比值，即标准差率，亦称标准差系数。其计算公式为

$$V=\frac{\sigma}{\overline{K}}\times 100\% \tag{4-21}$$

式中，V 为标准差率。

例 4-10 中，A 方案的标准差率为

$$V_A=\frac{\sigma_A}{\overline{K}_A}\times 100\%=\frac{58.09\%}{15\%}\times 100\%=387.3\%$$

B 方案的标准差率为

$$V_B=\frac{\sigma_B}{\overline{K}_B}\times 100\%=\frac{3.87\%}{15\%}\times 100\%=25.8\%$$

当然，在此例中，两个公司的期望收益率相等，可直接根据标准差来比较两个方案的风险程度，但如果期望收益率不等，则必须计算标准差率才能比较两个方案的风险程度。例如，假设上例中 A 方案的期望收益率为 20%，B 方案的期望收益率为 15%，则在此情况下两方案就无法直接根据标准差来比较，只能通过求出这两个方案的标准差率后才能进行比较。计算方法为

$$\sigma_A=\sqrt{(90\%-20\%)^2\times 30\%+(15\%-20\%)^2\times 40\%+(-60\%-20\%)^2\times 30\%}$$
$$=58.3\%$$

$$\sigma_B=\sqrt{(20\%-15\%)^2\times 30\%+(15\%-15\%)^2\times 40\%+(10\%-15\%)^2\times 30\%}$$
$$=3.87\%$$

则标准差率分别为

$$V_A=\frac{\sigma_A}{\overline{K}_A}\times 100\%=\frac{58.3\%}{20\%}\times 100\%=291.5\%$$

$$V_B=\frac{\sigma_B}{\overline{K}_B}\times 100\%=\frac{3.87\%}{15\%}\times 100\%=25.8\%$$

5. 风险收益率的计算

为了正确地进行投资决策，投资者除了要知道投资风险的大小外，更需要知道投资风险收益的高低。

显然，投资者所冒风险程度越大，得到的风险收益也应当越多。即风险收益的大小应当与风险的大小成正比。因此，表示风险价值的风险收益率也应与反映风险程度的标准差率成正比。但是，收益标准差率并不等于风险收益率。要将收益标准差率转换成风险收益率，还必须借助于另外一个参数——风险价值系数。即

风险收益率＝风险价值系数×标准差率

用符号表示为

$$R_R = b \cdot V \tag{4-22}$$

于是，投资的总收益率为

$$K = R_F + R_R = R_F + b \cdot V \tag{4-23}$$

式中，K 为投资收益率；R_F 为无风险收益率；R_R 为风险收益率；b 为风险价值系数；V 为标准差率。

无风险收益率就是加上通货膨胀贴水后的货币时间价值。一般地，把投资于国库券的收益率视为无风险收益率。

通常，风险价值系数由投资者根据以往的同类项目或主观经验加以确定。

例如，例4-10中，假设A、B两个方案的风险价值系数分别为8%和12%，则两个方案的风险收益率分别为

A方案：$R_{R(A)}=b_A \cdot V_A=8\%\times387.3\%=31\%$；

B方案：$R_{R(B)}=b_B \cdot V_B=12\%\times25.8\%=3.1\%$。

6. 风险收益的计算

计算出风险收益率后，就可以根据有关的投资数据资料计算出风险收益的大小。其计算公式为

$$P_R = C \cdot R_R \quad 或 \quad P_R = P_m \cdot \frac{R_R}{K} = P_m \cdot \frac{R_R}{R_F + R_R} \tag{4-24}$$

式中，P_R 为风险收益；C 为总投资额；P_m 为投资总收益。

例如，例4-10中，假设总投资额为100 000元，则两方案的风险收益分别为

方案A：$P_{R(A)}=C_{(A)} \cdot R_{R(A)}=100\,000\times31\%=31\,000$(元)；

方案B：$P_{R(B)}=C_{(B)} \cdot R_{R(B)}=100\,000\times3.1\%=3\,100$(元)。

应当注意的是，风险收益计算的结果带有一定的主观性，并不是十分精确。研究投资风险收益，关键是要在进行投资决策时树立风险价值观念，认真权衡风险与收益的关系，选择有可能避免风险、分散风险并获得较多收益的投资方案，借以实现最佳的经济效益和企业的财务目标。

4.3 利率与通货膨胀

4.3.1 利率的分类

利率又称利息率，是衡量资金增值量的基本单位，也就是资金的增值同投入资金的价值之比。

按照不同的标准，可以划分为以下几种主要的利率类别。

1. 按利率之间的变动关系划分

(1) 基准利率：又称基本利率，是指在多种利率并存的条件下起决定作用的利率。基准利率通常指的是再贴现率。

(2) 套算利率：是指基准利率确定后，各金融机构根据基准利率和借贷款项的特点而换算出来的利率。

2. 按债权人取得的收益情况划分

(1) 实际利率：是指在货币实际购买力不变的情况下的利率，或是指在物价有变化时，扣除通货膨胀补偿以后的利率。

(2) 名义利率：是指包含对通货膨胀补偿的利率。由于物价不断上涨是一种普遍的趋势，所以，名义利率一般都高于实际利率，二者之间的关系是

$$K = K_0 + I \cdot P \tag{4-25}$$

式中，K 为名义利率；K_0 为实际利率；$I \cdot P$ 为预期的通货膨胀率。

通常是利用上述公式，根据名义利率和通货膨胀率推出实际利率。

3. 按在借贷期内是否可以调整划分

(1) 固定利率：是指在借贷期内固定不变的利率。

(2) 浮动利率：是指在借贷期内可以调整的利率。

4. 按利率变动与市场的关系划分

(1) 市场利率：是指根据资金市场上的供求关系，随市场规律而自由变动的利率。

(2) 法定利率：是指由政府金融管理部门或者中央银行确定的利率。

我国的利率属于法定利率，由国家统一制定，中国人民银行统一管理，目前正在向市场利率过渡。在发达的市场经济国家，通常以市场利率为主，在必要时才动用法定利率。

4.3.2 利率的影响

在市场经济条件下，供求关系是决定利率的最基本的因素。

一般说来，在资金供应量不变或变动较小的情况下，资金需求量增加，利率会随着上升；反之则下降。但是，利率随供求关系的变动而变动也不是绝对的，而是受经济周期、通货膨胀、国家财政、货币政策等各种因素变动的影响。利率对公司财务管理活动的影响表现在以下两个方面。

1. 对筹资和投资决策的影响

一方面，利率越高，企业所要支付的使用资金的代价就越高，要用企业收益补偿的数额也就越大，因此，利率对企业收益将产生直接影响；另一方面，企业筹措资金的目的是用于投资，如果投资收益不足以补偿利率，则该项投资就无利可图，所以，利率高低也是企业进行筹资、投资决策必须考虑的重要因素。

2. 利率高低对证券价格的影响

利率水平的高低对上市公司发行的股票、债券价格将产生双重影响。一方面，利率通

过影响公司的融资成本，从而影响利润水平，进而对股价产生影响；另一方面，债券利率上升，证券市场投资者就会将投资于股票的资金转向债券以取得更高的投资收益，这样就会造成股价下跌；反之则上升。

4.3.3 通货膨胀对财务管理活动的影响

通货膨胀是指一个时期的物价普遍上涨，货币购买力下降，相同数量的货币只能购买较少的商品。

通货膨胀对公司财务管理活动的影响，主要表现在以下几个方面。

1. 通货膨胀对财务信息资料的影响

(1) 由于通货膨胀必然引起物价变动，但会计核算一般维持成本计价原则，导致资产负债表所反映的资产价值低估，不能反映企业的真实财务状况。

(2) 由于资产低估，又会造成产品成本中原材料、折旧费等低估，而收入又按现时价格计算，使企业情况不真实。

(3) 由于固定资产价值低估，造成提取折旧不足，实物资产和生产能力发生减损。

(4) 由于收入高估，成本费用低估使利润虚增，税负增加，资本流失，再加上资产不实，使投资者无法确认资本的保全情况。

2. 对企业成本的影响

由于通货膨胀使利率上升，企业使用资金的成本提高。另外，通货膨胀加剧会使物价水平全面提高，购置同样物资的资金需要量增加。由于价格上涨，材料成本和工资费用增加，同样会使成本加大。

3. 对财务决策的影响

通货膨胀会使预测、决策及预算不实，将使财务控制失去意义。

4.3.4 通货膨胀预期

当物价总体水平发生变化，通货膨胀将影响购买力。对通货膨胀的预期将直接影响利率水平，因为预期的现金购买力降低，则资金的供应者将会要求增加回报，而引发利率上升。当预期通货膨胀率较高时，引起利率上升；当预期通货膨胀率较低时，引起利率下降。

预期通货膨胀率与名义利率之间的关系被称为费舍效应(Fisher effect)。名义无风险利率等于实际利率加上通货膨胀贴水，即

$$名义无风险利率=实际利率+预期通货膨胀率$$

4.4 现金流量

4.4.1 现金流量的概念

现金流量所指的现金是广义的概念，不仅包括货币资金，还包括与投资项目有关的各种非货币资产。现金流量包括现金流入量、现金流出量和净现金流量。现金流入量与现金流出量的差额即为净现金流量。

4.4.2 现金流量的内容

投资项目的现金流量一般由初始现金流量、营业现金流量和终结点现金流量三部分构成。

1. 初始现金流量

初始现金流量是指开始投资时发生的现金流量，一般表现为现金流出量，以负数表示，具体包括以下内容。

(1) 固定资产投资

固定资产投资包括房屋、建筑物的购建支出、机器设备的购进价、运杂费、安装费及途中保险费等。

(2) 净流动资金垫支

净流动资金垫支包括项目建成前为项目运营准备的流动资产购置支出、项目建设过程中发生的应收款项、应付款项等。

(3) 土地等不计价资产的机会成本

这是指企业利用原占有的土地进行项目建设，由于土地在我国不计价，所以不发生实际现金流量。企业的土地本可以移作他用，并取得一定收入，只是由于用来投资，才放弃了这笔收入，所放弃的相应收入代表土地的机会成本。企业应以现行市价作为土地的机会成本。

(4) 其他投资费用

其他投资费用指与项目建设关系不大的费用支出，如筹建经费、职工培训费等。这些费用如果不进行资本化，而是费用化，则应考虑税收因素。

用 I_0 表示项目建设的净资本化支出额，用 E_0 表示净费用支出额，所得税税率为 T，净流动资金垫支额为 ΔW，有关机会成本为 C，则有

$$初始现金流量 = -(I_0 + \Delta W + C) - E_0(1 - T) \tag{4-26}$$

除上述四项内容之外，在进行固定资产更新投资时，还包括原有固定资产残料收入与清理费用的差额，即原有固定资产的变价收入。这种净收益也要考虑税收因素。

现在，假定某项固定资产账面净值为 1 000 元，如果企业获取的变价收入高于 1 000 元，说明企业“多计”了折旧，在这种情况下，政府将会对高于账面净值的部分征税以得到补偿；如果企业获取的变价收入低于 1 000 无，说明企业“少计”了折旧，企业要求得到补

偿，获得税收抵减的好处。我们用 S_0 表示旧设备净销售价格（收入－清理费用），用 B_0 代表账面净值，则出售旧设备的税后现金流量为

$$\text{出售旧设备净现金流量} = S_0 - (S_0 - B_0)T \tag{4-27}$$

上述情况综合起来，则有

$$\text{初始现金流量}(NCF_0) = -(I_0 + \Delta W + C) - E_0(1-T) + S_0 - (S_0 - B_0)T \tag{4-28}$$

2. 营业现金流量

营业现金流量是指投资项目完成后，在整个寿命期内，正常生产经营过程中的现金流量。它一般按年计算，等于销售收入扣除付现成本和所得税后的差额。付现成本是指需要支付现金的生产成本和期间费用。由于折旧费等一般都计入生产成本和有关期间费用，提取折旧费又不涉及现金的收付，所以，付现成本等于生产成本与期间费用之和减去折旧费。

我们用 R 表示项目投产后各期收入，E 表示各期付现成本，T_{ax} 表示各期所得税额，D 表示各期折旧，P 表示各期净利润（税后利润），则有

$$\text{营业现金流量}(NCF_t) = R - E - T_{ax} \tag{4-29}$$

或

$$NCF_t = P + D \tag{4-30}$$

或

$$NCF_t = R(1-T) - E(1-T) + D \cdot T \tag{4-31}$$

式(4-28)和式(4-29)分别由式(4-27)推导出来，读者可自己完成。熟练掌握这三个公式，对于营业现金流量的计算非常重要。

3. 终结点现金流量

终结点现金流量是指项目经济寿命终结时发生的现金流量，一般表现为现金的流入量，具体由两项内容组成：①固定资产变价收入或支出；②原垫支的净流动资金回收额。

在计算时，可将终结点现金流量视为经营期最后一年的现金流量合并计算。

在初始现金流量部分已讨论了固定资产变价收入，其基本原理在这里同样适用。

去掉式(4-27)中的下标，于是有

$$\text{终结点现金流量}(NCF) = S - (S - B)T + \Delta W \tag{4-32}$$

【例4-11】 光华公司计划新建一条生产线，建设投资需500万元，第一年末建成，使用期为5年，用直线法折旧，预计残值为原值的10%；另外，为项目开工做准备，于建设起点追加流动资金投资200万元。生产线投产后，预计每年可取得销售收入630万元，第一年付现成本为250万元，以后每年递增20万元的维修费，所得税税率为33%。试确定各年现金流量。

解： 依题意可知

$$\text{项目计算期} = 1 + 5 = 6(\text{年})$$

如图4-17所示。

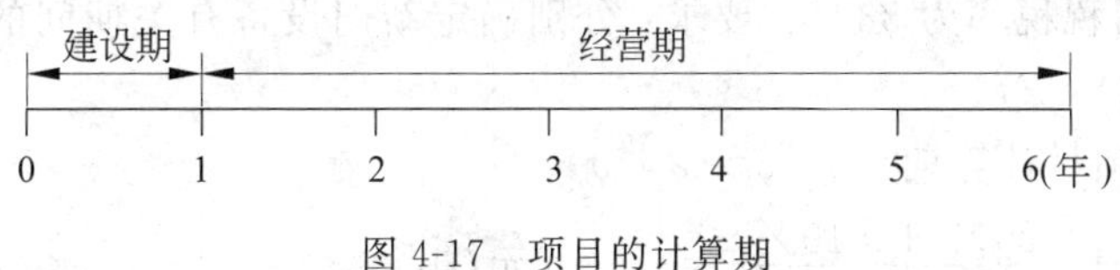

图 4-17　项目的计算期

(1) 初始现金流量(建设期)为

$$NCF_0 = -(500+200) = -700(万元)$$

$$NCF_1 = 0$$

(2) 营业现金流量为

$NCF_2 = 630 \times (1-33\%) - 250 \times (1-33\%) + 90 \times 33\% = 284.3(万元)$

$NCF_3 = 630 \times (1-33\%) - (250+20) \times (1-33\%) + 90 \times 33\% = 270.9(万元)$

$NCF_4 = 630 \times (1-33\%) - (270+20) \times (1-33\%) + 90 \times 33\% = 257.5(万元)$

同理，$NCF_5=244.1$ 万元；$NCF_6=230.7$ 万元。

(3) 终结点现金流量为

$$终结点现金流量=200+500\times10\%+230.7=480.7(万元)$$

本例营业现金流量如果采用列表法计算也是十分简单的，见表 4-3、表 4-4。

表 4-3 中，营业现金流量用式(4-29)、式(4-30)或式(4-31)中的任何一个计算，其结果都是一致的。

表 4-3　营业现金流量估算表　　万元

年　　份	2	3	4	5	6
销售收入①	630	630	630	630	630
付现成本②	250	270	290	310	330
折旧费③	90	90	90	90	90
税前利润④=①-②-③	290	270	250	230	210
所得税⑤	95.7	89.1	82.5	75.9	69.3
净利⑥	194.3	180.9	167.5	154.1	140.7
营业现金流量⑦	284.3	270.9	257.5	244.1	230.7

表 4-4　现金流量计算表　　万元

年　　份	0	1	2	3	4	5	6
现金流量 NCF_t	-700	0	284.3	270.9	257.4	244.1	480.7

【例 4-12】　金台公司原有设备一台，购置成本为 15 万元，预计使用 10 年，预计残值为原价的 10%。该公司用直线法提取折旧。5 年后该公司拟购买新设备替换旧设备，以提高生产效率。新设备购置成本为 20 万元，使用年限为 5 年，用直线法折旧，预计净值为购置成本的 10%。使用新设备后，预计公司每年的销售收入从目前的 150 万元上升到 165 万元，付现成本则从 110 万元增至 115 万元。该公司如购置新设备，旧设备出售可得

收入6万元，所得税税率为33%。要求：分别确定新旧设备有关期间的 NCF，并据以确定两者的差额（ΔNCF）。

解：新设备项目计算期＝0＋5＝5（年）

$$每年折旧=\frac{20\times(1-10\%)}{5}=3.6（万元/年）$$

$NCF_0=-20$ 万元

$NCF_{1-4}=165\times(1-33\%)-115\times(1-33\%)+3.6\times33\%=34.69$（万元）

$NCF_5=34.69+20\times10\%=36.69$（万元）

旧设备项目计算期＝0＋5＝5（年）

$$每年折旧=\frac{15\times(1-10\%)}{10}=1.35（万元/年）$$

决策点账面净值＝15－1.35×5＝8.25（万元）

注意：*若继续使用旧设备，第零年变现价值（而非原值或净值）为6万元，视为现金流出。*

变现值低于账面净值之间的差额的抵税金额构成继续使用旧设备的机会成本。根据式（4-26）得

$NCF_0=-[6-(6-8.25)\times33\%]=-6.74$（万元）

$NCF_{1-4}=150\times(1-33\%)-110\times(1-33\%)+1.35\times33\%=27.25$（万元）

$NCF_5=27.25+15\times10\%=28.75$（万元）

所以

$$\Delta NCF_0=-(20-6.74)=-13.26（万元）$$

$$\Delta NCF_{1-4}=34.69-27.25=7.44（万元）$$

$$\Delta NCF_5=36.69-28.75=7.94（万元）$$

4.4.3 现金流量的管理

企业在对现金流量进行管理时要注意以下几个问题。

（1）定期编制现金流量表和现金预算表

现金流量表能反映企业在特定期间的营业、投资和财务管理活动情况，现金预算则概括了企业预计未来一段时间内有关现金流入流出方面的所有信息，比财务报表预测提供更为详细的现金流量信息。因而，企业应当适时编制现金流量表，并对其完成情况进行事后分析，在此基础上编制下期的现金预算表。

（2）加强对现金流入流出的动态管理与控制

在现金流量管理过程中，企业必须注重加快各种形态资金的周转速度，从而提高资金的使用效率。为此，可以考虑采取以下方法：①扩大销售渠道，增加现款销售，减少赊销；②建立科学有效的收款政策，提高市场占有率的同时，不断降低欠款与逾期或坏账比例；③采用安全快速的结算方式，缩短客户汇款的时间，提高收款效率等。

（3）关注企业生命周期不同阶段的现金流量合理性

企业一般会经历萌芽期、成长期、成熟期和衰退期四个阶段，企业在不同发展阶段所

产生的现金流入流出量又存在差异，因此，应将从现金流量表中获取的数据与公司实际的生命周期进行比较，从而判断现金流是否合理。

(4) 注重企业经营活动产生的现金流量分析

企业经营活动产生的现金流量是整个现金流量表分析的重点。可以运用基本的财务分析方法对企业营业现金流量进行分析，如果企业营业现金流量主要来源于主营业务收入收现能力的提高，说明现金流量质量较好，反之则不好。

案例分析

案例 4-1 拿破仑带给法兰西的尴尬

拿破仑 1797 年 3 月在卢森堡第一国立小学演讲时说了这样一番话："为了答谢贵校对我，尤其是对我夫人约瑟芬的盛情款待，我不仅今天呈上一束玫瑰花，并且在未来的日子里，只要我们法兰西存在一天，每年的今天我将亲自派人送给贵校一束价值相等的玫瑰花，作为法兰西与卢森堡友谊的象征。"时过境迁，拿破仑穷于应付连绵的战争和此起彼伏的政治事件，最终惨败而被流放到圣赫勒拿岛，把在卢森堡的诺言忘得一干二净。可卢森堡这个小国对这位"欧洲巨人与卢森堡孩子亲切、和谐相处的一刻"念念不忘，并载入他们的史册。1984 年年底，卢森堡旧事重提，向法国提出"违背赠送玫瑰花"诺言案的索赔：要么从 1797 年起，用 3 路易作为一束玫瑰花的本金，以 5 厘复利(即利滚利)计息全部清偿这笔玫瑰案；要么法国政府在法国各大报刊上公开承认拿破仑是个言而无信的小人。起初，法国政府准备不惜重金赎回拿破仑的声誉，但却又被电脑算出的数字惊呆了；原本 3 路易的许诺，本息竟高达 1 375 596 法郎。经冥思苦想，法国政府斟词酌句的答复是："以后，无论在精神上还是物质上，法国将始终不渝地对卢森堡大公国的中小学教育事业予以支持与赞助，来兑现我们的拿破仑将军那一诺千金的玫瑰花信誉。"这一措辞最终得到了卢森堡人民的谅解。

资料来源：《读者》2000 年第 17 期，第 49 页。

根据以上内容，讨论以下问题：

(1) 法国政府是如何得出 1 375 596 法郎这个结论的？它的理论依据是什么？

(2) 以上案例给你什么启发？

案例 4-2 聚焦金牛能源现金流

河北金牛能源股份有限公司(以下简称金牛能源)是经国家经贸委批准，由邢台矿业(集团)有限责任公司独家发起，于 1999 年 8 月 26 日以募集方式设立的股份有限公司。

受全球金融危机的冲击，上市公司各行业业绩受到不同程度的影响，上市公司 2008 年度的业绩成了市场关心的热点，而在 2008 年上市公司经营性现金流略有缩水的情况下，金牛能源等煤炭类上市公司由于当年煤价大涨，经营性现金流大幅增长。

金牛能源年报显示，2008 年公司实现营业收入 927 588.62 万元，同比增长 74.96%；

实现归属于上市公司股东的净利润19.64亿元，同比增长182.42%；每股基本收益为2.4927元。

年报同时披露，公司拟以2008年度分红派息股权登记日收市后的总股本为基准，向全体股东每10股派现金1.5元(含税)，供计将派发现金逾1.18亿元。资料显示，公司自2000年以来已经连续8年实施现金分红，这与公司充足的现金流是分不开的，根据公司年报，去年年末公司每股经营性的现金流量净额为2.6036元。

受益于2008年煤价大涨，金牛能源2008年年末经营性现金流达到20.52亿元，同比增长49.6%。不过，公司2008年净利润同比增长128.42%，是经营性现金流增幅的近4倍。

另外，从单季度现金流情况看，金牛能源第四季度单季度的经营性现金流出现了明显下滑，与此同时，从公司资产负债表中可以发现，公司的应收账款呈现大幅增长态势。

数据显示，金牛能源四季度经营活动产生的现金流量净额为2.69亿元，同比下降了46.3%。事实上公司从第三季度开始已经出现了经营性现金流增长趋缓的势头。公司第三季度经营活动产生的现金流量净额为3.75亿元，同比增长40%；而第一、二季度经营活动产生的现金流量净额分别是8亿元和6.06亿元，通过比较分别增长162%和104%。这同2008年煤炭行业上半年景气度逐渐提升，到第三季度达到最高并迅速回落的趋势一致。

在经营性现金流随行业景气度下降而缩水的同时，公司应收账款大幅度增加，从2007年年末的1.86亿元增长到2008年年末的9.2亿元，同比增加3.94倍，其中大部分是2008年新增的应收款项。

资料来源：http://gegu.stock.cnfol.com/090312/125,1332,5577772,00.shtml。

案例分析题：

(1) 你认为该公司现金流是否出现异常波动？

(2) 你认为该公司在日后的生产经营活动中对现金的管理，应着重哪些问题？

本章小结

财务管理的目标是实现企业价值最大化，而这一目标的实现很大程度上依赖于企业现金流量及发生的时间、风险与收益的均衡，以及资本成本的高低等问题，离开货币时间价值，许多财务决策将无法正确做出。风险与收益是现代财务管理过程中一对不可回避的矛盾，企业必须研究风险与收益的均衡问题，才能在防范风险的同时尽可能取得理想的收益。利率与通货膨胀直接关系到企业筹资成本的高低，从而影响实现的企业价值。

货币时间价值、风险与收益利率与通货膨胀和现金流量，共同构成现代财务管理的基础。

思考题

1. 什么是风险报酬？如何计量风险报酬？
2. 什么是利率？利率变动对企业财务活动有什么影响？
3. 什么是通货膨胀？通货膨胀对企业财务活动有什么影响？
4. 什么是投资方案的现金流量、现金净流量？

习题

1. 名词解释题

货币时间价值，终值与现值，现金流量线

2. 计算题

(1) 小李是个古董商。昨天，他计划出价 20 000 元购买一幅画。预计一年后该幅画的价值为 21 000 元，目前银行存款年利率为 3%。小李应该购买还是放弃呢？

(2) 小李将 10 000 元存入银行，存期 3 年，目前银行年利率为 3%，问 3 年后小李能够得到多少钱？

(3) 小李计划 3 年后更换某品牌电脑，预计那时该品牌电脑的售价为 5 000 元，目前银行年利率为 3%，问小李现在需要一次性存入多少钱才能满足 3 年后心愿？

(4) 假设四年后你需要 30 000 元来支付读研究生的费用，你选择了一个年报酬率为 4%的项目进行投资，今天你需要拿出多少钱来投资？

(5) 假设有两家银行可向你提供贷款。一家银行的利率为 12%，按月计息；另一家银行的利率为 12.2%，按半年计息。哪家银行的利率条件更有吸引力？

(6) 如果实际利率为 4.5%，而预期通货膨胀率是 7.3%，你预计名义利率应是多少？

筹资管理

第5章 短期资金筹集

本章框架体系

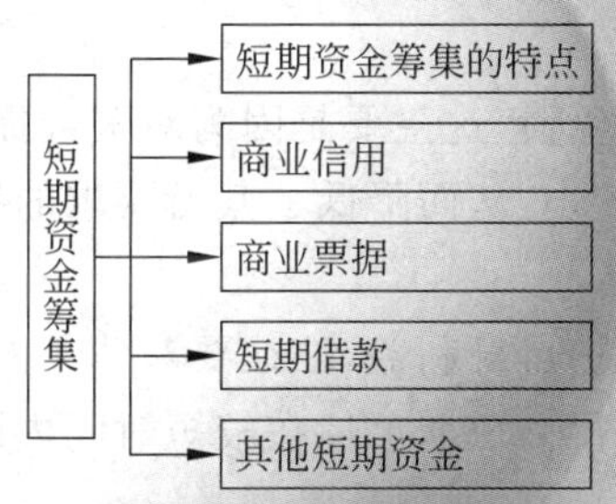

学习目标

1. 了解短期资金筹集的渠道与方式。
2. 了解短期筹资管理程序。

导 读

Wason公司是一家经销木材的中型公司。2010年以来市场对木材的需求越来越大，利润也相当可观，且可以预期未来市场对木材的需求仍然很旺，因此，2012年，Wason公司希望其销售额有一个更大的增长，于当年以7%的年利息率向银行借款900万元，但仍满足不了公司的需求，所以公司采取了下列商业信用手段：①向木材产地的上游公司赊购；②要求购买木材的下游公司垫付一定比例的预付款，且若下游公司购买木材后7天内付清余下款额，可享受1%的优惠折扣。

2012年下半年与2011年上半年相比，公司的销售额增长24%，利润增长36%。

在公司的良好信誉下，Wason公司采用了上述短期筹资手段，提高了公司的资金流动性和营运能力，且节省了一定的融资成本。

本章主要讨论短期资金筹资的概念、特征、操作程序和相关原理。

本章内容

5.1 短期资金筹集的特点

短期资金是指企业借入资金的期限在一年以内或者超过一年的一个营业周期以内的各种资金。短期筹资的特点如下：

(1) 筹资风险较高

短期资金往往需要在一个较短的期限内偿还，这会给企业的资金调度带来极大的压力，一旦短期资金使用过多而企业又无力偿还，会导致企业陷入财务危机；同时，短期资金的利率波动比较大，一时高于长期负债水平也是可能的。

(2) 筹资富有弹性

举借长期负债，债权人或有关方面经常会向债务人提出很多限定条件或管理规定；而短期负债的限制相对宽松一些，使筹资企业的资金使用较为灵活、富有弹性。

(3) 筹资成本较低

短期负债的利率低于长期负债，这主要是因为对资金提供者来说，短期资金的期限较短，所面临的不确定性风险也较小，从而降低了其所要求的报酬水平。

(4) 筹资速度快，容易取得

长期负债的债权人为了保护自身利益，往往要对债务人进行全面的财务调查，因而筹资所需时间一般较长且不易取得。短期负债在较短时间内即可归还，故债权人顾虑较少，容易取得。

就短期资金来源的形式来说，主要包括商业信用、商业票据和短期借款。此外，还有其他一些短期资金来源，如各种应计项目(应付职工薪酬、应交税金、应付股利等)，下面分别加以阐述。

5.2 商业信用

5.2.1 商业信用的表现形式

商业信用是指在商品交易中由于延期付款或预收货款所形成的企业间的借贷关系。商业信用是企业之间的直接信用行为，也是商品运动与货币运动相脱离后形成的一种债权债务关系。其主要形式不外乎两种：先取货后付钱，或者，先收钱后交货。商业信用产生于银行信用之前，而银行信用出现以后，商业信用依然存在。西方某些国家制造厂和批发商的商品，有 90％以上是通过商业信用方式销售出去的。我国商业信用正日益广泛推行，成为企业普遍采用的一种短期资金来源。商业信用有商品交易媒介的作用，但如果管理不善，也会产生消极的后果，故应当加强监督、积极引导、防止失控。商业信用的具体形式有应付账款、应付票据、预收账款等。

1. 应付账款

应付账款是最典型、最常见的商业信用形式，是由于商品赊购形成的。销货企业在将商品转移给购货方时，不需要买方立即支付现款，而是由卖方根据交易条件向买方开出发票或账单，买方在取得商品后的一定时期内再付清货款。这样，买方实际上就以应付账款的形式获得了卖方提供的一笔短期贷款，从而构成了一种短期资金来源。应付账款有其内在的优点，但也不宜滥用，一般来说其额度应与未来销售量及付款能力相一致。如果应付账款超出了应有的限度，则会使企业形成沉重的偿还负担，甚至影响到企业信誉及今后的赊购能力，严重的还可能导致企业破产。

应付账款一般可以享受现金折扣优惠，按买方企业承担一定代价与否，将信用条件分为免费信用、有代价信用和展期信用。

免费信用：在规定的折扣期内，买方企业享受折扣而获得的信用。

有代价信用：买方企业付出放弃折扣的代价而取得的信用。

展期信用：在规定的信用期限届满后，买方企业推迟付款而强制取得的信用。这是违反常规的做法。

(1) 应付账款成本

应付账款成本指购买方放弃销售企业提供现金折扣优惠条件，所形成的机会成本。可用应付账款隐含的利息成本表示：

$$\text{隐含利息成本}=\frac{\text{现金折扣率}}{1-\text{现金折扣率}}\times\frac{360}{\text{信用期}-\text{折扣期}}$$

某企业按“2/10，N/30”的条件购买一批价值为 100 000 元的商品。如果该企业 10 天内付款，可取得最长不超过 10 天的免费信用额 98 000 元(100 000－100 000×2％)。企业如果放弃这笔现金折扣，在 30 天内付款，则该企业将取得有代价的信用额 100 000 元(为期 30 天)。

$$\text{放弃折扣的机会成本}=\frac{2\%}{1-2\%}\times\frac{360}{30-10}=36.7\%$$

如果企业延至 45 天付款，则放弃折扣的机会成本为 21％，即

$$\frac{2\%}{1-2\%}\times\frac{360}{45-10}=21\%$$

可见若企业放弃折扣而获得信用，其代价是较高的。企业在放弃折扣的情况下，推迟付款的时间越长，其成本便会越小。但是，这样做所冒的风险较大，可能会丧失对方信任，以后被迫现购商品。

(2) 利用现金折扣的决策

在附有信用条件的情况下，因为获得不同信用要承担不同的代价，买方企业便要在利用哪种信用之间作出决策。

一般说来，如果能以低于放弃折扣的隐含利息成本的利率借入资金，便应在现金折扣期内用借入的资金支付货款，享受现金折扣；如果在折扣期内将应付账款用于短期投资，所得的投资收益率高于放弃折扣的隐含利息成本，则应放弃折扣而去追求更高的收益。

如果企业因缺乏资金而欲延展付款期，则需要在放弃折扣的成本与延展付款带来的损失之间作出选择。延展付款带来的损失主要是指：因企业信誉恶化而丧失供应商乃至其他贷款人的信用，或日后招致苛刻的信用条件。

如果面对两家以上提供不同信用条件的卖方，应通过衡量放弃折扣成本的大小，选择信用成本较小(或所获利益最大)的一家。

2. 应付票据

应付票据是在应付账款的基础上发展起来的一种商业信用。买方根据购销合同向卖方开出或承兑商业票据，从而延期付款。商业票据可以由买方开出(商业本票)，也可以由卖方开出并由承兑人承兑(商业汇票，按照承兑人的不同，又分为商业承兑汇票和银行承兑汇票)。和应付账款相比，销货方更愿意采用应付票据的商业信用形式，因为买方用票据的形式代替了没有正式法律凭据的赊账方式——应付账款，在票据中明确规定了具体的付款日期、付款金额、是否计息等相关内容，从而为双方的债权债务管理提供了严格的法律依据，使其规范化、制度化和法定化，有利于债权债务的清偿。应付票据的支付期最长不超过6个月。应付票据可以带息，也可以不带息，即使带息，其票面利息也低于银行借款利息，因此其筹资成本较低。但是应付票据到期必须归还，如若延期便要交付罚金，因而风险较大。

3. 预收账款

预收账款是指销货企业按照合同或协议的约定，在货物交付之前，向购货企业预先收取部分或全部货款的一种信用形式。它等于销货企业向购买单位先借一笔款项，然后用商品归还，是由买方向卖方提供的一种商业信用，预收的货款成为卖方的短期资金来源。这种信用形式的运用受到一定限制，一般适用于市场上比较紧俏同时买方又急需的商品，或是生产周期较长、成本售价较高的货物，如电梯、轮船和房地产等。一般情况下，买方不愿意提供预付货款，故这种商业信用形式很难普遍地、有效地、长期地开展下去。而且，采取这种商业信用方式，可能导致某些单位借商品供不应求之机乱收预收货款，不合理地占用其他企业资金，故应有所控制。

此外，企业往往还存在一些在非商品交易中产生，但亦为自发性筹资的应付费用，如应付工资、应交税金和其他应付款。应付费用使企业受益在前、费用支付在后，相当于享用了受款方的借款，一定程度上缓解了企业的资金需要。应付费用的期限具有强制性，不能由企业自由斟酌使用，但通常不需花费代价。

5.2.2 商业信用的利弊分析

1. 商业信用的优点

(1) 商业信用属于“自发性融资”行为,即在商品交易过程中自然产生。只要企业生产经营活动持续进行,商业信用融资行为就不会停止,而且无须做特殊安排。

(2) 商业信用融资的弹性较好。一方面,商业信用能否取得、何时取得、取得多少等基本上可以由买方企业自主决定,由于在取得时间和偿还时间(必要时可以展期)的确定上买方企业都有一定的自主权,从而时间上更有弹性;另一方面,商业信用融资可随着购买和销售的变化而相应地扩张或缩小,从而在规模上也具有较大的弹性。

(3) 商业信用融资的限制较少。与借款相比,使用商业信用融资,一般没有什么限制条款,即使有也不是十分严格,而且只要商业信用保持在适度的范围内,也不会给企业今后的融资行为带来不利的影响。

(4) 如果信用条件中没有现金折扣,或者企业不放弃现金折扣,或者使用不附息的应付票据,则商业信用的融资成本总体上是比较低的,有时甚至基本上是免费的。

2. 商业信用的缺点

(1) 商业信用的期限较短,应付账款尤其如此,如果企业要取得现金折扣,则期限更短。

(2) 对应付账款而言,如果放弃现金折扣或者严重拖欠,其融资成本较高。

5.3 商业票据

商业票据是实力雄厚的大型企业开出的无担保期票,这些期票的销售对象是商业公司、保险公司和商业银行等。商业票据的二级市场不发达,投资者通常要持有至到期日。发行商业票据的企业都有极强的信用,商业票据的期限一般为 90 天到 180 天。商业票据可满足企业短期流动资金的需求,在企业负债中占的比例较小。

5.3.1 商业票据的概念与特征

1. 概念

商业票据是指由金融公司或某些信用较高的企业开出的无担保短期票据。商业票据的可靠程度依赖于发行企业的信用程度,可以背书转让,但一般不能向银行贴现。期限在 9 个月以下,由于其风险较大,利率高于同期银行存款利率。商业票据可以由企业直接发售,也可以由经销商代为发售。但对出票企业信誉审查十分严格。如由经销商发售,则它实际在幕后担保了售给投资者的商业票据,商业票据有时也以折扣的方式发售。

2. 利率特征

利率特征是:低于银行贷款利率,高于银行存款利率。这一特征是企业采用发行商业票据筹资而不用银行借款筹资的根本原因所在。例如，银行吸收存款利率为4%，发放贷款的利率为6%，存贷利差为2%。这时，如果企业发行票面利率为5%的商业票据，那么，商业票据投资者和发行者平均瓜分了这2%的存贷利差。

3. 资金成本特征

商业票据不存在向银行贷款时的保护性存款余额，因此，商业票据的实际利率要比银行借款的利率低许多。但是发行商业票据支付的筹资费用一般较高，包括资信评估费用、发行费用、登记费用等，是商业票据的资金成本的组成部分。

虽然，商业票据会产生一些筹资费用，但是根据经验数据统计，商业票据的利率一般要比最优惠的银行贷款利率低20%。正因为发行银行票据有这些好处，在货币市场发达的国家，商业票据才会成为企业的一种重要的筹资方式。

5.3.2 商业票据的利弊分析

1. 商业票据的优点

(1) 成本低

与银行贷款和短期融资的其他来源相比，商业票据的利率水平较低。

(2) 没有补偿性存款的要求

商业票据不涉及最低存款余额的要求。不过，当新的商业票据无法销售出去或到期的票据无法偿付时，发行公司往往希望保持足以满足短期融资需要的信贷额度。

(3) 融资规模较大

商业票据可为公司提供全部短期投资所需的资金。因为商业银行的贷款行为受有关法规的限制较严。大规模的短期资金往往很难从一家银行获得，可能需要与许多机构打交道。

(4) 提高公司声望

人们普遍认为只有信用等级很高的公司才能发行商业票据。

2. 商业票据的缺点

(1) 发行商业票据需要较高的资信级别

在货币市场上发行商业票据，严格地受到商业票据的市场特性制约，一些暂时处于财务困难的优秀公司也会因受制于商业票据的市场特性而无法用商业票据筹资。与商业票据的发行相比，银行贷款更多地受主观行为的影响，比如银行认为某企业有发展前途，向它贷款安全，即使在整个市场都认为其无前途的情况下，银行也可能向该企业贷款。

(2) 筹资金额受公司偿债能力的限制

商业票据的发行额度受发行公司现阶段的偿债能力影响。虽然一家公司的发展前景很好，但是由于目前正处于投资阶段，偿债能力显得有些不足时，也不可能按照自己的需要发行足够的商业票据，从而无法用商业票据筹资的方式来满足其资金需要。

(3) 通过商业票据进行短期融资包含着巨大的风险

发行公司在偿付贷款时没有任何灵活性，即使是信用极好的公司也是如此。与银行贷款不同，如果公司遇到暂时的财务困难，尚可展期，但在商业票据市场中不存在这种可能性。

5.4 短期借款

5.4.1 短期借款的概念和分类

短期借款是指企业向银行或其他非银行金融机构借入期限在一年以内的借款，是公司非自发性短期资金来源的一种主要形式。在我国，短期借款是绝大多数公司短期资金来源中最重要的组成部分。短期借款灵活简便，但其突出的缺点是要短期内偿还，特别是在带有诸多附加条件的情况下，其风险会加剧。

我国目前的短期借款按照目的和用途分为若干种，主要有生产周转借款、临时借款和结算借款等。还可依偿还方式的不同，分为一次性偿还借款和分期偿还借款；依利息支付方法的不同，分为收款法借款、贴现法借款和加息法借款；依有无担保分为短期信用借款和短期担保借款等。

1. 短期信用借款

信用借款又称无担保贷款，是指没有担保人作保证或没有财产作抵押，仅凭借款人的信用而取得的借款。公司申请无担保借款时，需将公司近期的财务报表、现金预算和预测报表送交银行。银行根据这些资料对公司的风险与收益进行分析后，才决定是否向公司贷款，若贷款则拟订具体的贷款条件。信用借款一般都由贷款人给予借款人一定的信用额度，双方签订周转信用协议或补偿性协议。因此，这种信用借款又可分为以下几种形式。

(1) 信用额度借款

信用额度是商业银行在未来一段时间内对借款人规定的无担保贷款的最高限额。一般情况下，公司在批准的信贷额度内，可随时按需要向银行申请借款，但是银行并不承担必须提供全部信贷限额的法律责任。当公司出现财务状况恶化时，银行可以拒绝继续提供贷款。信用额度一般要作出如下规定：①信用额度的期限。一般一年建立一次，也有期限更短的。②信用额度的数量。规定银行能贷款给公司的最高限额。

(2) 周转信用协议

周转信用协议或周转信贷协定，是一种比较特殊的、正式的信用额度，又称循环使用的信用协议，是银行具有法律义务地承担提供不超过某一最高限额的贷款协定。经常为大公司所使用。在协议的有效期内只要公司的借款总额未超过最高限额，银行必须满足公司任何时候提出的借款要求。在最高限额内，公司可以借款、还款，再借款、再还款，不停地周转使用。公司享有周转信用协议，通常要对贷款限额的未使用部分支付给银行一笔承诺费。

周转信用协议与信用额度借款在持续时间、法律约束力和费用支付等方面都有区别。①信用额度的有效期一般为一年，而循环借款可超过一年；②信用额度一般不具备法律的约束力，而周转信用协议具有法律的约束力，银行要承担限额人的贷款义务；③公司采用周转信用协议，除支付利息外，还要支付协议费，协议费是对循环限额中未使用部分收取的费用，在信用额度贷款的情况下，一般无须支付协议费。

例如：某银行向某上市公司提供20亿元的周转信贷额，期限1年，当年该公司使用了15亿元，其余的5亿元按照协定应该支付2‰的承诺费。该公司向该银行支付承诺费100万元。

(3) 补偿性余额

补偿性余额是银行要求企业按照借款的一定比例在银行保留的最低账面平均余额，这一比例通常是10%～20%。补偿性余额可以降低贷款风险，但却导致公司实际得到的贷款金额要低于所要求的贷款面值，因而致使公司借款实际利率的提高。

$$贷款面值=\frac{借款人所需资金}{1-补偿性余额比例}$$

例如，公司急需现金1 000万元，补偿性余额比例是20%，则公司贷款面值为

$$1\,000\div(1-20\%)=1\,250(万元)$$

2. 短期担保借款

银行在向公司发放短期借款时，如果对公司的信誉及财务状况不甚满意，出于贷款安全的考虑，可要求公司提供相应的担保品或抵押品：应收账款、存货、股票、债券等。银行接受抵押品后，将根据抵押品的面值决定贷款金额，一般为抵押品面值的30%～90%，比例高低取决于抵押品的变现能力和银行的风险偏好。抵押借款的成本通常高于非抵押借款，这是因为银行主要向信誉好的客户提供非抵押贷款，而将抵押贷款看成是一种风险投资，故而收取较高的利率；同时银行管理抵押贷款要比管理非抵押贷款困难，为此往往另外收取手续费。需要指出的是，公司一般不使用长期资产（如固定资产）作为其短期借款的担保品，按照担保品及担保形式的不同，短期担保借款主要有以下几种。

(1) 应收账款担保贷款

应收账款是企业流动性最大的资产之一，是一项较为合适的抵押物。其缺点主要是：难于估计应收账款的回收率和收账费用，具有较大风险。应收账款担保贷款又可分为应收账款抵押借款和应收账款让售两种类型。

① 应收账款抵押借款

它是指公司以其应收账款作为抵押品而向银行取得短期借款。在这种借款形式下，公司与银行会签订有关协议，就各自的权利、义务及其他事项作出明确规定。一般来说，银行会要求公司承担应收账款的收账责任和收账费用，并拥有对应收账款的要求权和追索权。银行在决定借款金额时，通常用公司应收账款面值的一定百分比（如60%～90%）表示。

② 应收账款让售

应收账款让售时，应收账款的所有权在借款公司和信贷机构发生转移，借款公司应在

让售协议签订之后通知应收账款的债务人，请其在账款到期时直接将款项汇给有关的信贷机构。按照坏账损失的承担责任，应收账款让售可分为两种，即有追索权的应收账款让售和无追索权的应收账款让售。前者由让售公司承担损失，后者由信贷机构承担损失。后者更为常见。信贷机构在承购应收账款时付给让售公司的款项可计算如下：

发票金额－承诺的现金折扣－催收应收账款佣金－退回和折让暂扣款－利息费用

其中，暂扣款在相应的销售退回和折让因素消失之后，由信贷机构退回给让售公司。

(2) 存货担保贷款

存货也是一种流动性较大的资产，可以作为短期银行借款的抵押品。由于存货种类繁多，有效期不一，因此，贷款者除了考虑存货的变现性、市场价格稳定性外，还要考虑存货的耐久性。存货担保贷款按抵押方式不同可分为以下几种。

① 流动抵押贷款

指借款者用他的存货"总额"充当担保品，而不需要具体规定存货的种类。贷款者对借款者的全部存货都拥有流动留置权。但这种留置权含意并不十分明确，贷款者很难掌握。企业所受限制较少，贷款利息率也较高。

② 动产抵押贷款

指需要先明确存货种类，借款人对这些存货拥有所有权，贷款人则有留置权。借款人未经贷款人同意不得出售这些存货；同样，贷款人在借款人不能偿债时，须经法院同意才能动用这些存货，因此，这种贷款方式并不利于借款人和贷款人，故较少被采用。

③ 信托收据贷款

指贷款者对存货拥有所有权，但委托借款人销售该存货，存货销售所得货款用于偿还借款。贷款人为了保证自己的权益，需要了解借款人所销货款用于偿债的情况。这种贷款方法流行于耐用消费品制造或经销行业。

④ 公共仓库收据贷款

指以公共仓库开出的证明某批货物确属借款人所有的收据作为抵押物的贷款。在这种情况下，仓库只有在取得贷款者同意后才能将货物交给借款者，这样可保证借款者的权益。

⑤ 借款企业仓库收据贷款

这种贷款与公共仓库贷款一样，只是作为抵押物的存货放置于借款企业的仓库中。一般由借款企业划出一定面积的仓库，专门储存已抵押的存货，贷款者派专人对抵押存货进行看守。未经贷款者同意批准，借款企业不得动用已抵押的存货。

5.4.2 短期借款的信用条件

银行发放短期借款往往带有一些信用条件，主要有信贷额度、借款抵押、偿还条件和其他承诺等。

1. 信贷限额

存在正式和非正式信用额度协议。在正式协议下，银行要承担按最高限额保证贷款的法律义务。在非正式协议下，银行不承担这一法律义务。

信贷限额是银行对借款人规定的无担保贷款的最高额度。信贷限额的有效期限通常为一年，但根据情况也可延期一年。特别地，如果企业信誉恶化，即使银行曾同意过按信贷限额提供贷款，企业也可能得不到借款。这时，银行不会承担法律责任。

2. 借款抵押

贷款以借款者一定的物品作为抵押品而取得。借款抵押品通常是有价证券、房地产以及其他各种证明所有权的物品。贷款到期，借款者必须如数归还贷款，否则银行有权处理抵押品，作为其贷款损失的一种补偿。

3. 偿还条件

贷款的偿还有到期一次性偿还和在贷款期内定期等额偿还两种方式。一般来讲，企业不希望采用后种偿还方式，因为这会提高借款的实际利率；而银行不希望采用前种偿还方式，是因为这会加重企业的财务负担，增加企业的拒付风险，同时会降低实际贷款利率。

4. 其他承诺

银行有时还要求企业为取得贷款而作出其他承诺，如及时提供财务报表、保持适当的财务水平等。如企业违背所作出的承诺，银行可要求企业立即偿还全部贷款。

5.4.3 短期借款利率及其支付方法

短期借款的利率多种多样，利息支付方法也不一，银行将根据借款企业的情况选用。

1. 借款利率

优惠利率：银行向财力雄厚、经营状况好的企业贷款时收取的名义利率，为贷款利率的最低限。

浮动优惠利率：一种随其他短期利率的变动而浮动的优惠利率。

非优惠利率：比优惠利率高的利率，通常在优惠利率的基础上加一定的百分点。非优惠利率与优惠利率之间利差的大小，由借款企业的信誉、与银行的往来关系及当时的信贷状况所决定。

2. 借款利息的支付方法

一般来讲，借款企业可以用三种方法支付银行贷款利息。

(1) 收款法：在借款到期时向银行支付利息的方法。银行向企业发放的贷款大都采用这种方法收息。

(2) 贴现法：银行向企业发放贷款时，先从本金中扣除利息部分，而到期时借款企业则要偿还贷款全部本金的一种计息方法。因而这种贷款的实际利率高于名义利率。

例如：某企业从银行取得借款10 000元，期限一年，年利率8%，利息额为800元(10 000×8%=800)，按照贴现法支付利息，企业实际得到的贷款为9 200元，该贷款的实际利率为：800÷9 200=8.7%。

(3) 加息法：银行发放分期等额偿还贷款时采用的利息收取方法。银行将根据名义利率计算的利息加到贷款本金上，计算出贷款的本息和，要求企业在贷款期内分期偿还本息和。由于贷款分期均衡偿还，借款企业实际上只平均使用了贷款本金的半数，却支付了全额的利息。企业所负担的实际利率便高于名义利率大约一倍。

例如：某企业贷款 20 000 元，年利率 12%，分 12 个月等额偿还本息。该贷款的实际利率为：(20 000×12%)÷(20 000÷2)=24%。

5.5 其他短期资金

其他短期资金主要是指各种应计项目，即企业在生产经营和利润分配过程中已经计提但尚未以货币支付的各种项目，如应付职工薪酬、预提费用等应计费用，以及应交税金、应付股利或应付利润等。应计项目是在企业生产经营和利润分配过程中自然形成的，并且从生产经营中沉淀出来，成为一种可供企业在某一规定期限内无条件占用的资金，是一种"自发性"融资行为，这些资金的使用无须支付任何代价。

由于法律法规、经营惯例等方面的限制，企业对应计项目无绝对控制力，更不能长期占用。但是由于应计项目在偿付时间、偿付方式等方面都有许多成熟的、可预见的规定，企业完全可以利用这些安排偿付时间，从而满足资金的临时性需要。

1. 应交税金

应交税金形成于企业的生产、销售及利润分配环节，是一笔较为可观的短期资金来源。企业需要依法缴纳的税金主要有：增值税、消费税、营业税、所得税、资源税、土地增值税、城市维护建设税、房产税、土地使用税、车船使用税等。一般来说，企业应在期末计算出当期应缴纳的各项税金，然后在下一会计期间某日之前向国家税务机关缴纳税款。在到期日之前，它是企业的一笔可无偿使用的短期资金来源，而到期时则应及时足额缴纳，以免遭受滞纳金、罚款等处罚。

2. 应付股利

应付股利形成于利润分配环节。当企业经董事会或股东大会决议确定分配现金股利时，自宣告之日起，应付股利就构成了企业的一项流动负债，直到现金股利向股东实际支付时终止。由于宣告日和支付日的时间间隔极短，因此可以利用的余地有限。事实上，如果企业的资金比较紧张，它会在宣告时就应降低现金股利的分派水平，或采用股票股利。

3. 应付职工薪酬

主要包括应付工资和应付福利费。应付工资是企业的一笔比较稳定的短期资金来源。其形成的原因在于企业支付职工工资的日期与资产负债表的编制日期不一致。在实务中，企业本期的工资一般是在下期期初支付。应付工资发生至支付的间隔时间拖得越长，对企业就越有利。但不能超出职工的承受能力，否则会给企业带来不利的影响。

应付福利费是企业准备用于职工福利方面的资金，从费用中提取(提取金额为职工工资总额的14%）。应付福利费的形成是企业根据有关规定定期提取的，而其实际开支可由企业根据资金状况灵活安排。

案例分析

案例5-1 现金折扣与交易成本

公司A向公司B购买原材料，公司B开出的付款条件为“4/10，N/30”。一天，公司A的财务经理刘洋翻阅公司账目，发现会计人员对此项交易的处理方式是在收到货物的15天支付款项。当刘洋问会计人员为何不取得现金折扣，该名会计人员说这个交易的成本只有4%，而银行贷款成本却为12%，因此没有接受现金折扣。

请问，该名会计人员说得对吗？

案例5-2 海天公司该如何融资？

海天公司是一个季节性很强、信用为AA级的中型企业，每年一到经营旺季，资金就打不开点，急得厂长和财务主管团团转，面对企业资金严重不足、产品供不应求的现状，两个人真可谓“挖空了心思，绞尽了脑汁”。后经多方共同努力，最终使生产急需的资金100万元有了着落。

1. 企业财务数据

(1) 海天公司2010年年末资产负债表(见表5-1)。

表5-1 海天公司2010年年末资产负债表

财务指标	账面价值/千元
总资产	5 600
其中：应收款项	125
货币资金	800
一年内到期的长期负债	188
商业票据和其他应付票据	812
短期负债合计	1 000
长期负债	2 600
所有者权益	2 000
负债及所有者权益	5 600

(2) 海天公司的产品销售利润率为12%。

2. 备选融资方案

(1) 银行短期借贷。工商银行提供期限为3个月的短期借款20万元，年利率为12%。补偿性余额比例为20%。

(2) 商业信用贷款。A公司愿意为其提供商业信用贷款，即按“2/10，N/30”的条件每天为其提供5 000元的材料；商业信用期限一个月。

(3) 安排专人将应收款项催回。

3. 案例思考题

(1) 根据案例资料，分别按不同融资方式计算海天公司的可融资数额。

(2) 试比较哪种融资方式更适合海天公司的生产经营急需。

(3) 在市场经济条件下，短期融资方式中哪种将成为企业短期融资的主要来源，为什么？

(4) 企业进行短期融资的内、外部环境应如何？

本章小结

短期资金是指企业借入的期限在一年以内的各种资金。短期资金筹集具有风险高、有弹性、成本低、速度快、易取得等特点。短期资金筹集主要包括商业信用、商业票据、短期借款和其他短期资金等。

商业信用是指在商品交易中由于延期付款或预收货款所形成的企业间的借贷关系，是企业之间直接信用行为，也是商品运动与货币运动相脱离后形成的一种债权债务关系，具体形式有应付账款、应付票据、预收账款等。应付账款是最典型、最常见的商业信用形式，是由于商品赊购形成的。销货企业在将商品转移给购货方时，不需要买方立即支付现款，而是由卖方根据交易条件向买方开出发票或账单，买方在取得商品后的一定时期内再付清货款。这样，买方实际上就以应付账款的形式获得了卖方提供的一笔短期贷款，从而构成一种短期资金来源。应付票据是在应付账款的基础上发展起来的一种商业信用。要么由买方根据购销合同，向卖方开出或承兑商业票据(商业本票)，从而允许延期付款，要么由卖方开出应付票据并由承兑人承兑。预收账款是指销货企业按照合同或协议的约定，在货物交付之前，向购货企业预先收取部分或全部货款的一种信用形式。

商业票据是指由金融公司或某些信用较高的企业开出的无担保短期票据，其利率特征是：低于银行贷款利率，高于银行存款利率。此外，它还不存在类似向银行贷款的保护性存款余额，因此，商业票据的实际利息率要比银行借款的利息低许多。

短期借款指企业向银行或其他非银行金融机构借入的期限在一年以内的借款，是公司非自发性短期资金来源的一种主要形式。依有无担保，可将短期借款分为短期信用借款和短期担保借款两种。信用借款又称无担保贷款，是指没有担保人作保证或没有财产作抵押，仅凭借款人的信用而取得的借款。短期担保借款是指银行在向公司发放短期借款时，如果对公司的信誉及财务状况不甚满意，出于贷款安全的考虑，要求公司提供相应的担保品或抵押品。银行发放短期借款往往带有一些信用条件，主要有信用额度、周转信贷协定、补偿性余额、借款抵押、偿还条件和其他承诺等。短期借款的利率多种多样，主要有：优惠利率、浮动优惠利率、非优惠利率。其利息支付方法也不一，银行将根据借款企业的情况选用。

其他短期资金主要是指各种应计项目，即企业在生产经营和利润分配过程中已经计提但尚未以货币支付的各种项目，如应付职工薪酬、预提费用等应计费用，以及应交税金、应付股利或应付利润等。

思考题

1. 短期筹资的特点有哪些？
2. 商业信用的形式有几种？各有什么特点？
3. 短期借款的方式有哪些？借款的信用条件有哪些？
4. 短期借款的利息支付方法有哪些？如何计算各自的利息？
5. 应付账款的成本如何计算？
6. 其他短期资金包括哪些？

习题

1. 对下面(1)～(6)题，确定在各种信用条件下融资的年成本，假设：不取得折扣；在信用期末支付账款；一年有 365 天。

(1) 1/10，N/30　　(2) 2/10，N/30　　(3) 3/10，N/30

(4) 10/30，N/60　　(5) 3/10，N/60　　(6) 2/10，N/90

2. 宏大公司需要增加 440 万元运营成本。以下三种融资方案应选择哪一种？

(1) 放弃现金折扣(3/10，N/30)，并在最后到期日付款。

(2) 按 15%的利率从银行借款 500 万元，该方案需要保持 12%的补偿性余额。

(3) 发行半年期 470 万元的商业票据，净值为 440 万元，假设新商业票据每 6 个月发行一次。

3. 一鸣公司刚发生一笔大额应收账款。它因此需要立即增加 9.5 万元的营运资本。该公司已确定有三种可行的资金来源。

(1) 商业信用：一鸣公司每月按条件“3/30，N/90”购入 5 万元的材料，目前都取得了折扣。

(2) 银行贷款：该公司取得银行按 13%的利率提供的贷款 10.6 万元，要求保持 10%的补偿性余额。

(3) 代理：一家代理公司愿意购买一鸣公司的应收账款（每月 15 万元），这些应收账款的平均收账期为 30 天。代理商将按应收账款账面价值的 75%和年利率 12%的条件预付资金，此外它还要对所购人的应收账款收取 2%的费用。估计代理商的服务每月可为公司节省 2 500 美元，包括信用部门费用和坏账费用。

根据年成本分析一鸣公司应选择哪个方案。

4. 东田公司需要为季节性存货需求融资 40 万元，资金将使用 6 个月。该公司正在考虑下列可能性：

(1) 从一家金融公司取得终端仓库收据贷款。条件是年利率 12%，按存货价值的 80%提供贷款。6 个月内的仓储成本是 7 000 元。剩下的融资需求（8 万元），即 40 万元减去贷款金额，需要通过放弃公司的一些应付账款的现金折扣融通。标准条件是“2/10，N/30”，但是公司估计它能在不引起不利影响的情况下将付款推迟到第40天。

(2) 从存货供应商处按浮动留置权的方式融资，实际利率为20%。供应商按存货的价值方法贷款。

(3) 从另一家金融公司取得存货抵押收据贷款，年利率为10%。贷款比率为70%，6个月内的中转仓储成本是1万美元。剩下的融资需求将按方案(1)通过放弃应付账款的现金折扣融通。

企业为存货融资的哪种方法成本最低？

第6章 股权筹资

本章框架体系

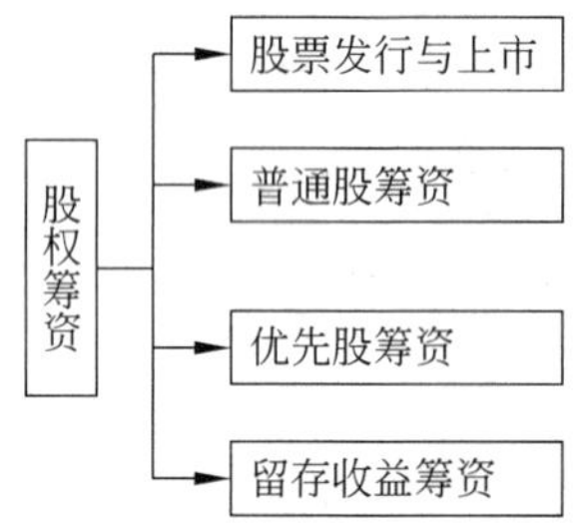

学习目标

1. 了解股权筹资的渠道与方式。
2. 了解股票发行上市的程序。
3. 掌握股权筹资方式的优缺点。

导　读

Sinostma是一家跨国铁矿石公司，2006—2010年，为了适应世界各大钢厂对铁矿石的需求，采取了从银行大量举债和发行公司债券的融资方式，但是据公司市场部门预测，未来几年铁矿石的市场价格和需求量可能发生较大波动，目前的大量债务预示着公司存在较大的财务风险，为此，公司决定：①将净利润的留存比例提高10个百分点；②银行借款偿付后，适当减少从银行再借款的规模；③通过发行新股票融资来回购公司的可赎回债券。

2011—2012年，公司得以在铁矿石价格和需求量波动的市场上稳步运营，虽然公司的净利润与前几年相比有所下降。

那么，进行股权筹资需要满足哪些条件？股权筹资方式的特点和作用是什么？

本章将主要讨论股权筹资的方式、程序和特点，并结合案例详细论述股权筹资的具体细节。

本章内容

6.1 股票发行与上市

股票是股份证书的简称，是代表持有股份公司所有权的一种有价证券。股票是股份公司资本的构成部分，可以转让、买卖或作价抵押，是资金市场的主要长期信用工具。股票的持有者凭借股票来证明自己的股东身份，参加股份公司的股东大会，对股份公司的经营发表意见，并参与股份企业的利润分配。

公司上市是指公司经过严格的审批，公开向社会公众发行股票，募集资金，公司股票在公开的股票交易市场上挂牌交易的行为。经批准在证券交易所上市交易的股票，称为上市股票；其股份有限公司称为上市公司。

6.1.1 上市的意义

1. 公司股票发行上市的意义

(1) 获取资金

通过公开发售股票(股权)，一家公司能募集到可用于多种目的的资金，包括增长和扩张、清偿债务、市场营销、研发以及公司并购。不仅如此，公司一旦上市，还可以通过发行债券、股权再融资或定向增发(PIPE)再次从公开市场募集到更多资金。

(2) 提升形象和声望

上市可以帮助公司获得声望和国际信任度。公司上市的宣传有利于其产品和服务的营销。从私人公司向上市公司的转变会增进公司的国际形象，并为顾客和供货商提供与公司长期合作的信心，而且有利于促进新的商业或战略联盟的形成，吸引潜在的合伙人和合并对象。

(3) 增强流动性

非上市公司的所有权通常不具备流动性而很难出售，对小股东而言更是如此。上市为公司的股票创造了一个流动性远好于私人企业股权的公开市场，投资者、机构、建立者和所有者的股权都获得了流动性，股权的买卖变得更加方便了。

(4) 完善公司治理

决定上市的公司需要重新审查其管理结构和内部控制，内部规范和程序的建立以及对公司治理标准的坚持最终会使公司管理更好、更加成功。执行内部控制并坚持严格的公司治理标准的公司将获得更高的估值，并且上市公司可以使用股票和股票期权等手段来进一步完善公司的治理结构。

(5) 重估价值

股市的一个重要功能就是价值发现，上市会使市场对公司价值有重新的定位。

(6) 便于合并及收购

上市公司的股票市场和估值一旦建立，就具备了通过交易股票来收购其他公司的优势。通过股票收购相对其他的途径更为方便，使其他公司更容易对与本公司的潜在的整合和战略关系进行评估。

（7）提供退出战略和转移财富

公司股票所处的公开市场也为最初的投资者和所有者提供了流动性和退出战略，上市也使人们在心理上更容易认同公司在财务上的成功。

2. 公司上市的不利因素

（1）失去专有信息的保密性

公司的上市过程包含了对公司和业务历史的大量的“尽职调查”，这需要对公司的所有商业交易进行彻底的分析，包括私人契约和承诺，以及诸如营业执照、许可和税务等。监管部门可能还会要求对公司的历史和现有法规遵守情况进行复查，上市公司必须不断地向所在交易所和各种监管部门提交报告，披露公司运营中的专有信息。

（2）盈利压力和失去控制权的风险

上市公司的股东有权参与管理层的选举，在特定情况下甚至可以取代公司的建立者；还会受制于董事会的监督，而董事会可能会改变建立者的原定战略方向或否决其决定。

（3）上市和其他开销

在海外上市的努力花销巨大，公司将上市筹集所得资金的12%～15%用于上市进程的直接开销是很平常的，上市过程占用了管理层的大量时间并可能会打断正常的业务进程，而且上市公司所面临的树立良好的公司法人形象的压力也会越来越大，迫使公司把钱用于履行社会责任和其他公益行为上。

（4）管理责任

公司高管、管理层以及相关群体都对上市过程及公告文件中的误导性陈述或遗漏负有责任。而且，管理层可能还会由于违反受信责任、自我交易等罪名遭到股东的法律诉讼，无论这些罪名是否成立。

上述种种不利因素使即便在成熟的市场上，并非所有的公司都热衷于上市融资。

6.1.2 股票发行的条件、方式与程序

1. 股票发行条件

股票发行人必须是具有股票发行资格的股份有限公司，各国证券交易所都对股份公司上市做出了严格的规定，股份公司一般需经资格审查，符合一定标准，才有资格上市。

（1）股份公司的上市标准

① 资本额。一般规定上市公司的实收资本额不得低于某一数值。

② 符合要求的业绩记录。主要是考察拟上市公司的获利能力。

③ 偿债能力。一般用最近一年的流动资产占流动负债的比率来反映偿债能力，这一比率也有规定的数值。

④ 股权分散情况。

我国《公司法》、《股票发行与交易管理暂行条例》等法律、行政法规、部门规章对新设

立股份有限公司公开发行股票、原有企业改组设立股份有限公司公开发行股票、增资发行股票及定向募集公司公开发行股票的条件分别做出了具体的规定。

(2) 新设立股份有限公司申请公开发行股票应符合的条件

① 股票发行人必须是具有股票发行资格的股份有限公司，包括已经成立的和经批准成立的股份有限公司。

② 公司的生产经营符合国家产业政策。

③ 发行的普通股限于一种；同次发行股票的发行条件、发行价格相同，同股同权。

④ 发起人认购的股本数额不少于公司拟发行的股本总额的 35%。

⑤ 在公司拟发行的股本总额中，发起人认购的部分不少于人民币 3 000 万元，但是国家另有规定的除外；本次发行后，公司的股本总额不少于人民币 5 000 万元。

⑥ 持有股票面值人民币 1 000 元以上的股东不少于 1 000 人，向社会公众发行的部分不少于公司拟发行的股本总额的 25%，其中公司职工认购的股本数额不得超过拟向社会公众发行的股本总额的 10%；公司拟发行的股本总额超过人民币 4 亿元的，证监会按照规定可酌情降低向社会公众发行部分的比例，但是，最低不少于公司拟发行的股本总额的 10%。

⑦ 发行人在近三年内没有重大违法行为，财务报表无虚假记载等。

⑧ 证券委规定的其他条件。

(3) 原有企业改组设立股份有限公司公开发行股票的条件

原有企业改组设立股份有限公司申请公司发行股票，除了要符合新设立股份有限公司申请公开发行股票的条件外，还要符合下列条件：

① 发行前一年末，净资产在总资产中所占比例不低于 30%，无形资产在净资产中所占比重不高于 20%，但是证券委另有规定的除外。

② 近三年连续盈利。

(4) 增资发行的条件

增资发行是指上市公司以社会公开募集方式增资发行股份的行为。上市公司增资申请公开发行股票，除了需要满足前述所列的条件外，还要满足下列条件：

① 上市公司必须与控股股东在人员、资产财务上分开，保证上市公司的人员独立、资产完整和财务独立。

② 前一次发行的股份已募足，所得资金的使用与其招股说明书所述的用途相符，或变更募集资金用途已履行法定程序，并且资金使用效果良好。

③ 距前一次公开发行股票的时间不少于 12 个月。

④ 公司在最近 3 年内连续盈利，并可向股东支付股利，本次发行完成当年的净资产收益率不低于同期银行存款利率水平；且预测本次发行当年加权计算的净资产收益率不低于配股规定的净资产收益率水平，或与增发前基本相当。

⑤ 公司申报材料无虚假陈述，在最近三年内财务会计无虚假记载，进行了重大资产重组的公司应保证重组后的财务会计资料无虚假记载。

⑥ 进行重大资产重组的上市公司，重组后一般应运营 12 个月以上。

⑦ 本次发行募集资金用途符合国家产业政策的规定。

⑧ 公司不存在资金、资产被控股股东占用，或有明显损害公司利益的重大关联交易。

⑨ 从前一次公开发行股票到本次申请期间没有重大违法行为。

(5) 定向募集公司公开发行股票的条件

定向募集股份有限公司申请公开发行股票除了要符合新设立和改组设立股份有限公司公开发行股票的条件外，还应符合下列条件：

① 定向募集所得资金的使用同招股说明书所述内容相符，并且资金使用效益好。

② 距最近一次定向募集股份的时间不少于12个月。

③ 从最后一次定向募集到本次公开发行期间没有重大违法行为。

④ 内部职工股权证按照规定发放，并且已交国家指定的证券机构集中托管。

⑤ 证券委规定的其他条件。

2. 股票发行方式

(1) 股票发行方式

① 公开间接发行

它指的是公司通过证券中介机构，公开向社会公众发行股票。我国股份有限公司采用募集设立方式向社会公开发行新股时，须由证券经营机构承销的做法，就属于股票的公开间接发行。这种发行方式的发行范围广、发行对象多，易于足额募集资本；股票的变现性强。但这种发行方式手续繁杂，发行成本高。

② 不公开直接发行

它是指公司不公开对外发行股票，只向少数特定对象直接发行，因而不需中介机构承销。我国股份有限公司采用发起设立方式和以不向社会公开募集的方式发行新股的做法，即为不公开直接发行。这种发行方式弹性较大，发行成本低；但发行范围小，股票变现性差。

(2) 股票的销售方式

股票的销售方式有两类：自销和委托承销。

① 自销

自销是指发行公司直接将股票出售给投资者，而不经过证券经营机构承销。自销方式在企业债券上运用较广，而在股票发行上并不普遍；对尚不具备条件进证交所上市的股票，企业往往自销，其转让通过地区交易市场进行，发行公司直接控制发行过程，节省发行费用；但往往筹资时间长，发行公司要承担全部发行风险，因而需要其有较高的知名度、信誉和实力。

② 承销

承销是指发行公司将股票销售业务委托给证券承销机构代理，是普遍采用的做法。在我国，证券承销机构主要为证券公司、信托投资公司等，在美国一般是投资银行。我国《公司法》规定股份有限公司公开发行股票，必须与依法设立的证券经营机构签订承销协议，由它们承销。

据股票承销商在承销过程中承担的责任和风险的不同，承销又可分为代销和包销两种形式。代销指股票发行人委托股票承销商代为向投资者销售股票。承销商按照规定的发行条件，在约定的期限内尽力推销，到销售截止日期，股票如果没有全部售出，那么未售出部分退还给发行人，承销商不承担任何发行风险。包销是指由承销商买下全部或销售剩余部分的股票，承担全部销售风险。对发行人来说，包销不必承担股票销售不出去的风险，而且可以迅速筹集资金；包销的成本比代销的高。包销有全额包销和余额包销之分。全额包销是由承销商按一定价格买下全部股票，并按合同规定的时间将价款一次付给发行人。余额包销是指到股票销售截止日期，未售出的余额由承销商按协议价格认购，即为先代理发行，后全额包销，是代销和全额包销的结合。

包销可以由一个承销商独自负责，也可以由一个承销商牵头，担任主承销商，由若干个承销商共同组成承销团销售，承销团内的各承销商按一定比例销售股票，分享发行费用。我国有关法规规定，拟公开发行股票的面值总额超过人民币3 000万元或者预期销售总金额超过人民币5 000万元的，应由承销团承销，其中主承销商由发行人按照公开竞争的原则通过竞标或协商的方式确定。

3. 股票发行程序

按照《股票发行与交易管理暂行条例》与《公司法》的规定，股票上市的程序如下：

(1) 设立股份有限公司

我国的法律法规规定发行股票的企业必须是股份有限公司。

(2) 聘请中介机构

主要是聘请有证券从业资格的会计师事务所、律师事务所和有主承销商资格的证券公司。会计师事务所负责出具审计报告，律师事务所出具法律意见书，证券公司负责对拟上市企业发行股票的辅导和推荐工作，辅导期为一年。辅导内容主要包括以下9个方面：

① 股份有限公司设立及其历次演变的合法性、有效性；

② 股份有限公司人事、财务、资产及产、供、销系统独立完整性；

③ 对公司董事、监事、高级管理人员及持有5%以上(含5%)股份的股东(或其法人代表)进行《公司法》、《证券法》等有关法律法规的培训；

④ 建立、健全股东大会、董事会、监事会等组织机构，并实现规范运行；

⑤ 依照股份公司会计制度建立、健全公司财务会计制度；

⑥ 建立、健全公司决策制度和内部控制制度，实现有效运作；

⑦ 建立、健全符合上市公司要求的信息披露制度；

⑧ 规范股份公司和控股股东及其他关联方的关系；

⑨ 公司董事、监事、高级管理人员及持有5%以上(含5%)股份的股东持股变动情况是否合规。

辅导期满6个月应在当地省级日报上公告，如公司所在地不在省会城市，除在省级日报公告外，还需在公司所在市县日报上公告。在辅导期间，主承销商应对拟发行股票的企业的董事、监事和高级管理人员进行《公司法》、《证券法》等法律法规的考试。

(3) 向中国证监会派出机构报送材料

中国证监会派出机构负责辖区内拟上市企业辅导工作的监督管理。辅导工作开始前10个工作日内，辅导机构应当向派出机构提交下列材料：

① 辅导机构及辅导人员的资格证明文件（复印件）；

② 辅导协议；

③ 辅导计划；

④ 拟发行公司基本情况资料表；

⑤ 最近两年经审计的财务报告（资产负债表、利润表、现金流量表等）。

辅导期间，中国证监会派出机构可根据辅导报告所发现的问题对辅导情况进行抽查。

(4) 改制辅导调查

辅导机构对拟上市公司进行辅导的期限满一年后，经辅导机构申请，中国证监会派出机构对拟上市公司的改制、运行情况及辅导内容、辅导效果进行评估和调查，并出具调查报告。辅导有效期为三年。即辅导期满后三年内，拟发行公司可以由主承销机构提出股票发行上市申请；超过三年，则须重新聘请辅导机构进行辅导。

(5) 报送申请股票发行文件

拟上市公司和所聘请的证券中介机构，按照中国证监会制定的《公司公开发行股票申请文件标准格式》制作申请文件，由主承销商推荐向中国证监会申报，上市委员会应自收到申请之日起20个工作日内作出审批，确定上市时间，审批文件报证监会备案，并抄报证券委。

《公司法》规定，股份有限公司申请其股票上市交易，应当报经国务院或者国务院授权证券管理部门批准，依照有关法律、行政法规的规定报送有关文件。

《公司法》同时规定，国务院或者国务院授权证券管理部门对符合本法规定条件的股票上市交易申请，予以批准；对不符合本法规定条件的，不予批准。

股份公司向交易所的上市委员会提出上市申请时应报送下列文件：

① 申请书；

② 公司登记文件；

③ 股票公开发行的批准文件；

④ 经会计师事务所审计的公司近3年或成立以来的财务报告和由2名以上的注册会计师及所在事务所签字、盖章的审计报告；

⑤ 证券交易所会员的推荐书；

⑥ 最近一次招股说明书；

⑦ 其他交易所要求的文件。

(6) 订立上市契约

股份有限公司被批准股票上市后，即成为上市公司。在上市公司股票上市前，还要与证券交易所订立上市契约，确定上市的具体日期，并向证券交易所缴纳上市费。

(7) 发表上市公告

根据《公司法》的规定，股票上市交易申请经批准后，被批准的上市公司必须公告其股票上市报告，并将其申请文件存放在指定地点供公众查阅。

上市公司的上市公告一般要刊登在证监会指定的、全国性的证券报刊上，上市公告的内容，除了应当包括招股说明书的主要内容外，还应当包括下列事项：

① 股票获准在证券交易所交易的日期和批准文号；

② 股票发行情况，股权结构和最大的10名股东的名单及持股数；

③ 公司创立大会或股东大会同意公司股票在证券交易所交易的决议；

④ 董事、监事、高级管理人员简历及持有本公司证券的情况；

⑤ 公司近3年或者开业以来的经营业绩和财务状况以及下一年盈利的预测文件；

⑥ 证券交易所要求载明的其他情况。

6.1.3 股票发行价格

印刷在股票票面上的金额和发行时的价格，是股票价值的主要表现形式。股票票面金额代表每一单位股份对应的公司资本额，发行价格则是公司发行股票时向投资者收取的价格。股票票面上的金额与发行价格往往是不相同的，一般而言，股票发行价格有以下几种：面值发行、时价发行、中间价发行和折价发行等。我国规定，股票发行价格可以等于或超过票面金额，但不得低于票面金额。

(1) 面值发行。即将股票的票面金额定为发行价格。采用股东分摊的发行方式时一般按平价发行，不受股票市场行情的左右。

(2) 时价发行。即以流通市场上的股票价格(即时价)为基础确定发行价格。一般时价高于面额，二者的差价称溢价，溢价收益归该股份公司所有。因还需考虑股票销售难易程度、对原有股票价格的冲击、认购期间价格变动等因素，所以一般将发行价格定在低于时价约5%～10%的水平上。

(3) 中间价发行。即股票的发行价格取票面额和市场价格的中间值。这种价格通常在时价高于面额，公司需要增资但又需要照顾原有股东的情况下采用。中间价格的发行对象一般为原股东，在时价和面额之间采取一个折中的价格发行，实际上是将差价收益一部分归原股东所有，一部分归公司所有。因此，在进行股权分摊时要按比例配股，不改变原来的股东构成。

(4) 折价发行。即发行价格低于票面额。折价发行有两种情况：一种情况是优惠性的(优惠售价)，通过折价使认购者分享权益。例如公司为了充分体现对现有股东优惠而采取搭配增资方式时，新股票的发行价格就为票面价格的某一折扣，折价不足票面额的部分由公司的公积金抵补。现有股东所享受的优先购买和价格优惠的权利就叫作优先购股权。优先购股权可以转让出售。另一种情况是该股票行情不佳，发行有一定困难，发行者与推销者共同议定一个折扣率，以吸引投资者认购。

股票价格确定的方法主要包括定价、竞价两种。我国A股市场一般采取定价方式：根据证监会确定的市盈率标准和发行公司的每股盈利水平，制定发行价格。竞价，如香港的科技板市场，是由投资者根据发行公司的财务状况和盈利状况，进行投标竞价。

确定一种新股票的发行价格时，一般要考虑下列四个方面：

① 要参考上市公司上市前最近三年来平均每股税后纯利乘上已上市的近似类的其他股票最近三年来的平均利润率；

② 要参考上市公司上市前最近四年来平均每股所获股息除以已上市的近似类的其他股票最近三年平均股息率；

③ 要参考上市公司上市前最近期的每股资产净值，这方面占确定最终股票发行价格

的二成比重；

④ 要参考上市公司当年预计的股利除以银行一年期的定期储蓄存款利率。

6.1.4 股票上市流通的条件

股票上市流通是指已经发行的股票经证券交易所批准后，在交易所公开挂牌交易。根据《公司法》的规定，股份有限公司申请其公开发行的股票上市必须具备下列条件：

(1) 其股票经批准已经公开发行。

(2) 发行后的股本总额不少于人民币 5 000 万元。

(3) 持有人民币 1 000 元以上的个人股东不少于 1 000 人，个人持有的股票面值总额不少于人民币 1 000 万元。

(4) 社会公众股不少于总股本的 25%。公司总股本超过人民币 4 亿元的，公众股的比例不少于 15%。

(4) 公司最近 3 年财务报告无虚假记载，最近 3 年无重大违约行为。

(5) 证券主管部门规定的其他条件。

6.1.5 股票上市的暂停与终止

上市公司在证券上市后，若出现下列情形之一者，由证券交易所呈报主管机关——证券管理委员会核准后，交易所也可暂停某种上市证券上市：

(1) 上市公司发生重大改组或上市公司的经营范围有重大变更而不符合上市标准者；

(2) 上市公司不履行法定公开的义务或财务报告，以及呈报证券交易所的其他文件有不实记载；

(3) 上市公司的董事、监事、经纪人员和持有占上市公司实发股本额 5%以上股份的股东的行为损害公众的利益；

(4) 上市公司的股票交易在最近一年内其月平均交易量不足 100 股或最近三个月没有成交记录；

(5) 上市公司的经营状况欠佳，最近两年连续亏损，或上市公司出现面临破产的局面；

(6) 上市公司因其信用问题而被停止与银行的业务往来；

(7) 上市公司连续一个季度不交纳上市费；

(8) 其他原因致使上市公司必须暂停上市。

此外，上市公司的股票在其增发或发放股票、红利期间，其股票亦将自动暂停上市。

上市公司的问题较为严重，或有下列情况之一时，证券交易所将报经有关证券主管机关核准后，可对有问题公司作出终止其上市资格的决定：

(1) 上市公司被暂停上市的所列情况已造成严重后果；

(2) 上市公司在被暂停上市期间未能有效地消除被暂停上市的原因；

(3) 上市公司将被解散和进行破产清算；

（4）上市公司因其他原因而必须终止上市。

6.2 普通股筹资

6.2.1 普通股的概念和种类

1. 普通股的概念和特点

普通股是股份公司资本构成中最普通、最基本的股份，是股份企业资本的基础部分。其基本特点是其投资收益（股息和分红）不是在购买时约定，而是事后根据股票发行公司的经营业绩来确定。普通股亦是风险最大的一种股份，持有普通股股份者为普通股股东。在我国上交所与深交所上市的股票都是普通股。

依据我国《公司法》的规定，普通股股东主要有如下权利：

（1）普通股股东有权参与股东大会，并有建议权、表决权和选举权，有权就公司重大问题进行发言和投票表决，也可以委托他人代表其行使其股东权利。这是普通股股东参与公司经营管理的基本方式。

（2）股份转让权。股东持有的股份可以自由转让，但必须符合《公司法》、其他法规和公司章程规定的条件和程序。

（3）股利分配请求权。普通股股东有权从公司利润分配中得到股息，股息是不固定的，由公司赢利状况及其分配政策决定。普通股股东必须在公司支付了债息和优先股的股息之后，才有权享受股息分配权。

（4）对公司账目和股东大会决议的审查权和对公司事务的质询权。

（5）分配公司剩余财产的权利。当公司因破产或结业而进行清算时，普通股股东有权分得公司剩余资产，即普通股股东必须在公司的债权人、优先股股东之后才能分得财产。

（6）增发新股时，具有优先认购权，即当公司增发新普通股时，现有股东有权优先（可能还以低价）购买新发行的股票，以利于其保持企业所有权的原百分比不变。

（7）公司章程规定的其他权利。

同时，普通股股东也对公司负有义务。我国《公司法》规定了股东具有遵守公司章程、缴纳股款、对公司负有有限责任、不得退股等义务。

2. 普通股的种类

普通股常用的分类方式有以下几种。

（1）根据记名与否，分为记名股票与无记名股票。

记名股是在股票票面上记载股东姓名或名称的股票。这种股票除了股票上所记载的股东及其正式的委托代理人或合法继承人、受赠人外，其他人不得行使其股权，且股份的转让有严格的法律程序与手续，需办理过户。我国《公司法》规定，向发起人、国家授权投资的机构、法人发行的股票，应为记名股。

不记名股是票面上不记载股东姓名或名称的股票。这类股票的持有人即股份的所有人，具有股东资格，股票的转让也比较自由、方便，无须办理过户手续。

(2) 根据有无面值，分为面值股票与无面值股票。

面值股票是在票面上标有一定金额的股票。持有这种股票的股东，对公司享有的权利和承担的义务大小，依其所持有的股票票面金额占公司发行在外股票总面值的比例而定。

无面值股票不在票面上标出金额，只载明所占公司股本总额的比例或股份数。无面值股票的价值随公司财产的增减而变动，而股东对公司享有的权利和承担义务的大小，直接依股票标明的比例而定。目前，我国《公司法》不承认无面值股票。

(3) 按投资主体的不同，可分为国家股、法人股、个人股和外资股。

国家股是有权代表国家投资的部门或机构以国有资产向公司投资而形成的股份。

法人股是企业法人依法以其可支配的财产向公司投资而形成的股份，或具有法人资格的事业单位和社会团体以国家允许用于经营的资产向公司投资而形成的股份。

个人股是社会个人或公司内部职工以个人合法财产投入公司而形成的股份。

外资股为外国或我国香港、澳门、台湾地区投资者以购买人民币特种股票向公司投资形成的股份。

(4) 按发行对象和上市地区，又可将股票分为A股、B股、H股和N股等。

A股是供我国大陆地区个人和法人买卖的，以人民币标明票面金额并以人民币认购和交易的股票。B股、H股和N股是供外国和我国港、澳、台地区投资者买卖的，以人民币标明票面金额但以外币认购和交易的股票(自2001年2月19日起，B股开始对我国境内居民开放)。其中，B股在上海、深圳上市；H股在香港上市；N股在纽约上市。

6.2.2 普通股融资的优缺点

其优点如下：

(1) 发行普通股筹措的资本具有永久性，无到期日，不需归还；

(2) 发行普通股筹资没有固定的股利负担，股利的支付与否和支付多少，视公司有无盈利和经营需要而定，经营波动给公司带来的财务负担相对较小；

(3) 发行普通股筹集的资本是公司最基本的资金来源，可作为其他方式筹资的基础，尤其可为债权人提供保障，增强公司的举债经营能力；

(4) 由于普通股的预期收益较高并可一定程度地抵消通货膨胀的影响，因此普通股筹资容易吸收资金。

其缺点在于：

(1) 普通股的资本成本较高。股息不冲减应税所得，发行费用一般也高于其他证券。

(2) 以普通股筹资会使企业增加新股东，这可能会稀释公司的控制权。且当被其他企业收购和控股时，可能改变企业长期经营方针和目标。

(3) 新股东分享公司未发行新股前积累的保留盈余，会降低普通股的每股净收益，从而可能引发股价的下跌。

6.3 优先股筹资

6.3.1 优先股的主要特点

优先股是股份公司发行的在分配红利和剩余财产时比普通股具有优先权的股份。优先股也是一种没有期限的有权凭证，优先股股东一般不能在中途向公司要求退股（少数可赎回的优先股例外）。

优先股的主要特征有：

(1) 优先股通常预先订明股息收益率。优先股的股息一般不会根据公司经营情况而增减，也不能参与公司的分红，但优先股可以先于普通股获得股息。对公司来说，由于股息固定，它不影响公司的利润分配。

(2) 优先股的权利范围小。优先股股东一般没有选举权和被选举权，对股份公司的重大经营无投票权，但在某些情况下可以享有投票权。

(3) 公司因故解散清算时，在偿清全部债务和清算费用之后，优先股股东有权按照股票面值先于普通股股东分配公司的剩余资产。

优先股的索偿权先于普通股，而次于债权人，优先股的优先权主要表现在两个方面：

(1) 股息领取优先权。

(2) 剩余资产分配优先权。股份公司在解散、破产清算时，优先股具有公司剩余资产分配的优先权，即分配权在普通股之前，在债权人之后。

6.3.2 优先股的分类

主要分类有以下几种。

1. 累积优先股和非累积优先股

累积优先股是指在某个营业年度内，如果公司所获的盈利不足以分派规定的股利，日后优先股的股东对往年未付给的股息，有权要求如数补给。对于非累积的优先股，虽然对于公司当年所获得的利润有优先于普通股获得分派股息的权利，但如该年公司所获得的盈利不足以按规定的股利分配时，非累积优先股的股东不能要求公司在以后年度中予以补发。

2. 参与优先股与非参与优先股

当企业利润增大，除享受既定比率的利息外，还可跟普通股共同参与利润分配的优先股，称为“参与优先股”；除了既定股息外，不再参与利润分配的优先股，称为“非参与优先股”。

3. 可转换优先股与不可转换优先股

可转换的优先股是指允许优先股持有人在特定条件下把优先股转换成为一定数额的

普通股；否则，就是不可转换优先股。可转换优先股是近年来日益流行的一种优先股。

4. 可收回优先股与不可收回优先股

可收回优先股是指允许发行该类股票的公司，按原来的价格再加上若干补偿金将已发行的优先股收回；反之，就是不可收回的优先股。当该公司认为能够以较低股利的股票来代替已发行的优先股时，就往往行使收回权利。

优先股的收回方式有三种。

(1) 溢价方式：公司在赎回优先股时，虽是按事先规定的价格进行，但由于这往往给投资者带来不便，因而发行公司常在优先股面值上再加一笔"溢价"。

(2) 公司在发行优先股时，从所获得的资金中提出一部分款项创立"偿债基金"，专用于定期地赎回已发出的一部分优先股。

(3) 转换方式：即优先股可按规定转换成普通股。在国外投资界，可转换的优先股常被看成是一种实际上的收回优先股方式，只是这种收回的主动权在投资者而不在公司里。对投资者来说，在普通股的市价上升时这样做是十分有利的。

6.3.3 优先股融资的优缺点

优点：① 无固定到期日，不用偿付本金；② 股利的支付既固定又有一定的灵活性；③ 可以保持普通股股东对公司的控制权；④ 发行优先股，可以使企业的自有资本实力增强，公司举债能力提高，信誉提高。

缺点：①股息在税后支付，成本高；② 股息固定，有时会成为公司一项沉重的财务负担。

6.4 留存收益筹资

6.4.1 留存收益的内涵

留存收益是公司在经营过程中所创造的，由于公司经营发展的需要或由于法定的原因等，没有分配给所有者而留存在公司的盈利，是企业从历年实现的利润中提取或留存于企业的内部积累，包括企业的盈余公积和未分配利润两个部分，各自的含义如下：

(1) 盈余公积是指公司按照规定从净利润中提取的积累资金，包括法定盈余公积金、法定公益金及任意盈余公积金。我国《公司法》规定，公司分配当年利润时，应当提取净利润(减弥补以前年度亏损)的10%(非公司制企业也可按照超过10%的比例提取)列入公司法定盈余公积金，法定公积金累计额已达注册资本的50%时可以不再提取。并将提取净利润的5%～8%列入公司法定公益金；公司在从税后利润中提取法定公积金后，经股东大会决议可以提取任意公积金。公司的法定盈余公积金和任意盈余公积金可用于弥补公司的亏损、扩大公司生产经营或者转增公司资本，而公益金则在限制分配的留存收益中进一步限定其用途：只能用于职工集体福利。资本公积金不得用于弥补公司的亏损，法定公积金转为资本时，所留存的该项公积金不得少于转增前公司注册资本的25%。

(2) 未分配利润是指企业实现的净利润经过弥补亏损、提取盈余公积和向投资者分配利润后留存在企业的、历年结存的利润，是企业所有者权益的组成部分。这部分净利润没有分给公司的股东，且未指定用途。

公司的盈余公积金无论用于补亏，还是用于转增资本，只是在同属股东权益的不同分类项目中的相互转换，如盈余公积金的转增股本；在减少盈余公积的同时，也增加了股本。

企业将盈余公积转增资本时，应当按照转增资本前的实收资本结构比例，将盈余公积转增资本的数额计入“实收资本(或股本)”科目下各所有者的明细账，相应增加各所有者对企业的资本投资。

6.4.2 留存收益融资的优缺点

留存收益筹资是指企业将留存收益转化为投资的过程，股东将这一部分未分派的税后利润留给企业，实质上是对企业追加投资。这种方式筹资的优点在于：

(1) 不发生实际的现金支出

不必支付利息和股利，同时还免去了与负债、权益筹资相关的手续费、发行费等开支。

(2) 保持企业举债能力

留存收益属于股东权益的一部分，可以作为企业对外举债的基础。先利用这部分资金筹资，减少了企业对外部资金的需求，当企业遇到盈利率很高的项目时，再向外部筹资，而不会因企业的债务已达到较高的水平而难以筹到资金。

(3) 企业的控制权不受影响

股票增发，原股东的控制权分散；发行债券或增加负债，债权人可能对企业施加限制性条件。而采用留存收益筹资则不会存在此类问题。

这种方式筹资的缺点在于：

① 期间限制

企业必须经过一定时期的积累才可能拥有一定数量的留存收益。

② 与股利政策的冲突

如果留存收益过高，现金股利过少，则可能影响企业的形象，并给今后进一步的筹资增加困难，利用留存收益筹资须要考虑公司的股利政策，不能随意变动。

案例分析

案例 6-1 海滨天香酒店筹资案例

1. 海滨天馨酒店简介

李慧樱女士今年 36 岁，国外某名牌大学毕业、持有美国绿卡。李慧樱女士在美国的一家大型连锁酒店当了几年业务经理之后，返回祖国，在北方的海滨城市投资酒店旅游设施。李慧樱女士之所以选择这个位置是因为春夏两季这里气候宜人，而且城市非常漂亮，是国内外旅游热点。1995 年她创立了海滨天馨酒店有限公司，拥有 90%的股份。并建造了一座漂亮的现代化豪华酒店。这座建筑可以提供完备的旅游住宿、餐饮、停车服务，还可为客人提供娱乐服务。这些年来，天馨酒店为李慧樱女士带来了很大的利润。

当地购物、旅游的优惠条件，吸引了国内外旅游者的大量光临，而且每年的春夏旅游旺季，当地酒店爆满。许多游客无法住进非常舒适的而且位于城市繁华地界的海滨天馨酒店。

2. 天馨酒店发展规划

最近几年，城市的快速发展为当地的旅游业带来了勃勃生机，李慧樱女士也时刻注意这些变化，而且在当地的许多跨国公司朋友经常建议她应该扩大酒店规模，以应付不断增加的客流量，同时解决这些跨国公司商务人员住宿的需要。于是李慧樱女士产生了在天馨酒店毗邻之地立即再建一座现代化旅店的想法。李慧樱女士希望这一发展计划一方面可以通过为当地跨国公司往来的商务人员提供膳宿，保证每年稳定的业务；另一方面还可以通过在旅游季节接纳天馨酒店接纳不下的游客来获得业务。

李慧樱女士开始考虑这座现代化酒店的类型和规模，并尽力估算完成这样一项工程的成本。这块与天馨酒店毗邻的土地，宽 80 米，长 200 米，估价为 4 000 万元。在向当地一位建筑师咨询后，李慧樱女士起草了一份能满足各种先决条件的工程计划。这一计划要建一座十六层建筑，包括 40 套各含两间屋子的套房、100 间带两张单人床的双人间、120 间带双人床的双人间、七家小商店和一些其他设施，包括理发、美容及医疗等在内的服务内容。

然后试着估计了这一工程的利润。根据自己以往的经验，她认为 40 套套房和那些卧房每天可创收大约 400 000 元，但前提是所有客房都住满。在入住率 100%的情况下，她估计出租酒店其他部分每月可收入 1 000 000 元。租金将根据营业额的某个百分比来收取，预计会随入住率的变化而变化，其他收入最终将从礼品柜台、文件处理、展厅及底层的 100 米长、20 米宽的中央区域获得，而这个大区域尚未规划好做何用途。

除去预计的 500 万元公司开支外，李慧樱估算了其他营业开支，她是基于 100%入住率计算的（见表 6-1）。

表 6-1　100%入住率时的年度营业收支表　　万元

经营项目	总可变成本	固定成本	总成本
广告费	—	100	100
客户用品费	300	—	300
水、电、空调	300	300	600
员工工资	1 400	—	1 400
维修费	200	100	300
管理人员工资	—	400	400
办公费	—	100	100
折旧费	—	500	500
公司开支	500	—	500
其他费用	—	300	300
合计	2 700	1 800	4 500

李慧樱认为在估算利润时，年均75%的入住率是现实可行的，而50%的入住率是最坏的可能。所有商店与办公室都按年度来出租。所得税率估计为33%。

建造如计划的这样一座钢筋混凝土结构的酒店，估算成本为13 000万元。

在经过可行性调查之后，李慧樱将装修酒店的成本估计为3 000万元。酒店的营运成本1年为4 500万元，具体费用开支见收支表。另外，她估计新酒店盈利的潜能会吸引投资进入这个不断发展的行业，因此，该项目最低资本投资额度可能会提高。

于是李慧樱会晤了天馨酒店几个合伙人，共同讨论新酒店的建设项目。考虑到这类酒店投资的风险程度和当地酒店业的发展趋势，他们认为新的酒店应该是与天馨酒店独立的法人实体。新的酒店被命名为天香酒店有限公司。

新成立的公司天香酒店建在天馨酒店的原有地产上。李慧樱出任新酒店董事会的总裁和主席。原先的天馨酒店以无形资产出资，无形资产折合200万股优先股(利率为8%的每股面值为25元)，加上600万股5元面值的普通股。

3. 天香酒店的出资计划

李慧樱预见到尽快开工以便冬季进行室内施工的好处。为使新建筑可赶在2000年旅游旺季的来临完工，又出于筹集必要的资金需相当的时间，李慧樱决定从其私人积蓄中提取资金以尽快开工，这笔资金公司将在以后给予补偿。必要的安排结束了，新酒店建筑也于1998年9月开工了。

在8月份，规划操作阶段已取得相当的进展，李慧樱感到现在注意力必须转移到提供长期资本上，该项资本原来估算为24 500万元，其中营运资金4 500万元，地价4 000万元，建筑费13 000万元，装修费3 000万元。

作为融资计划的第一步，天香酒店同李慧樱达成一项购买协议，天香酒店将斥资4 000万元从天馨酒店那儿购买修建酒店所需的地皮。根据该协议，支付给天馨酒店800万股普通股。

融资计划的第二步是融资资助装修工程。天香酒店的贷款者商讨了筹借利率暂定为10%的3 000万元的五年期贷款一事。从第一个会计年度末开始，每年本息合计偿付900万元。

由于尚缺17 500万元，李慧樱与合伙人的讨论会决定筹措资本的最可行方案。李慧樱有意通过公司的地产和房产抵押贷款来解决。此贷款额为17 500万元。年利率12%，期限10年，每年末还本息。但是李慧樱担心采取固定利率是一个巨大风险，何况天香酒店的经营前景未知。

李慧樱的合伙人刘提出了第二个方案，将普通股以10万股为单元，每股5元的价格出售，这样每单元总价值为50万元，合法的发行固定费用预计需500万元。股票的承销费用为发行总额的10%。出售的股份数量限在400个单元以内，以避免证券管理者对发行新股的众多要求。李慧樱担心这样做，她的利润份额就会大大降低。

第三种方案也提出来了，把利率为8%的优先股，以20 000股为一单元，每股25元的价格出售。优先股可以每股26元的价值赎回，股息可以进行累积。若连续两年未分配股息，优先股股东对董事会大部分董事均有选举权。合法的发行固定费用预计需500万元。股票的承销商的承销费用为发行总额的10%。另外，购买者还有权在每购一股优先股时，免费认购一股普通股。在研究了最后一个建议后，讨论搁浅了。董事们表示，最后的主意还得由李慧樱来拿。

注：优先股的面值为25元，普通股面值为5元。

请帮助李慧樱对上述三个投资方案进行分析，并提出你的建议。

本章小结

股权筹资是企业一项非常重要的筹资手段。股权筹资的主要方式有两种：出售股票筹资和留存收益筹资，前者更为常见。公司公开向社会公众发行股票而募集资金的行为称为上市，公司上市需符合证监会的规定，并经过申报审批等一系列程序才能实现。公司为实现上市筹资的目的，也需要对股票的发行和销售方式进行选择，并确定股票的发行价格。

一般而言，公司发行的股票有两种：普通股和优先股。这两种股票均不需要偿还本金，但在股息支付和破产清偿方面，优先股较普通股具有优势，但普通股能参与公司日常的决策，并拥有投票权，优先股则一般没有这方面的权利，这两种股票筹资方式各有优劣，公司需要根据市场的实际情况以及投资者的需求来灵活制定发行股票的具体计划。

留存收益筹资也是股权筹资的一种，其实质是股东对公司追加投资，这种筹资方式风险小且费用低，但留存收益的积累是一个比较缓慢的过程，往往不能满足公司快速发展的需要。

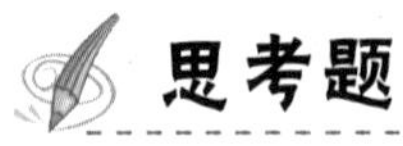

思考题

1. 股权筹资有哪些方式？各自的优缺点是什么？
2. 发行股票的发行方式、销售方式有哪些？
3. 制定股票发行价格时需要考虑哪些因素？
4. 我国股票发行审核条件与国外有何差别？各自的优缺点是什么？
5. 为何我国上市公司多热衷于股权融资？试分析其原因。
6. 在创业板上市的公司股票其收益风险特征与主板上市公司股票有何异同？

习题

1. 选择题

(1) 某股份有限公司申请股票上市，其股本总额为10亿元人民币，每股账面价值

5 元,则应发行的社会公众股数至少为(　　)股。

A. 1 800 万　　B. 3 000 万　　C. 1 200 万　　D. 2 500 万

(2) 下列情况中,不符合《公司法》所规定的股票上市条件的是(　　)。

A. 公司主要发起人为国有大型企业

B. 开业时间 10 年,第 1～3 年亏损,第 4～6 年盈利,第 7 年亏损,第 8～10 年盈利

C. 向社会公开发行股份的比例为 10%

D. 资本总额 5 亿元人民币

(3) 为了简化股票的发行手续,降低发行成本,股票发行应采取(　　)方式。

A. 溢价发行　　B. 平价发行

C. 公开间接发行　　D. 不公开直接发行

2. 判断题

(1) 对于发行公司来讲,采用自销方式发行股票具有可及时筹足资本,免于承担发行风险等特点。(　　)

(2) 始发股票和新股发行的具体条件、目的、发行价格可能不尽相同,但股东的权利、义务却是一致的。(　　)

3. 计算题

(1) 某国有企业拟在明年初改制为独家发起的股份有限公司。现有净资产经评估价值 3 亿元,全部投新公司,折股比率为 0.8,每股面值为 1 元。按其计划经营规模需要总资产 6 亿元,合理的资产负债率为 30%。预计明年税后利润为 9 000 万元。

回答下列互不关联的问题:

① 通过发行股票应筹集多少股权资金?

② 若股票发行溢价倍数为 10 倍的折股倍数,股票发行价格为多少?

③ 若按每股 3 元发行,并满足①中筹集股权资金的需求,至少要发行多少社会公众股?发行后,每股盈余是多少?市盈率是多少?

④ 若满足资本结构需要,按公司法规定,社会公开发行股份的比例为 25%以上,则对社会公众股的发行价格最高可定为多少?

(2) 某上市公司,2007 年股东权益总额为 30 000 万元,净利润额为 5 000 万元,没有优先股,发行在外的普通股数为 4 000 万股,年底每股市价 20 元,当年分配股利总额为 2 400 万元。

要求:根据以上资料计算该公司 2008 年度的:①每股盈余;②市盈率;③每股股利;④留存盈利比例;⑤股利支付率;⑥每股净资产。

第7章 长期债务筹资

本章框架体系

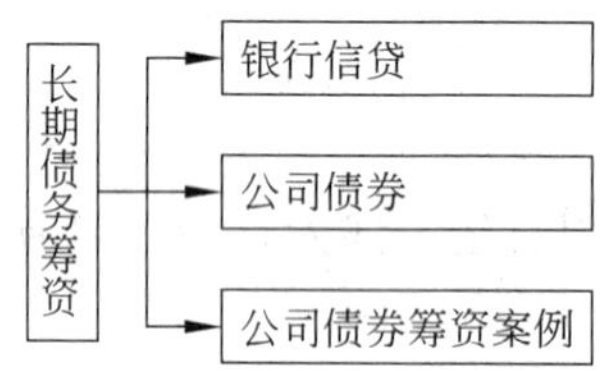

学习目标

1. 了解长期债务筹资的方式。
2. 了解银行信贷筹资的特点。
3. 掌握公司债券发行的程序和特点。
4. 掌握可转换债券筹资的优点和缺点

导 读

从自然经济阶段的小作坊到16世纪工业发展初期的业主制企业，再到18世纪初的合伙制企业、无限责任公司、有限责任公司，还有法国于1865年出现的世界第一个卡特尔、美国于1879年出现的世界上第一个托拉斯；同一时期，德国、日本的康采恩和九大财阀等，纵观企业发展史不难发现，一个企业由小做大、由弱到强的发展，最根本的保障之一就是资金的充足。可以毫不夸张地说，几乎没有一家高速成长的企业是只靠自有资本，而不运用负债就能满足资金需要的。企业的发展壮大需要购置(建)设备、固定资产，投资新项目，吸引新人才等，因此需要拥有相当数额的长期资金作为保障，这就涉及长期债务筹资决策。

长期债务筹资的方式主要有银行信贷和企业债券。

那么，企业在什么情况下采用银行信贷筹资？又在何种情况下利用公司债券进行筹资呢？本章将就这些问题介绍两种长期筹资方式。此外，在未做好筹资风险防范的情况下，长期筹资不仅不能为企业带来发展，反倒会令企业面临偿债压力，甚至濒临破产的边缘。

本章讲解长期筹资方式的优缺点与筹资程序及其相关细节。

本章内容

长期负债是指期限超过一年的负债。筹措长期负债资金，以补充企业长期资金的不足，如满足长期性固定资产投资的需要；由于长期负债的归还期长，债务人可对债务的归还做长期安排，偿债压力或风险相对较小。但长期负债筹资一般成本较高；负债的限制较多，即债权人经常会向债务人提出一些限制性条件，以保证其能够及时、足额偿还债务本金和支付利息。目前在我国，长期负债筹资主要有银行信贷（长期借款）和债券两种方式。本章将主要讨论长期债务筹资的方式及特点，并结合案例详细讨论长期债务筹资的一些问题。

7.1 银行信贷

银行信贷是指企业向银行或其他非银行金融机构借入的使用期限超过一年的借款，是企业长期债务筹资的一种最重要方式。主要用于构建固定资产和满足长期流动资金占用的需要。而从银行的角度来看，银行信贷是银行将自己筹集的资金暂时借给企事业单位使用，在约定时间内收回并收取一定利息的经济活动。

7.1.1 银行信贷的种类

我国目前各大银行的借款种类主要划分如下。

(1) 按用途划分，分为固定资产投资借款、更新改造借款、技术发行贷款、基本建设贷款、科技开发和新产品试制借款、出口信贷等。

(2) 按提供贷款的机构划分，分为政策性银行贷款、商业银行贷款、其他金融机构贷款等。此外，企业还可从信托投资公司取得实物或货币形式的信托投资贷款，从财务公司取得各种中长期贷款等。

(3) 按有无担保划分，分为信用贷款和抵押贷款。信用贷款指不需要企业提供抵押品，仅凭其信用或担保人信誉而发放的贷款。抵押贷款是指要求企业以抵押品作为担保的贷款。抵押品有房屋、建筑物、机器设备、股票、债券等。

(4) 按币种划分，分为人民币贷款和外汇贷款。

7.1.2 银行信贷取得的条件

我国的银行及非银行金融机构对企业发放贷款的原则是：按计划发放、择优扶植、有抵押或担保和按期归还。企业申请贷款一般应具备的条件包括：

(1) 独立核算、自负盈亏、有法人资格；

(2) 经营方向和业务范围符合国家产业政策，借款用途属银行贷款办法规定范围；

(3) 借款企业具有一定的物资和财产保证，担保单位具有相应的经济实力；

(4) 具有偿还贷款的能力；

(5) 财务管理和经济核算制度健全，资金使用效益及企业经济效益良好；

(6) 在银行设有账户，办理结算。

具备上述条件的企业欲取得贷款，先要向银行提出申请，陈述借款原因及金额、用款时间与计划、还款期限与计划。银行根据企业的借款申请，对企业的财务状况、信用情况、盈利的稳定性、发展前景、借款投资项目的可行性等进行审查。审查同意贷款后，再与借款企业进一步协商贷款的具体条件，明确贷款的种类、用途、金额、利率、期限、还款的资金来源及方式、保护性条件、违约责任等，并以借款合同的形式将其法律化。借款合同生效后，企业便可取得借款。

7.1.3 银行信贷筹资的特点

与其他长期负债筹资相比，银行信贷筹资的优点为：

(1) 筹资速度快。

长期借款的手续比发行债券简单，得到借款所花费的时间较短。

(2) 借款弹性较大。

借款时企业与银行直接交涉，有关条件可谈判确定；用款期间发生变动，亦可与银行再协商。若企业选择债券筹资，其所面对的是众多投资者，协商改善筹资条件的可能性较小。

(3) 借款成本较低。

银行信贷利率一般低于债券利率，且筹资费用较少。

银行信贷筹资的缺点为：其保护性限制条款较多。由于期限长、风险大，资金使用限制较多。银行通常对借款企业提出一些有助于保证贷款按时足额偿还的条件。归纳起来，大致有如下两类。

第一类：一般性保护条款

一般性保护条款应用于大多数借款合同，但根据具体情况会有不同内容，主要包括：

① 对借款企业流动资金保持量的规定。意在确保借款企业资金的流动性和偿债能力。

② 对支付现金股利和再购入股票的限制。其目的在于限制现金外流。

③ 对资本支出规模的限制。其目的在于减小企业日后不得不变卖固定资产以偿还贷款的可能性，保持借款企业资金的流动性。

④ 限制其他长期债务。其目的在于防止其他贷款人取得对企业资产的优先求偿权。

⑤ 借款企业定期向银行提交财务报表。其目的在于及时掌握企业的财务情况。

⑥ 不准在正常情况下出售较多资产，以保持企业正常的生产经营能力。

⑦ 如期缴纳税金和清偿其他到期债务，以防被罚款而造成现金流失。

⑧ 不准以任何资产作为其他承诺的担保或抵押，以避免企业过重的负担。

⑨ 不准贴现应收票据或出售应收账款，以避免或有负债。

⑩ 限制租赁固定资产的规模。其目的在于防止由于企业负担巨额租金而致削弱其偿债能力，也防止了企业以租赁固定资产的办法摆脱对其资本支出和负债约束。

第二类：特殊性保护条款

在部分借款合同中，针对某些特殊情况而制定特殊性保护条款，主要包括：

① 贷款专款专用；

② 不准企业投资于贷款期限内不能收回资金的项目；

③ 限制企业高级职员的薪金和奖金总额；

④ 要求企业主要领导人在合同有效期间担任领导职务；

⑤ 要求企业主要领导人购买人身保险，等等。

此外，“短期借款筹资”中关于周转信贷协定、补偿性余额等条件，也同样适用于银行信贷（长期借款）筹资条件。

7.1.4 银行信贷的偿还方式

银行信贷的偿还内容包括本金和利息两部分。其偿还方式有：①定期支付利息、到期一次性偿还本金方式；②定期等额偿还方式；③平时逐期偿还小额本金和利息、期末偿还余下的大额部分的方式。

银行信贷所需偿还的利息率通常高于短期借款。但信誉好或抵押品流动性强的借款企业，仍然可以取得较低的借款利率。借款利率有固定利率和浮动利率两种。浮动利率通常限定有最高、最低标准，并会在借款合同中明确标明。

7.2 公司债券

债券是经济主体为筹集资金而发行的，用以记载和反映债权债务关系的有价证券。由企业发行的债券称为企业债券或公司债券。这里所说的债券，是指期限超过一年的公司债券。

7.2.1 公司债券的种类

（1）按债券上是否记有持券人的姓名或名称，分为记名债券和无记名债券。

（2）按能否转换为公司股票，分为可转换债券和不可转换债券。可转换债券是指根据债券合同规定，可以在一定时期内按照事先规定的转换比率或转换价格转换为一定数量的普通股股票的公司债券，票面利率通常低于一般公司债券。

（3）按有无特定的财产担保，分为有担保债券和信用债券。有担保债券是指以一定的公司财产作为担保而发行的公司债券。根据担保形式的不同可进一步分为抵押债券、质押债券和保证债券。

（4）按是否参加公司盈余分配，分为参加公司债券和不参加公司债券。

（5）按利率的不同，分为固定利率债券和浮动利率债券。

（6）按能否上市，分为上市债券和非上市债券。

（7）按照偿还方式，分为到期一次债券和分期债券等。

（8）此外，还有收益公司债券、附认股权债券、附属信用债券等类别。收益公司债券是只有当公司获得盈利时才向持券人支付利息的债券，不会给发行公司带来固定的利息费用，对投资者而言收益较高，但风险也较大。附认股权债券是附带允许债券持有人按特定价格认购公司股票权利的债券，票面利率通常低于一般公司债券。附属信用债券是当公司清偿时，受偿权排列顺序低于其他债券的债券，这种债券的利率高于一般债券，目的在于补偿债券持有人由于较低的受偿顺序而带来的潜在损失。

7.2.2 公司债券筹资的特点

与其他长期负债筹资方式相比，发行债券的突出优点在于筹资对象广、市场大。而筹资成本高、风险大、限制条件多，是其不利的一面。

企业债券筹资的优点：

（1）由于债权人不参与企业利润的分配，因此债券资金成本有确定的限制；

（2）债券的成本低于普通股和优先股；

（3）债权人不直接参与公司的经营管理，也不分享公司股东对企业的控制权；

（4）债券的利息通常列入税前支出，可为企业带来税收方面的好处；

（5）如果发行可收回债券，则可利用其可收回性，需要时可及时调整企业的资本结构。

债券筹资的缺点表现为：

（1）债券必须按时还本付息，若企业因一时资金周转不畅而不能按时还本付息，企业将陷入财务危机，甚至会导致企业破产；

（2）发行债券提高了企业的财务风险，从而要求企业为其所有者（股东）提供更高的投资报酬率，加大了企业经营的难度；

（3）长期债券的存续期较长，未来的不确定因素常会给企业带来较大的潜在偿还风险；

（4）严格的债券合同将在一定程度上限制企业的经营决策。

7.2.3 公司发行债券的资格与条件

1. 发行债券的资格

我国《公司法》规定，股份有限公司、国有独资公司和两个以上的国有企业或者其他两个以上的国有投资主体投资设立的有限责任公司，有资格发行公司债券。

2. 发行债券的条件

我国《公司法》规定，有资格发行公司债券的公司，必须具备以下条件：

（1）股份有限公司的净资产额不低于人民币3 000万元，有限责任公司的净资产额不低于人民币6 000万元；

（2）累计债券总额不超过公司净资产额的40%；

（3）最近3年平均可分配利润足以支付公司债券1年的利息；

（4）所筹集的资金投向符合国家产业政策；

（5）债券的利率不得超过国务院限定的水平；

（6）国务院规定的其他条件。

另外，发行公司债券所筹集的资金，必须符合审批机关审批的用途，不得用于弥补亏损和非生产性支出，否则会损害债权人的利益。

发行公司凡是有下列情形之一的，不得再次发行公司债券：

(1) 前一次发行的公司债券尚未募足的；

(2) 对已发行公司债券或者其债务有违约或延迟支付本息的事实，且仍处于持续状态的。

根据国务院颁布的《企业债券管理条例》的相关规定，企业申请发行债券，应当向审批机关报送下列文件：

(1) 发行企业债券申请书；

(2) 营业执照；

(3) 发行章程；

(4) 经会计师事务所审计的企业近三年来的财务报表；

(5) 审批机关要求提供的其他材料。

7.2.4 公司发行债券的程序

(1) 作出发行债券的决议。

我国《公司法》规定，可以发行公司债券的主体有三类：股份有限公司、国有独资公司和国有有限责任公司。这三类公司作出发行债券决议的机构不一样：股份有限公司和国有有限责任公司发行公司债券，由董事会制定方案，股东大会作出决议；国有独资公司发行公司债券，由国家授权投资的机构或者国家授权的机构作出决定。

(2) 提出发行债券的申请。

债券募集资金的数额大且债权人多，牵涉的利益面大，故须对公司债券的发行进行审批。

凡欲发行债券的公司，先要向国务院证券管理部门提出申请并提交公司登记证明、公司章程、公司债券募集办法、资产评估报告和验资报告等文件。国务院证券管理部门根据有关规定，对公司的申请予以核准。

(3) 制定募集办法并予以公告。

发行公司债券的申请被批准后，应由发行公司制定公司债券募集办法。办法中应载明的主要事项有：公司名称、债券总额和票面金额、债券利率、还本付息的期限与方式、债券发行的起止日期、公司净资产额、已发行的尚未到期的债券总额、公司债券的承销机构。

公司制定好募集办法后，应按当时当地通常合理的方法向社会公告。

(4) 债券借款。

公司发出公司债券募集公告后，开始在公告所定的期限内募集借款。

公司债券的发行方式有公司直接向社会发行(私募发行)和由证券经营机构承销发行(公募发行)两种。在我国，根据有关法规，公司发行债券须与证券经营机构签订承销合同，由其承销。

(5) 交付债券、收缴债券款、登记债券存根簿。

公司对发行债券应置备公司债券存根簿，并予以登记。这一方面起到了公示作用，使股东、债权人可以查阅了解，并便于有关机关监督；另一方面便于公司随时掌握债券的发行情况。

7.2.5 公司债券的定价

公司债券发行价格是发行公司(或其承销机构)发行债券时的价格，亦即投资者向发行公司认购其所发行债券时的实际支付价格。

决定债券发行价格的因素是：①票面金额——决定债券发行价格的最基本因素；②票面利率——利率越高，发行价格就越高；③市场利率——市场利率越高，发行价格就越低；④债券期限——是决定发行价格的重要因素。

债券的票面金额、票面利率在债券发行前已经参照市场利率和发行公司的具体情况确定下来，并载明在债券之上。若票面利率高于市场利率，则溢价发行；若票面利率低于市场利率，则折价发行；若票面利率与市场利率一致，则平价发行。

债券的发行价格计算公式为

$$债券发行价格=\frac{票面金额}{(1+市场利率)^n}+\sum_{t=1}^{n}\frac{票面金额\times 票面利率}{(1+市场利率)^t}$$

其中，n 为债券期限；t 为付息期数。

债券的价格 P 是由其未来现金流入量的现值决定的。债券通常属于固定收益证券，其未来现金收入由各期利息收入和到期时债券的变现价值两部分组成。因此，债券的价格为

$$\begin{aligned}P&=\frac{I}{(1+r)}+\frac{I}{(1+r)^2}+\cdots+\frac{I}{(1+r)^n}+\frac{B}{(1+r)^n}\\&=\sum_{t=1}^{n}\frac{I}{(1+r)^n}+\frac{B}{(1+r)^n}\end{aligned}$$

其中，r 为债券发行时的市场利率；I 为各期利息收入；B 为债券到期时的变现价值。

7.2.6 公司债券的信用评级

公司公开发行的债券通常需要由信用评级机构评定等级。债券的信用等级表明了债券质量的优劣，反映债券偿本付息能力的强弱和债券投资风险的高低。债券的评级制度最早源于美国。1909年，美国人约翰·穆迪首先采用了债券评级法。国外流行的债券等级，一般分为3等10级，表7-1给出了由国际上著名的美国穆迪投资服务公司和标准普尔公司分别采用的债券信用等级表。

表7-1 债券信用等级表

标准普尔		穆迪公司		备注
AAA	最高级	Aaa	最高质量	具有极强的偿付本利的能力
AA	高级	Aa	高质量	有较强的本利偿付能力
A	上中级	A	上中质量	偿还本利能力强，但易随环境和经济状况的变动而发生不利的变动

续表

标准普尔		穆迪公司		备注
BBB	中级	Baa	下中质量	具有足够的能力偿还本金和利息
BB	中下级	Ba	具有投机因素	具有显著的投机性，Ba 级和 BB 级债券的投机度最低，Ca 级和 CC 级债券的投机度最高
B	投机级	B	通常不值得投资	
CCC	完全投机级	Caa	可能违约	
CC	最大投机级	Ca	高级投机级，经常违约	
C	低级	C	低级	规定赢利付息，但是未能付息
D	违约级	D	违约级	无法按时支付利息以及偿还本金

我国的债券评级工作已逐步展开，但尚无统一的债券等级标准和系统评级制度。根据中国人民银行的有关规定，凡是向社会公开发行企业债券，需要经由中国人民银行及其授权分行所指定的资信评级机构或公正机构进行评信。

表 7-2　债券等级评价指标表

评价指标	具体内容	指标权重/%
企业素质	领导者素质、企业管理状况、竞争能力	10
财务质量	资金实力、资金信用、周转能力、赢利能力等	35
项目状况	项目可行性、项目重要性	15
项目前景	行业地位、市场竞争能力、发展潜力	10
偿债能力	偿债资金来源、债务偿还能力、债务期限（短期、长期）等	30
综合评定		100

7.2.7　可转换债券筹资

1. 可转换债券的要素

可转换债券又称为可转换公司债券，是指发行人依照法定程序发行，在一定期间内依据约定的条件可以转换成股份的公司债券，其要素包括：

（1）标的股票

可转换债券的可转换性，实际上是一种股票期权或对股票的选择权，标的物就是可以转换成的股票。该标的股票一般是发行公司自己的股票，也可以是其他公司的股票，如可转换债券发行公司的上市子公司的股票。

（2）转换价格

可转换债券发行之时，明确规定了债券转换为每股股份所需支付的价格，即转换价格，也称为转股价格。通常，以该公司前一个月的股票平均价格为基准，上浮一定幅度作为转换价格；转换价格可以是固定的，也可以是变动的。如果转换价格逐年提高，则债券能够转换成普通股的股数逐年减少，有利于促使债券持有者尽早转换。

(3) 转换比率

转换比率是每张可转换债券能够转换的普通股股数，计算公式为

$$转换比率=债券面值\div 转换价格$$

(4) 转换期

转换期是指可转换债券转换为股份的起始日至结束日的期间。转换期可以与债券的期限相同，或短于债券的期限。若规定只能从其发行一定时间之后才能够行使转换权，则称其为递延转换期。若规定只能在一定时间之内行使转换权，超过这一段时间转换权失效，则称其为有限转换期。超过转换期后，不再具有转换权，即自动成为不可转换债券。

(5) 赎回条款

赎回条款是可转换债券的发行企业可以在债券到期日之前提前赎回债券的规定。赎回条款包括不可赎回期、赎回期、赎回价格和赎回条件等内容。

不可赎回期是可转换债券从发行时开始，不能被赎回的那段期间。其设立目的在于保护债券持有人的利益，防止发行企业滥用赎回权，强迫债券持有人过早转换债券。不过，并不是每种可转换债券都设有不可赎回条款。不可赎回期结束之后，即进入可转换债券的赎回期。

赎回价格是事前规定的发行公司赎回债券的出价。赎回价格一般高于可转换债券的面值，两者之差为赎回溢价。赎回溢价随债券到期日的临近而减少。

赎回条件是对发行公司赎回债券的条件约定，分为无条件赎回和有条件赎回。有条件赎回是对赎回债券规定一些条件限制，只有在满足了这些条件之后才能由发行公司赎回。无条件赎回是在赎回期内发行公司可随时按照赎回价格赎回债券。我国《可转换公司债券管理暂行办法》中规定："公司股票价格在一段时期内连续高于转股价格达到某一幅度时，可转换公司债券持有人按事先约定的价格将所持债券卖给发行人"，这即为债券赎回的条件。

发行公司在赎回债券之前，要向债券持有人发出通知，要求他们在将债券转换为普通股与卖给发行公司之间作出选择。

(6) 回售条款

回售条款是在可转换债券发行公司的股票价格达到某种恶劣程度时，债券持有人有权按照约定的价格将可转换债券卖给发行公司的规定。回售条款也包括回售时间、回售价格等具体内容。合理的回售条款有利于保护债券投资人的利益，可以使投资者具有安全感，因而有利于吸引投资者。

(7) 强制性转换条款

强制性转换条款是在某些条件具备之后，债券持有人必须将可转换债券转换为股票，无权要求偿还债权本金的规定。设置强制性转换条款，在于保证可转换债券顺利地转换成股票，实现发行公司扩大权益筹资的目的。

2. 可转换债券的发行条件

目前我国只有上市公司和重点国有企业具有发行可转换债券的资格，它们在具备了下列条件之后，可以经证监会批准发行可转换债券。

上市公司发行可转换债券的条件如下：

(1) 最近 3 年连续盈利，且最近 3 年净资产收益率平均在 10%以上。属于能源、原材料、基础设施类的公司最近 3 年的净资产收益率可以略低，但不能低于 7%。

(2) 发行可转换债券后，公司的资产负债率不能高于 70%。

(3) 累计债券余额不超过公司净资产的 40%。

(4) 发行可转换债券所募集资金的投向符合国家的产业政策。

(5) 可转换债券的利率不超过同期银行存款利率的水平。

(6) 可转换债券的发行额不小于人民币 1 亿元。

(7) 证券监管部门规定的其他条件。

重点国有企业发行可转换债券的条件如下：

重点国有企业发行可转换债券，须符合上市公司发行可转换债券条件的(3)～(7)，此外还应符合以下条件。

(1) 最近 3 年连续盈利，且最近 3 年的财务报告已经过具有从事证券业务资格的会计师事务所审计。

(2) 有明确、可行的企业改制和上市计划。

(3) 有可靠的偿债能力。

(4) 具有代为清偿债务能力的保证人的担保。

3. 可转换债券筹资的特点

其优点如下：

(1) 筹资成本低。

可转换债券给予了债券持有人以优惠的价格转换为公司股票的好处，故其利率低于同等条件下的不可转换债券的利率；此外，在可转换债券转换为普通股时，公司无须另外支付筹资费用，节约了股票的筹资成本。

(2) 便于筹集资金。

可转换债券一方面可以使投资者获得固定利息；另一方面又向其提供了进行债权投资或股权投资的选择权，对投资者具有一定的吸引力。

(3) 有利于稳定股票价格和减少对每股收益的稀释。

由于转换价格一般要高于其发行时的公司股票价格，因此在发行新股或配股时机不佳时，可以先发行可转换债券，然后通过转换实现较高价位的股权筹资。若公司当前其股票价格太低，可发行可转换债券变相发行普通股，这样不至于因直接发行新股而致使公司股票市价进一步降低，且可利用可转换债券的转换期长的特点，缓解将来转换股票对公司股价的影响和股权的稀释。

(4) 减少筹资中的利益冲突。

由于日后会有相当一部分投资者将其持有的可转换债券转换成普通股，发行可转换债券不会太多的增加公司的偿债压力，所以其他债权人对此的反对较小，受其他债务的限制性约束较少。同时，可转换债券持有人是公司的潜在股东，与公司有着较大的利益趋同性，而冲突较少。

其缺点如下：

(1) 股价上扬风险。

虽然可转换债券的转换价格高于其发行时的股票价格，但是如果转换时股票价格大幅度上扬，公司只能以较低的固定转换价格换出股票，便会降低公司的股权筹资额。

(2) 财务风险。

发行可转换债券后，如果公司业绩不佳，股价长期低迷；或虽然公司业绩尚可，但股价随大盘下跌，持券者没有如约转换普通股，则会增加公司偿还债务的压力。特别是在订有回售条款的情况下，公司短期内集中偿还债务的压力会更明显。

(3) 丧失低息优势。

可转换债券转换成普通股后，其原有的低息优势不复存在，公司将要承担较高的普通股成本，从而导致公司的综合资本成本上升。

7.3 民生银行发行可转债案例

1. 民生银行急切发债的原因

民生银行于2000年12月19日在国内A股上市，募集资金40.89亿元。这使得民生银行的资本充足率一夜之间暴涨至21%，是巴塞尔协议和我国银监会规定的8%标准的近三倍。上市两年，民生银行的分支机构从2000年的10多个增至2002年年底的100多个。为此，民生银行对新建分支机构增加了实拨资本金(人民银行规定的基本标准为：分行1亿元，异地支行5 000万元，同城支行1 000万元)，这影响到其资本充足率水平。2002年年底，民生银行的资本充足率降至8.22%，资本金不足使得民生银行不得不严格“惜贷”。上市公告显示，民生银行年均人民币资金的贷存比逐年下降，2002年仅为58.26%，远远低于央行75%的监管指引标准下限。如再不及时补充资本金，民生银行将持久受困于业务扩张与资本扩张的矛盾。除了可转债，民生银行再并无其他融资方式可选。40亿元可转债是将民生银行脱离巴塞尔协议底线的唯一“救命稻草”。

2. 可转债发行申请过程

2001年7月13日，民生银行董事会通过了《关于申请发行可转换公司债券方案的决议》，成立由正副董事长和行长组成的发行可转债领导小组；两周后，成立可转债发行工作组，专事申请资料筹备之职。2001年12月30日，中国证监会发行部正式受理民生银行发行可转债的申报材料。按照有关规定，发债后银行的负债率不超过净资产的40%。民生银行净资产不足60亿元，民生银行为取得监管层支持，主动将发债规模降至23亿元，转股期为1年，票面年利率为0.8%，债券转股价格的上浮幅度由10%～30%。

2002年伊始，民生可转债发行申报工作进入10个月的审核阶段。但由于证监会再次发布《关于做好上市公司可转换公司债券发行工作的通知》，规定发债后负债率不超过净资产的80%。并且，可转债将占用上市公司的融资通道，即如果转债成功，民生银行在一年内将不得进行增发或配股；而且可转债亦占用了券商的发行通道。2002年4月，民生银行与海通证券协商，决定将发行规模调整为40亿元。鉴于证券市场萎靡不振，民生银行同时放宽相关发行条款，将票面利率由0.8%调高到1%，将上浮幅度由10%～30%降至5%～20%。

3. 可转债市场背景

2002年我国债券市场进入萧条期。2002年5月16日，强生控股取消发行3.5亿元可转债的方案，阳光股份也随后回购已发行的可转股。银广夏、中科创事件更使得证券市场对可转债一片阴霾。但资金紧张的困境并未影响民生银行的发债决心。2002年5月27日，民生银行股东大会再次肯定了发行可转债融资。主承销商海通证券同时建议，必须再次修改发行条款以全力争取证监会的信任。调整后的发行条款将转股期限从1年降至6个月，将票面年利率从1%提高到1.5%，将上浮幅度5%～20%改为1%～15%，最终落实到1%。

民生银行股价数月来一路走低，另外证监会严格控制大盘股发行，40亿元规模的“超级大盘”几乎不具备发行的外部条件。更加困难的是，如果2002年年底民生转债仍未上市，根据有关规定，民生银行将被要求提供2002年度报告，而银行出具年报时间的惯例是在次年四月份。董事会随即向证监会争取豁免政策，请求2003年年初考虑发行民生转债时，以2002年第三季度报表为准。虽然，每年都有几家股份银行被豁免，如浦发银行，但好运气并没落到民生银行头上。这意味着民生银行只有一条路可走，即提前4个月出年报。普华永道中天会计事务所于2002年底进驻民生银行。2003年1月28日，年报出台，并在农历新年前送达证监会。

4. 民生转债的发行

民生银行于2003年2月20日发布可转债的发行公告，民生转债代码为：100016，并于2003年3月10日发布可转债的上市公告书。在公告书中对可转换债券的发行条款介绍如下：

①发行可转换公司债券总额为40亿元，占本行净资产额的66.62%；②发行可转换公司债券面值为100元；③可转换公司债券期限为5年；④可转换公司债券票面利率为1.5%(税前)；⑤可转换公司债券转股起始日期为2003年8月27日，距本次可转换公司债券发行日的时间为6个月，至2008年2月27日为止，5日内开始还本付息；⑥可转换公司债券初始转股价格以公布募集说明书之日前30个交易日公司股票的算术平均收盘价格10.01元为基础，上浮1%，转股价格为10.11元。当公司因送红利、增发新股或配股、派息等情况(不包括因可转债转股增加的股本)使本行股份或股东权益发生变化时，将按公式进行转股价格的调整。

另外，对转股价格的修正、回购、赎回的条件、程序等也作了相应规定。

2003年3月18日，民生转债正式在上交所交易。此次发行所募集的46亿元资金全部列入附属资本项，这使得民生银行的资本充足率急增至18%左右。转债品种采用90%网下发行、10%网上配售结合的发行方式，申购到位资金45.78亿元。其中，网下申购39.8亿元，网上申购5.97亿元。民生转债价格势如破竹，2003年4月7日，已突破110元大关，涨幅达10%，以1.5%的票面年利率计，民生转债在不到一个月的时间里，兑付了超过6年的利息。可转债未转之前的2003年6月末，民生银行的资本充足率为7.11%，而到了2003年年底，在可转债50.73%的转股率的情况下，资本充足率达到8.62%，符合《新巴塞尔协议》8%的监管标准。历年资本充足率情况详见表7-3。民生转债发行2年后至2005年11月，其转股率将近100%，详见表7-4(其中的累计转股率是指发行的可转债已转换金额占发行总额的比例，不同于发行条款中的转股价格和转换率)。此外，表7-5还给出了民生银行转股价格的调整情况。2008年8月28日，民生银行发布“关于可转换公司债券兑付兑息及摘牌公告”，至此，民生银行完成了此次可转换债券的发行全部环节。

表7-3 民生银行历年资本充足率

时间(期末)	2001	2002	2003.6	2003.12	2004	2005
资本充足率/%	10.1	8.22	7.11	8.62	8.59	8.26

表7-4 民生银行转股情况统计

时间	转股情况	累计转股率/%
2003.8.27	40亿民生转债进入转股期	0
2003年年末	累计转股2.625亿元，转股金额20.293亿元	50.73
2004年年末	累计转股6.44亿元，转股金额36.912亿元	92.28
2005.9.30	累计转股金额39.842 34亿元	99.61
2005.11	民生银行完成股份分置改革，可转债基本全部完成转股	接近100

表7-5 民生银行转股价格调整情况统计

时间	具体内容	转股价格/元
2003.2.27	发行条款规定初始转股价格	10.11
2003.4.11	因送红利、增发或配股、派息等原因调整为：每10股送2股转1派0.6	7.73
2004.4.16	因送红利、增发或配股、派息等原因调整为：每10股送2股转1.5派1.2	5.64
2005.4.15	因送红利、增发或配股、派息等原因调整为：每10股送2股派0.7	4.64
2005.10.26	因股权分置改革原因调整为：10送1.55	4.02
2006.4.14	因送红利、增发或配股、派息等原因调整为：每10股送1.5股转2.5派0.5	2.84
2007.6.8	因送红利、增发或配股、派息等原因调整为：每10股转1.9	2.39

资料来源：中国债券信息网。

5. 案例分析

可转换债券兼有债权性和期权性的特点。债权性体现在其转换成普通股之前，可转换债券的持有可享有定期获得固定利息和到期要求偿还本金的权利；期权性则赋予持有人在规定的时期内，是否可将债券转换成发行企业的普通股的权利。

从民生转债的发行过程可以看出，为了使可转债顺利发行，合理地制定发行条款至关重要，这也是我国可转换债券市场的热点问题。由于可转换债券融资可以利用财务杠杆，因此，本案例中民生转债利率条款规定的票面利率只有 1.5%，而同期银行存款利率为 1.98%（一年定期）、2.79%（五年定期），可见票面利率更多的是象征意义，投资人更看重转股选择权。另外，发行方立足于变相股权融资的动机，使得可转债发行条款更多地倾向于股权特征。在民生可转债的发行公告中，民生银行明确地提出发行可转债的目的是为了“充实资本金”，以应对业务扩张的需要，可转债在转股之前属于债务属性，而发行人在发行公告中就把它归属于股权资本（计入附属资本）。在可转债未转之前的 2003 年 6 月末，资本充足率为 7.11%，到 2003 年年底，在可转债 50.73%的转股率的情况下，资本充足率达到 8.62%，完全符合了《新巴塞尔协议》8%的监管标准。

此外，可转换债券存续期间内的转股价格，一般依照可转换债券发行公告中的自动修正条款进行修正。本案例中，民生转债的发行条款中约定：“当公司因送红利、增发新股或配股、派息等情况（不包括因可转债转股增加的股本）使本行股份或股东权益发生变化时，将按公式进行转股价格的修正。”其调整方法为：送股或转赠股本时，$P_1=P_0/(1+n)$；增发新股或配股时，$P_1=(P_0+A_k)/(1+k)$；两项同时进行时，$P_1=(P_0+A_k)/(1+n+k)$；派息时，$P_1=P_0-D$。其中，P_0 为初始转股价，n 为送股或转增股本率，k 为增发新股或配股率，A 为增发新股价或配股价，D 为每股派息，P_1 为调整后转股价。民生转债的转股价经过历次的调整，由 10.11 元调整到 2.39 元，保证了投资者的利益不受损失。而且，在股票二级市场送股（或转增）等分配后的除权（或填权）的情况下，也有助于民生转债价格的提高，增加了转股的可能性。

民生转债发行条款中还规定：“当民生银行股票（A 股）在任意连续 30 个交易日中至少 20 个交易日的收盘价低于当期转股价格的 80%时，本行董事会有权在不超过 20%的幅度内向下修正转股价格。修正幅度超过 20%时，由董事会提议，股东大会通过后实施。修正后的转股价格不低于修正前 20 个交易日民生银行股票（A 股）收盘价格的算术平均值。董事会此项权利的行使在 12 个月内不得超过一次。”可见，这个“向下修正条款”很好地保障了投资者的利益，平衡与锁定投资者的收益与风险。同时，也有助于稳定可转债的价格，增强转股的信心。

此外，民生转债的赎回条款规定：“自本次民生转债发行之日起一年后至债券存续期满，如果民生银行 A 股股票连续 20 个交易日的收盘价高于当期转股价格的 130%，本行有权赎回未转股的民生转债。若在该 20 个交易日内发生过转股价格调整的情形，则在调整前的交易日按调整前的转股价格和收盘价计算，在调整后的交易日按调整后的转股价格和收盘价计算。当赎回条件首次满足时，本行有权按面值的 102%（含当年利息）的价格赎回全部或部分在赎回日（在赎回公告中通知）之前未转股的民生转债。”一般来说，可转债的赎回条款设计的目的在于：一是促进转股；二是有助于发行人避免市场利率下调所产生的利息损失。可转债上市后其市场价格同股票价格保持着很强的相关性。当赎回条款出现时，发行人发出通告，公告赎回的时间迫使投资人在赎回日期之前转换股票，否则由于赎回的价格一般低于转股能获得的收益，投资人的利益必然受损失。另外，由于可转债的期限较长，发行人不可避免地会遇到利率波动的风险。若市场利率下跌的幅度较大，就相对提高了发行人的财务费用。设定赎回条款可以降低发行人的财务风险，避免市场利率风险。另一方面，赎回条件的出现提醒投资者可以实现的利益，以及在牛市中易于为投资者所忽略的股票下跌风险，预期赎回的压力可以限制对可转债的投机性炒作，减少市场泡沫，有利于可转债价格的稳定。

民生转债的回售条款还规定，在民生转债到期日前一年内，如果民生银行股票（A股）收盘价连续20个交易日低于当期转股价格的70%时，转债持有人有权将持有的全部或部分民生转债以面值的106%（含当期利息）的价格回售给本行。若在该20个交易日内发生过转股价格调整的情形，则在调整前的交易日按调整前的转股价格和收盘价计算，在调整后的交易日按调整后的转股价格和收盘价计算。该回售条款一般只有在股票市场低迷的情况才发生，是有利于投资人的保护性条款，它是发行的促销手段，有利于投资者得到更为充分的利益保障，一般会起到稳定可转债价格的作用。

民生银行可转换债券是一定时期内我国可转债市场的重要代表，其发行目的、发行申请以及发行条款的制定等都具有很强的代表性。此外，企业利用债券市场进行长期筹资还需要考虑市场风险、行业风险等因素，以更好地适应发行主体的融资需求。

案例分析

案例7-1 燕京转债筹资案例

1. 燕京啤酒股份有限公司介绍

2001年燕京啤酒销量为同行业第一，并列世界排名第15位，成为国内唯一进入世界20强的啤酒生产企业。截至2001年年底，燕京啤酒的资产总额已达到43.97亿元，经济效益再次名列同行业之首。按照公司设想，2005年其啤酒总产销能力力争达到300万吨，进入世界前10大啤酒生产企业之列。但由于公司募集资金用于收购的酒厂效益很差，且该公司对目标收购企业的扭亏与盈利预计显得过于乐观。同时，由于亏损、企业(2002)年年末报表、可转债发行的财务费用以及未来股本摊薄等的影响，以及基于亏损企业扭亏形势严峻等的判断，此次可转债发行将明显影响公司2002年与2003年两年的净利润与每股收益，预计调整后2002年净利润将同比下降23%。

2. 燕京转债的发行

2002年10月31日，北京燕京啤酒股份有限公司发行的可转换公司债券在深交所上市，每张面值为100元人民币；发行价格为100元/张；发行数量为700万张，共计70 000万元；票面利率为年利率1.2%；期限为5年，起止日期为2002年10月31日至2007年10月30日；初始转股价格为10.59元/股。

发行对象：向发行人、原社会公众股股东优先配售，即发行公告公布的股权登记日收市后登记在册的发行人、所有原社会公众股股东；网下向机构投资者发售和深交所交易系统网上定价公开发行：中华人民共和国境内持有深交所股票账户的自然人、法人、证券投资基金等(法律法规禁止购买者除外)。

转股价格的确定及办法：①初始转股价格 每股 10.59 元，以公告募集说明书前 30 个交易日“燕京啤酒”股票收盘价的算术平均值 9.63 为基准，上浮 10%；②转股价格的调整：当燕京转债存续期间，任何连续的 30 个交易日内有 20 个交易日股票收盘价的算术平均值不高于当时转股价格的 80%时，公司董事会有权在不超过 20%的幅度降低转股价格，而不需要提请股东大会批准。

回售与赎回条款：①回售 在燕京转债转股期间，如果公司连续的 20 个交易日内股票收盘价低于当时转股价格的 70%，持有人有权按以下回售价格(含当年利息)回售全部或部分给公司。第二年 101 元/张；第三年 102 元/张；第四年 103 元/张；第五年 104 元/张。②在燕京转债转股期间，如果公司连续的 20 个交易日内股票收盘价高于当时转股价格的 130%，公司有权按 102 元/张的价格(含当年利息)赎回全部或部分燕京转债。

3. 燕京转债投资价值分析

(1) 在燕京转债的价格低于其转股价格 10.59 元时，因为其条款中无强制转换条款，所以可以将其视为纯债券，持有期年利率 1.2%，到期收益率为 6%。处于目前已发行上市的可转换债券的收益的中上水平，但低于目前 5 年期定期存款年利率 2.79%(未纳税)的收益水平，则燕京转债纯债券价值为 VD＝93.56 元。

(2) 根据燕京转债的数据可得到 2002 年 10 月 11 日的燕京啤酒收盘价 9.1 元，为当前市场价格，以 10.59 元为执行价格，以目前 5 年期国债 2.59%(除税)为无风险利率 r，可以计算得到每股期权价值为 1.474 元，燕京转债的面值为 100 元，即每份燕京转债可获得 9.443 份合约，则每张债券内含期权价值为 VO＝13.92 元。

(3) 从债券理论价值看，这里采用国际上通行的布莱克—斯科尔斯(Black-Scholes)模型来进行可转债价值的估算，即可转债的投资价值 V 等于其纯债券价值 VD 加上可转债的期权价值 VO，即有：$V=VD+VO$。由此可得：燕京转债＝纯债券价值估值＋期权价值估值＝93.56＋13.92＝107.48(元)。所以，燕京转债每张可转换债券的总体估值为 107.48 元，高于其面值，具有一定的投资价值。

(4) 当股价上升到 13.77 元(以 10.59 元为转股价格估算)，投资者可获最大收益率 30%。

4. 同年上市的其他转债

2002 年共发行四只可转债：阳光、万科、水运和丝绸 2，均已上市，基本情况见表 7-6。

从表 7-6 中可以发现，先发行的两只阳光和万科，原始认购者有机会获利，后发行的两只则完全没有机会，均价显示，原始认购者的亏损在 2%以内(未计资金成本)。

另外还可以发现，除水运外，其余三只转债的转换价值均不同程度地低于其纯债券价值，但四只转债的市场价格均远远高于其债券价值或转换价值，这说明转债的价格下跌存在一定刚性。分析其原因：由于所对应的四只股票的价格均低于其现时的转股价格，所以转债所含期权的内在价值为 0，根据股市的整体情况，将溢价都归为期权的时间价值并不妥当，因此，转债的市场价格远高于其价值的主要原因在于投资人在亏损状态下的惜售心理。

表 7-6　2002 年的其他转债情况　　元

名称	期限/年	利率/%	纯债券价值	最高价	最低价	均价	10.10 收盘价	按 10.10 股价收盘计算的转换价值
阳光转债	3	1	96.86	106.23	97.38	99.69	97.86	90.97
万科转债	5	1.5	94.04	105.53	98.7 101.57		98.9	93.19
水运转债	5	0.9	90.72	98.4 97.71		98.86	97.75	91.07
丝绸转债	5	1.8	94.75	98.9 96.51		98.17	97.7	82.46

注：5 年期按复利 3%贴现；3 年期按复利 2.5%折现。

5. 燕京转债的价格分析

燕京转债为 5 年期，票面利率 1.2%，与已上市的三只五年期转债相比，利率只比水运高，处于相对较低水平，按相同的利率折现，得到燕京转债的纯债券价值为 91.78 元。

另外从转股溢价幅度来看，阳光为 7%，万科和水运为 2%，丝绸为 3%，而燕京转债为 10%，溢价程度最高。转债价格与正股价格有很强的相关性(相关系数 0.9 以上)。从上市的四只转债看，只有水运转债的转换价值高于其债券价值，这主要得益于其正股价格的下跌幅度较小；而阳光和万科均在分红后调整了转股价格，所以溢价幅度有所降低，特别是万科，转股价调整了 0.2 元，原来的溢价程度就只有 2%，所以万科转债的走势是四只转债中最强的，其转换价值与纯债券价值也最为接近；丝绸转债的转换价值最低，是因为丝绸股份的股价下跌幅度最大，与转股价的差距最大，但丝绸转债的票面利率最高，为 1.8%，其纯债券价值是三只五年期转债中最高的，对其转债的价格构成较强支撑。燕京转债在票面利率和溢价幅度上与已上市的可转债相比都不具有优势，那么其转债上市的价格要想相对较强，只能寄希望于其股票价格的走强，从理论上讲，要想转债不跌破面值，股价必须维持在转股价格之上，也就是燕京啤酒的股价要涨 10%以上，并至少维持在这一水平。如果其股价走势不能强于其他几只可转债，其转债将会是所有可转债中偏弱的。

案例思考题：在上面的分析中，对可转债的价值有两种不同的看法，如果你是一位投资者，在目前转债已经发行了两年的情况下，你会不会选择燕京转债进行投资？试给出分析。

本章小结

正确认识筹资方式的内容和特点，有利于合理安排相应筹资的比例，为企业资本结构决策打好基础。在我国，长期负债筹资主要有银行信贷(长期借款)和债券两种方式。

对银行信贷筹资的种类、取得的条件、筹资特点以及银行信贷筹资的偿还方式等问题的了解与熟悉是一个企业能否顺利从银行取得贷款的首要条件。银行信贷筹资有速度快、借款弹性较大、借款成本较低等优点，是目前我国企业最常采用的筹资方式。但银行信贷中的保护限制性条款在保护银行信贷安全性的同时，又难免为企业设置了许多融资难题。此外，企业应依据自身的经营特点选择适合自己的还款方式，以期最大限度地减少还款压力。另外，不同类型的银行所服务的贷款企业类型也有所不同。本着按计划发放、择优扶植、有抵押或担保和按期归还的贷款原则，银行常会出台许多优惠政策和重点扶持行业，企业管理者和财务工作者及时掌握银行的利息优惠政策等信息对企业合理安排融资决策十分有利。

企业为建设大型项目需要筹集大笔长期资金时，通常选择发行公司债券的筹资方式。数量众多的筹资对象和规范成熟的债券市场是吸引企业选择债券筹资的重要原因。但债券筹资方式成本高、风险大、限制条件多的缺点也一定程度上制约了企业通过债市进行融资的效率。我国的《公司法》和《中华人民共和国证券法》对发行公司债券的企业资格与条件均做出了相应的规定。公开发行债券的企业需要根据自身经营特点、经营状况、融资需要和未来发展计划选择合适的发债类型，不同公司债券可能会对企业未来的现金流，乃至企业的资本结构等产生重大影响。在满足发债条件、拥有发债资格的基础上，还应了解公司发行债券的程序，并经过专业评级机构对其做出科学合理的信用等级评定。总之，要根据企业自身融资需求，从票面金额、票面利率、市场利率、债券期限等方面对相应债券进行合理定价。此外，债券存续期间企业所面临的市场风险和经营风险也常影响着企业债券筹资活动，这也是公司债券发行条款中需要考量的重要问题。

思考题

1. 长期债务筹资的方式有哪些？各自的特点是什么？
2. 银行信贷的种类以及偿还方式有哪些？
3. 债券的种类和发行条件分别是什么？
4. 债券的发行价格有哪些要素？如何确定发行价格？
5. 什么是可转换债券？构成可转换债券的要素有哪些？
6. 哪种筹资方式会产生财务杠杆作用？

习题

1. 单项选择题

(1) 目前，我国各类企业最为重要的资金来源是(　　)。

A. 银行　　B. 债券市场　　C. 股票市场　　D. 风险投资

(2) 银行信贷筹资与长期债券筹资相比，其特点是(　　)。

A. 利息能节税　　B. 筹资弹性大　　C. 筹资费用大　　D. 债务利息高

(3) 从财务管理的角度看，与普通股筹资相比较，银行信贷筹资的优点是(　　)。

A. 筹资速度慢　　B. 筹资风险大　　C. 筹资成本高　　D. 筹资弹性大

(4) 某公司拟发行5年期债券进行筹资，债券票面金额为100元，票面利率为12%，而当时市场利率为10%，那么，该公司债券发行价格应为(　　)元。

A. 93.22　　B. 100　　C. 105.35　　D. 107.58

(5) 企业取得2006年为期一年的周转信贷额为1 000万元，承诺费率为0.4%。2006年1月1日从银行借入500万元，8月1日又借入300万元，如果年利率8%，则企业2005年度应向银行支付的利息和承诺费共为(　　)万元。

A. 49.5　　B. 51.5　　C. 64.8　　D. 66.7

2. 多项选择题

(1) 企业资金筹集的渠道有(　　)。

A. 国家资金　　B. 银行信贷资金　　C. 民间资金　　D. 银行借款

(2) 资金筹集的方式有(　　)。

A. 国家资金　　B. 发行债券　　C. 发行股票　　D. 银行借款

(3) 公司债券的发行价格通常(　　)。

A. 中间价　　B. 平价　　C. 溢价　　D. 折价

(4) 按偿还时间与规定的到期日之间的关系，债券可分为以下几种(　　)。

A. 到期偿还　　B. 无须偿还　　C. 滞后偿还　　D. 提前偿还

(5) 银行借款筹资的优点包括：(　　)

A. 筹资速度快　　B. 筹资成本低　　C. 限制条款少　　D. 借款弹性好

3. 计算题

(1) 资料：企业向银行借入款项500 000元，借款利率为8%，银行向企业提出该笔借款必须在银行保持10%的补偿性余额，并向银行支付2 000元手续费，企业的所得税税率为30%，则该笔借款的资金成本率是多少？

(2) 资料：南方公司发行面值为1 000元，票面年利率为10%，期限为10年，每年年末付息的债券。要求计算：

① 市场利率为10%时的债券发行价格；

② 市场利率为15%时的债券发行价格；

③ 市场利率为5%时的债券发行价格。

第 8 章 资本成本与资本结构

本章框架体系

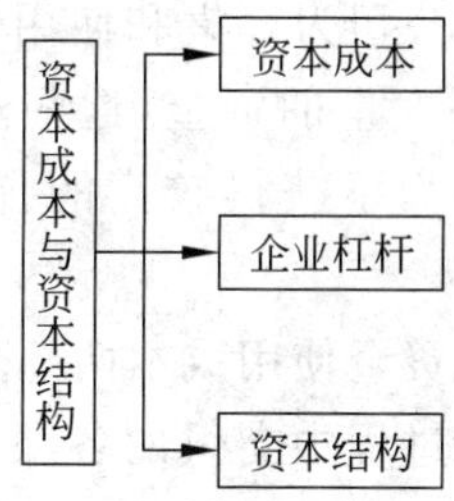

学习目标

1. 理解什么是资本成本，资本成本的构成内容与影响资本成本的因素。
2. 理解经营杠杆与经营风险、财务杠杆与财务风险的关系。
3. 理解资本结构理论。
4. 理解与掌握资本成本的计算方法。
5. 掌握经营杠杆与财务杠杆的衡量方法。
6. 掌握资本结构分析与决策的方法。

导 读

大海公司因市场拓展和新产品开发的需要，计划筹措新的资金。财务总监召开全体财务人员工作会议，要大家根据企业现有的资金结构状况讨论制定一套最佳筹资方案。

资历较深的张会计师说："目前我国金融市场发展很快，企业筹资渠道很多。如发行股票、债券等，因此我们的选择余地很大，但我们要考虑的应该是哪种筹资方式最便宜。"

你认为应该从哪些方面来提出自己的建议呢？

不同的筹资方式，其资本成本也不同；不同的资本结构，其蕴含的风险大小也不同。这些不但关系到企业经营成果最终由哪些参与者分享，而且关系到企业的经营和财务风险；换句话说，企业应对市场环境和产品需求变化的能力不仅与技术、组织和营销等有关，而且与资本结构、筹资额度等密切有关。

本章着重介绍资本成本、资本结构、经营杠杆与财务杠杆等计算方法及其财务管理的含义。

本章内容

8.1 资本成本

8.1.1 资本成本概述

1. 资本成本的概念

资本成本(cost of capital)是指公司为筹集和使用资金而付出的代价，体现为融资来源所需求的报酬率。企业扩张需要大量的资金，这些资金主要来自于投资人与债权人。投资人的目的除了控制权外，主要为了获得较高的预期收益；债权人则主要为了获得利息。

资本成本包括资金筹集成本和资金使用成本两部分。

资金筹集成本是指在资金筹集过程中支付的各项费用，如发行股票、债券的印刷费、发行手续费、律师费、资信评估费、公证费、担保费、广告费等。资金使用成本是指使用资金支付的费用，如股票股息、银行借款和债券利息等，它与资金的数量和时间有关。筹集成本一般在资金筹措时一次性支付，在使用过程中不再发生，可以看作筹资总额的一项扣除。

2. 资本成本的作用

(1) 资本成本是企业选择筹资途径和筹资方式的重要依据，企业根据不同筹资途径和筹资方式对应的成本进行判断和决策。

(2) 资本成本是企业进行投资决策的主要参考指标，一般而言，它是最低的投资收益率指标：投资项目的收益率只有大于资本成本，才有利可图；类似地，资本成本是衡量企业经营成果的尺度，即企业的利润率应该高于资本成本。

(3) 资本成本是企业确定最佳资本结构的依据：根据债务成本和权益成本及其所占比例，进行加权平均后，确定其最佳资本结构。

3. 决定资本成本高低的因素

(1) 宏观经济环境

宏观经济环境决定了整个经济中资本的供给和需求，以及预期通货膨胀的水平。当货币需求增加，而供给没有相应增加，投资人便会提高其投资收益率，企业的资本成本就会上升；否则，则会使资本成本下降。当预期通货膨胀水平上升，货币购买力下降，投资者也会提出更高的收益率来补偿预期通货膨胀带来的损失，导致企业资本成本上升。

(2) 证券市场条件的影响

证券市场条件包括证券的市场流动难易程度和价格波动程度。若证券的市场流动性不好,投资者想买进或卖出证券相对困难,变现风险加大,要求的收益率就会提高。若证券的价格波动较大,投资的风险就大,要求的收益率也会提高,导致资本成本升高。

(3) 企业内部的经营和融资状况

内部的经营和融资状况是指企业内部的经营风险和财务风险的大小。经营风险是企业生产经营中的风险大小,财务风险是企业筹资风险的大小。如果企业的经营风险和财务风险大,投资者便会有较高的收益率要求,导致资本成本升高。

(4) 融资规模

一般而言,企业的融资规模越大,筹资成本和资金占用成本越大,导致资本成本升高。

4. 资本成本的形式

资本成本有多种形式:个别资本成本、综合资本成本和边际资本成本。个别资本成本是指各种长期资金的成本,如长期借款成本、债券成本和股票成本等。综合资本成本是指全部长期资金加权后的总成本。边际资本成本是指企业追加筹措资金的成本,即每增加一个单位的资金而增加的成本。

8.1.2 资本成本的计算

1. 个别资本成本

多数公司资本的主要来源包括负债、普通股和优先股,因此本章讨论这三种资本的成本。

(1) 负债成本

负债成本是指公司长期债务的资本成本,包括借款利息及筹资费用两部分。企业长期债务包括长期借款和债券,长期借款的筹资费用主要指借款手续费,而债券的筹资费用主要包括:申请发行债券的手续费、债券注册费、印刷上市费及推销费用等。

不考虑货币时间价值的情况下,长期借款资金成本可按下列公式计算:

$$k_L=\frac{I_L\cdot(1-T)}{L\cdot(1-f_L)} \tag{8-1}$$

式中,k_L 为长期借款成本;I_L 为长期借款年利息;T 为所得税税率;L 为长期借款筹资额;f_L 为长期借款筹资费率。

企业债券资本成本的计算公式如下:

$$k_B=\frac{I_B\cdot(1-T)}{B\cdot(1-f_B)} \tag{8-2}$$

式中,k_B 为债券的资本成本率;I_B 为债券年利息;T 为所得税率;B 为债券筹资额,按具体发行价格确定;f_B 为债券筹资费率。

考虑货币时间价值情况下的负债资本成本计算:

假如某公司债券的当前价格为 P_0,离到期日还有 n 年,每年的利息支付为 $I_t(t=1,$

2,…,n）。而本金的返还为 P_n，则此负债的成本 k_d（不考虑税盾影响时）应满足

$$P_0 = \sum_{t=1}^{n} \frac{I_t}{(1+k_d)^t} + \frac{P_n}{(1+k_d)^n} \tag{8-3}$$

设 Sunny 公司现有一种长期债券。此债券每张面值为 100 元，现价为 97 元。每张债券每年须支付利息 7 元，在 10 年之后到期，则

$$97 = \sum_{t=1}^{10} \frac{7}{(1+k_d)^t} + \frac{100}{(1+k_d)^n}$$

可得 Sunny 公司的负债成本 $k_d = 7.44\%$。

如果是新发行的债券，则必须考虑到发行费用；而债券的发行费用与公司的信用等级、债券发行方式等因素相关。假设发行费用占债券售价的百分比为 q，则债券成本 k_d 应由下列公式确定：

$$P_0 \cdot (1-q) = \sum_{t=1}^{n} \frac{I_t}{(1+k_d)^t} + \frac{P_n}{(1+k_d)^n} \tag{8-4}$$

假设 Sunny 公司发行了一种新债券，发行价为 100 元，期限为 10 年，每年的利息为 5 元，发行费率为 1.2%，则依式(8-4)，负债成本 k_d 应满足

$$100 \times (1-1.2\%) = \sum_{t=1}^{10} \frac{5}{(1+k_d)^t} + \frac{100}{(1+k_d)^n}$$

可得 $k_d = 6.16\%$。

按式(8-3)和式(8-4)计算出的负债成本，都没有考虑政府税收对公司的影响，因此，被称为税前负债成本。因为公司的利息费用是在税前支付的，因此利息费用的支付对公司来说有避税的作用。税后的债务成本进而变成

$$k_d \cdot (1-T)$$

其中 T 为税率。假设在上例中 Sunny 公司的税率 T 为 33%，那么其税后的负债成本为

$$k_d \cdot (1-T) = 6.16\% \times (1-33\%) = 4.11\%$$

利息支付的避税（税盾）作用，使税后的负债成本低于税前的负债成本。

(2) 优先股成本

与负债成本不同（债务的利息有避税作用），发行优先股的公司必须承担优先股带来的全部成本。优先股成本可以视为优先股的投资者所要求的回报率。假设优先股每年每股的红利为 D_p，每股发行的价格为 P，则优先股的成本 k_p 为

$$k_p = \frac{D_p}{P} \tag{8-5}$$

假设 Sunny 公司的优先股每股发行价为 1 000 元，每股每年支付的红利为 100 元，则 Sunny 公司优先股的成本为

$$k_p = \frac{D_p}{P} = 10\%$$

若优先股是新发行的，也会存在发行费用。设发行费率 q，则新发行的优先股成本 k_p 为

$$k_p = \frac{D_p}{P(1-q)} \tag{8-6}$$

假设 Sunny 公司在上例中的优先股是新发行的，发行费率为 5%，则此优先股的成本为

$$k_p = \frac{100}{1000(1-5\%)} = 10.5\%$$

发行费用的存在增加了优先股的成本。

(3) 普通股成本

一般来说,公司可以通过两种方法来提高普通股的股权,一种是发行新的普通股;另外一种是通过增加公司的保留盈余。因此,分析普通股的成本须从两个方面进行考虑,一是公司的保留盈余;二是新发行的普通股。

如果公司的收益被保留了,对普通股的投资者来说就会有机会成本产生,因为这些保留盈余可以以红利的形式分配给股东,股东也可以用这笔钱重新投资于其他股票、债券等,因此保留盈余成本 k_s 可视为一种机会成本。因此,公司将其盈余重新投资时,若其回报率小于 k_s,则其应将盈余分配给股东,使他们在其他的投资中获得不低于 k_s 的回报率。

k_s 的计算常采用下列三种方法:资产定价模型法、债券收益加风险溢酬法、现金流折现法。

① 资本资产定价模型(CAPM)

资本资产定价模型认为一个公司普通股的预期收益率 $E(r)$ 与其市场风险 β 之间的关系为

$$E(r) = r_f + \beta(E(r_m) - r_f) \tag{8-7}$$

式中,$E(r)$ 为普通股的预期收益率;r_f 为无风险利率;β 为普通股在市场上的风险系数;$E(r_m)$ 为市场组合的预期收益率。r_f 可以由政府长期债券的收益率来代替,$E(r_m)$ 可以通过股票指数来计算,β 需要通过统计等方法来计算。

假设 Sunny 公司当前的市场风险系数 β 为 1.5,当前的无风险利率 r_f 为 5%,市场组合的预期收益率 $E(r_m)$ 为 10%,则 $E(r)$ 为

$$E(r) = 5\% + 1.5(10\% - 5\%) = 12.5\%$$

应用资本资产定价模型法需要注意一些问题:仅仅用 β 来衡量公司的风险可能并不准确,如果公司存在一些特有的风险,就可能低估 k_s;即使资产定价模型是非常有效的,对 r_m、r_f 和 β 的计算也存在一定困难。

② 债券收益加风险溢酬法

此方法即通过债券收益率加风险溢酬来确定普通股成本。设 i 为长期债券的利率,r 为普通股的风险溢酬率,则 k_s 为

$$k_s = i + r \tag{8-8}$$

假设 Sunny 公司的长期债券的收益率为 7%,而 Parkhorse 投资公司评估其风险溢酬率为 4.2%,则 Sunny 公司普通股的成本为

$$k_s = 7\% + 4.2\% = 11.2\%$$

③ 现金流折现法

对于普通股的持有者来说,其每期的现金流就是获得的红利。因此,普通股的价值可以通过下列公式来计算:

$$P_0 = \sum_{i=1}^{\infty} \frac{D_i}{1+k_s} \tag{8-9}$$

式中，P_0 为普通股的现值；D_i 为每期红利的分配，$i=1,2,\cdots,\infty$；k_s 为普通股的成本。

式(8-9)表示普通股的价格为以其成本为折现率的未来股利的现值。特别地，如果公司未来的股利是恒定的，则股票的价格等于第一年的股利与期望的回报率之比：

$$P_0 = \frac{D_1}{k_s} \tag{8-10}$$

如果公司的股利按一定比例 g 增长，则股票的价格 P_0 为

$$P_0 = \frac{D_1}{k_s - g} \tag{8-11}$$

由上式，有

$$k_s = \frac{D_1}{P_0} + g \tag{8-12}$$

设 Sunny 公司计划在一年末的每股红利是 8 元，红利的增长率为 5%，每股的现价为 128 元，则普通股的成本为

$$k_s = \frac{8}{128} + 5\% = 11.25\%$$

上述三种普通股成本的计算方法，主要用于普通股中保留盈余成本的确定，并没有考虑新发行普通股的其他成本。一般来说，发行新股时存在发行费用，因此其成本要高于保留盈余的成本。用 k_s 表示新发行普通股的成本，则有

$$k_s = \frac{D_1}{P_0(1-q)} + g \tag{8-13}$$

式中，k_s 为普通股的成本；P_0 为普通股的现值；D_1 为下一期的红利；q 为新普通股的发行费率。

假设在前例中 Sunny 公司股票的发行费率为 2%，其他情况不变，则其成本为

$$k_s = \frac{8}{128(1-2\%)} + 5\% = 11.37\%$$

如果 Sunny 公司的回报率低于 11.37%，不能满足投资者所期望的回报率，其股票的价格就会下降；反之，其股票的价格会上升。

2. 综合资本成本

一个公司的资本通常由多种形式构成，将其所有个别资本成本加权平均就得到综合资本成本 k_w，计算公式如下：

$$k_w = w_d k_d + w_p k_p + w_c k_c \tag{8-14}$$

式中，w_d、w_p 和 w_c 分别为负债、优先股和普通股在总资本中所占的权重；k_d、k_p 和 k_c 分别为负债的个别资本成本、优先股和普通股的个别资本成本；T 为所得税的税率。

由上式可见，个体资本权重的确定是综合资本成本计算的重要一步，现行的确定资本权重的方法有：账面价值法、市场价值法、目标价值法。

(1) 账面价值法

账面价值法通过公司账面价值确定个别资本的权重，简单易行。例如，表 8-1 表示用账面价值法确定 Sunny 公司的综合资本成本。

表 8-1　用账面价值法确定综合资本成本(所得税税率为 40%)

资本种类	账面价值/万元	权重/%	个别资本成本/%	综合资本成本/%
公司债券	1 000 000	10	5.25	0.32
长期借款	3 000 000	30	6.65	1.20
优先股	1 000 000	10	11.75	1.18
普通股	5 000 000	50	13.15	6.58
合计	10 000 000	100		9.26

(2) 市场价值法

市场价值法以债券与股票当前的市场价值计算权重。例如,表 8-2 表示用市场价值法确定 Sunny 公司的综合资本成本。

表 8-2　用市场价值法确定综合资本成本(所得税税率为 40%)

资本种类	市场价值/万元	权重/%	个别资本成本/%	综合资本成本/%
公司债券	1 200 000	12	5.25	0.38
长期借款	3 200 000	32	6.65	1.28
优先股	900 000	9	11.75	1.06
普通股	4 700 000	47	13.15	6.18
合计	10 000 000	100		8.90

在计算综合资本成本时,市场价值法比账目价值法更准确、更合理。

(3) 目标价值法

目标价值法以债券与股票等预计的目标市场价值或资本结构确定权重(见表 8-3)。

表 8-3　目标价值法确定综合资本成本(所得税税率为 40%)

资本种类	目标结构/%	个别资本成本/%	加权资本成本/%
公司债券	18	5.25	0.57
长期借款	40	6.65	1.60
优先股	5	11.75	0.59
普通股	37	13.15	4.87
合计	100		7.63

理论上,因为破产成本、税或其他使公司价值减少的成本项目的存在,公司一般会选择一个理想的资本结构。例如,若只考虑税盾的作用,则可得出负债的比例越大,公司的价值也越大的结论;而若只考虑破产成本,则可得出负债的比例越小,公司的价值越大的结论。由于公司未来经营发展的不确定性,目标价值有时很难正确地估计。

3. 边际资本成本

边际资本成本是指新筹集的资金所需负担的成本。一般来说，边际资本成本会随着公司筹集资金数目的增加而上升。通常，负债成本随着借款期限和数额的增加而上升。优先股或普通股的边际成本要考虑新股发行的成本情况。

下面以Sunny公司为例来说明边际资本成本的概念。Sunny公司的目标资本结构为负债：优先股：普通股＝4：1：5，公司现有的资本情况如表8-4所示。

表8-4 Sunny公司资本成本(所得税税率为40%)

资本种类	市场价值/万元	目标结构/%	个别资本成本/%	加权资本成本/%
长期负债	400	40	10	2.40
优先股	100	10	12	1.20
普通股	500	50	15	7.50
合计	1 000	100		11.10

根据目标资本结构，公司再筹集资金时，也需保持负债、优先股和普通股的4：1：5的比例。但资本的增加将引起公司资本成本的变化，而新增资本所带来的成本就是边际资本成本。假设Sunny公司再筹资1 000万元，用于新项目的投资。该公司在年度分红之后，有500万元的保留盈余，而优先股需要新发行，其成本为14%。新的筹款计划和个体成本如表8-5所示。

表8-5 Sunny公司筹资的边际资本成本(一)(所得税税率为40%)

资本种类	市场价值/万元	目标结构/%	个别资本成本/%	加权资本成本/%
长期负债	400	40	10	2.40
优先股	100	10	14	1.40
普通股	500	50	15	7.50
合计	1 000	100		11.30

由上例可知，Sunny公司原有的资本为1 000万元，资本成本为11.10%。而公司按目标结构再次筹资时的边际资本成本为11.30%。边际资本成本并不会固定不变，因随着筹资额度的变化，个别资本成本也变化。如果Sunny公司还需筹资1 000万元，原有的保留收益已不能满足新资本要求，需要发行新的普通股，其成本为18%。新筹集计划和成本如表8-6所示。

因此当Sunny公司筹资总额达到2 000万元时，再筹资的边际资本成本就为12.80%。同样，如果Sunny公司还需筹集1 000万元。这时，长期借款的利率上升为12%。新的筹款和成本如表8-7所示。

因而，当Sunny公司筹资总额达到3 000万元时，新的边际资本成本为13.28%。

表 8-6 Sunny 公司筹资的边际资本成本(二)(所得税税率为 40%)

资本种类	市场价值/万元	目标结构/%	个别资本成本/%	加权资本成本/%
长期负债	400	40	10	2.40
优先股	100	10	14	1.40
普通股	500	50	18	9.00
合计	1 000	100		12.80

表 8-7 Sunny 公司筹资的边际资本成本(三)(所得税税率为 40%)

资本种类	市场价值/万元	目标结构/%	个别资本成本/%	加权资本成本/%
长期负债	400	40	12	2.88
优先股	100	10	14	1.40
普通股	500	50	15	9.00
合计	1 000	100		13.28

可依据 Sunny 公司不同额度的边际资本成本,对投资项目进行选择,见表 8-8。

表 8-8 Sunny 公司投资的项目

项　　目	A	B	C	D	E
投资额度/万元	500	1 200	250	500	700
内部收益率/%	15.00	14.70	14.00	8.00	7.80

假设各个项目之间是独立的,根据项目投资的内部收益率大于边际资本成本的项目选择原则,项目 A、B 和 C 被选择,项目 D 和 E 不应该被选择。由上述分析可以看出,Sunny 公司的最佳投资预算为 1 950 万元。

上述的投资选择方法虽然简单,但在操作上也会遇到一些问题:①用投资项目的内部收益率与边际资金成本进行比较,没有考虑投资项目的净现值;②投资项目的选择将影响公司的综合资本成本,高收益的项目也意味着高风险,而风险的上升将提高投资者的预期收益率,从而使公司的综合资本成本上升。

边际资本成本的使用步骤如下:

(1) 确定目标资本结构;

(2) 确定各种资本的成本;

(3) 计算筹资总额分界点(筹资突破点),公式为

$$BP_j = \frac{TF_j}{w_j}$$

式中,BP_j 为筹资总额分界点;TF_j 为与 BP_j 对应的第 j 种资本筹资的最大数额;w_j 为目标资本结构中第 j 种资本的权重。

【例 8-1】 某企业拥有长期资金 4 000 万元，其中长期借款 600 万元，长期债券 1 000 万元，普通股 2 400 万元。由于扩大经营规模的需要，拟筹集新资金。

经分析，认为筹集新资金后仍应保持目前的资本结构，即长期借款占 15%，长期债券占 25%，普通股占 60%，并测算出了随筹资的增加各种个别资本成本的变化情况，见表 8-9。

表 8-9 某企业的各种个别资本成本的变化情况

筹资方式	目标资本结构/%	新筹集资金/万元	资本成本/%
长期借款	15	45 以内 45～90 90 以上	3 5 7
长期债券	25	200 以内 200～400 400 以上	10 11 12
普通股	60	300 以内 300～600 600 以上	13 14 15

各筹资方式的筹资突破点如表 8-10 所示。

表 8-10 各种筹资方式的筹资突破点

筹资方式	目标资本结构/%	新筹集资金/万元	资本成本/%	筹资突破点/万元
长期借款	15	45 以内 45～90 90 以上	3 5 7	300 600 600 以上
长期债券	25	200 以内 200～400 400 以上	10 11 12	800 1 600 1 600 以上
普通股	60	300 以内 300～600 600 以上	13 14 15	500 1 000 1 000 以上

其中，以长期借款为例，个别资本成本为 3%时，对应的新筹集资金最大数额 $TF=$ 45 万元，长期借款占总资本的比例为 $w=15\%$，因此，由下式计算得到筹资突破点：

$$BP=\frac{TF}{w}=\frac{45}{0.15}=300(\text{万元})$$

根据表 8-10，可得出 7 组筹资总额范围：

300 万元以内，300 万元至 500 万元，500 万元至 600 万元，600 万元至 800 万元，800 万元至 1 000 万元，1 000 万元至 1 600 万元，1 600 万元以上。

相应的综合资本成本如表 8-11 所示。

表 8-11 各种筹资方式的综合资本成本

筹资总额/万元	筹资种类	资本结构/%	资本成本/%	综合资本成本/%
300 以内	长期借款 长期债券 普通股	15 25 60	3 10 13	10.75
300～500	长期借款 长期债券 普通股	15 25 60	5 10 13	11.05
500～600	长期借款 长期债券 普通股	15 25 60	5 10 14	11.65
600～800	长期借款 长期债券 普通股	15 25 60	7 10 14	11.95
800～1 000	长期借款 长期债券 普通股	15 25 60	7 11 14	12.20
1 000～1 600	长期借款 长期债券 普通股	15 25 60	7 11 15	12.80
1 600 以上	长期借款 长期债券 普通股	15 25 60	7 12 15	13.05

以筹资总额 300 以内为例，综合资本成本为

$$15\% \times 3\% + 25\% \times 10\% + 60\% \times 13\% = 10.75\%$$

注意：*表 8-11 中的结果没有考虑所得税的影响，若考虑所得税的影响，在计算综合资本成本时，长期借款和长期债券的税后个别资本成本还需要乘上"1－税率"。*

8.2 企业杠杆

8.2.1 经营风险与经营杠杆

1. 经营杠杆的定义

在其他条件不变的情况下，产销量的增加虽然一般不会改变企业的固定成本总额，但会降低单位固定成本，从而提高单位利润，使得利润的增长率大于产销量的增长率。反之，产销量的减少则会使利润下降率也大于产销量下降率。这种由于固定成本的存在而造成的利润变动率大于产销量变动率的现象称为经营杠杆，定义如下：

$$DOL = \frac{\Delta EBIT / EBIT}{\Delta Q / Q} = \frac{\text{息税前收益变动率}}{\text{销售额的变动率}} = \frac{S - VC}{S - VC - F} \tag{8-15}$$

式中，DOL 为经营杠杆系数；$EBIT$ 为息税前收益；$\Delta EBIT$ 为息税前收益变动额；Q 为销

售量；ΔQ 为销售量变动额；S 为销售收入；VC 为变动成本；F 为固定成本。

经营杠杆系数越高，企业经营风险越大。

2. 经营杠杆的影响因素

(1) 销售量对经营杠杆的影响

将 DOL 改写为

$$DOL=\frac{EBIT+F}{EBIT} \tag{8-16}$$

则 $EBIT=0$ 时，即盈亏平衡时，$DOL=\infty$。

例如，A 企业生产一种产品，销售量和经营杠杆系数如表 8-12 所示。

表 8-12　A 企业在各种销售量时的经营杠杆系数

销售量/万件	2	4	8	10	12	16	20	40
经营杠杆系数	−0.25	−0.67	−4	无穷大	6	2.67	2	1.33

由表 8-12 可以得出结论，当销售额小于盈亏临界点时，经营杠杆系数为负数；当销售额大于盈亏临界点时，经营杠杆系数为正数。越接近盈亏临界点，经营杠杆系数的绝对值越大，意味着此时经营杠杆系数对息税前利润的敏感度越高。

(2) 固定成本对经营杠杆的影响

固定成本对经营杠杆有很大影响，如电力、航空、钢铁等固定成本较大的企业，其经营杠杆均较高，杂货店等固定成本较低，相应的经营杠杆较小。任何企业都可以在一定程度上控制它们的经营杠杆。例如，一个电力公司可以选择新建一个燃气厂或一个燃煤厂增加它的发电能力。燃煤厂需要较高的投资和较高的固定成本，但它的变动性经营成本相对较低；而燃气厂需要较少的投资和较低的固定成本，但它的变动性经营成本较高。

(3) 经营杠杆与经营风险

经营风险是指由企业的经营活动带来的收益的不确定性，主要指企业销售收入和经营费用的不确定性。

影响企业经营风险的因素有：①固定成本占总成本的比例。固定成本所占比例越大，企业的经营风险越大。②企业产品销售对经济波动的敏感性。敏感度高的企业其经营风险大。③企业的规模和市场占有率。规模大的企业占据较大的市场份额，具有较强的市场竞争能力，能保持销售的相对稳定，故经营风险相对较小。④投入物价格的稳定性。原材料、燃料、工资等价格的不稳定，造成变动成本和企业收益的变动，使经营风险增加。⑤企业随投入物价格变动调整产品销售价格的能力。一些企业受政府政策或自身营销渠道的限制，不能很快调整产品价格以适应投入物价格的上涨，致使经营风险增大。

企业经营杠杆系数越大，销售变动对其利润的影响就越大。因此，在其他因素不变的情况下，企业固定成本越高，经营杠杆系数就越大，相应的经营风险也就越大。

8.2.2　财务风险与财务杠杆

如果一个企业的资本中除普通股权益资本外，还有一部分来源于负债或需要支付固定股息的优先股，那么这些负债或优先股便使企业有了财务杠杆，使企业股东的净收入的变化幅度超过企业营业收入的变化幅度。这种因企业资本结构而引起的收益不确定性即为财务风险。资本总额中负债资本占的比例越大，企业的财务杠杆也越强，财务风险也随之增加。财务风险可以用财务杠杆系数(degree of financial leverage，DFL)表示。财务杠杆系数是指企业息税前收益 $EBIT$ 的波动引起每股收益 EPS 的变动程度，即

$$DFL = \frac{EPS\text{变动百分比}}{EBIT\text{变动百分比}} = \frac{\Delta EPS/EPS}{\Delta EBIT/EBIT} \tag{8-17}$$

式中，$EPS=\frac{\text{净利润}-\text{优先股股利}}{\text{发行在外的普通股股数}}$；$\Delta EPS$ 为普通股每股利润变动额。

式(8-17)可变换为

$$DFL = \frac{EBIT}{EBIT-I} \tag{8-18}$$

式中，I 为利息。

8.2.3 总风险与总杠杆

总风险是指企业经营杠杆和财务杠杆共同带来的风险。总杠杆系数表示企业每股收益变动率相当于企业销售变动率的倍数。

只要企业存在固定成本，经营杠杆系数就大于1，表明息税前收益的变动率大于销售收入的变动率；只要企业存在债务，财务杠杆系数就大于1，表明企业每股利润的变动率大于息税前收益的变动率。两种杠杆的共同作用使得每股利润的变动率大于销售收入的变动率，称之为总杠杆系数，表示为

$$DTL = \frac{\text{每股收益变动率}}{\text{销售额变动率}} = \frac{\Delta EPS/EPS}{\Delta Q/Q} \tag{8-19}$$

$$DTL = DOL \cdot DFL$$

8.3 资本结构

8.3.1 资本结构概述

1. 影响资本结构的因素

资本结构是企业各种资金的构成及其比例关系，一般指长期资金的构成及比例关系。由于长期资金主要由长期债务资金和权益资金构成，所以资本结构又指长期债务资金和权益资金所占的比例关系。

影响企业资本结构的因素较多，包括：

(1) 筹资方式。筹资方式不同，筹资成本也不同。通常债务资本的成本低于权益资本的成本，但是过多的债务会加大企业的不能按时还本付息的风险，对企业的经营不利。

(2) 风险程度。企业面临的风险对融资方式有很大的影响。如果企业本身风险大，举债筹资就不如发行股票，因为股票不用定期支付利息和按时偿还本金。

(3) 企业现金流量。债务的利息和本金通常必须以现金支付，因此企业现金流量越大，偿债能力就越强，此时容许扩大债务比例。

(4) 税收因素。债务的利息可以在所得税前支付，而股票的股利不能在税前支付，因此，企业所得税税率越高，借款举债的好处就越大。可见，税收对负债资本的安排产生一种正向刺激作用。

(5) 企业所有者的态度。如果企业所有者不愿使公司的控制权落在他人手里，则可能尽量采用债务筹资的方式来增加资本，而不采用发行新股来筹资；相反，如果管理人员不愿承担财务风险，就尽可能较少利用财务杠杆，减低债务资本的比例。

(6) 企业的经营目标各不相同，从而也使资本结构产生差别。在资本结构决策中，应掌握本企业所处行业资本结构的一般水准，作为本企业资本结构的参照。

2. 资本结构理论

国内外主要形成了以下几种理论，反映出人们对资本结构的不同认识。

(1) 净收入理论

净收入理论认为：负债可以降低企业的资本成本，负债程度越高，企业价值越大。认为债务利息和权益资本成本也不受财务杠杆的影响，无论负债程度多高，企业的债务筹资成本不会发生变化。因此，只要债务成本低于权益成本，负债越大，企业的综合资本成本就越低，企业价值就越大。

(2) 净营运收入理论

净营运收入理论认为：不论财务杠杆如何变化，企业的综合资本成本都是固定的，因此企业的总价值保持不变。认为即使债务成本低于权益成本，当债务比例扩大时，会加大权益风险，使权益成本上升，两者抵消后，对综合资本成本没有影响。

(3) 传统理论

传统理论介于净收入理论与净营运收入之间，认为负债比例上升时，在一定限度内，虽然会导致企业权益成本的上升，但是其上升的幅度低于债务资本成本下降的幅度，因此综合资本成本下降，企业价值上升。当超过一定限度时，权益成本上升的幅度高于债务成本降低的幅度，导致综合资本成本上升，企业价值下降。

8.3.2 最佳资本结构决策

最佳资本结构就是企业在一定时期综合资本成本最低，且企业价值最大的资本结构。用以衡量最佳资本结构的条件有：①综合的资本成本最低，企业筹资的支出最小；②每股收益最大，股票市价上升，企业价值最大化；③企业财务风险小，资金充足。

确定最佳资本结构的方法主要有：每股收益无差别点法、比较资本成本法、比较公司价值法。

1. 每股收益无差别点法

一般提高每股收益的资本结构可认为是较为合理的。由于每股收益的高低受资本结构和销售水平的影响，因此下面用每股收益无差别点法反映上述三个因素的综合影响。

每股收益无差别点即为每股收益不受融资方式影响的销售水平或 $EBIT$。根据每股收益无差别点，可以分析判断不同销售水平适宜采用何种资本结构。

每股收益的计算公式为

$$EPS=\frac{(S-VC-F-I)(1-T)}{N}=\frac{(EBIT-I)(1-T)}{N} \tag{8-20}$$

式中，S 为销售额；VC 为变动成本；F 为固定成本；I 为债务利息；T 为所得税税率；N 为流通在外的普通股股数；$EBIT$ 为息税前利润。

例如，某公司原有资本 1 000 万元，其中，债务资本 300 万元，每年负担利息 27 万元，权益资本(普通股 14 万股，每股面值 50 元)700 万元。该公司所得税税率 33%。由于扩大业务，需追加筹资 200 万元，有两个方案可供选择：

第一，全部发行普通股，增发 4 万元，每股面值 50 元；

第二，全部筹措长期债务，债务年利率 9%，利息 18 万元。

要求：运用每股收益无差别点分析法进行筹资决策。

设每股收益无差别点为 EBIT，由两种方案的 EPS 相等可得

$$(EBIT-27)\times(1-33\%)/(14+4)=(EBIT-27-18)\times(1-33\%)/14$$

得到 $EBIT$=108 万元。因此，当预期息税前利润为 108 万元时，权益筹资和债务筹资方式均可；当预期息税前利润大于 108 万元时，选择第二方案——债务筹资方式；当预期息税前利润小于 108 万元时，选择第一方案——权益筹资方式。该决策方法的示图如图 8-1 所示。

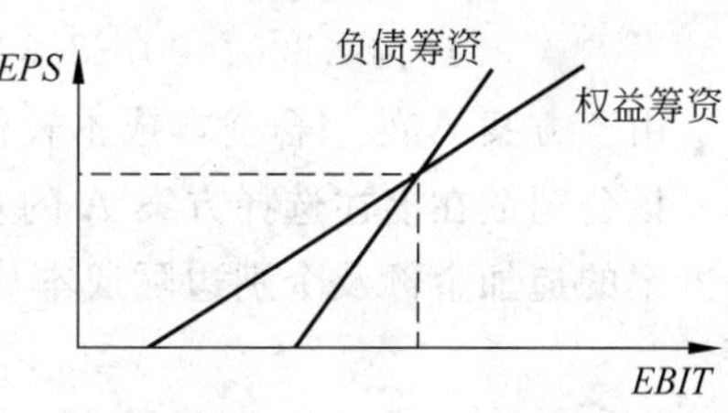

图 8-1　每股收益无差别点法

2. 比较资本成本法

每股收益无差别点法的缺陷在于没有考虑风险因素。通常，只有在风险不变或少许变化的情况下，每股收益的增长才会直接导致股价的上升；然而，随着每股收益的增长，风险也常常随之加大。如果每股收益的增长不足以弥补风险增加所需的补偿，股价就会下降。所以，公司的最佳资本结构应当使公司的总价值最高，而不一定使每股收益最大。同时，在公司总价值最大的资本结构下，公司的资本成本也应是很低的。

公司的市场总价值 V 等于其股票的总价值 S 加上债券的价值 B，即

$$V=S+B \tag{8-21}$$

股票的市场价值为

$$S=\frac{(EBIT-I)(1-T)}{k_s}$$

采用资本资产定价模型计算：

$$k_s=r_f+\beta(r_m-r_f)$$

公司的综合资本成本

K_w=税前债务资本成本×债务占总资本比例×(1−所得税税率)

+权益资本成本×股票占总资本比例

【例 8-2】 某公司欲筹资 600 万元，有两种方案可供选择，两方案的筹资组合及个别资本成本如表 8-13 所示。

表 8-13 两种方案的基本数据

筹资方式	方案 A		方案 B	
	筹资金额/万元	个别成本/%	筹资金额/万元	个别成本/%
长期借款	100	6	300	10
长期债券	200	8	200	8
普通股	300	10	100	15
合计	600		600	

要求：确定公司初始筹资时，最佳的资本结构。

方案 A 的综合资本成本为

$$6\% \times 100/600 + 8\% \times 200/600 + 10\% \times 300/600 = 8.67\%$$

方案 B 的综合资本成本为

$$10\% \times 300/600 + 8\% \times 200/600 + 15\% \times 100/600 = 10.17\%$$

由于方案 A 的综合资本成本较低，所以选择方案 A。

该公司欲在上述选择方案 A 的基础上，追加筹资 100 万元，也有两个方案可供选择，各方案的追加金额及个别边际成本如表 8-14 所示。

表 8-14 追加筹资时的两种方案

筹资方式	方案 A		方案 B	
	筹资金额/万元	个别成本/%	筹资金额/万元	个别成本/%
长期借款	20	12	80	15
长期债券	30	13	20	8
普通股	50	16		12.5
合计	100		100	

要求：确定公司追加筹资时，最佳的资本结构。下面给出两种解题思路。

(1) 计算两种追加筹资的边际资本成本

方案 A 的综合边际资本成本为

$$12\% \times 20/100 + 13\% \times 30/100 + 16\% \times 50/100 = 13.7\%$$

方案 B 的综合边际资本成本为

$$15\% \times 80/100 + 12.5 \times 20/100 = 14.5\%$$

由于方案 A 的综合边际资本成本较低，所以选择方案 A。

(2) 将原有资本结构和追加筹资结合起来进行考虑，选择整体最佳的资本结构。即将公司选择方案 A 后的初始筹资 600 万元和追加筹资 100 万元(共 700 万元)综合起来考虑，求出公司的整体综合资本成本并选择低者。

方案 A 的整体综合资本成本：

$$6\%\times100/700+12\%\times20/700+8\%\times200/700+13\%\times50/700$$
$$+16\%\times300/700+16\%\times50/700=11.97\%$$

上式中，原有普通股 300 万股的资金成本为 10%，追加筹资时新普通股的资金成本为 16%，而不是 10%。

方案 B 的整体综合资本成本

$$6\%\times100/700+15\%\times80/700+8\%\times200/700$$
$$+12.5\%\times20/700+10\%\times300/700=9.51\%$$

由于方案 B 的整体综合边际资金成本较低，所以应该选择方案 B，即方案 B 所对应的资本结构为公司追加筹资后，综合考虑新旧资金成本的最佳资本结构。

可见，追加筹资时，只考虑追加的资金，选用比较综合边际成本法；考虑新旧筹资综合效果，选用整体综合资金成本法，两者的结果可能是不一样的。

3. 比较公司价值法

该方法是指在反映公司财务风险的条件下，依据公司价值大小来测算公司最佳资本结构的方法。

例：某公司全部资本均为普通股，账面价值 2 000 万元。该公司欲举债来购回部分股票，调整目前的资本结构，公司预计年息税前收益为 500 万元，所得税税率为 33%。经测算，目前的债务利率和股票资本成本见表 8-15，公司价值和综合资本成本测算见表 8-16。

表 8-15 不同债务规模的债务利率和股票资本成本测算表

债务规模 B/万元	k_B/%	β	r_f/%	r_m/%	k_S/%
0	—	1.20	10	14	14.8
200	10	1.25	10	14	15.0
400	10	1.30	10	14	15.2
600	12	1.40	10	14	15.6
800	14	1.55	10	14	16.2
1 000	16	2.10	10	14	18.4

表 8-16 不同债务规模的公司价值和综合资本成本测算表

债务规模 B/万元	股权价值 S/万元	资产价值 V/万元	k_B/%	k_S/%	k_W/%
0	2 264	2 264	—	14.8	14.80
200	2 144	2 344	10	15.0	14.29
400	2 028	2 428	10	15.2	13.79
600	1 838	2 438	12	15.6	13.74
800	1 605	2 405	14	16.2	13.93
1 000	1 238	2 238	16	18.4	14.96

从表8-16可见，当债务资本为600万元时，公司价值最大，资本成本最低，这时资本结构最佳。

4. 资本结构调整的实用方法

（1）债转股、股转债；
（2）从外部取得增量资本；
（3）调整现有的负债结构，如将短期负债转为长期负债，收回可提前收回的债券等；
（4）调整权益资本结构，如优先股转化为普通股、股票回购等；
（5）兼并其他企业。

案例分析

案例8-1 最佳筹资方案的制定

某电脑公司为适应高科技市场发展的需要，急需筹措400万元资金用于开发新软件，满足电脑网络发展的要求。公司总经理李总责成财务部门拿出筹资方案，以供董事会研究决定。

财务处沈处长马上召开全体财务人员工作会议，要大家根据公司现有的资本结构状况进行讨论，制定一套最佳筹资方案。

资历较深的财务主管张经济师说："我们应采用最便宜的筹资方式，即筹资资本成本最低，企业的资本结构最佳。在理论上，企业有其最佳的资本结构，许多著名的资本结构理论如美国著名的财务管理学家 France Modigliani 和 Robert Miller 创建的 MM 理论已经证实了这一点。我们可以尽可能地制定多种筹资方案，然后比较各方案综合资本成本，成本低的方案就是最好的。"

沈处长总结说："大家就按这样的思路先制定几套方案以供选择。"

于是大家根据企业目前资本结构状况(债券800万元、普通股800万元，债券年利率10%，普通股每股面值为1元，发行价格为10元，目前市场价格为10元，共80万股。今年期望股利为每股1元，预计以后每年增加股利5%，该公司所得税税率为33%)和对市场的分析预测提供了以下三个方案。

甲方案：增加发行400万元的债券，因负债增加，投资者风险加大，债券利率应增至12%才能发行，预计普通股股利不变，但由于风险加大，普通股市价会降至每股8元。

乙方案：发行债券200万元，年利率10%，发行股票20万股，每股发行价为10元，预计普通股股利不变。

丙方案：发行股票36.36万股，普通股市价增至每股11元。

案例思考题：沈处长责成小高计算各筹资方案的综合资本成本，并把结果提交李总经理，问小高应将哪个方案报交李总？(假设企业发行多种证券均无筹资费用。)

本章小结

企业的财务管理是围绕着企业价值的实现来开展的。因此，为了实现企业价值最大化这一目标，企业在筹资活动中应以尽可能低的成本来获取资金，降低资本成本。这就需要在筹资管理中围绕着资本成本、杠杆管理与资本结构开展决策工作。

(1) 资本成本是指企业为筹集和使用资金而发生的代价。实务中资本成本的计量可以采用两种方法表示：一种是绝对数；另一种是相对数。

(2) 个别资本成本是确定筹资方式的主要依据。

(3) 加权平均资本成本 WACC 是企业进行资本结构决策的主要依据。

① WACC 的计算分为三个步骤：首先，确认权重；其次，计算各种筹资方式的资本成本；最后，使用这些数据利用公式计算 WACC。

② 权重的确认

实务中权重确认的方法有三种：账面价值法、市场价值法、目标价值法。

账面价值法：权重根据企业的账面价值来确定。

市场价值法：权重根据各种筹资方式的现行市场价值来确定。

目标价值法：权重根据各种筹资方式未来预计的目标市场价值来确定。

③ 权重计算方法的评价见表 8-17。

表 8-17　权重计算方法的适用性评价

项　目	评　　价	适用范围
账面价值法	计算结果与现实资本市场筹资成本误差很大	分析过去筹资成本
市场价值法	反映企业资本成本的现实情况	现行筹资决策
目标价值法	反映期望的资本成本情况	未来筹资决策

(4) 边际资本成本是追加筹资决策的主要依据，反映的是企业新增资本的加权资本成本。即，企业以不同的方式追加筹资，所发生的加权平均资本成本。实务中，边际资本成本受两个因素影响：①各种筹资方式的个别资本成本；②目标资本结构。

(5) 经营杠杆和财务杠杆是企业风险度量的重要工具。

(6) 资本结构决策就是要合理安排长期债务占筹资总额的比例。虽然对资本结构产生影响的诸多因素(经济形势、杠杆、风险等)通常是难以量化的，但在筹资过程中管理层应该根据实际情况，通过不断地调整资本结构，追求或实现企业价值的最大化。

思考题

1. 资本结构的影响因素有哪些？
2. 经营杠杆系数的计算，其含义是什么？
3. 财务杠杆原理的基本内容如何？财务杠杆系数如何计算？

4. 总杠杆系数如何计算？财务风险如何测算？

5. 简述现代资本结构理论。

6. 确定最佳资本结构的定量标准如何？

习题

1. 某企业本期财务杠杆系数为2，本期息税前利润为500万元，则本期实际利息费用为多少？

2. 公司A年营业收入为500万元，变动成本率为40%，经营杠杆系数为1.5，财务杠杆系数为2。如果固定成本增加50万元，那么，总杠杆系数将变成多少？

3. 公司B本年税前利润10 000元，测定的经营杠杆系数为2，预计明年销售增长率为5%，则预计明年的息税前利润为多少？

4. 某企业拟追加筹资2 500万元。其中发行债券1 000万元，筹资费率3%，债券年利率为5%，两年期，每年付息，到期还本，所得税税率为20%；优先股500万元，筹资费率为4%，年股息率7%；普通股1 000万元，筹资费率为4%，第一年预期股利为100万元，以后每年增长率4%，试计算该筹资方案的综合资本成本。

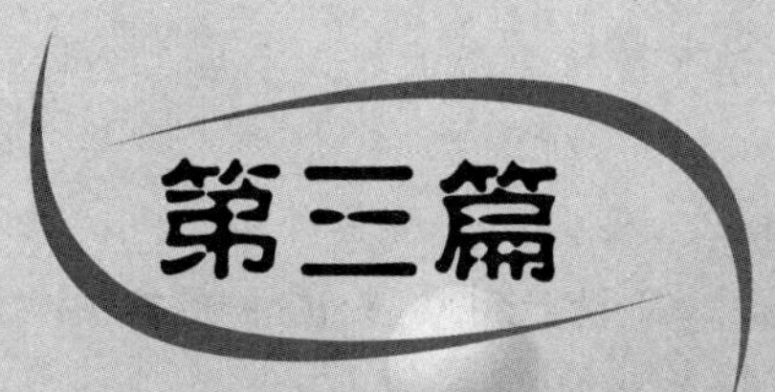

投资管理

第9章 项目投资决策方法

本章框架体系

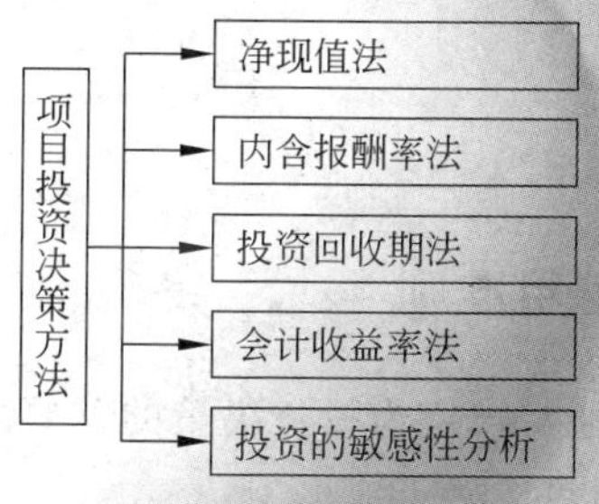

学习目标

1. 掌握净现值法。
2. 掌握内含报酬率法。
3. 掌握投资回收期法。
4. 掌握会计收益率法。
5. 掌握投资的敏感性分析。

导 读

F公司是目前国内最大的家电生产企业，已经在上海证券交易所上市多年。公司在两年前曾在北京以500万元购买了一块土地，原打算建立北方地区配送中心，后来由于收购了一个物流企业，解决了北方地区产品配送问题，便取消了配送中心的建设项目。公司现计划在这块土地兴建新的工厂，目前该土地的评估价为800万元。

预计建设工厂的固定资产投资成本为1 000万元。该工程将承包给另外的公司，工程款在完工投产时一次付清，即可以将建设期视为零。工厂投产时需要营运资本750万元。

该工厂投入运营后，每年生产和销售30万台产品，售价为200元每台，单位产品变动成本160元，预计每年发生固定成本(含制造费用、销售费用和管理费用)400万元。

由于该项目的风险比目前公司的平均风险高，管理当局要求项目的报酬率比公司当前的加权平均税后成本高出2个百分点。

该公司目前的资本来源状况如下：负债的主要项目是公司债券，该债券的票面利率是6%，每年付息，5年后到期，每张面值1 000元，共100万张，每张债券的当前市价是959元；流通在外的普通股共10 000万股，市价每股22.38元，贝塔系数是0.875。其他资本来源可以忽略不计。

当前的无风险收益率为5%，预期市场风险溢价为8%。该项目所需资金按公司当前的资本结构筹集，并可以忽略债券和股票的发行费用。公司平均的所得税税率为25%。

该工厂(包括土地)在运营5年后将整体出售，预计出售价格为600万元。假设投入的营运资本在工厂出售时可全部收回。

如果你是该公司的财务顾问，你如何为此项目投资进行评估？

本章内容

9.1 净现值法

9.1.1 净现值法的应用准则

(1) 净现值 NPV 大于0通常被定为投资决策的首要准则，因为它意味着投资所取得的息税前收益需要大于投资项目的融资成本。

(2) 一个项目有若干种投资方案时，在依据 NPV 进行方案比较时，将 NPV 大的方案作为选择方案。

(3) NPV 法适用于多个投入与产出的比较，或适用于多期的投入与产出的比较。

9.1.2 净现值的计算及其与现值指数的关系

1. 净现值 *NPV* 的计算公式

$$NPV=\sum_{k=1}^{n}\frac{I_k}{(1+i)^k}-\sum_{k=1}^{n}\frac{O_k}{(1+i)^k} \tag{9-1}$$

式中，n 为投资项目的生存年限(或方案比较时选取的年限)；I_k 为第 k 年的现金流入量；O_k 为第 k 年的现金流出量；i 为预定的折现率。

由式(9-1)可见,采用 NPV 法进行投资方案的评估与选择时,需要着手进行下列工作:①估算投资方案各年度的预期现金流入量(收入)和流出量(资本支出);②估计各年度预期现金流量的风险,据此确定资本成本的一般水平;③计算投资方案收入现值和资本支出的现值;④计算 NPV 值,依据 NPV 值的大小决定投资方案的取舍。

2. 现值指数及其与 *NPV* 的关系

NPV 的大小表示的是现金流入现值与流出现值的绝对差额,有时将式(9-1)改写为现值指数:

$$PI = \sum_{k=1}^{n} \frac{I_k}{(1+i)^k} \Big/ \sum_{k=1}^{n} \frac{O_k}{(1+i)^k} \tag{9-2}$$

称依据 PI 大小的项目评价方法为现值指数法。

显然,现值指数表示的是现金流入现值与流出现值的相对值,且有:① $NPV \geqslant 0$ 等价于 $PI \geqslant 1$;② $NPV < 0$ 等价于 $PI < 1$。

需要注意的是,一个项目有若干种投资方案时,依据 NPV 进行方案排序与依据 PI 进行方案排序的结果不一定一致,这种情况下建议采用 NPV 的结果。

9.1.3 净现值法的应用扩展

虽然 $NPV > 0$ 作为判断多数项目投资方案可取性的主要准则之一,但在某些情况下,这个准则需要一定的扩展。下面通过例子说明两种扩展情况。

1. 单一方案

【例 9-1】 某公司一部门的境况不佳,但仍需继续经营,为此在下列两个方案中进行抉择:①如果它开展一次新的、成本为 1 000 万元的一次性促销活动,在今后 5 年内,预计每年的税后现金流量将有 100 万元;②如果不进行促销,预计同期内该公司税后年现金流量将为 −300 万元,问当折现率为 10%时,开展这项促销活动值得吗?

比较这两种方案 NPV。

(1) 促销时:

$$NPV = -1\,000 + 100 \sum_{i=1}^{5} \frac{1}{1.1^i} = -1\,000 + 100 \times 3.791 = -620.9(\text{万元})$$

(2) 不促销时:

$$NPV = -300 \sum_{i=1}^{5} \frac{1}{1.1^i} = -300 \times 3.791 = -1137.3(\text{万元})$$

尽管两个方案的 NPV 均小于 0,但是当公司别无其他方案可供选择时,只能在这两个方案中选择一个,由于促销方案的 NPV 小于不促销方案的 NPV,因此,应该促销。

2. 考虑未来不确定机会时

由 9.1.1 节知,NPV 法中的现金流量、年限、折现率等都是采用估算的方法得到,这难免存在一定的偏差。特别地,经济环境意外剧烈变化时,可能会导致实际情况与估计值相差甚远，因此项目投资决策不得不考虑未来不确定机会的影响，而 NPV 法一般用于项目财务可行性的初始论证阶段，无法胜任对未来不确定机会的全面考量。为此，着眼于未来价值及其不确定性的实物期权理论对 NPV 这方面的不足进行了补充和扩展。

下面介绍将 NPV 法和实物期权方法的优点结合起来的"番茄理论"。记

$$NPV_q = \frac{\text{项目的市场价值}}{\text{项目投入的现值}}$$

式中，σ 表示项目未来年收益的标准差；t 为项目的期限。则构造决策象限图，见图 9-1。

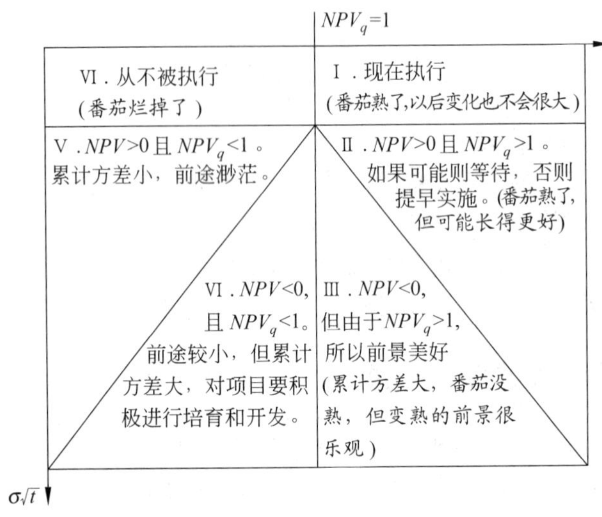

图 9-1 "番茄理论"的决策象限图

对图 9-1 的分析：

(1) 象限Ⅰ表明方差很小(风险小)且 $NPV_q>1$ 和 $NPV>0$，即这个结果对我们有利且确定性很高；

(2) 象限Ⅱ中，虽然 $NPV_q>1$ 和 $NPV>0$，但是风险在加大，即不确定性增加，因此，如果没有外来竞争，可以再观望一段时间，否则现在就执行；

(3) 象限Ⅲ中，$NPV<0$，但由于 $NPV_q>1$，且累计方差大，所以翻牌的可能性大。

其他象限作类似分析。这里要注意 NPV 对标准差的导数为负，或者对贴现率 r 的导数为负，这是象限Ⅲ中 $NPV<0$ 的原因。

9.2 内含报酬率

9.2.1 内含报酬率的含义

内含报酬率法是根据内含报酬率(internal rate of return，IRR)来评价项目优劣的一种方法。内含报酬率又称内含报酬率、内部报酬率、内部收益率，是指使净现值为零(即 $NPV=0$)时的折现率。内含报酬率在一定程度上反映一个投资项目投资效率的高低，通常用于独立项目的决策，即备选项目之间是相互独立的。内含报酬率大于资金成本率则

该项目可行，且在风险容许范围内，内含报酬率越高则项目越优。

IRR 由下列公式计算得到：

$$NPV=\sum_{t=1}^{n}\frac{NCF_t}{(1+IRR)^t}=0 \tag{9-3}$$

式中，$NCF_t(t=1,2,\cdots,n)$是投资项目各年产生的净现金流量，n 是项目的预计经济使用年限。

9.2.2 内含报酬率的计算

内含报酬率的测算通常采用“逐步测试法”。首先估计一个折现率，利用式(9-1)来计算方案的净现值：如果净现值为正数，说明方案本身的报酬率超过估计的折现率，应适当提高折现率，再进一步测试；如果净现值为负数，说明方案本身的报酬率低于估计的折现率，应适当降低折现率，再进一步测试。经过多次测试，寻找出使净现值接近于零的折现率，即为方案本身的内含报酬率。

【例 9-2】

表 9-1 三个方案各年的净现金流量 万元

方案＼年份	0	1	2	3
A	－20 000	11 800	13 240	0
B	－9 000	1 200	6 000	6 000
C	－12 000	4 600	4 600	4 600

若资本成本是10％，哪个方案最优？

计算过程如下(参见表 9-2、表 9-3)：

表 9-2 方案 A 的内含报酬率的测试

年份	现金净流量/万元	折现率＝18％		折现率＝16％	
		贴现系数	现值/万元	贴现系数	现值/万元
0	(20 000)	1	(20 000)	1	(20 000)
1	11 800	0.847	9 995	0.862	10 172
2	13 240	0.718	9 506	0.743	9 837
净现值			(499)		9

各方案内含报酬率的较精确值，可以运用插值法得到

$$方案\ A\ 的内含报酬率=16\%+\frac{9-0}{9+499}\times(18\%-16\%)=16.04\%$$

$$方案\ B\ 的内含报酬率=16\%+\frac{338-0}{338+22}\times(18\%-16\%)=17.88\%$$

表 9-3　方案B的内含报酬率的测试

年份	现金净流量/万元	折现率＝18%		折现率＝16%	
		贴现系数	现值/万元	贴现系数	现值/万元
0	(9 000)	1	(9 000)	1	(9 000)
1	1 200	0.847	1 016	0.862	1 034
2	6 000	0.718	4 308	0.743	4 458
3	6 000	0.609	3 654	0.641	3 846
净现值			(22)		338

方案C的内含报酬率计算如下：

由 12 000＝4 600×$(P/A,i,3)$，得$(P/A,i,3)$＝2.609，分别取7%和8%作为折现率的试算值：折现率为7%时$(P/A,i,3)$＝2.624，折现率为8%时$(P/A,i,3)$＝2.577，则通过插值法得到

$$\text{方案C的内含报酬率}=7\%+\frac{2.624-2.609}{2.624-2.577}\times(8\%-7\%)=7.32\%$$

因为方案C的预期收益率小于资本成本，所以应放弃方案C。

当方案A、B对应两个独立项目时，都可接受；但A、B对应两个互斥项目时，若仅以内含报酬率为选择标准，应选内含报酬率大的方案B。

对于寿命期很长的项目而言，用“逐步测试法”求内含报酬率是一项相对耗时的工作，可以用Excel中财务指标计算。

【例9-3】

表 9-4　Excel算例数据表

	A	B	C	D	E	F
1	资本成本	10%				
2	年度	1	2	3	4	5
3	现金流/万元	−1 000	500	400	300	100
4	IRR					

在Excel中，选择“插入”菜单中的“函数”命令，从“财务”指标中选择IRR函数。计算出各方案对应项目的内含报酬率以后，可以根据企业的资金成本或要求的最低投资报酬率对各方案进行取舍。内含报酬率法之所以重要，是因为：内含报酬率是项目的预期报酬率；如果内含报酬率超过项目的资本成本，那么偿还资本成本后，剩余的收益归股东所有，反之，接受内含报酬率低于资本成本的项目会损害现有股东的利益。

9.2.3　内含报酬率在应用中的几个问题

(1) 可能存在多个IRR满足$NPV=0$，到底选哪个？

由式(9-3)知，当期限 n 较大，或者净现金流 NCF_t 有正有负时，可能存在多个 IRR 满足 $NPV=0$，通过"逐步测试法"可能会产生不同的 IRR，此时应与同类项目的 IRR 及市场利率的大小等做比较，选择一个与它们比较靠近的 IRR 值作为本项目的内含报酬率。

(2) 内含报酬率与净现值被同时用来评价项目时，如何选择？

对此可以用下列例子来说明。

【例 9-4】 一家公司正在考虑下列投资机会，如表 9-5 所示。

表 9-5　三个投资项目的基本数据

投资项目	A	B	C
初始成本/百万元	6.5	4.0	3.0
预期寿命/年	10	10	10
按 10%计的 NPV/万元	35	31	22
内含报酬率 IRR/%	22	31	40

公司可以 15%的年成本率筹集大量的资金，考虑下列两种情况：①诸投资方案相互独立；②诸投资方案相互排斥。应当怎样投资？

显然，①因诸投资方案相互独立且它们的内涵报酬率均大于所筹集资金的成本率，因此，三个方案都可以投资。②因诸投资方案相互排斥，而从 NPV 看，项目 A 最好。从内涵报酬率看，项目 C 最好；在可以筹集大量资金和内涵报酬率都大于所筹集资金成本率的前提下，以 NPV 准则来判断比较好，因此选择项目 A。

(3) 内含报酬率一定要大于资金成本吗？

假设你公司的加权资本成本为 10%，你确信应该进行一项特定投资，但它的内部收益率仅为 8%。你将用什么逻辑说服你的老板或者下属不顾其低收益率而进行投资？进行低于资本成本的投资可能创造价值吗？若可能，如何进行？

乍看起来，这是不令人满意的投资，但是若这个投资的风险可能低于公司的平均风险，则这种投资也将创造价值——改善了投资的整体风险。另外，投资具有在所估计的现金流量中无法反映的、不能忽视的重要效益，例如提高士气、为未来发展提供选择机会等。所以，不是任何时候都要求内含报酬率一定要大于资金成本。

9.3 投资回收期法

投资回收期是指将投资现金流入累加到与投资额相等所需要的时间。它代表收回投资所需要的年限，回收期越短，方案越有利。

投资方案回收期≤期望回收期，接受投资方案；

投资方案回收期>期望回收期，拒绝投资方案。

9.3.1 非折现方法

非折现投资回收期法中的现金流不需要折成现值，即不需要考虑货币时间价值。该方法也叫静态投资回收期法。其计算公式如下：

在原始投资一次投入、等量回收时：

$$回收期 = \frac{原始投资额}{每年现金净流入量} \tag{9-4}$$

式中，每年现金净流入量为付息纳税后的现金净流量加折旧。

如果现金流入量每年不等，或原始投资是分几年投入的，则回收期 n 的计算公式如下：

$$\sum_{t=0}^{n} I_t = \sum_{t=0}^{n} CF_t \tag{9-5}$$

式中，I_t 为每期原始投资额，CF_t 为第 t 年的现金流入量，t 为投资年份。

【例 9-5】

表 9-6 某投资的预期和累计现金流表 元

年末	预期现金流入	累计现金流入	年末	预期现金流入	累计现金流入
1	60 000	60 000	4	20 000	120 000
2	30 000	90 000	5	30 000	150 000
3	10 000	100 000			

初始投资为 10 万元，那么该投资的投资回收期为 3 年。

9.3.2 折现方法

折现投资回收期法，也叫动态投资回收期法：在考虑货币时间价值的情况下，利用折现后的现金流计算投资回收期。可使下式成立的 n 为动态投资回收期：

$$\sum_{t=0}^{n} \frac{I_t}{(1+i)^t} = \sum_{t=0}^{n} \frac{CF_t}{(1+i)^t} \tag{9-6}$$

【例 9-6】

表 9-7 某投资的现金流表 万元

年末	预期现金流入	回收金额(现值)	未回收金额
1	2 400	2 181	29 819
2	12 000	9 917	19 902
3	12 000	9 015	10 887
4	12 000	8 196	2 691
5	12 000	7 451	0

若初始投资为 32 000 万元，由式(9-4)，该项目投资回收期 $=4+2\ 691/7\ 451=4.36$ 年。

折现投资回收期法得到的回收期比静态投资回收期法得到的回收期长，因为折现的现金流要小于等于不折现的现金流。折现投资回收期法的计算要复杂些,要求输入变量——经济寿命、预期现金流量序列和资本成本,这也是它应用不很广泛的原因。

总之,回收期可按照下式计算,其中,到第 T 年时,该投资项目已回收的资金余额小于等于当年的现金流量。

$$投资回收期(静态) = (T-1) + \frac{累计至第(T-1)年的未回收现金流量(余额)}{第T年现金流量}$$

$$投资回收期(动态) = (T-1) + \frac{累计至第(T-1)年的未回收现金流量折现值(余额)}{第T年现金流量折现值} \tag{9-7}$$

投资回收期法的优点表现在下列三个方面:①简单易用。大公司的管理者要对具有典型现金流模式的许多规模小且重复性强的投资作出接受或否决决策,随着经验的增加,他们对这类投资回收期形成了良好的直觉。在这种情况下,用回收期做出决策的成本要低于使用那些虽然详细但耗时的决策准则的成本。②回收期体现决策者对"迅速回收"的偏好,这样有利于提高公司整体的流动性。③回收期还可经常用于考量未来时期内某些很难量化的因素。例如,项目承受的政治风险。假设公司对两个国外投资进行选择,回收期分别是 3 年和 10 年。因每 4 年一次大选,新政府可能不利于公司对期限长的项目进行投资,因此选择回收期为 3 年的项目较为合适。

投资回收期的缺点也有三个:①静态法忽略了货币的时间价值;②静态法还忽视了风险因素;③回收期法不能保证公司权益价值的最大化。忽视项目预期现金流的时间价值和风险因素的投资决策不可能系统地选择项目,而且该方法忽视了回收期以后的现金流,因此不能确保公司权益的市场价值最大化。

9.4 会计收益率法

9.4.1 会计收益率的含义及特点

会计收益率(average rate of return,ARR)是指项目达到设计生产能力后正常年份内的年均净收益与项目总投资的比率。这种指标计算简便,应用范围很广,计算时使用会计报表里的数据以及会计的收益和成本概念。该方法为非折现方法,不考虑货币时间价值。

平均会计收益率最大的缺点在于:①它是以税后盈余而非以投资计划所产生的现金流入作为投资收益。②在计算平均资本支出时以资产账面价值而非市场价值计算,而不同折旧方式以及残值等因素都会影响所算出的平均资本支出。③忽视了货币的时间价值。例如,计算平均税后盈余时,通常直接对各期税后盈余加总。

9.4.2 会计收益率的计算

会计收益率的计算公式较为简单,如下所示:

$$会计收益率 = 年平均净收益 / 初始投资额 \tag{9-8}$$

【例 9-7】

表 9-8 某投资的预期和累计现金流表 万元

年末	预期现金流	累计现金流	年末	预期现金流	累计现金流
1	60 000	60 000	4	20 000	120 000
2	30 000	90 000	5	30 000	150 000
3	10 000	100 000			

$$会计收益率=\left(\frac{60\ 000+30\ 000+10\ 000+20\ 000+30\ 000}{5}\right)\Big/100\ 000\times100\%=30\%$$

9.5 投资的敏感性分析

9.5.1 投资的敏感性分析的含义

敏感性分析又称灵敏度分析，是指在项目建设期和生产期的许多不确定因素中，选择其中对项目效益指标等影响灵敏的各种因素，计算出这些因素对投资效益等的影响程度而进行的系统分析方法，即考察相关敏感性因素在一定变化程度下，投资效益等关键指标受这些因素变动影响大小的规律。若某因素的小幅变化能导致效益等关键指标的较大变化，则称此因素为敏感性因素，反之则称其为非敏感性因素。敏感性因素一般可从销售收入、经营成本、生产能力、初始投资、寿命期、建设期、达产期等指标中选择。衡量效益的关键指标有多种，诸如投资回收期、净现值、内部收益率等。

9.5.2 投资的敏感性分析的步骤

进行敏感性分析，一般遵循以下步骤：

(1) 确定分析的经济指标。经济指标的选定与着手进行的任务及其目的有关。在项目的选择阶段，各种经济数据不完全、可信程度不高，因此常使用投资收益率和投资回收期指标。在项目的初步可行性研究和详细可行性研究阶段，经济评价指标主要采用净现值和内部收益率，通常辅之以投资回收期指标。

(2) 选定影响经济指标的不确定性因素，设定其变化范围。①根据对指标的密切联系程度和未来发生变化的可能性遴选不确定因素；②不确定因素应尽可能是直接因素，而非间接因素。例如，如果以成本作为不确定因素就不太合理，因为成本是间接因素，它的大小取决于单位变动成本、产量和固定成本这三个直接因素；另外，为了不至于太烦琐，所选因素也不应过分琐碎，如不宜选择原材料、燃料及动力费用、工资、制造费用、管理费用等这些成本要素作为不确定性因素，而应将其适当综合，划分为变动成本和固定成本两部分来处理。总之，不确定因素不应太粗，也不宜过细。一般将价格、销量、单位变动成本、固定经营成本、建设投资、流动资金、项目寿命周期和汇率（涉外项目）作为基本不确定因素比较合理。

(3) 计算不确定性因素的变动对项目经济效益指标的影响程度，找出敏感性因素。

(4) 给出不确定性因素的变化极限，绘制敏感性分析图。

9.5.3 单因素和多因素敏感性分析

敏感性分析分为单因素敏感性分析和多因素敏感性分析。每次只变动一个因素而其他因素保持不变时所作的敏感性分析，称为单因素敏感性分析。

多因素敏感性分析是指在假定其他不确定性因素不变的条件下，计算分析两种或两种以上不确定性因素同时发生变化，对项目经济效益等指标的影响程度。

敏感性分析是一种动态不确定性分析，是项目评估中不可或缺的组成部分。但是，这种分析尚不能确定各种不确定性因素发生的概率分布，因而其分析结论的准确性会受到一定的影响。实际中，可能会出现这样的情形：某个敏感性因素在未来发生不利变化的可能性很小，引起的项目风险不大；而另一非敏感性因素在未来发生不利变化的可能性却很大，进而会引起较大的项目风险。为了弥补这一不足，在进行项目评估和决策时，尚须进一步作概率分析。

9.5.4 投资敏感性的测算

【例 9-8】 甲企业生产产品 A，单价 20 元，单位变动成本 10 元，固定成本 40 000 元，计划销售量 10 000 件。

$$预计利润=10\,000\times(20-10)-40\,000=60\,000(元)$$

有关敏感性分析如下：

1. 有关参数发生多大变化使盈利转为亏损

单价、单位变动成本、产销量和固定成本的变化，会影响利润的高低。若在盈亏平衡状态这些因素继续恶化，会使企业亏损。敏感分析的目的之一就是提供能引起利润目标发生质变的各参数变化的界限，其方法称为最大最小法。

(1) 单价的最小值

单价下降会使利润下降甚至变为零，此时是企业能忍受的单价最小值。设单价为 SP，由 $10\,000\times(SP-10)-40\,000=0$，得 $SP=14$ 元。

(2) 单位变动成本的最大值

单位变动成本上升会使利润下降甚至变为零，此时的单位变动成本是企业能忍受的最大值。设单位变动成本为 VC，由 $10\,000\times(20-VC)-40\,000=0$，得 $VC=16$ 元。

(3) 固定成本最大值

固定成本上升也会使利润下降甚至变为零。设固定成本为 FC，由 $10\,000\times(20-10)-FC=0$，得 $FC=100\,000$ 元。

固定成本增至 100 000 元时，企业由盈利转为亏损，此时固定成本增加了 $(100\,000-40\,000)/40\,000\times100\%=150\%$。

（4）销售量最小值

销售量最小值，是指使企业利润为零的销售量，即为盈亏平衡点销售量。由

$$Q = 40\ 000/(20-10) = 4\ 000(件)$$

销售计划如果只完成40%（4 000/10 000×100%），则企业利润为零。

2. 各参数变化对利润变化的影响程度

各参数的变化都会对利润产生影响，但是影响的程度不一样，一般用敏感性系数表示：

敏感性系数＝目标值变动百分比/参数变动百分比

（1）单价的敏感性系数

当单价增长20%，即由20元变为24元时，利润＝10 000×（24－10）－40 000＝100 000（元），利润的变化百分比＝（100 000－60 000）/60 000＝67%。

敏感性系数＝67%/20%＝3.3。

（2）单位变动成本的敏感性系数

单位变动成本增长20%，即由10元变为12元，利润＝10 000×（20－12）－40 000＝40 000（元）；利润变动百分比＝（60 000－40 000）/60 000＝33%。

敏感性系数＝33%/20%＝1.7。

【例9-9】 假设某信托投资公司拟对某项目进行投资。现对该项目的内部报酬率、投资回收期进行敏感性分析。假定该项目的内部报酬率为24.5%，投资回收期为7.5年。影响该项目内部报酬率和投资回收期的主要因素有项目总投资、固定成本、变动成本、原材料价格、产品售价、产品产量和建设工期等。根据经验并结合资料分析，建设工期的变动范围不超过一年，其他因素的变动范围不会超过15%。用上述七种因素变动后的数据，计算内部报酬率、投资回收期，将算出来的结果与原方案比较，找出对项目投资影响最敏感的因素（见表9-9）。

表9-9 敏感性变动表

项　　目	内含报酬率/%	比原来增减/%	投资回收期/年	比原来增减/年
1. 原来的情况	24.5	—	7.5	—
2. 总投资增加15%	19.5	－5.0	9.8	2.3
3. 固定成本增加15%	22.1	－2.4	7.8	0.3
4. 变动成本增加15%	21.0	－3.5	8.1	0.6
5. 原材料价格上涨15%	21.5	－3.0	8.3	0.8
6. 产品售价下降15%	15.0	－9.5	9.1	1.6
7. 产品产量减少15%	22.3	－2.2	8.5	1.0
8. 建设工期延长一年	16.1	－8.4	9.5	2.0

从表 9-9 可知，项目总投资、产品售价和建设工期是该项目的最敏感因素。由于总投资增加、产品售价下降、建设工期延长都会给投资带来较大的风险，所以，投资公司在投资决策时就应考虑这三个因素变动给投资带来的风险及投资公司的承受能力。如果预测产品市场看好，而原材料价格上涨或产品产量减少对投资效益影响不敏感，则这个项目是可行的。

案例分析

案例 9-1 咸阳渭河三号大桥项目的分析

咸阳渭河三号大桥是中国铁道建筑总公司、中铁二十局集团有限公司、咸阳城市建设投资公司采用 BOT（即建设、经营、移交）融资方式合作投资的西部开发基本建设项目。

1. 项目简介

随着经济的发展，陕西省咸阳市城市规模不断扩大，原有的城市交通日益拥挤，当地政府为了根本解决城市交通“瓶颈”问题，完善路网结构，创造良好的投资环境，经多方论证决定建设渭河三号大桥。该桥采用 BOT 融资方式合作投资建设，由中国铁道建筑总公司（简称中铁建）、中铁二十局集团有限公司（简称二十局）、当地城市建设投资公司（简称投资公司）按照 55∶35∶10 的比例出资，并经当地政府批准，建设、经营本大桥，25 年后无偿转让给当地政府。该桥位于咸阳市秦都区，距下游渭河一号桥约 3km。采用先简支后连续组合箱梁结构形式，全长 884.3m，桥宽 28m。

2. 测定预测基础数据

(1) 项目的计算期限

项目的计算期限采用本大桥 BOT 方式合作投资期 25 年，其中建设期 2 年，从 2003 年 5 月至 2005 年 5 月；使用收费期 23 年，从 2005 年 5 月至 2028 年 5 月。

(2) 项目总投资

根据初步设计概算，渭河三号大桥不含建设期贷款利息的投资为 11 538 万元。

(3) 车辆通行费收费标准

根据陕西省现行有关大桥的收费标准和文件，本大桥在营运前 3 年（2005 年 5 月—2008 年 5 月）为了更好吸引转移交通量，可适当降低收费标准，后 20 年（2008 年 6 月—2028 年 5 月）采用现行收费标准。

(4) 预测使用的基准收益率确定为 $I_c=6.5\%$。

(5) 营业税税率、城市建设维护费、教育费附加三项合计，采用税率 5.5%。

(6) 所得税税率采用现行企业所得税税率 33%。

(7) 大桥使用期养护费用和大修理费用，基础数据来源于咸阳渭河三号大桥可行性研究报告及当地桥梁道路养护调查资料。

(8) 银行贷款利率采用中国人民银行公布的 5～30 年贷款利率 5.76%。

(9) BOT 合作期 25 年结束后，本大桥无偿转让给咸阳市政府，即残值为 0。

(10) 经济成本、效益分析采用国际通用净现值分析方法。

其他几个依据为：

(1) 文中采用单因素敏感性分析方法。

(2) 交通量预测。交通量预测直接关系到本大桥开始收费后的营业收入，交通量测算数据来源于咸阳渭河三号大桥可行性研究报告。

(3) 当项目总投资增加10%，即项目总投资从11 538万元增加为12 692万元时，投资安排如下：一年(2003年5月—2004年5月)安排建设资金80%，共10 154万元。其中：利用资本金80%，计3 200万元，从银行贷款6 954万元；第二年(2004年5月—2005年5月)安排建设资金20%，共2 538万元。其中：安排资本金20%，计800万元，从银行贷款1 738万元。建设期2年共需从银行贷款8 692万元，利用资本金4 000万元。

3. 咸阳渭河三号大桥的不确定性因素介绍

项目总投资、银行贷款利率、过桥费收入等因素的变化可能性较大，如工程变更设计、不可抗力、材料上涨引起项目投资增加；中国人民银行公布的银行贷款利率具有一定变化范围，本工程贷款金额较大，是否能够得到优惠贷款，对资金成本影响很大，相应对工程经济指标也产生影响。根据咸阳市物价局的规定，本大桥开始收费后，每3年需要重新报批收费标准，再加上过桥车辆数量的增减，都会引起过桥费数量的变化。咸阳渭河三号桥的项目总投资、银行贷款利率、过桥费收入都不是投资方所能控制的，因此敏感性分析将这三个因素作为分析对象。

案例思考题：根据本案例，计算投资回收期、内含报酬率等财务评价指标，并且作敏感性分析，确定咸阳渭河三号大桥最重要的敏感性因素，并分析最重要的敏感性因素对各财务评价指标的影响。

案例9-2 新生产线的投资项目

东方公司是生产微波炉的中型企业，该公司生产的微波炉质量优良，价格合理，近几年来一直供不应求。为了扩大生产能力，该公司准备新建一条生产线。李强是该公司的投资部的工作人员，主要负责投资的具体工作。该公司财务总监要求李强收集建设新生产线的相关资料，写出投资项目的财务评价报告，以供公司领导决策参考。

李强经过半个月的调研，得出以下有关资料。该生产线的初始投资为57.5万元，分两年投入。第一年初投入40万元；第二年初投入17.5万元。第二年可完成建设并正式投产。投产后每年可生产微波炉1 000台，每台销售价格为800元，每年可获得销售收入80万元。投资项目预计可使用5年，5年后的残值可忽略不计。在投资项目经营期内需垫支流动资金15万元，这笔资金在项目结束时可如数收回。该项目生产的产品年总成本的构成情况如下：

原材料	40万元
工资费用	8万元
管理费(不含折旧)	7万元
折旧费	10.5万元

李强又对本公司的各种资金来源进行了分析与研究，得出该公司的加权平均资金成本为8%。该公司所得税税率为40%。

根据以上资料，李强计算出该投资项目的营业现金净流量、现金净流量及净现值(见

表 9-10～表 9-12)，并把这些数据资料提供给公司高层领导参加的投资决策会议。

表 9-10　投资项目的营业现金净流量计算表　　元

项　　目	第 2 年	第 3 年	第 4 年	第 5 年	第 6 年
销售收入	800 000	800 000	800 000	800 000	800 000
付现成本	550 000	550 000	550 000	550 000	550 000
其中：原材料	400 000	400 000	400 000	400 000	400 000
工资	80 000	80 000	80 000	80 000	80 000
管理费	70 000	70 000	70 000	70 000	70 000
折旧费	105 000	105 000	105 000	105 000	105 000
税前利润	145 000	145 000	145 000	145 000	145 000
所得税	58 000	58 000	58 000	58 000	58 000
税后利润	87 000	87 000	87 000	87 000	87 000
现金净流量	192 000	192 000	192 000	192 000	192 000

表 9-11　投资项目的现金净流量计算表　　元

项　目	第 0 年	第 1 年	第 2 年	第 3 年	第 4 年	第 5 年	第 6 年
初始投资	－400 000	－175 000					
流动资金垫支		－150 000					
营业现金净流量			192 000	192 000	192 000	192 000	192 000
流动资金回收							150 000
现金净流量合计	－400 000	－325 000	192 000	192 000	192 000	192 000	342 000

表 9-12　投资项目净现值计算表　　元

年　份	现金净流量	10%的现值系数	现　值
0	－400 000	1.000	－400 000
1	－325 000	0.909	－295 425
2	192 000	0.826	158 892
3	192 000	0.751	144 192
4	192 000	0.683	131 136
5	192 000	0.621	119 232
6	342 000	0.564	192 888
合计			50 915

在公司领导会议上，李强对他提供的有关数据作了必要说明。他认为，建设新生产线

有50 915元净现值，因此这个项目是可行的。

要求：根据以上表格所提供的数据，请你帮助李强进一步计算该项目的内涵报酬率、动态投资回收期等指标对其进行评价。

本章小结

投资项目的评价方法可以分为两类：折现方法和非折现方法。本章重点介绍了折现方法中的净现值法、内含报酬率法以及折现投资回收期法，非折现方法中的会计收益率法和非折现投资回收期法，最后详细介绍了敏感性分析方法。

净现值 NPV 大于0通常被定为投资决策的第一准则，NPV 法适用于多个投入与产出的比较，或适用于多期的投入与产出的比较。净现值 NPV 的计算公式为

$$NPV=\sum_{k=1}^{n}\frac{I_k}{(1+i)^k}-\sum_{k=1}^{n}\frac{O_k}{(1+i)^k}$$

一个项目有若干种投资方案时，在依据 NPV 进行方案比较时，选择 NPV 大的方案作为选择方案。

现值指数

$$PI=\sum_{k=1}^{n}\frac{I_k}{(1+i)^k}\Big/\sum_{k=1}^{n}\frac{O_k}{(1+i)^k}$$

表示的是现金流入现值与流出现值的相对值，且有：

① $NPV\geqslant 0$ 等价于 $PI\geqslant 1$；

② $NPV<0$ 等价于 $PI<1$。

需要注意的是，一个项目有若干种投资方案时，依据 NPV 进行方案排序与依据 PI 进行方案排序的结果不一定一致，这种情况下建议采用 NPV 的结果。

另外，在别无其他方案可供选择和考虑未来不确定机会两种情况下，对 NPV 法的应用准则进行了扩展。对内含报酬率应用中的几个问题进行了探讨。

投资回收期：

(1) 在原始投资一次投入、等量回收时

$$回收期=\frac{原始投资额}{每年现金净流入量}$$

其中，每年现金净流入量为付息纳税后的现金净流量加折旧。

(2) 如果现金流入量每年不等，或原始投资是分几年投入的，则回收期 n 的计算公式如下：

$$\sum_{t=0}^{n}I_t=\sum_{t=0}^{n}CF_t\quad(静态),$$

$$\sum_{t=0}^{n}\frac{I_t}{(1+i)^t}=\sum_{t=0}^{n}\frac{CF_t}{(1+i)^t}\quad(动态)$$

(3) 投资回收期(静态) $=(T-1)+\dfrac{\text{累计至第}(T-1)\text{年的未回收现金流量(余额)}}{\text{第}\ T\ \text{年现金流量}}$

(4) 投资回收期(动态) $=(T-1)+\dfrac{\text{累计至第}(T-1)\text{年的未回收现金流量折现值(余额)}}{\text{第}\ T\ \text{年现金流量折现值}}$

会计收益率＝年平均净收益/初始投资额

思考题

1. 评价投资项目的方法可分为哪两类？各自的特点是什么？
2. 内含报酬率的公式？插值法如何应用？
3. 投资回收期可以分为哪两类？各自的计算公式是什么？
4. 会计收益率方法都有哪些特点？
5. 阐述敏感性分析的原理与步骤。

习题

1. 某投资方案，当贴现率为 16%时，其净现值为 338 元，当贴现率为 18%时，其净现值为－22 元。试用插值法计算该方案的内含报酬率。

2. 某企业计划投资 10 万元建设一条生产线，预计投资后每年可获净利 1.5 万元，年折旧率为 10%，则静态投资回收期是多少？

3. 某公司有一投资项目，原始投资 250 万元，其中设备投资 220 万元，开办费 6 万元，垫支流动资金 24 万元。该项目建设期为 1 年，建设期资本化利息 10 万元。设备投资和开办费于建设起点投入，流动资金于设备投产日垫支。该项目经营期为 5 年，按直线法折旧，预计残值为 10 万元；开办费于投产后分 3 年摊销。预计项目投产后第 1 年可获税后利润 60 万元，以后每年递增 5 万元。该公司使用的所得税税率 25%，该公司要求的最低报酬率为 10%。

要求：

(1) 计算该项目各年现金净流量；

(2) 计算该项目包括建设期的静态投资回收期和会计收益率；

(3) 计算该项目动态投资回收期、内含报酬率。

第10章 证券投资的估价

本章框架体系

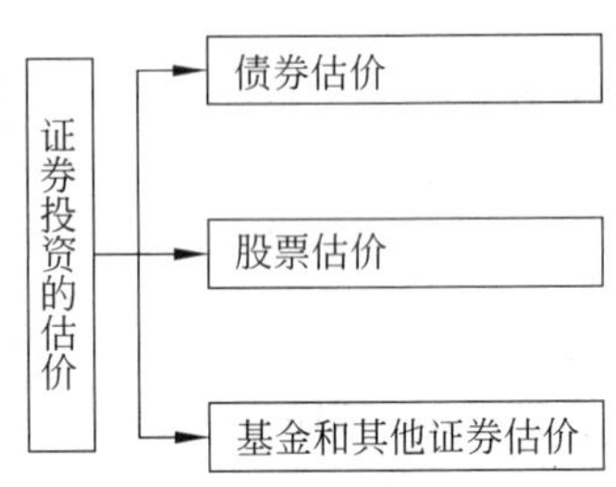

学习目标

1. 了解证券与证券投资的相关概念。
2. 理解债券投资和股票投资的相关概念和各自的优缺点。
3. 熟悉债券投资和股票投资的风险分析。
4. 掌握债券价值和股票价值的计算方法。
5. 掌握债券投资收益率的计算和股票投资收益率的计算。
6. 了解基金和其他证券估价。

导 读

银河公司是一家经济实力非常强的企业，多年来，其产品一直占领国内销售市场。2013年年初，公司领导召开会议，决定利用手中闲置的资金8 000万元对外投资，以获得投资收益。在会上，围绕这一决定，大家纷纷发言。经营经理说："购买国债，收益稳定，风险小。"销售经理说："现在股市在低位运行，购买一些价值低估的股票，可获得较高收益。"财务经理说："购买债券风险小，但收益低；购买股票收益高，但风险大。我们可以进行有效组合，一部分购买债券，来降低风险，一部分购买成长性较好的股票，获得较好收益。"生产经理说："可购买投资基金，委托专家理财，风险较低，收益较高。"最后，总经理决定，由财务经理拟订投资组合方案，进行对外投资。

本案例告诉我们，每种投资方式有利有弊，投资人承担的风险不同，获取的收益也不同，高风险，高收益；低风险，低收益。本章就各种证券投资有关理论进行学习。

本章内容

10.1 债券估价

10.1.1 债券投资概述

1. 债券的概念

债券是发行者为筹集资金，向债权人发行的，在约定时间支付一定比例的利息，并在到期时偿还本金的一种有价证券。它代表着某一发行者(借款人)对投资者(贷款人)的一种承诺。这种承诺就是，在一定时间(到期日)之前每隔一段时间(一年或半年)支付一笔等额现金(利息)，到期偿付本金。例如，假定在2010年6月3日政府通过发行20 000张、每张面值1 000元人民币、期限为3年的国债，同时政府许诺每年1月3日和6月3日支付每张30元的固定利息，并在2013年6月3日归还共20 000 000元人民币本金。债券持有人之所以愿意购买这一国债是因为他们认为该债券价值1 000元。但投资者如何确定所发行的债券就值1 000元呢？为了解释清楚债券是如何估价的，首先我们必须明确以下几个概念。

(1) 本金、面值、到期值和平价

债券的本金通常代表公司借入并许诺于未来某天归还的资金数量。对于大多数公司发行的债券，本金是在债券到期时支付的，所以我们经常将本金又称为到期值。另外在发行债券时，本金的数值通常被写在债券的票面上，所以也被称作面值。当债券的市场价格等于其面值时，它被称作以平价出售，因此，本金有时也叫平价。对大多数债券来说，本金、面值、到期值和平价均指的是相同数额——到期日必须偿还的数额。

(2) 票面(息票)利率

票面(息票)利率是指债券发行人承诺每年支付给债券持有人的利息与面值的比率。例如上例，政府每半年支付30元利息，一年支付60元。所以该国债的票面利率为60/1 000=6%。

(3) 到期日

债券的到期日指偿还本金的日期。债券一般都规定到期日，以便债券持有者在债券到期时收回本金。上例中的2013年6月3日为到期日。

(4) 折价、溢价

债券有时不按照它的票面价值发行，其发行价格可能高于或低于面值。当发行价格低于债券的面值时，我们称之为折价发行，发行价格与面值的差额为折价；当发行价格高于债券的面值时，我们称之为溢价发行，发行价格与面值的差额为溢价。

2. 债券的种类和我国债券发行的特点

债券按不同的标准可进行不同的分类。例如，按发行主体的不同，可分为政府债券、金融债券、国际债券与公司债券；按债券的利率决定方式不同，可分为固定利率债券和浮动利率债券；按照利息支付的方式划分，可以分为贴现债券和附息债券；按债券期限的长短可将债券分为短期债券、中期债券和长期债券，其中短期债券是指偿还期限在1年及1年以内的债券，长期债券是指偿还期限在10年以上的债券，其余为中期债券。企业进行短期债券投资的目的主要是配合企业对资金的需求，调节现金余额，使现金余额达到合理水平。企业进行中长期债券投资的目的主要是获得稳定的收益。

我国经济发展的特殊性使许多债券及债券发行带有明显区别于西方的特点，企业财务管理人员要做好债券投资管理工作，就必须先了解这些特点：

(1) 国债占有绝对比重。从1981年起，我国开始发行国库券，以后又陆续发行国家重点建设债券、财政债券、特种国债和保值公债等。每年发行的债券中，国债的比例均在60%以上。

(2) 债券多为一次还本付息，单利计算，平价发行。企业债券只有少数附有息票，每年支付一次利息，其余均是利随本清的存单式债券。

(3) 企业债券的发行资格控制较为严格，即批准发行的企业级债券均为投资级债券。所以通常只有少数大型国有企业才能进入债券市场，中小企业无法通过债券融通资金。

(4) 同一时期发行的企业债券不管风险大小，利率几近相同。债券利率的单一化不能体现出债券质量的差异性和风险性。

10.1.2 债券投资决策

企业进行债券投资，必须知道债券价格的计算方法，现介绍几个常见的估价模型。

1. 债券基本估价模型

$$资产价值=V=\frac{CF_1}{(1+R)^1}+\frac{CF_2}{(1+R)^2}+\cdots+\frac{CF_n}{(1+R)^n}$$

式中：CF_n 为第 n 年的现金流量；R 为折现率；n 为债券的期限数。

上式说明了一项金融资产的价值是以该资产将来所能产生的现金流量为基础的。就债券来说，现金流量包括债券到期前支付的利息以及到期时偿还的本金。用现金流量时间线图描述，如图10-1所示。

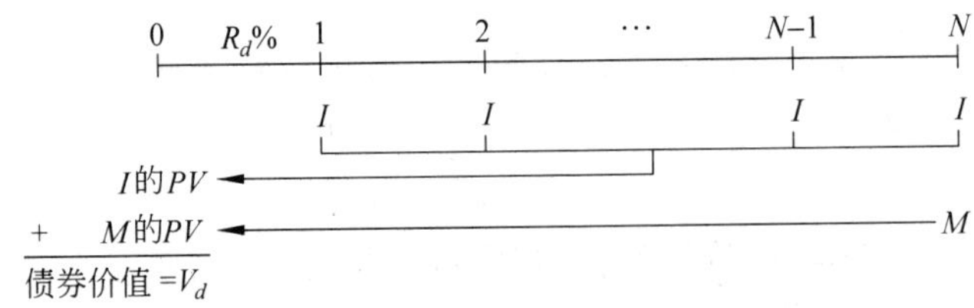

图10-1 债券的现金流量图

图中，R_d 为投资者投资于债券所要求的必要报酬率，即当前市场利率。N 为债券到期前的年数。应当注意，在债券发行后 N 的数值每年都会减少，所以一个发行时偿还期限为10年的债券在1年后 $N=9$，两年后 $N=8$。I 为每期支付的利息（票面利率×面值)，在这里我们假定债券每年付息一次。M 为债券的平价或面值。

债券价值的计算公式如下：

$$\text{债券的价值 } V_d = \frac{I}{(1+R_d)^1} + \frac{I}{(1+R_d)^2} + \cdots + \frac{I}{(1+R_d)^{N-1}} + \frac{I}{(1+R_d)^N} + \frac{M}{(1+R_d)^N}$$

$$= \sum_{t=1}^{N} \frac{I}{(1+R_d)^t} + \frac{M}{(1+R_d)^N}$$

注意，利息支付实际上是一种年金，在到期时支付本金是一次性的支付行为。因此，上式又可以写成如下形式：

$$V_d = I \cdot PVIFA_{R_d,N} + M \cdot PVIF_{R_d,N}$$

式中，I 为每期支付的利息(票面利率×面值)；M 为债券的平价或面值；$PVIFA_{R_d,N}$ 为折现率为 R_d 时的 N 期年金现值系数；$PVIF_{R_d,N}$ 为折现率为 R_d 时的 N 期复利现值系数。

通过模型可以看出，影响债券价值的因素有必要报酬率、票面利率、计息期和到期时间。

【例 10-1】 某国债面值为 1 000 元，票面利率为 6%，期限为 5 年。某企业欲对这种债券进行投资，要求必须获得 8%的报酬率。问这个债券发行价格为多少时才能进行投资？

根据上述公式得

$$V_d = 1\,000 \times 6\% \times PVIFA_{8\%,5} + 1\,000 \times PVIF_{8\%,5}$$
$$= 60 \times 3.993 + 1\,000 \times 0.681$$
$$= 920.58(\text{元})$$

即这种国债的价格必须低于 920.58 元时，该企业才能购买，否则得不到 8%的报酬率。

2. 贴现债券估价模型

贴现债券是无票面利率，以低于面值发行到期支付面值偿付本金的债券。这些债券的估价模型为

$$V_d = \frac{M}{(1+R_d)^N} = M \cdot PVIF_{R_d,N}$$

【例 10-2】 某债券面值为 1 000 元，期限 5 年，以贴现方式发行，期内不计利息，到期按面值偿还。当前的市场利率为 8%，其价格为多少时，企业才能购买？

由上述公式得

$$V_d = 1\,000 \times PVIF_{8\%,5} = 1\,000 \times 0.681 = 681(\text{元})$$

即该债券的价格只有低于 681 元时，企业才可购买。

3. 到期一次还本付息且不计复利的债券估价模型

这种债券的估价模型为

$$V_d = \frac{M + M \cdot R_d \cdot N}{(1+R_d)^N} = (M + M \cdot R_d \cdot N) \cdot PVIF_{R_d,N}$$

【例 10-3】 某国债面值为 1 000 元，票面利率为 6%，期限为 5 年，不计复利，到期一次还本付息。当前市场利率为 8%，问其价格为多少时，企业才能购买？

由上述公式可知

$$V_d = (1\,000 + 1\,000 \times 6\% \times 5) \times PVIF_{8\%,5} = 1\,300 \times 0.681 = 885.3(\text{元})$$

即该债券价格低于 885.3 元时，企业才能购买。

4. 其他模型

尽管在我国绝大多数附息债券是一年支付一次利息，但在国外大部分债券的利息是每半年支付一次。为了给半年支付利息的债券估价，我们必须修改估价模型，这样才可以考虑一年内多次复利的情况：

$$V_d = \sum_{t=1}^{2n} \frac{I/2}{(1+R_d/2)^t} + \frac{M}{(1+R_d/2)^{2N}} = \frac{I}{2} \cdot PVIFA_{\frac{R_d}{2},2N} + M \cdot PVIF_{\frac{R_d}{2},2N}$$

【例 10-4】 某国债面值为 1 000 元，票面利率为 6%，期限为 5 年，每半年付息一次。当前企业要求的必要报酬率为 8%，问其价格为多少时，企业才能购买？

$$V_d = 1\,000 \times 6\%/2 \times PVIFA_{4\%,10} + 1\,000 \times PVIF_{4\%,10} = 30 \times 8.111 + 1\,000 \times 0.676 = 919.33(\text{元})$$

即该债券价格低于 919.33 元时，企业才能购买。

5. 流通债券的价值估计

流通债券是指已发行并在二级市场上流通的债券，它们不同于新发行债券，已经在市场上流通了一段时间，在估价时需要考虑现在至下一次利息支付的时间因素。

【例 10-5】 某债券面值为 1 000 元，票面利率为 6%，期限为 5 年，每年支付一次利息，2012 年 6 月 1 日发行，2017 年 6 月 1 日到期。现在是 2013 年 9 月 1 日，假设市场利率为 8%，问该债券的价值是多少？

可以看出流通债券价值估计最大的特点是估价的时点不在发行日，可以是发行日至到期日之间的任何时点。因此，流通债券的估价方法有两种：①以现在为折算时间点，历年现金流量按非整数计息期折现；②以最近一次付息时间为折算时间点，计算历次现金流量现值，然后再贴现至现在时点。

现以第二种方式为例计算：

先计算债券在 2014 年 6 月 1 日的价值，假设当年利息未付。然后将其贴现至 2013 年 9 月 1 日。

$$2014\text{年}6\text{月}1\text{日价值} = 60 + 60 \times PVIFA_{8\%,3} + 1\,000 \times PVIF_{8\%,3} = 60 + 154.62 + 794 = 1\,008.62(\text{元})$$

$$2013\text{年}9\text{月}1\text{日价值} = 1\,008.62 \times PVIF_{6\%,1} = 1\,008.62 \times 0.943 = 951.13(\text{元})$$

10.2 股票估价

10.2.1 股票投资概述

股票是股份公司发给股东的所有权凭证，是股东借以取得股利的一种有价证券。股票是一种出资证明，股票持有者即为该公司的股东，股东凭股票对该公司财产有要求权。

股票可以按不同的方法和标准分类：按票面是否标明持有者姓名，分为记名股票和不记名股票；按股票票面是否记明入股金额，分为有面值股票和无面值股票；按股东所享有的权利，可分为普通股股票和优先股股票；按能否由股份发行公司赎回，分为可赎回股票和不可赎回股票。目前，我国各公司发行的都是不可赎回的、记名的、有面值的普通股股票，只有少量公司过去按当时的规定发行过优先股股票。

10.2.2 股票投资决策

同进行债券投资一样，企业进行股票投资也必须知道股票价值的计算方法。优先股的估价比较简单，其计算方法与债券的计算方法基本一致，在此不再赘述。普通股的估计大致有三种模型。

1. 股票估价的基本模型——股利折现模型

股票带给持有者的现金流入包括两部分：股利收入和出售时的售价。股利折现模型认为股票的内在价值由一系列的股利和将来出售股票时售价的现值所构成。

一般情况下，投资者投资于股票，不仅希望得到股利收入，还希望在未来出售股票时股票价格的上涨中获得好处。此时的股票估价模型为

$$\text{股票价值}\ V_S=\frac{D_1}{(1+R_s)^1}+\frac{D_2}{(1+R_s)^2}+\cdots+\frac{D_{N-1}}{(1+R_s)^{N-1}}+\frac{D_N}{(1+R_s)^N}+\frac{P_N}{(1+R_s)^N}$$

$$=\sum_{t=1}^{N}\frac{D_t}{(1+R_s)^t}+\frac{P_N}{(1+R_s)^N}$$

式中，R_s 为投资者投资于股票所要求的必要报酬率；N 为预计持有股票的期数；D_t 为第 t 期支付的股利；P_N 为第 N 期的股票价格。

如果股东永远持有股票，他只获得股利，是一个永续的现金流入。这个现金流入的现值就是股票的价值：

$$\text{股票价值}\ V_S=\frac{D_1}{(1+R_s)^1}+\frac{D_2}{(1+R_s)^2}+\cdots+\frac{D_{N-1}}{(1+R_s)^{N-1}}+\frac{D_N}{(1+R_s)^N}+\cdots$$

$$=\sum_{t=1}^{\infty}\frac{D_t}{(1+R_s)^t}$$

现在我们将基本模型应用于以下 3 种情况：

(1) 零增长型股票的估价

此种估价即长期持有股票，股利稳定不变的股票估价(就像优先股)。在每年股利稳

定不变、投资人持有期间很长的情况下，股票的估价模型可简化为

$$V_S = \sum_{t=1}^{\infty} \frac{D}{(1+R_s)^t} = \frac{D}{R_s}$$

(2) 正常(固定)增长型股票的估价

此种估价即长期持有股票，股利固定增长的股票估价。设上年股利为 D_0，每年股利比上年增长率为 G，则

$$V_S = \frac{D_0(1+G)}{(1+R_s)} + \frac{D_0\ (1+G)^2}{(1+R_s)^2} + \cdots + \frac{D_0\ (1+G)^N}{(1+R_s)^N} + \cdots$$

假设 $R_s > G$，则可求出

$$V_S = \frac{D_0(1+G)}{R_s - G} = \frac{D_1}{R_s - G}$$

【例 10-6】 光华公司准备投资购买东方股份有限公司的股票，该股票去年每股股利为2元，预计以后每年以6%的增长率增长，光华公司经分析后，认为其必要报酬率为12%。则东方公司的股票价格为多少时，光华公司方可购买？

由上式可得

$$V_S = \frac{2(1+6\%)}{12\% - 6\%} = \frac{2.12}{6\%} = 35.33(\text{元})$$

即东方公司的股票价格在35.33元以下时，光华公司才能购买。

(3) 非固定增长型股票的估价

公司通常有其生命周期，生命周期前半期的增长率远高于经济增长速度；接着和经济增长保持一致；最后公司的增长率要低于经济增长。例如，20世纪20年代的汽车制造商和20世纪90年代的微软等高科技公司都是处于生命周期初期企业的例子。而如烟草或煤炭公司则正处在生命周期的衰退期，因此其增长率往往低于经济增长率，有时甚至为负。在增长率不固定的情况下，就要分段计算，才能确定股票的价值。

【例 10-7】 光华公司准备投资购买东方股份有限公司的股票，该股票去年每股股利为2元，预计未来3年以20%的增长率高速增长，在此以后转为正常增长，增长率为6%。光华公司经分析后，认为其必要报酬率为12%。则东方公司的股票价格为多少时，光华公司方可购买？

首先，计算非正常增长期的股利现值(见表10-1)。

表 10-1 股利现值的计算

年份	股利(D_t)	现值因数(12%)	现值(PVD_t)
1	2×1.2=2.4	0.893	2.14
2	2.4×1.2=2.88	0.797	2.30
3	2.88×1.2=3.456	0.712	2.46
合计(3年股利的现值)			6.90

其次，计算第三年年底的普通股价值：

$$V_3 = \frac{D_3 \cdot (1 + G_3)}{R_s - G_3} = \frac{3.456 \times (1 + 6\%)}{12\% - 6\%} = 61.056(\text{元})$$

计算其现值：

$$61.056 \times 0.712 = 43.47\ (\text{元})$$

最后，计算股票目前的价值：

$$V_0 = 6.90 + 43.47 = 50.37\ (\text{元})$$

即东方公司的股票价格在 50.37 元以下时，光华公司才能购买。

值得一提的是，股利折现模型虽然理论严谨，但理论上的内在合理性受到了现实环境和具体操作的种种限制。例如，对折现率的确定就存在颇多的争议，另外，我国上市公司大多数不分股利或只分少量股利使得运用股利折现模型难以真实反映股票的真正价值。因此，股利并不是一个显示预期现金流量的良好指标。

为了解决公司不分股利的问题，美国经济学家的肯尼斯·汉克尔和尤西·李凡特在《现金流量与证券分析》一书中介绍了一种基于自由现金流量的证券估价模型。这一模型的优越性在于它不要求公司派发股利，而只要计算自由现金流量，因此，该模型近来受到越来越多的重视。目前，自由现金流量一般定义为

自由现金流量＝净利润＋折旧摊销－营运资本增加－资本性支出

肯尼斯·汉克尔认为自由现金流量才是公司真正能全部用于股利支付的现金流，该现金流的支付不会给公司价值产生任何不良影响。由于自由现金流量折现模型与股利折现模型的原理一致，都是对未来现金流量的折现，只是自由现金流量折现模型用自由现金流量替代了股利，所以两者十分相似。这里只给出自由现金流量折现模型的一般形式：

$$\text{股票价值 } V_S = \frac{FCF_1}{(1+R_s)^1} + \frac{FCF_2}{(1+R_s)^2} + \cdots + \frac{FCF_{N-1}}{(1+R_s)^{N-1}} + \frac{FCF_N}{(1+R_s)^N} + \cdots$$

$$= \sum_{t=1}^{\infty} \frac{FCF_t}{(1+R_s)^t}$$

其中，FCF_t 为 第 t 期公司产生的自由现金流量。

2. 市盈率模型

市盈率模型可操作性强，可以大致地反映股票的价值，它表明市场对某只股票的评价。投资者往往遵循简单的模型来估算股票价值：

市盈率＝每股股票价格/每股股利

股票价值＝行业平均市盈率×该股票每股股利

【例 10-8】 东方股份有限公司今年的每股股利是 2 元，该公司主营业务所处行业的平均市盈率为 19.4，问东方股份有限公司的股价为多少时，你才会购买？

按市盈率估价：

股票价值＝2×19.4＝38.8 (元)

故，股票价格低于 38.8 元时，才可购买。

市盈率模型的优点是：首先，计算市盈率的数据容易取得，并且计算简单；其次，市盈率把价格和收益联系起来，直观地反映投入和产出的关系；最后，市盈率涵盖了风险补偿

率、增长率、股利分配率的影响，具有很高的综合性。但如果收益是负值，市盈率就失去了意义，而且市盈率还受到整个经济景气程度的影响。因此，市盈率模型最适合连续盈利，并且其系统风险与市场系统风险接近（即β值接近1）的企业。

3. 市净率模型

市盈率模型的缺陷使得研究人员思考是否存在一种更为合理的股票估价模型。20世纪90年代，费尔森和奥尔森提出的市值/账面净值计价模型（market-to-book value model，市净率模型）为计算股票内在价值提供了可行的方法。

这种方法假设股权价值是净资产的函数，类似企业有相同的市净率，净资产越大则股权价值越大。因此股权价值是净资产的一定倍数，目标股票价值可以用每股净资产乘以平均市净率计算。

$$市净率=股票市值/资产净值$$

$$股票价值=平均市净率\times每股净资产$$

【例10-9】 东方股份有限公司今年的每股股利是2元，该公司主营业务所处行业的平均市净率为16.7，问东方股份有限公司的股价为多少时，你才会购买？

按市净率估价：

$$股票价值=2\times16.7=33.4(元)$$

即股票价格低于33.4元时，方可购买。

市净率估价模型的优点：首先，净利为负值的企业不能用市盈率进行估价，而市净率极少为负值，可用于大多数公司；其次，净资产账面价值的数据容易取得，并且容易理解；最后，净资产账面价值比净利润稳定，也不像利润那样经常被人为操纵。其局限性在于有些行业企业的净资产所占比重小，净资产与企业价值的关系不大。另外，有些企业净资产是负值，市净率没有意义。因此，这种方法主要适用于需要拥有大量资产、净资产为正值的企业。

10.3 基金和其他证券估价

10.3.1 基金估价

1. 证券投资基金概述

证券投资基金就是按照共同投资、共担风险、共享收益的基本原则，运用现代信托关系的机制，通过向社会公开发行一种凭证筹集资金，并将投资者的分散资金集中起来投资于有价证券以实现预期投资目的的一种投资组织。向社会公开发行的凭证叫基金券，也称基金份额或基金单位。这一定义包括5层含义：

(1) 证券投资基金是一种专门投资于股票、债券等有价证券的投资基金，即它的投资领域主要限于证券市场；

(2) 证券投资基金设立的基本原则是共同投资、共担风险、共享收益；

(3) 现代信托关系是证券投资基金运行的基础；

(4) 它是通过发行证券投资基金单位募集资金的；

(5) 证券投资基金是一种独立核算的投资组织。

证券投资基金是一种间接的证券投资方式，投资者是通过购买基金而间接投资于证券市场的。证券投资基金可以通过发行基金股份成立投资基金公司的形式设立，通常称为公司型基金；也可以由基金管理人、基金托管人和投资人三方通过基金契约设立，通常称为契约型基金。目前我国的证券投资基金均为契约型基金。

2. 证券投资基金的类型

证券投资基金根据分类的角度不同可分为不同的类型。从证券投资基金的市场特点出发，可分为私募基金和公募基金、上市基金和非上市基金等类型；按规模是否固定分类，可分为封闭式基金和开放式基金；从投资对象出发，可分为股票基金、国债基金、债券基金、货币市场基金、期货基金、期权基金等；从投资运作的特点出发，可分为对冲基金、套利基金、指数基金、成长型基金、收入型基金和平衡型基金等。

3. 证券投资基金的估价

(1) 开放式基金的价格决定

开放式基金申购、赎回价格是以单位基金资产净值(NAV)为基础计算出来的。单位基金资产净值，即每一基金单位代表的基金资产的净值，其计算公式如下：

$$单位基金资产净值=(总资产-总负债)/基金单位总数$$

开放式基金的价格分为两种，即申购价格和赎回价格。

开放式基金的申购价格包括资产净值和弥补发行成本的销售费用。

【例 10-10】 一位投资人有 100 万元用来申购开放式基金，假定申购的费率为 1%，单位基金净值为 1.5 元，那么

$$申购费用=100\times 1\%=1(万元)$$

$$净申购金额=100-1=99(万元)$$

$$申购份额=99\div 1.50=66(万份)$$

开放式基金承诺可以在任何时候根据投资者的个人意愿赎回其股票。申购价格包括资产净值和赎回费用。

【例 10-11】 一位投资人要赎回 100 万份基金单位，假定赎回的费率为 2%，单位基金净值为 1.5 元，那么

$$赎回价格=1.5\times(1-2\%)=1.47(元)$$

$$赎回金额=100\times 1.47=147(万元)$$

(2) 封闭式基金的价格决定

封闭式基金的交易价格主要受到 6 个方面的影响，即基金资产净值、市场供求关系、宏观经济状况、证券市场状况、基金管理人的管理水平以及政府有关基金的政策。封闭式基金的价值决定可以利用普通股票的价值决定公式进行计算。由于封闭式基金均有明确的存续期限(在我国不得少于 5 年)，在此期限内已发行的基金单位不能被赎回，存续期满全部赎回基金单位，因此，封闭式基金的未来现金流来自存续期间的红利(类似股利)与存

续期满时的赎回价款(类似股票售价)。

10.3.2 其他证券估价

金融衍生工具,又称为衍生证券,它们的价格取决于或者衍生于其他证券的价格。本节简单介绍可转换公司债券及期权。

1. 可转换公司债券

(1) 可转换债券及其特征

可转换债券,又称可转换公司债券,是指发行人依照法定程序发行,在一定期间内依据约定的条件可以转换成股份的公司债券。可转换债券对股票的可转换性,实际上是一种股票期权或股票选择权,它的标的物就是可以转换成的股票。

可转换债券在发行时就已确定转换价格与转换有效期。所谓可转换债券的转换价格,是指在可转换债券发行时,明确的在转换发生时投资者为取得普通股每股所支付的实际价格。而转换期是指可转换债券转换为股份的起始日至结束日的期间。可转换债券的转换期可以与债券的期限相同,也可以短于债券的期限。

(2) 可转换公司债券的价值与转换时机

100 元面值可转换债券的价值,可以近似地等于"股票价格÷转换价格",也即

$$100\text{ 元面值可转换债券的价值} \approx \text{股票价格} \div \text{转换价格}$$

只有当可转换债券的价格(相关佣金及税费也应加以考虑)低于可转换债券的价值时,该可转换债券才值得买入。但同时也应该注意,从购入可转换债券,到将其转换成股票,到最后抛出股票,该过程的完成要经过两个交易日左右,因而,存在股票价格波动的影响。所以,在实际计算与操作中,这种价格波动的风险应加以考虑。

2. 期权估价

(1) 期权的相关概念

期权是指一种合约,该合约赋予持有人在某一特定日期或该日之前的任何时间以固定价格购进或售出一种资产的权利。

期权定义的要点如下:

① 期权是一种权利

期权合约至少涉及购买人和出售人两方。获得期权的一方称为期权购买人,出售期权的一方称为期权出售人。完成交易后,购买人则成为期权持有人。期权赋予持有人做某件事的权利,但他不承担必须履行的义务,可以选择执行或者不执行该权利。持有人只享有权利而不承担相应的义务。

② 期权的标的资产

期权的标的资产是指选择购买或出售的资产。它包括股票、政府债券、货币、股票指数、商品期货等。期权是这些标的物"衍生"的,因此称其为衍生金融工具。值得注意的是,期权出售人不一定拥有标的资产,期权是可以"卖空"的,期权购买人也不一定真的想购买资产标的物。因此,期权到期时双方不一定进行标的物的实物交割,而只需按价差补

足价款即可。

③ 到期日

双方约定的期权到期的那一天称为“到期日”。在那一天之后，期权失效。

④ 期权的执行

依据期权合约购进或出售标的资产的行为称为“执行”。在期权合约中约定的、期权持有人据以购进或售出标的资产的固定价格，称为“执行价格”。

(2) 期权的分类

按照期权执行时间的不同，分为欧式期权和美式期权。其中，欧式期权只能在到期日执行；而美式期权可以在到期日或到期日之前的任何时间执行。

按照合约授予期权持有人权利的类别不同，分为看涨期权和看跌期权。其中，看涨期权是指期权赋予持有人在到期日或到期日之前，以及固定价格购买标的资产的权利。其授予权利的特征是“购买”，因此也可以称为择购期权、买入期权或买权；而看跌期权是指期权赋予持有人在到期日或到期日前，以固定价格出售标的资产的权利。其指定权利的特征是“出售”，因此也可以称为择售期权、卖出期权或卖权。

(3) 期权价值评估的方法

$$期权价值=内在价值+时间溢价$$

期权的内在价值，是指期权立即执行产生的经济价值。内在价值的大小，取决于期权标的资产的现行市价与期权执行价格的高低。

期权的时间溢价是指期权价值超过内在价值的部分，是一种等待的价值。期权买方愿意支付超出内在价值的溢价，是寄希望于标的股票价格的变化可以增加期权的价值。在其他条件不变的情况下，离到期时间越远，股价波动的可能性越大，期权的时间溢价也就越大。

下面介绍两种期权定价中常用的模型。

① 单期二叉树定价模型

二叉树期权定价模型有如下假设：市场投资没有交易成本；投资者都是价格的接受者；允许完全使用卖空所得款项；允许以无风险利率借入或贷出款项；未来股票的价格将是两种可能中的一个。其定价公式为

$$C_0=\frac{1+r-d}{u-d}\cdot\frac{C_u}{1+r}+\frac{u-1-r}{u-d}\cdot\frac{C_d}{1+r}$$

式中，u 为股价上行乘数；d 为股价下行乘数；r 为无风险利率；C_0 为看涨期权现行价格；C_u 为股价上行时期权的到期日价值；C_d 为股价下行时期权的到期日价值。

【例 10-12】 假设 A 公司的股票现在的市价为 20 元。有 1 份以该股票为标的资产的看涨期权，执行价格为 22 元，到期时间是 6 个月。到期时股价有两种可能：上升 40%，或者降低 30%。无风险利率为每年 4%。下面利用单期二叉树定价模型确定期权的价值：

$$C_0=\frac{1+2\%-0.7}{1.4-0.7}\times\frac{6}{1+2\%}+\frac{1.4-1-2\%}{1.4-0.7}\times\frac{0}{1+2\%}=2.69(元)$$

其中：$C_u=\max(0,20\times1.4-22)=6$(元)；$C_d=\max(0,20\times0.7-22)=0$。

② 布莱克-斯科尔斯(Black-Scholes)期权定价模型

Black-Scholes 期权定价的模型有以下假设条件：

a. 在期权的有效期内，标的股票不发放股利；

b. 股票或期权的买卖没有交易成本；

c. 短期的无风险利率已知，并且不随时间发生变化；

d. 任何证券购买者能以短期的无风险利率借得任何数量的资金；

e. 允许卖空，卖空者立即得到所卖空股票当天价格的资金；

f. 看涨期权只能在到期日执行；

g. 所有证券交易都是连续发生的，股票价格的瞬间变动服从波动率为常数的几何布朗运动。

Black-Scholes 模型包括三个公式：

$$C_0 = S_0[N(d_1)] - Xe^{-r_c t}[N(d_2)]$$

$$d_1 = \frac{\ln(S_0 \div X) + [r_c + (\sigma^2 \div 2)]t}{\sigma\sqrt{t}}$$

$$d_2 = d_1 - \sigma\sqrt{t}$$

式中，C_0 为看涨期权的当前价值；S_0 为标的股票的当前价格；$N(d)$为标准正态分布中离差小于 d 的概率；X 为期权的执行价格；e 为等于 2.7183；r_c 为无风险利率；t 为期权到期日前的时间(年)；$\ln(S_0/X)$为 S_0/X 的自然对数；σ^2 为股票回报率的方差。

【例 10-13】 股票当前价格为 50 元，执行价格为 45 元，期权到期日前的时间为 0.25 年，无风险利率 6%，σ=0.20。

根据以上资料计算期权价格如下：

$$d_1 = \frac{\ln(50/45) + \left(0.06 + \frac{0.2^2}{2}\right) \times 0.25}{0.2 \times \sqrt{0.25}} = 1.2536$$

$$d_2 = 1.2536 - 0.2 \times \sqrt{0.25} = 1.1536$$

那么

$$N(d_1) = 0.8950$$

$$N(d_2) = 0.8757$$

$$C_0 = 50 \times 0.8950 - 45 \times e^{-0.06 \times 0.25} \times 0.8757 = 5.93(\text{元})$$

案例分析

案例 10-1 佛山照明公司的股票价值

佛山照明 1993 年 11 月 A 股上市，1995 年发行 B 股。上市 10 年来，一直专注于主业电光源产品研发、生产和销售。最近 6 年主营业收入年增长率在 11%～20%之间，净利润年增长率保持在 5%以上；连续 10 年每股收益在 0.5 元以上，有 3 年超过 0.9 元，最高达到 1.26 元，是中国股市上少有的业绩稳定增长的公司。其已成为国内最大的电光源生产企业，灯泡产量居全国第二，有“中国灯王”之称。公司一直维持高派现股利政策，是沪深两市唯一一家现金分红超过股票融资的公司，有“现金奶牛”之称。表10-2为佛山照明历年股利政策；表10-3为佛山照明部分市场价格指标与同行业上市公司比较。

表10-2 佛山照明历年股利政策（每10股）

年份	送股	转增股	派现/元	红利支付率/%
1993	5		3.00	24.44
1994			8.10	64.33
1995		5	6.80	73.81
1996			4.77	74.92
1997			4.00	82.30
1998			4.02	75.00
1999		1	3.50	60.98
2000			3.80	68.56
2001			4.00	66.92
2002			4.20	77.00

表10-3 佛山照明部分市场价格指标

股票简称	市盈率	市净率	配股价格市盈率
佛山照明	28.63	3.21	8.70
嘉宝实业	45.26	4.07	20.32
广电电子	33.67	4.32	12.41
浙江阳光	55.24	18.75	—
平均	46.85	6.26	20.78

人们对佛山照明长期高派现股利政策的评价大不相同。由于佛山照明股价一直相对稳定，即使在股市泡沫较强的1999—2001年，公司股价仍稳定在10～13元水平，换手率低。短线交易的流通股股东颇为恼火，一位股民抱怨说：“我在股市泡了7年，从没有见过这样死的股票。”另一位股民则表示：“我是佛山照明多年的老股东，一开始还卖出过一些，现在决定不动了，不管股价能涨多高，每年分分红也不错。哪一天走不动了，还可以用这笔钱请个保姆照顾我。”学者和媒体的评论也有褒有贬。褒扬称这是公司控股股东和管理层不以圈钱为目的的表现，而有些学者则认为佛山照明“高额派现金股利并没有提高公司价值”，“现金股利可能是大股东转移资金的工具，并没有反映中小投资者的利益与愿望”（陈信元、陈冬华和时旭，2003）。证据是股票市场对佛山照明高派现股利政策反应平淡，上市10年来，股利公告日前后的平均超额收益率和累计超额收益率都略呈负值。

2002年佛山照明每股派发现金红利0.4元，即$D_0=0.4$，过去3年净利润年均增长率为6.7%，我们设置了3种情形：①假设2003年以后现金红利不增长，保持2002年水平；

②2003—2007年现金红利增长率 $g=5\%$，2008年以后不增长；③2003—2013年现金红利增长率为 $g=5\%$，2014年以后不增长。用CAPM模型估算公司资本成本，无风险收益率 r_f 取过去6年10年期国债年均收益率4.42%；过去6年沪深两市综合指数平均股指收益率为9.82%，风险溢价为9.82%－4.42%＝5.4%；1997年以来公司股票 β 系数为0.756 2，公司股权资本成本为：$k=4.42\%+5.4\%\times0.756\ 2=8.50\%$。

讨论：

1. 试用股利贴现模型估算佛山照明2003年年初的股票价值。
2. 试用市盈率与市净率模型估算佛山照明股票价值。
3. 讨论公司所在行业性质及公司特点，分析说明哪个模型最能说明公司股票价值。

案例10-2 天宝集团的证券投资组合

天宝集团有限公司是一家经济实力非常雄厚的大型家电生产企业。多年来，其产品始终比较畅销，在国内外市场上有较高的市场占有率，因此公司效益逐年上升。但面对激烈的市场竞争，公司领导居安思危，已不仅仅满足于从企业内部生产经营上获得收益，而把眼光放到了企业外部，即把对外投资作为企业获得收益的另一条重要渠道。

2013年经研究，公司决定用上年未分配利润中的9 000万元进行对外投资，要求财务部门正确选择投资对象，同时注意投资风险，力争取得较好的投资收益。

接到任务后，财务部门开展了广泛的市场调查、分析，形成了可供公司选择的投资对象的有关资料。

1. 国家发行五年期国债，年利率为5.71%，每年付息一次。

2. 通达汽车公司发行五年期重点企业债券，票面利率为8.9%，每年付息一次。

3. 一本钢铁集团有限公司发行七年期重点企业债券，票面利率为10%，每半年付息一次。

4. X股票中，中期预测每股收益0.42元，股票市价14.60元/股。总股本30 650万股，流通股22 880万股。公司主营：家用空调器，电风扇等。公司经营业绩较好且稳定。2010—2012年每股收益分别为1.20元、0.68元和0.79元，净资产收益率分别为22.5%、21.8%和21.2%。

5. Y股票中，中期预测每股收益0.40元，股票市价10.5元/股。总股本18 280万股，流通股9 200万股，公司主营：水泥及其制品。公司财务状况十分稳健，业绩良好。1999年至2001年每股收益分别为0.65元、0.68元和0.75元，净资产收益率分别为17.8%、18.5%和20.6%。

讨论：

1. 企业证券投资的种类有哪几种？
2. 企业证券投资组合的方法有哪些？
3. 如果你是公司财务经理或财务顾问，你将如何为公司进行投资决策？

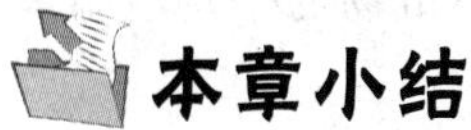

本章小结

证券投资是企业财务管理中的一个重要内容，它不仅是企业提高闲置资金利用效果、增加企业收益的重要手段，也是企业兼并收购，实现多元化经营、减低经营风险的有效途径。本章主要介绍了企业最常用的债券和股票投资的估价方法。考虑到目前我国证券投资基金的日益发展，本章同时介绍了证券投资基金及一些其他证券的有关概念及其估价方法。

思考题

1. 在什么情况下选用零增长模型、什么时候选用固定增长模型，选固定增长模型时如何确定增长率？

2. 流通债券的价值在两个付息日之间呈什么变化？

3. 你为什么会选择投资基金？投资基金能给你带来高回报吗？

4. 当出现什么情况时你会将手中的可转换债券转换为股票？

习题

1. 简答题

(1) 证券投资的种类有哪些？

(2) 债券投资的风险因素有哪些？

(3) 股票的价值和投资收益率如何计算？

(4) 在股票投资分析中，市盈率有哪些作用？

2. 计算题

(1) 有一笔国债，平价发行，票面利率为12.22%，期限为5年，单利计息，到期一次还本付息，其到期收益率是多少？

(2)某种股票当前的市场价格是40元，每股股利是2元，预期的股利增长率是5%，则其市场决定的预期收益率是多少？

(3) 甲公司于2013年1月1日购买了同日平价发行的乙公司债券，每张面值1 000元，票面利率为10%，期限为5年，每年付息一次。

试回答以下问题：

① 2013年1月1日该债券的到期收益率是多少？

② 若2014年1月1日的市场利率降为8%，那么此时债券的价值是多少？

③ 若2014年1月1日的市价为1 040元，此时购买该债券的到期收益率是多少？

(4) 甲公司最近刚刚发放的股利为2元/股，预计该公司近两年股利稳定，但从第三年起估计将以2%的速度递减，若此时无风险报酬率为6%，整个股票市场的平均收益率为10%，甲公司股票的β系数为2，已知公司目前的股价为12元。

试求：

① 股票的价值；

② 股票预期的投资收益率。

（5）若某股票的现行价格为100元，看涨期权的执行价格为100元，期权价格为11元，则该期权的时间溢价为多少？

（6）某股票当前价格25元，以股票为标的物的看涨期权执行价格25元，期权到期日前的时间0.5年，同期无风险利率12%，股票收益率的方差为0.36，假设不发股利，试用布莱克-斯科尔斯模型确定股票看涨期权价格。

第11章 投资风险管理

本章框架体系

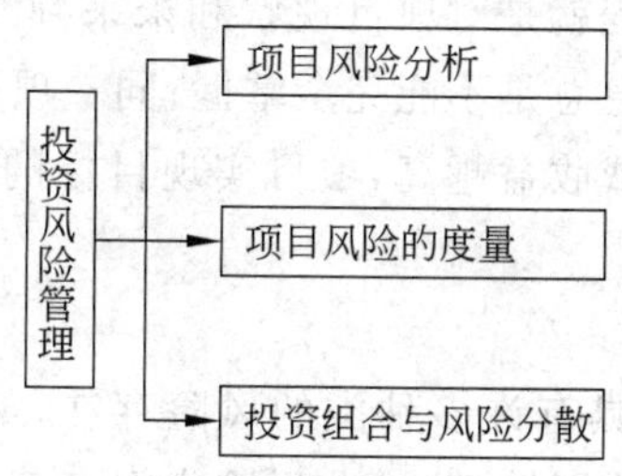

学习目标

1. 掌握项目风险衡量的方法。
2. 了解投资组合与风险分散。

导 读

一天，执掌亿万产业的王总，在听取财务顾问向他推荐两个不错的投资项目A和B，投资额均为1 000万元。项目A是没有风险的，1年后可以稳赚100万元的利润；项目B是存在风险的，成功和失败的可能性均为50%，但成功后可以获得500万元的利润，王总会选择哪个项目进行投资呢？

这种企业的日常决策问题，蕴含了财务管理中一个永恒的主题——风险与收益的权衡。为什么有些钱被存进银行，而有些钱用来投资股票？为什么有些人喜欢买多注彩票，而有些人喜欢买复式彩票？通过本章的学习，你会从收益与风险权衡上得到一些有益的启示与领悟。

本章内容

11.1 项目风险分析

11.1.1 项目风险的产生及特点

项目的风险是由客观事件的不确定性引起的，同时又是可被主体感知的与期望目标或收益的偏离。风险的产生缘于客观事件的不确定性。在项目的整个生命周期中，始终存在着很多不确定的事件，比如自然环境的变动、宏观经济政策的改变以及市场信息的不对称性等；项目主体的感知过程就是对项目现状和未来判断和决策的过程。事件的不确定性，致使人们对于事件的信息总是不能完全掌握；同一项目的不同主体对项目的期望各不相同，主体对于项目的期望或收益越高，项目实现目标的可能性就越小，项目成功的风险就越大。

项目风险的主要特点如下：

(1) 多样性：一个项目中具有许多种类的风险存在，如政治风险、经济风险、法律风险、自然风险、合同风险、合作者风险等，这些风险之间有着复杂的内在联系。

(2) 持续性：项目所处环境的不断变化，使得项目的整个生命周期都存在着风险。

(3) 影响的全面性：由于项目目标的多样性和项目的相互依赖性，项目的风险一旦发生通常不是局部的、某一段时段或某一方面的，而是全局的。

(4) 规律性：项目有其特有的生命周期和规律性，风险的发生和影响也有一定的规律性，在一定程度是可以进行预测的。

11.1.2 项目风险的种类

与投资项目有关的风险一般包括项目风险、公司风险以及市场风险三类。

(1) 项目风险是指某一投资项目本身特有的风险，即不考虑与公司其他项目的组合风险效应，单纯反映特定项目未来收益的可能结果相对于预期值的偏离程度。

(2) 公司风险或称总风险，是指投资项目未来收益的不确定性对公司收益的影响，包括经营风险和财务风险两种。要考虑该项目在整个公司资产中所占的比重及与公司其他资产的收益的相关性，分析投资组合的收益和风险。

(3) 市场风险是指在投资项目风险中，无法经多元化投资加以消除的那部分风险。通常用投资项目的贝塔系数(β)来表示。市场风险可能直接对项目产生影响，也可能通过公司竞争者、供应商或者消费者间接对公司产生影响。

如果一个项目的收益与市场中的大部分资产收益密切相关，那么该项投资将同时具有公司风险和市场风险。例如，公司计划扩建太阳能汽车生产线，如果公司无法确定是否可以采用流水线方式大量生产太阳能汽车，那么这一扩充型投资就具有相当大的项目风险和公司风险。如果公司预计该项投资将与市场共荣衰，那么这一项目具有较高的市场风险。

市场风险一般不能通过多角化投资加以分散,因此它对项目的影响非常重要。但公司风险和项目特有风险也不容忽视,因为:①单一股票持有者,包括小型企业的所有者,他们更关注公司风险;②不管投资者是否进行多角化投资,在决定投资项目的必要收益率时,除了考虑市场风险外,还要考虑其他因素,如影响公司风险的财务危机等;③公司经营的稳定程度对公司的所有股东、管理人员、工人、客户、供应商、债权人甚至公司所处的社区都很重要。如果公司经营状况差、获利能力低甚至面临破产,那么供应商或客户将拒绝与其合作;债权人将提高贷款利率或终止贷款;公司优秀的管理者或工人将会离去。

11.2 项目风险的度量

投资风险统计的方法主要包括风险调整贴现率法和肯定当量法。

11.2.1 风险调整贴现率法

其基本思想是,对风险项目采用与其风险对应的贴现率去计算净现值,并据此来选择方案。其中的关键是根据风险的大小确定风险因素贴现率——风险调整贴现率。

(1) 风险调整贴现率=无风险贴现率+风险报酬斜率×风险程度。用公式表示为

$$k = i + b \cdot Q$$

现金流入的离散程度可用标准差等来表示,但标准差是一个绝对数,不便于比较规模不同项目的风险大小。为解决这个问题,下面引入变化系数的概念。

(2) 标准差系数

它是标准差与期望值的比值,也叫标准离差率、变异系数或变化系数。用公式表示为

$$V = \frac{\sigma}{E}$$

(3) 综合变化系数(风险程度)

为了综合考量各年的风险,对具有一系列现金流入的方案用综合变化系数描述:

$$Q = D/EPV = \text{综合标准差} / \text{预期现金流入的现值}$$

(4) 确定风险报酬斜率 b

b 反映了风险程度的单位变化对风险调整报酬率的影响。b 值是经验数据,可根据历史资料求出。假设中等风险程度的项目变化系数为 0.5,通常要求的含有风险报酬的最低报酬率为 11%,无风险的最低报酬率 i 为 3%,则由 11%=3%+b×0.5,得 b=(11%-3%)÷0.5=0.16。

【例 11-2】 某公司的最低报酬率为 6%,现有一个投资机会,有关资料见表 11-1。

(1) 风险程度 Q 的计算

项目现金流入的期望值 E 计算如下:

第 1 年的期望值

$$E_1 = 3\,000 \times 0.25 + 2\,000 \times 0.50 + 1\,000 \times 0.25 = 2\,000(\text{元})$$

表 11-1 投资机会

第 t 年	现金流入/元	概率/%
0	−5 000	100
1	3 000 2 000 1 000	25 50 25
2	4 000 3 000 2 000	20 60 20
3	2 500 2 000 1 500	30 40 30

第 2、3 年的期望值分别为

$$E_2 = 4\,000 \times 0.20 + 3\,000 \times 0.60 + 2\,000 \times 0.20 = 3\,000(\text{元})$$

$$E_3 = 2\,500 \times 0.30 + 2\,000 \times 0.40 + 1\,500 \times 0.30 = 2\,000(\text{元})$$

现金流入的离散趋势用标准差表示。

第 1 年：

$$\sigma_1 = \sqrt{(3\,000-2\,000)^2 \times 0.25 + (2\,000-2\,000)^2 \times 0.50 + (1\,000-2\,000)^2 \times 0.25}$$
$$= 707.10(\text{元})$$

第 2 年：

$$\sigma_2 = 632.50(\text{元})$$

第 3 年：

$$\sigma_3 = 387.30(\text{元})$$

因此，三年综合标准差

$$D = \sqrt{\sum_{t=1}^{3}\left[\frac{\sigma_t}{(1+0.06)^t}\right]^2} = \sqrt{\left[\frac{707.10}{1.06}\right]^2 + \left[\frac{632.5}{(1.06)^2}\right]^2 + \left[\frac{387.30}{(1.06)^3}\right]^2} = 931.46(\text{元})$$

即可以综合标准差 D 表示项目的风险。

有时将绝对值改成相对值指标，即变化系数 $Q=D/E$。对于多期的情况，各期的期望值 E 需要进行折现，即

$$Q = \frac{\text{综合标准差}}{\text{预期现金流入的现值}} = \frac{D}{EPV}$$

本例中，$EPV = \frac{2\,000}{1.03} + \frac{3\,000}{(1.03)^2} + \frac{2\,000}{(1.03)^3} = 1\,942 + 2\,828 + 1\,830 = 6\,600(\text{元})$，因此

$$Q = 931.46/6\,600 = 0.15$$

（2）确定风险报酬斜率 b

根据统计资料，该项目的 $b=0.1$，因此，项目的风险调整折现率

$$k = 6\% + 0.1 \times 0.14 = 7.5\%$$

(3) 按照风险调整折现率计算预期现金流入的现值

$$PV=\frac{2\,000}{1.075}+\frac{3\,000}{(1.075)^2}+\frac{2\,000}{(1.075)^3}=5\,409(\text{元})$$

风险调整贴现率法比较符合逻辑,使用广泛。但它把时间价值和风险价值混在一起,并据此对现金流量进行贴现,意味着风险随着时间的推移而加大,有时与事实不符。如种植、餐饮等行业,前几年的现金流量难以预测,越往后反而越有把握。

11.2.2 肯定当量法

该法的基本思想是先用一个系数把有风险的现金收支调整为无风险的现金收支,然后用无风险的贴现率去计算净现值,相应的公式为

$$NPV=\sum_{t=1}^{n}\frac{\alpha_t CFAT_t}{(1+i)^t} \tag{11-1}$$

式中,α_t 第 t 年现金流量的肯定当量系数;i 为无风险的贴现率;$CFAT$ 为税后现金流量。

肯定当量系数是指未来不确定的 1 元现金流量相当于当前使投资者满意的肯定额度,据其可以把各年不确定的现金流量换算成确定的现金流量,它可由经验丰富的分析人员凭主观判断确定,其大小还与公司管理当局的风险好恶程度有关。

可用下列方法确定各年的肯定当量系数:

$$\alpha_t=\frac{(1+i)^t}{(1+k)^t}$$

式中,k 为现金流对应风险下的折现率,i 为无风险报酬率。

例如,$k=5.5\%$,$i=3\%$,则

$$\alpha_1=\frac{1+0.03}{1+0.05}=0.976\,3$$

肯定当量法是通过调整净现值公式中的分子来考虑风险的影响,风险调整贴现率法是通过调整净现值公式中的分母来考虑风险的影响,这是两者的区别所在。

11.3 投资组合与风险分散

投资组合是指由一种以上证券或资产构成的集合。由于投资组合涉及的资产主要是金融资产,因此投资组合通常特指证券的投资组合。

投资组合理论认为,若干种证券组成的投资组合,其收益是这些证券收益的加权平均数,但是其风险不是这些证券的加权平均风险,证券组合能降低风险。

11.3.1 证券组合的预期报酬率和标准差

1. 证券组合的预期报酬率

假设有 n 种证券可供选择投资,分别为证券 $i(i=1,2,\cdots,n)$。设 R_i 为证券 i 的实际

收益率；$E(R_i)$为证券 i 的预期报酬率；R_p 为证券组合的实际收益率；E_p 为证券组合的预期报酬率；σ_i^2 为证券 i 报酬率的方差；σ_p^2 为证券组合报酬率的方差；σ_i 为证券 i 报酬率的标准差；σ_p 为证券组合报酬率的标准差；ω_i 为第 i 证券的投资权重。则证券组合的预期报酬率可以表示为

$$E_p = \sum_{i=1}^{n} \omega_i E(R_i) \tag{11-2}$$

其中，$\sum_{i=1}^{n} \omega_i = 1$。

2. 证券组合收益的标准差与证券收益间的相关性

证券组合的风险不仅取决于组合内各证券的风险，还取决于各个证券收益之间的相关性，即当某一因素发生变化时，各证券收益率之间呈现出同向或反向的对应变化，一般用相关系数表示这种关系。

设 ρ_{ij} 为证券 i 与证券 j 收益率间的相关系数，cov_{ij} 为证券 i 与证券 j 收益率的协方差，则

$$\mathrm{cov}_{ij} = \rho_{ij}\sigma_i\sigma_j \tag{11-3}$$

证券组合收益率的方差为

$$\sigma_p^2 = \sum_{i=1}^{n}\sum_{j=1}^{n} \omega_i\omega_j \ \mathrm{cov}_{ij} \tag{11-4}$$

则证券组合的标准差可以直接表示为

$$\sigma_p = \sqrt{\sum_{i=1}^{n}\sum_{j=1}^{n} \omega_i\omega_j \ \mathrm{cov}_{ij}} \tag{11-5}$$

【例 11-3】 假设投资 100 万元于证券 A 和 B，证券 A 和 B 各占 50%。如果 A 和 B 完全负相关，组合的风险被全部抵消，见表 11-2。如果 A 和 B 完全正相关，组合的风险不减少也不扩大，见表 11-3。

表 11-2 证券收益之间完全负相关的证券组合数据

方案 / 年度	A		B		组合	
	收益/万元	报酬率/%	收益/万元	报酬率/%	收益/万元	报酬率/%
2001	20.0	40	−5.0	−10	15.0	15
2002	−5.0	−10	20.0	40	15.0	15
2003	17.5	35	−2.5	−5	15.0	15
2004	−2.5	−5	17.5	35	15.0	15
2005	7.5	15	7.5	15	15.0	15
平均数	7.5	15	7.5	15	15.0	15
标准差		22.6		22.6		0

表 11-3　证券收益之间完全正相关的证券组合数据

年度＼方案	A		B		组　合	
	收益/万元	报酬率/%	收益/万元	报酬率/%	收益/万元	报酬率/%
2001	20.0	40	20.0	−10	40.0	40
2002	−5.0	−10	−5.0	40	−10.0	−10
2003	17.5	35	17.5	−5	35.0	35
2004	−2.5	−5	−2.5	35	−5.0	−5
2005	7.5	15	7.5	15	15.0	15
平均数	7.5	15	7.5	15	15.0	15
标准差		22.6		22.6		22.6

实际上，各种证券收益之间不可能完全正相关或完全负相关，所以不同证券的投资组合一般可以降低风险，但又不能完全消除风险。

11.3.2　投资组合的风险计量

式(11-8)的详细含义说明如下：

1. 协方差的计算

两种证券报酬率的协方差，可用来衡量它们之间共同变动的协同程度。

相关系数的计算公式为

$$\rho=\frac{\sum_{i=1}^{m}\left[(x_i-\bar{x})\cdot(y_i-\bar{y})\right]}{\sqrt{\sum_{i=1}^{m}(x_i-\bar{x})^2}\times\sqrt{\sum_{i=1}^{m}(y_i-\bar{y})^2}} \tag{11-6}$$

其中，$\bar{x}$ 和 $\bar{y}$ 分别为 $x_i(i=1,2,\cdots,m)$ 和 $y_i(i=1,2,\cdots,m)$ 的均值。

再由式(11-6)计算协方差。

2. 组合报酬率的标准差

下面以 $n=3$ 为例，相应的协方差矩阵可表示为

$$\begin{bmatrix}\sigma_{1,1} & \sigma_{1,2} & \sigma_{1,3}\\ \sigma_{2,1} & \sigma_{2,2} & \sigma_{2,3}\\ \sigma_{3,1} & \sigma_{3,2} & \sigma_{3,3}\end{bmatrix}$$

其中，$\sigma_{i,j}$ 代表证券 i 和证券 j 报酬率之间的协方差，满足 $\sigma_{i,j}=\sigma_{j,i}(i,j=1,2,\cdots,n)$。

将组合中第 i 种证券的价值占整个组合价值的比重 $w_i(i=1,2,\cdots,n)$ 和上述计算的各 $\sigma_{i,j}$ 代入式(11-8)中即可得到组合报酬率的标准差 σ_p。

【例 11-4】　假设证券 A 的预期报酬率为 10%，标准差是 12%。证券 B 的预期报酬

率是18%，标准差是20%。假设等比例投资于两种证券，即各占50%。

该组合的预期报酬率为

$$E(r_p)=10\%\times 0.5+18\%\times 0.5=14\%$$

如果两种证券报酬率的相关系数等于1，对风险没有任何抵消作用。如果两种证券报酬率之间的相关系数是0.2，组合的标准差会小于加权平均的标准差，其标准差是

$$\sigma_p=\sqrt{0.5^2\times 0.12^2+2\times 0.5^2\times 0.2\times 0.12\times 0.2+0.5^2\times 0.2^2}=0.1265=12.65\%$$

11.3.3 投资风险的分散

下面仍用标准差计量资产的风险。这里把风险划分为系统风险和非系统风险，系统风险是整个市场所承受的风险，是个体无法回避的风险，如整个经济的景气情况、市场的利率情况等。非系统风险是经济个体本身特有的风险，如经营管理水平等。通过投资的充分分散化，经济个体可以把非系统风险分散掉，投资分散化是否有效减少了风险，关键在于组合投资中不同资产收益的相关性。系统风险是不可分散的。

证券组合的风险如图11-1所示。

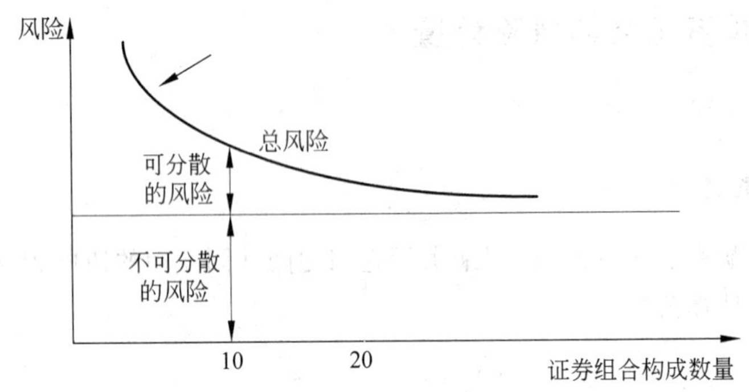

图11-1 证券组合的风险

承担风险的预期回报大小主要取决于系统风险。

综上可见，证券组合的风险不仅与组合中每个证券的报酬率标准差有关，而且与各证券之间报酬率之间的协方差（或相关系数）有关。

11.3.4 资本资产定价模型

资本资产定价模型是由经济学家哈里·马克维茨（Harry Markowitz）和威廉·夏普（William F. Sharpe）在20世纪50年代提出的，这项贡献使二人在1990年获得了诺贝尔经济学奖。资本资产定价模型刻画了投资组合风险与其收益率之间的均衡关系，可用于回答下列问题：为了补偿某一特定程度的风险，投资者应该获得多大的收益率？

1. 系统风险的度量

度量一项资产系统风险的指标是贝塔系数（β），其计算公式如下：

$$\beta_J = \frac{\mathrm{cov}(K_J, K_M)}{\sigma_M^2} = \frac{\rho_{JM}\sigma_J\sigma_M}{\sigma_M^2} = \frac{\rho_{JM}\sigma_J}{\sigma_M} \tag{11-7}$$

其中,分子 $\mathrm{cov}(K_J, K_M)$ 是第 J 种证券的收益率与市场组合收益率之间的协方差。

可见 β 值的大小取决于:①该股票收益率与整个股票市场收益率的相关性;②它自身收益率的标准差;③整个市场收益率的标准差。

贝塔系数的计算方法有两种:

一种是使用线性回归法。即可通过同一时期内的资产收益率和市场组合收益率的历史数据,使用线性回归方程预测出来。

例如,股票J以及市场的历史收益率如表11-4所示。

表11-4 计算β值的数据

年度	股票J收益率 Y_i/%	市场收益率 X_i/%	年度	股票J收益率 Y_i/%	市场收益率 X_i/%
1	1.8	1.5	4	−2.0	−2.0
2	−0.5	1.0	5	5.0	4.0
3	2.0	0	6	5.0	3.0

回归方程 $Y=a+bX$ 的系数计算公式如下:

$$a = \frac{\sum_{i=1}^{n} X_i^2 \cdot \sum_{i=1}^{n} Y_i - \sum_{i=1}^{n} X_i \sum_{j=1}^{n} X_j Y_j}{n\sum_{i=1}^{n} X_i^2 - \left(\sum_{i=1}^{n} X_i\right)^2} \tag{11-8}$$

$$b = \frac{n\sum_{i=1}^{n} X_i Y_i - \sum_{i=1}^{n} X_i \cdot \sum_{i=1}^{n} Y_i}{n\sum_{i=1}^{n} X_i^2 - \left(\sum_{i=1}^{n} X_i\right)^2} \tag{11-9}$$

表11-5 线性回归法计算β值的数据准备

年度	股票J收益率 Y_i/%	市场收益率 X_i/%	X_i^2	X_iY_i
1	1.8	1.5	2.25	2.7
2	−0.5	1.0	1.0	−0.5
3	2.0	0	0	0
4	−2.0	−2.0	4.0	4.0
5	5.0	4.0	16.0	20.0
6	5.0	3.0	9.0	15.0
总计	11.3	7.5	32.25	41.2

将有关数据代入上式得

$$a=\frac{32.25\times 11.3-7.5\times 41.2}{6\times 32.25-7.5\times 7.5}=\frac{55.425}{137.25}=0.40$$

$$b=\frac{6\times 41.2-7.5\times 11.3}{6\times 32.25-7.5\times 7.5}=\frac{162.75}{137.25}=1.18$$

直线方程的斜率 b，就是该股票的 β 系数。

另一种方法是按照定义，根据证券与股票指数收益率的相关系数、股票指数收益率的标准差和股票收益率的标准差直接计算。

表 11-6 用定义计算 β 值的数据准备

年度	股票 J 收益率 Y_i/%	市场收益率 X_i/%	X_i^2	X_iY_i	$(X_i-\overline{X})$	$(Y_i-\overline{Y})$	$(X_i-\overline{X})\cdot(Y_i-\overline{Y})$	$(X_i-\overline{X})^2$	$(Y_i-\overline{Y})^2$
1	1.8	1.5	2.25	2.7	0.25	−0.08	−0.02	0.062 5	0.006 4
2	−0.5	1.0	1.0	−0.5	−0.25	−2.38	0.595	0.625	5.664 4
3	2.0	0	0	0	−1.25	0.12	−0.15	1.562 5	0.014 4
4	−2.0	−2.0	4.0	4.0	−3.25	−3.88	12.61	10.562 5	15.054 4
5	5.0	4.0	16.0	20.0	2.75	3.12	8.58	7.562 5	9.734 4
6	5.0	3.0	9.0	15.0	1.75	3.12	5.46	3.062 5	9.734 4
合计	11.3	7.5	32.25	41.2			27.075	22.875	40.208 4
平均数	1.88	1.25							
标准差	2.835 8	2.138 9							

相关系数的计算：

$$\rho_{JM}=\frac{\sum_{i=1}^{n}[(X_i-\overline{X})\cdot(Y_i-\overline{Y})]}{\sqrt{\sum_{i=1}^{n}(X_i-\overline{X})^2}\cdot\sqrt{\sum_{i=1}^{n}(Y_i-\overline{Y})^2}}=\frac{27.075}{\sqrt{22.875}\times\sqrt{40.2084}}$$

$$=\frac{27.075}{4.7828\times 6.3410}=0.8928$$

标准差的计算：

$$\sigma=\sqrt{\frac{\sum_{i=1}^{n}(X_i-\overline{X})^2}{n-1}} \tag{11-10}$$

所以，$\sigma_M=\sqrt{\frac{22.875}{6-1}}=2.1389$，$\sigma_J=\sqrt{\frac{40.2084}{6-1}}=2.8358$。

贝塔系数

$$\beta_J=\rho_{JM}\left(\frac{\sigma_J}{\sigma_M}\right)=0.8928\times\frac{2.8358}{2.1389}=1.18$$

贝塔系数的经济意义在于：它告诉我们相对于市场组合而言，特定资产的系统风险是多少。例如，如果一项资产的 $\beta=0.5$，表明它的系统风险是市场组合系统风险的 0.5 倍，其收益率的变动幅度只及一般市场收益率变动幅度的一半。

(1) 投资组合的贝塔系数

投资组合的 β_p 等于组合中各证券 β 系数的加权平均值：

$$\beta_p = \sum_{i=1}^{n} X_i \beta_i \tag{11-11}$$

例如，一个投资者拥有 10 万元现金进行组合投资，共投资十种股票且各占十分之一即 1 万元。如果这十种股票的 β 值皆为 1.18，则组合的 β 值为 $\beta_p=1.18$。现在假设售出其中一种股票且以另一种 $\beta=0.8$ 的股票取代之。此时，股票组合的 β 值将由 1.18 下降至 1.142，即

$$\beta_p = 0.9 \times 1.18 + 0.1 \times 0.8 = 1.142$$

(2) 证券市场线

按照资本资产定价模型，单一证券的系统风险可由 β 系数来度量，而其风险与收益之间的关系可由证券市场线来描述。证券市场线可由下列函数刻画：

$$k_i = r_f + \beta(r_m - r_f)$$

式中，k_i 是第 i 个股票的要求收益率；r_f 是无风险收益率（通常以国库券的收益率作为无风险收益率）；r_m 是所有股票平均要求的收益率。在均衡状态下，$(r_m - r_f)$ 是对应投资额为 1 个单位的情况下，补偿投资者所承担风险的超过无风险收益率的部分，该值大小体现了市场平均风险要求的收益率，即风险价格（见图 11-2，其中 $r_f=8\%$，$r_m=12\%$）。

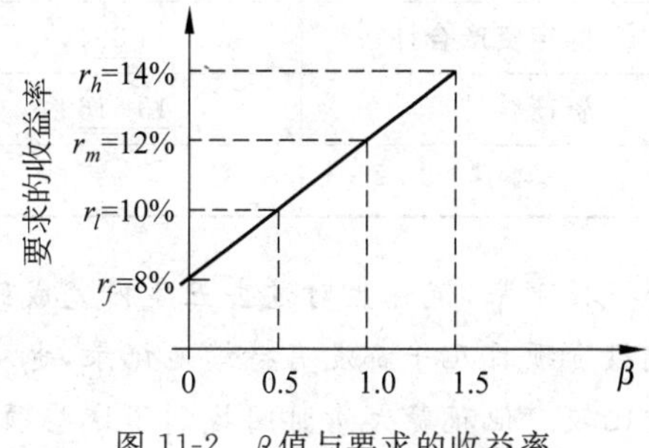

图 11-2 β值与要求的收益率

从证券市场线可以看出，投资者要求的收益率不仅仅取决于市场风险，而且还取决于无风险利率（证券市场线的截距）和市场风险补偿程度（证券市场线的斜率）。

案例分析

案例 11-1 A 食品有限公司的投资项目分析

A 食品有限公司是总部设在 M 省 T 市的私营企业，主要生产和批发各种奶制品。公司董事长兼总经理范长江先生抓住中国改革开放的大好时机，利用 T 市的奶制品加工传统，组织生产和销售质量上乘的奶粉、酸奶、牛奶、冰淇淋等系列产品。目前，A 公司的奶制品已占有 M 省及其相邻各省的一定的市场份额，月销售额正呈上升趋势。

范长江希望进一步扩大企业规模、争取更大的市场份额和开发新一代产品，但却在长期投资决策的风险管理上遇到了困难。它有意让小儿子范林生来克服这些困难，以考察他是否具有最终独立担当家族企业领导的能力。

范林生从 N 市 N 大学工商管理系毕业后，在 N 市某公司工作了三年，积累了一些实

际经验。目前，他已辞职回到父亲的公司，经过三个月在公司财务部和营销部的工作，他已初步掌握了公司的基本情况。对于范长江指出的困难，他认为问题出在对所有的投资项目都使用单一的折现率进行计算，不能够反映项目各自的风险状况。

首先，范林生想重新估算公司典型投资项目要求的报酬率。他对公司目前使用的10%折现率的精确性提出了疑问。范家几乎所有的家庭财产都投资在公司里，作为非多样化投资的补偿，4%的额外收益是必要的，因此，不能使用行业平均的6%的净资产报酬率。根据最新资料，政府长期债券的利率为7.5%；而A公司到期债券的利率为9%，短期负债（如应付票据）的利率为8%，所得税税率为30%。

表 11-7　A食品有限公司当前资产负债表　　千元

资　　产		负债和所有者权益	
		应付票据	824
现金	546	应付账款	4 065
应收账款	5 437	其他应付款	995
存货	2 969	流动负债合计	5 884
流动资产合计	8 952	长期借款	2 372
固定资产合计	4 364	留存收益	3 760
资产合计	13 316	普通股股本	1 300
		负债和所有者权益总计	13 316

接下来，范林生对过去五年内完成的一些投资项目进行了审核。他发现公司对于长期投资项目几乎都没有持续地记录，也从来没有正式地把实际的成本和收益与计划数做过比较。他花费大量时间找到了这些项目的相关财务信息，又与公司的几个元老进行了讨论。最后，他总结出了四类不同风险等级的投资项目（见表11-8）。他计划在深入地分析中考虑不同类型项目的报酬率及其对诸如经济形势、利率、新的竞争者的加入、当期劳动力市场变化等因素的敏感度。

表 11-8　范林生提出的风险等级

风险等级	投　资　项　目	相对风险
A	低于平均风险。日常设备更新等制造成本类项目	0.6
B	平均风险。在已建立市场的地区陆续生产已有产品	1.0
C	高于平均风险。在已建立市场的地区内发展新产品	1.8
D	高风险。开拓新的市场区域，发展新产品	3.0

范林生认为对最高的两个风险等级尚需分析可能出现的最坏情况。他建议这样的两类投资项目必须达到两个标准：第一，内部收益率必须超过风险调整后的最低报酬率；第二，在最坏的情况下，预计亏损不能超过项目成本的20%。当他询问一些经理人员关于

第二个标准的意见时,大部分人都认为这个数字的确定有点专断,且根本不适合正处于市场扩张状态的项目;少数人认为这个标准很合理,能避免公司出现重大的投资失误。

一位经理向范林生提出了如下问题:公司资本预算的大部分都放在了投资决策上,而投资项目现金流的风险与投资计划的时间跨度成正比。也就是说,大部分投资项目一年内的现金流量要比第三年的现金流量更容易预计出来,比如,公司在已被熟知的市场上发展新产品或重新购置新型设备做原有的工作等。但在另一些情况下投资项目的第一年风险最大,如公司想进入一个与公司业务关联度不大(不能利用公司原有知名度)但有发展前景的市场;或者在公司对此相关技术不很清楚的情况下作关于设备更新的决策时,随着公司使用新设备经验的增加,投资项目后来的现金流与前期相比会更好确定,因此范林生的资本预算风险等级评价最好能够区分这两种不同情况。

案例思考题:

(1) 范林生分析了各项计划总的风险后,列出的表 11-8 把系统性风险和非系统性风险都列入考虑的范围,这样做对不对? 结合案例讨论评价。

(2) 计算公司典型投资项目的最低报酬率(或资本成本)。假设公司现在的资本结构是适当的,计算在考虑风险情况下公司所要求的净资产报酬率(用账面价值计算)。

(3) 计算表 11-8 中列出的四个等级的投资项目的风险值,计算风险调整贴现率。

本章小结

项目风险的衡量主要有期望收益率、标准差率、表征离散程度的全距、四分位数间距、方差和标准差等指标。风险收益是指承担风险的额外收益要求,通过市场风险投资组合的期望回报率与无风险资产的收益率之差来测度。风险的度量检验可以选择概率分析法、杠杆分析法、资产定价模型法(CAPM)、风险价值度量法、风险率度量法等。

在项目的整个生命周期中,始终存在着很多不确定性事件,人们对于现在和未来事件的信息总是不能完全掌握,并且同一项目的不同主体对项目的期望或利益诉求可能各不相同,就会产生项目风险。项目风险具有多样性、持续性、影响的全面性、规律性等特点。与投资项目有关的风险一般包括项目风险、公司风险以及市场风险三大类。投资风险统计的方法主要包括风险调整贴现率法和肯定当量法。风险调整贴现率法的基本思想是对高风险项目采用较高的贴现率去计算净现值,然后根据净现值法的规则来选择方案。肯定当量法是先用一个系数把有风险的现金收支调整为无风险的现金收支,然后用无风险的贴现率去计算净现值,再用净现值法的规则判断投资机会的可取程度。

投资组合是指由一种以上证券或资产构成的集合。投资组合理论认为,若干种证券或资产组成的投资组合,其收益是这些证券或资产收益的加权平均值,但是其风险不是这些证券或资产风险的加权平均值。证券组合能降低风险。投资组合的风险可以用标准差计量,这个标准差是指它的整体风险。整体风险可划分为系统风险和非系统风险。系统风险是整个市场所承受的风险，是个体无法回避的风险。非系统风险是经济个体本身特有的风险。通过投资组合的充分分散化，经济个体可以把非系统风险分散掉，但组合的系统性风险依然存在。

资本资产定价模型意在刻画组合情况的风险与其要求的收益率之间的均衡关系。资本资产定价模型用β系数度量一项资产的系统风险。按照资本资产定价模型理论，单一证券的系统风险可由β系数来度量，而其风险与收益之间的关系可由证券市场线来描述。β系数的计算方法有两种：一种是线性回归法；另一种方法是按照定义，根据证券与股票指数收益率之间的相关系数、股票指数收益率的标准差和股票收益率的标准差直接计算。从证券市场线可以看出，投资者要求的收益率不仅仅取决于市场风险，而且还取决于无风险利率和市场风险补偿程度。

思考题

1. 为什么把股票投资的报酬视为随机变量是合理的？如果把债券投资的报酬视为随机变量也是合理的吗？储蓄的报酬呢？

2. 日常生活中，风险是指不利的事件发生的可能性，而财务学中的风险被定义为投资报酬率的标准差。

(1) 这两种定义为什么乍看起来不一致？

(2) 讨论这两种定义的一致性。

3. 哪些指标可以用来衡量一项投资项目的风险？投资项目的风险是如何进行统计的？

4. 区分系统性风险和非系统性风险对于财务管理有何意义？

5. 投资组合中贝塔系数的财务意义是什么？

6. 与单个项目相比，投资组合的风险度量有哪些特殊性？

7. 资本资产定价模型、资本市场线、证券市场线三者之间有何联系与区别？

习题

1. 选择题

(1) 下列有关证券投资风险的表述中，正确的有(　　)。

A. 证券投资组合的风险有非系统风险和系统风险两种

B. 公司特定风险是系统风险

C. 股票的市场风险不能通过证券投资组合加以消除

D. 当投资组合中股票的种类特别多时，非系统性风险几乎可全部分散掉

(2) 关于贝塔系数，描述正确的是(　　)。

A. 大于0且小于1　　B. 是证券市场线的斜率

C. 是衡量资产系统风险的标准　　D. 在−1和1之间

(3) 一个公司股票的β系数为1.5,无风险利率为8%,市场上所有股票平均报酬率为10%,则该公司股票的预期报酬率为(　　)。

A. 11%　　B. 12%　　C. 15%　　D. 10%

(4) 已知某投资组合的必要收益率为18%,市场组合的平均收益率为14%,无风险收益率为4%,则该组合的β系数为(　　)。

A. 1.6　　B. 1.5　　C. 1.4　　D. 1.2

2. 计算题

(1) 假设市场证券组合由两个证券A和B组成。它们的预期回报率分别为10%和15%,相应的标准差分别为20%和28%,组合中的权重分别40%和60%。已知A和B收益率的相关系数为0.30,无风险利率为5%。求资本市场线方程。

(2) 假设大洋公司准备投资开发一项新产品,根据市场预测,预计可能获得的年度收益及概率资料如表11-9所示。

表11-9　新产品的预计年收益及其概率

市场状况	预计年收益/万元	概率/%
繁荣	600	30
一般	300	50
衰退	0	20

若已知此产品所在行业的风险收益系数为8%,无风险收益率为6%,试计算大洋公司此项决策的风险收益率和风险收益额。

第四篇

财务战略与财务规划

第12章 公司财务战略

本章框架体系

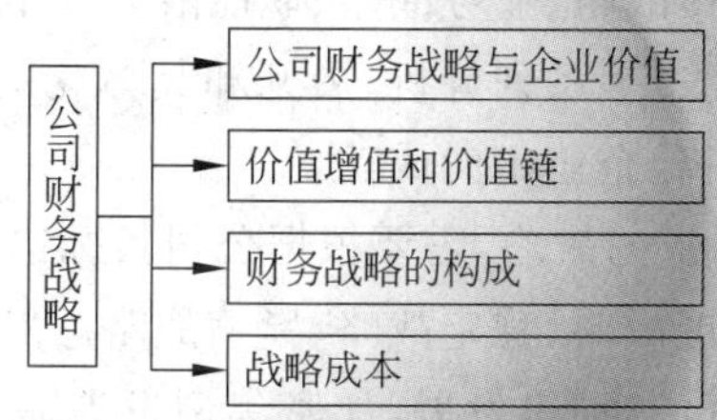

学习目标

1. 了解公司财务战略与企业价值的关系。
2. 了解价值链与价值增长。
3. 掌握财务战略的内容以及制定、实施和评价。
4. 了解战略成本概念及分析。

导 读

Palmer 公司是由 Mark 和 Andrew Palmer 兄弟创建的教会蜡烛供应商，享有以 50 多个教会吉祥物为模本制造蜡烛的权利。兄弟俩和很多亚洲生产商建立了合作关系，后者以极低的价格为其生产蜡烛并运往美国。第一年这家公司的销售额就达到了 50 000 美元。关于公司未来，Palmer 兄弟只是想让公司上市，向公众发行股票，最终抽身而出，坐享其成。

然而兄弟俩必须认识到他们可能被任何一个拥有广泛分销能力的大公司击败，他们需要明白自己竞争的优势；兄弟俩必须认识到管理好资金的重要性，因为若无法及时从教会拿到销售货款支付给亚洲生产商，不仅会产生经济上的损失，还会因难以提供新的供货而被取消生产教会蜡烛的权利。而且，公司的生存可能会依赖于融得足够多的资金支持其成长或战略并购生产商的能力。

一个恰到好处的财务战略能帮助像Palmer兄弟这样的企业主规划和处理经营问题。

本章内容

12.1 公司财务战略与企业价值

12.1.1 公司战略的含义及层次

公司战略是指公司为了适应未来环境的变化，寻求长期生存和稳定发展而制定的总体性和长远性的谋划与方略。战略的总体性体现在以公司全局为对象确定总目标和发展方向；战略的长远性体现在着眼于公司的未来发展和长远利益。战略的实质是达到公司外部环境、内部条件、战略目标三者之间的动态平衡。

公司战略一般划分为总体战略、业务战略、职能战略三个层次。不同层次的战略相互配合、相互制约、协调一致，经过一系列分析、展开和具体化的过程，把方方面面的活动统筹起来实现企业战略目标，引导企业走向成功。

（1）总体战略，是最高层次的战略，需要根据公司目标选择可以竞争的经营领域以及经营态势。经营态势分为发展战略、稳定战略、紧缩战略。发展战略强调利用外部环境提供的机会，发掘和运用各种资源，加速发展，如密集型发展、一体化发展、多元化发展。稳定战略指公司在一定时期内保持产品、技术、市场、资金等方面的稳定现状，核心是在稳定中求效益。紧缩战略指外部环境与内部条件的变化都对公司十分不利时，在一定时期内缩小生产规模或压缩某些产品生产以避开风险，保存实力，以便寻求新的发展机会的一种战略。企业总体战略的确立在很大程度上取决于企业所处生命周期的阶段。

（2）业务战略，又叫竞争战略，是公司的二级战略。业务战略把总体战略所包括的公司目标、发展方向和措施予以具体化，形成各业务单位具体的竞争与经营战略，使生产经营活动更加有效，以保证总体战略实现。公司可以通过成本领先、产品差异化和目标集聚三种基本的竞争战略来取得竞争优势地位。成本领先战略是通过一切可能的方式和手段降低成本，成为所在市场的成本最低者而获得竞争优势。产品差异化是通过产品的研究和开发，制造出其他企业不能生产的产品以满足顾客需求，从而获得竞争优势。集中化战略是集中有限的资源以更高的效率、更好的效果对某一特定的目标顾客群或特定的目标市场和细分市场提供更优的服务，提高顾客的满意度和忠诚度，以形成和维护竞争优势地位。

(3) 职能战略,主要是公司各职能部门为更好地服务于总体战略以及业务战略而形成的各职能领域的战略,如财务战略、采购战略、生产战略、营销战略等。

12.1.2 公司财务战略与企业价值的关系

财务战略即为谋求资金均衡有效地流动和实现公司战略,增强财务竞争优势,在分析内外部环境因素对资金流动影响的基础上,对资金流动的全局性、长期性和创造性的谋划。企业价值一般包括两方面内容:一是现有资产价值,即厂房、土地和设备以及劳动力等的市场价值,也就是雇用同等质量的劳动力和重置生产设备和资源的货币投入;二是企业价值的增长量,也就是管理者发挥经营职能,在特定期间,创造的财富增量。

首先,企业现有资产价值一般很难改变,而特定期间的价值增长则随着企业、经营者以及员工的不同有很大差异。这种差异根本上是企业资金流转的不同造成的。所以,企业价值的提升离不开财务战略的策划。增加企业价值作为新的财务管理职能,构成了财务战略的组成部分。因此,公司财务战略与企业价值存在手段与目标的关系。

其次,围绕企业价值这一中心,使人们对企业发展方向的认识更为明晰,明确规定了公司财务战略目标就是企业最重要的整体战略目标,即为企业价值的最大化。按照战略目标,设计多个可供选择的财务战略方案,并评价其对企业价值的影响,最终选择一个满意的方案。因此,企业价值目标决定了财务战略方案。

最后,公司财务战略将企业价值目标在不同的层面展开,成为制定职能战略的基础。并根据企业价值目标的需要,对资产利用、资金取得等财务战略的执行活动实行监督与评价。

12.2 价值增长和价值链

财务战略管理是一种综合性的价值管理,追求切实可行的价值增长目标,确保企业处于正确的方向,并在不断进步,是促成企业价值最大化的根本途径。企业良好运营的过程,是价值不断增值的过程,创造一次价值很多企业都能做到,但是持续往复地增长价值难度更大,跟企业创造价值增长的方式相关。

12.2.1 价值增长及方式

价值增长即一段时间内企业价值的增长量,即管理者发挥经营职能,通过劳动力和资源的战略优化,把握环境变化中的机遇,为股东和所有的利益相关者创造的更多财富。价值增长的科学性表现在其创造价值的方式上。

1. 非竞争性——合作型的价值增长

竞争优势理论常将企业放在一系列彼此争斗的竞争力量中间,不仅包括实际和潜在的竞争对手，还有其供应商和客户。这一观点的缺陷在于企业利益与其他相关者利益无法兼容，“谁得到了什么”是一个“零和”游戏，利润只能以损害某些人利益的代价才能产生。如员工争取到超常的高工资，虽然短期内受益，企业却可能在将来被迫停业或失去市场份额；反之，企业短期内支付低于市场价格的工资，就可能失去劳动力，实际上都减少了企业价值，导致长期局面恶化。在与供应商或者顾客的关系上，也是如此。

价值增长建立在各利益相关方共同合作、平衡受益的基础上，企业基于顾客需要设计产品，供应商能为企业提供恰当的材料，各利益相关方从交易成本、订货提前期、废品率及成本降低等方面减少每个失误，从根本上提高绩效，实现共赢，从而使价值持续增长。

2. 非短视——长远的价值增长

企业创造产品或市场的同时，社会也让它们分享创造出的新价值作为其高额回报。但随着时间推移，由于竞争者的迎头赶上，企业在利润方面有所损失。将精力集中于阻止或减慢传递这些价值给更加广泛的受益者，这并非价值增长的目标模式。

价值增长旨在集中更多力量去发现新价值的更多来源。等到一种革新最初创造的大部分高额利润由于市场压力而传递到社会时，企业已经在新产品和新的运用中发现了新的机会，至此新一轮价值增长过程开始了。业绩卓著的企业能够长时间地创造价值，业绩差的企业不能做到这一点。要创新并创造价值，企业通常需要一定程度上的效率降低——牺牲一些效率把资源分配到那些不能立即产生高回报的业务方面。毕竟企业价值取决于其未来现金流量的折现，仅仅关心当期的利润或销售收入未免目光过于短浅，即使开创性的创新在刚开始时对比现行业务来说也不一定具有优势，只有时间才能使其达到预期目的。价值增长的评价中包含了对未来的考虑，它并非某个目的地，价值增长的过程是一个持续的进化过程。

3. 非偶然——战略式价值增长

研究表明，任何行业的任何企业都可能实现价值增长，每个行业都有很大范围的业绩表现区域。那些炙手可热的行业，如计算机软件业或生物技术行业，并不一定能保证进入该行业的每家公司都成为“印钞机”。每个行业都有赢家，但也给增长滞后者留下了一定的空间。这说明实现价值增长绝不是偶然事件，而是一个有意识的战略过程。

高速增长和低速增长的公司在战略设计上存在内在的不同，低速增长公司选择了传统方法，即在竞争中处于领先地位；而高速增长的公司则不关心如何打败竞争对手，而是采取了一种价值创新的战略逻辑，力求使竞争者不再成为竞争者。科尔尼管理顾问公司与350多名欧洲、亚洲和北美的首席执行官和高级主管在各种高层会议上讨论过公司增长问题，与会的公司领导人员普遍估计他们只开发了不到50%的增长潜力。换言之，这些经理们认为其公司本来能够以两倍于现在的速度增长。而他们抓不住这些增长机会的最大制约因素，正是由于公司本身战略的限制。

12.2.2 价值链概念及分析

企业与供应商、顾客等不同利益相关者之间的关系像由多个价值链彼此交织的网络，影响着企业价值增长的程度。价值链是一种分析价值增长的有效工具。

价值链是在一个特定产业内的企业中按生产活动顺序组织的、既相对独立又相互联系的各种作业活动的组合，由于其上每种价值活动的资源配置方式和配置成本会因企业不同而不同，形成成本或差异等不同的竞争优势，构成了不同的创造价值的过程。价值链分析通过优化作业链来提升企业竞争优势，包括企业内部价值链分析和企业外部价值链分析。

1. 企业内部价值链分析

内部价值链分析将企业内部的经营过程划分为一个个相对独立的作业，上一作业是下一作业的准备，逐步推移，直至将产品或服务提供给最终的客户，形成彼此联系、环环相扣的"作业链"。作业的环环推进过程也是价值在企业内部沿着价值链逐步积累和转移的过程。每一作业占用和消耗的资源形成企业的支出。企业将产品或服务销售或提供给外部客户获得客户价值，形成企业的收入。收入补偿支出总和后，若有剩余，就是企业实现的利润；反之，企业就发生亏损。企业的相对价值地位可以从实现利润或发生亏损的大小同其竞争对手的比较中反映出来。

从作业链上的作业与客户价值的关系看，可将其分为增加价值的作业和不增加价值的作业两类。前者如产品设计、加工制造等，后者如存货的存储、分类、整理等。优化内部价值链即尽可能消除所有不增加价值的作业以及尽可能提高增加价值作业的运作效率，借此减少资源的消耗和占用。例如，企业可采用适时生产系统，在生产经营的各个环节力求实现零存货。而对产品设计、制造、营销和售后服务等要降低各项作业的支出，提高这些增加价值作业的运作效率。

2. 企业外部价值链分析

企业外部价值链分析包括横向价值链分析和纵向价值链分析。

横向价值链分析，用于明确企业与竞争对手之间的差异，确定与竞争对手采用相同、类似还是不同的方式，以保持或者发展自身的竞争优势。如保持成本优势能够使企业获得高于行业平均水平的收益，超越竞争对手。

纵向价值链分析，是将整个行业的价值活动分解成一系列相关的战略活动（如将采矿行业分成探测、开采、生产、加工、销售等几个价值活动），确定企业由目前的位置沿着价值链向前或向后延伸是否有利可图，以便在价值链上明确定位，专注于核心业务，将非核心业务外包，以提高整体的盈利水平，建立核心竞争力。同时，强调整个行业紧密合作，缩短产品完成时间，使生产量贴近适时需求，减少采购、库存、运输等环节的成本，共担风险，共享利益。

3. 企业内外部价值链分析的关系

企业内部价值链分析是外部的纵向价值链分析和横向价值链分析的交叉点。纵向价值链分析的结果说明企业应该生产什么或者提供什么服务；横向价值链分析指出企业生产该种产品或者提供该种服务的竞争优势所在，明确外部竞争的关键因素，确定企业生产经营的限制条件。没有对企业内部价值链分析的总体认识，外部分析就缺乏基础，无法做到有的放矢；没有对企业内部各种作业的挖潜，外部价值链分析就失去了意义。内外部价值链分析相互依存、互相联系，构成有机整体，共同为实现价值增长服务。

价值链不仅是一条物流链，也是一条资金链，包含了财务战略的众多内容，比如：存货管理、成本管理、应收账款管理等资金运用过程的全面规划。同时，价值链将供应商、顾客、员工、管理者、债权人等财务关系人纳入整个价值增长的分析过程中来，以更好地实现财务战略。

12.3 财务战略的构成

财务战略关注的焦点是企业资金流动，包含战略的制定、实施、评价等基本环节，由筹资、投资和收益分配等内容组成。

12.3.1 财务战略的内容

1. 筹资战略

筹资战略是根据企业内外环境的状况和趋势，对筹资目标、规模、渠道、方式和时机等进行长期和系统的谋划，旨在为战略实施和提高长期竞争优势提供可靠的资金保证，并不断提高筹资效益。

(1) 筹资战略的目标及规模

筹资战略目标是企业在一定战略时期内筹资要达到的总要求，指明筹资努力的方向，明确筹资的总任务，是制定具体筹资方案的前提。筹资规模指一定时期内的筹资总额，决定了可供分配和使用的资金数量，是筹资战略目标的重要组成部分。筹资不足会导致资金短缺，使投资需要得不到满足，造成生产萎缩，效益下降。筹资规模过大，资金闲置、浪费，得不到充分合理的利用，还可能背上沉重的债务包袱，最终阻碍企业的生存与发展。筹资规模必须依据企业发展战略对资金的需要量而定，对资金在战略期间的总需要量和每一阶段的需要量进行测算，以此为根据，再适当考虑其他一些影响因素来确定。

(2) 筹资渠道与方式

取得资金的来源称为筹资渠道，各种来源的资金所占的比例构成了资金来源的结构，一种来源的重要程度将会影响对其他来源的需要程度。一般地，筹资目标要通过适当的资金来源组合才能达到。取得资金的具体形式涉及筹资方式。资金从哪里来和如何取得资金，两者既有联系，又有区别。前者提出的是取得资金的客观可能性，后者提出的是通过什么方式把筹资的可能性变成现实。同一渠道的资金往往可以采用不同的方式取得，而同一筹资方式又往往适用于不同的筹资渠道。在多数情况下，筹资渠道与筹资方式之间存在着一定的对应关系。如财政拨款方式只适用于国家资金，而发行股票方式则只有在证券市场存在的情况下才是可行的。筹资渠道与方式的选择，从战略角度看，一方面，要反映筹资战略的要求；另一方面，要顺应内外环境的现状和长期趋势。

(3) 筹资时机

筹资的时机指应在何时进行筹资的战略决策。首先何时进行筹资取决于企业环境变化所提供的投资的时机。筹资过早会造成资金的闲置，过迟则可能丧失有利的投资机会。其次，外部的筹资环境随着时间、地点、条件的不同处于不断变化之中，往往导致筹资成本时高时低、筹资难易程度时大时小等状况。因此，企业抓住环境变化提供的有利时机获得资金成本较低的资金，将对公司产生有利的影响。

2. 投资战略

投资战略是在估计影响企业长期发展的各种内外环境因素的基础上，对长期投资行为所做出的整体筹划和部署，是财务战略中最重要的组成部分。资金一经投入，其使用方向与规模在短时期内很难调整，可能直接导致企业资金周转不灵或陷入财务困境而导致破产。投资战略决策的首要任务不是选择备选项目，而是确定诸如多元化或是单一化的投资目标，这是搜寻和决策项目的前提。投资战略目标不仅决定了投资的规模和实现方式，还决定了筹资的规模、方式和时机，以及公司日常经营活动的特点。

(1) 投资战略目标

多元化或是单一化的投资战略目标，可以从收益性目标、成长性目标、市场占有目标、技术领先目标、产业转移目标、一体化目标、社会公益性目标等这些目标中选择其中的一个或者多个。

其中，收益性目标是获利程度方面的目标，更强调注重长期的收益性和盈利能力，而非短期性利润目标，是大部分企业投资的基本目标或最终目标，如利润额及利润率、投资报酬率、每股盈余等指标，都可用来表达企业投放资金追求的收益性目标。成长性目标指那些表明企业成长、发展程度的目标，应该以效益为先导，不能单纯为成长而成长。比如规模扩大、产量增加、销售额上升、技术装备水平提高等，都可视为成长性目标。市场占有目标指以占领市场、提高市场占有率等为企业资金投放的直接目标，技术领先目标指投资目的是能以某项技术占据领先地位，以独特性、更低成本、更高质量占领市场，从而把竞争对手甩到后面。产业转移目标指投资的目的是改变生产方向，从一个行业转向另一个行业，或实现经营多角化，以期减少经营风险。一体化目标指投资目的是前向或后向或水平一体化，以取得或建立有保证的销售渠道、关键技术、原材料供应基地和能源供给等，是增强竞争优势的重要途径。社会公益性目标指投资为了如环境保护、公共交通和节约能源等公共效益方面的目标。此类投资是维护人们正常生产、生活环境所必不可少的，企业和社会对此越来越重视。

(2) 资金投放规模

资金投放规模即企业对选定投资领域的投资数量。一定程度内的投资规模扩大能引起企业平均成本降低而收益增加，提高投资的边际收益率，这种现象称为规模经济性。但是，当投资规模达到一定的程度，再行扩大规模，规模经济就不会再提高效率，还会带来一系列的新困难和新问题，并导致平均成本上升，效益下降，造成投资规模的不经济性。企业的最佳选择是将规模扩大到使平均成本达到其最低点，边际收益率最高为止。

特别值得注意的是，资金的投放要保证日常资金的需要，不能影响企业正常的资金周转。

(3) 投资实现方式

投资实现方式即企业达到投资目标的途径。外延型方式、内涵型方式、兼并方式、联合方式、收购方式等各种投资实现方式的特点不同，适应的情况不同，组织的难易不同，给企业带来的收益也不相同，所以企业要恰当选择投资实现方式。

其中，外延型方式是通过基本建设投资增加劳动资料为主要手段实现投资目标。内涵型方式是在现有企业规模的基础上，用先进的技术、工艺和装备代替落后的技术、工艺和装备，达到提高产品质量、促进产品更新换代、节约能源、降低消耗、扩大生产规模和全面提高经济效益的目的。兼并方式通过对其他企业吸收合并实现扩大再生产的目的。联合方式是指彼此相关的经济或非经济单位，发挥各自的优势，取长补短，组成经济集合体以使企业得到发展和获取更大经济效益。收购方式是指企业用现金、债券或股票购买另一家公司的部分或全部资产或股权，以较少的投资额获得该企业的控制权，从而增强企业实力。

3. 收益分配战略

收益分配战略是对收益分配进行全局性和长期性的谋划，重在探寻收益的分配与留存之间的比例关系。这不仅决定着企业内部资金来源数量的多寡，而且也决定着长期收益分配的稳定性。

(1) 收益分配战略的目标

首先，要保障股东权益，平衡股东间利益关系。控股股东和关联股东侧重于长远发展，零星股东倾向于近期收益，仅满足某一方面股东的利益，会使其他股东产生不满，严重时将导致法律诉讼事件，影响企业声誉。因此，收益分配政策必须通过创造高效益回报投资者，保障股东权益，在不同的股东间平衡，从长远角度决策收益的分配。其次，要促进企业长期发展。通过收益留存提供的资金，增强企业发展后劲，保证扩大再生产的进行，促进企业长期稳定发展。最后，对于上市公司，稳定股票价格。收益分配作为一种信号，对投资者的决策产生影响，进而影响公司的股票价格。股价过低，影响公司声誉，不利于今后增资扩股或负债经营，也可能引起被收购兼并事件；股价过高，影响股票流动性，并将留下股价急剧下降的隐患；股价时高时低，波动剧烈，将动摇投资者的信心，成为投机者的投资对象。当然，收益分配关注对企业发展的长期影响，不过分计较股票价格的短期涨落。

(2) 收益分配战略的影响因素

收益分配受到经济、法律、债务条款等外部环境因素的影响，也受到现金流量、筹资能力、投资机会、收益分配的惯性等内部因素的影响。

外部因素中宏观经济环境的状况与趋势会影响企业的收益分配，例如，在持续通货膨胀时期，投资者往往要求更高的收益分配。同时，各国对收益分配支付制定了很多法规，收益分配面临着资本、偿债能力和内部积累等多种法律条文的限制。特别是长期债务合同通常包括限制公司收益分配现金支付的一些条款。行业等其他外部因素也会影响收益分配的支付水平。

内部因素，如现金流量，若公司持有大量的现金和其他流动资产，其收益分配的支付能力就强，若因扩充资产、偿还债务等原因已消耗了大量的现金，再用现金支付收益分配显然是不明智的，绝不能因收益分配而危及公司的支付能力。一般来讲，公司盈利提供的现金流量越稳定，则其股利支付水平也越高。其次，如果公司规模小、经营风险大、创办期短，外部筹资能力较弱，不能随时筹集到所需资金，或虽能筹集但成本太高，则应限制收益分配支付，以留存收益作为筹资方式。再次，收益分配还要受到公司投资机会因素的左右。如果企业有利可图的投资机会多，需要大量资金，则经常会采用高留存收益、低收益分配支付的方案。最后，企业历年采取的收益分配具有连续性和稳定性，一旦决定重大调整，就要充分估计这些调整在声誉、股票价格、负债能力、信用等方面带来的一系列后果。

综合以上各种因素对收益分配的影响，企业就可以拟定出可行的备选方案。进一步按照公司战略的要求分析、评价这些首先方案，从中选出与公司战略协调一致的方案，并予以实施。

12.3.2 财务战略的制定、实施和评价

1. 财务战略的制定流程

其制定流程如下：

(1) 分析财务战略环境。环境总是在不断变化，因此，任何企业的财务战略都伴随着风险。分析、预测环境因素变化对财务战略的影响，是制定财务战略的出发点和重要依据。财务战略环境包括产业环境、竞争环境、金融环境、政治环境、法律环境、社会文化环境、科技教育环境、自然环境等外部环境和包括企业管理体制、企业组织形式、生产经营规模及特点、管理水平及管理状况、财务组织结构及财务人员素质等内部环境两个方面。外部环境分析是为了找出外部环境中存在的机会和威胁，以便充分利用机会，避免威胁；内部环境分析是为了弄清本企业的财务优势和劣势，以便扬长避短，增强竞争能力和应变能力。

(2) 确定财务战略目标。财务战略目标是财务战略的核心和财务战略实施的最终成果，应当符合企业的价值增长目标，并且具有激励性、定量性和前瞻性。有了明确的财务战略目标，才能界定战略方案选择的边界，从而排除偏离企业发展方向和财务目标要求的战略选择。

(3) 制定财务战略方案。根据企业内外环境和财务战略目标的要求，对战略目标具体化，拟定若干个实现目标的备选方案，通过分析论证，在权衡利弊得失的基础上，选择实现财务战略目标的最优方案。

2. 财务战略的实施

财务战略实施是通过一定的程序，采取一定的方式和手段，实现财务战略的行动过程，包括制订中间计划、拟定行动方案、编制财务预算、确定工作程序、实施战略控制等内容。

具体来说，①中间计划是介于长期战略与行动方案之间的计划。中间计划往往就是年度计划。②行动方案是对中间计划的进一步细化，是实施某一计划或从事某项活动的具体安排。例如，如果企业选择了股票筹资战略，就需要在战略实施过程中为发行股票制定具体的行动方案。③财务预算是以货币形式综合反映企业未来一定时期内财务活动和财务成果的预算，主要包括现金预算、预计资产负债表、预计利润表和预计现金流量表等内容。财务预算是财务战略目标的具体化、系统化、定量化，是财务战略行动方案及相应措施的数量说明。④工作程序规定了完成某一行动或任务的步骤和方法。为了制定最佳的工作程序，可以借助计算机，采用计划评审法、关键线路法、线性规划、动态规划和目标规划等一系列科学管理方法合理安排财力。⑤将财务战略的实际执行情况与预定目标进行比较实施战略控制，检测二者的偏离程度，并采取有效措施进行纠正，使二者保持协调一致。

3. 财务战略的评价

财务战略评价是对财务战略实施效果进行分析、检查的过程，既是对实施情况的总结，又是制定新一轮财务战略的重要依据，在财务战略管理过程中起着承上启下的作用。

具体包括建立财务战略评价指标体系、选择评价标准和评价方法。

(1) 评价指标体系一般应具备适用范围广、兼顾长短期利益、评价成本低、层次分明、结构严密等特征，按其作用分为基本指标和辅助指标两大类。基本指标是评价财务战略实施效果的主要指标，辅助指标是对基本指标的进一步说明和必要补充。如评价企业盈利能力，可以设置净资产收益率、销售利润率作为基本指标，总资产报酬率、资本收益率、成本费用利润率等作为辅助指标。

(2) 评价标准是客观、公正评判的标尺。有比较才有鉴别，只有将评价指标的实际值与标准值进行对比，才能揭示差异，鉴别优劣。常用的评价标准主要有：预期目标、以往的实际水平、企业所在行业的平均水平或先进企业的实际水平、竞争对手的实际水平，在实际工作中应综合运用各种不同的标准。

(3) 财务战略评价采用何种具体方法，要根据评价的目的、要求以及所掌握资料的性质和内容来确定。常用的单一指标的评价方法主要有比较法、比率法、趋势法等；综合评价方法主要有雷达图法、杜邦分析法、沃尔比重评分法等。

12.4 战略成本

12.4.1 战略成本的概念

不论企业采取何种战略，成本问题始终是企业战略制定、选择和实施过程中需要考虑的重点问题，成本优势能够创造竞争优势。

战略成本管理是按照战略管理的要求而发展起来的新的成本管理系统，运用专门方法提供企业本身及其竞争对手的分析资料，从战略高度对企业及其关联方的成本行为和成本结果进行分析，促进企业形成成本持续降低的环境和长期的竞争优势。

战略成本管理在许多方面表现出不同于传统成本管理的特征，具体表现为全面性、竞争性和协调性三个方面。

1. 全面性

传统成本管理将管理空间集中在企业，片面依靠对企业内部生产经营管理状况的分析，为管理者提供相应的成本信息，并寻求降低成本的方法和措施，成本降低的幅度有限。战略成本管理把企业成本管理问题放在整个市场环境中予以全面考虑，不仅包括企业内部的价值链，还包括整个行业的价值链，不仅对生产成本进行分析，还全面考虑和分析各种潜在机会成本，以提高企业的盈利，具有全面性特征。

2. 竞争性

传统成本管理往往只强调成本的降低，包括相对降低或者绝对降低，很少考虑成本降低对企业竞争地位的影响，也就很难形成企业的竞争优势。战略成本管理重视成本竞争优势的形成，关注企业的成本行为对其竞争地位和竞争优势的影响，以成本管理辅助最佳战略方案的选择，促进战略管理目标的实现，具有竞争性的特征，这既充分体现了战略管理的思想，又反映了成本管理理念的发展和完善。

3. 协调性

传统成本管理的直接功能表现为降低成本，管理的重心集中于成本本身，有可能引发成本管理措施和企业战略选择之间的冲突，所采取的成本管理措施可能会对战略目标产生不利的影响。战略成本管理从战略高度来认识成本，降低成本必须以不损害企业基本战略的选择和实施为前提，关注成本与质量、效率、收入等有关因素相互结合采取管理措施，具有协调性的特征。

总之，赢得成本优势和竞争优势是企业财务战略管理的重要内容，也是成本管理的重要内容，构成了战略成本管理的重要内容。

12.4.2 战略成本分析

战略成本分析可以通过价值链成本分析、战略成本定位分析和成本动因分析实现。

1. 价值链成本分析

这是价值链在战略成本管理方面的具体应用。

其中，内部价值链分析关注从内部价值链中找出不利于企业竞争优势形成的不增加价值的作业进行成本改进。例如，通过简化产品设计，投资于自动化、机器人、柔性制造等长期有助于成本节约的技术，使生产更具有经济性；将高成本活动安排在成本更低的地理区域或者外包。外部横向价值链分析，关注企业相对于竞争对手的成本地位是处于优势还是劣势，从原材料采购、生产流程安排、质量控制等基本价值活动的成本构成情况，开展成本标杆学习，以消除成本劣势，创造成本优势。外部纵向价值链分析致力于寻求成本持续降低的机会，增强市场竞争力。比如：通过价值链的后向或者前向整合，对供应商或者销售商实施兼并，以增强企业的成本竞争优势；帮助供应商或者销售商再造价值链或同其谈判或将其更换，从而降低本企业的采购成本或者最终消费者的购买成本。

2. 战略成本定位分析

战略成本定位分析就是基于现有宏观和产业环境，根据企业的目标或愿景确定的使本企业的资源与市场深度结合所应采取的战略，揭示成本管理面临的机会与威胁，明确成本管理的方向。

例如：差异化战略的作用在于“开源”，一般不能直接降低成本，通过产品开发、改进产品设计等方法来获得价格溢价或增加销售量来实施战略，只要企业获得的总收益超过为差异化而追加的成本，差异化就会使企业获得竞争优势；成本领先战略在于“节流”，通过规模生产、提高生产协调性减少浪费，严格控制成本等方法来实施战略。如果企业能同时取得差异化和成本领先的竞争优势，由于收益的累加，回报将更大。目标集聚战略在目标市场上追求成本优势或差异优势，因此其战略成本定位分析可以依据上文的论述，不过是增加了目标市场的限制。

3. 成本动因分析

成本动因是导致成本发生的因素。控制成本不是控制成本本身，而是控制引起成本发生和变化的原因。成本动因可分为两个层次：一是微观层次上与企业具体生产作业相关的成本动因，如物耗、作业量等；二是战略层次上的成本动因，如规模、技术多样性、质量管理等。战略成本动因对成本的影响较大，可塑性也大，可以控制企业日常经营中的大量潜在的成本问题。战略成本动因又可大体分为结构性成本动因和执行性成本动因两大类。

(1) 结构性成本动因分析

结构性成本动因是指与组织企业基础经济结构有关的成本驱动因素，通常包括：研究开发、制造、营销等方面的投资规模；企业价值链的纵向长度和横向宽度；提供给客户的产品、服务的种类、厂址和复杂性等。结构性成本动因常常发生在生产开始之前，其支出属于资本性支出，构成了以后生产产品的约束成本，一旦确定常难以变动，既决定了产品成本，也会对产品质量、人力资源、财务、生产经营等方面产生重要的影响。因此，结构性成本动因分析要求从战略管理的视野来选择合理的企业规模、业务范围及所采用的技术等，作出横向规模和纵向规模的战略决策，通过企业的基础经济结构的安排来达成企业的竞争优势。

(2) 执行性成本动因分析

执行性成本动因又称为操作性成本动因，是在结构性成本动因决定之后才成立的成本动因，与企业的生产经营过程密切相连，通常包括员工的参与、全面质量管理、生产能力的利用、工厂布局、产品设计、对外联系等，因企业而异，并无固定的因素。一项成本管理措施的实施往往会引起效率、收益、质量等发生反向变化，控制成本动因要避免对涉及的相互对立、相互冲突的成本动因采用相互矛盾的措施。执行性成本动因分析要求强化企业内部价值链上作业的程序安排与连接，内部资源运用的程度(如生产能力利用)，提高产生各种执行性成本动因的能动性，并优化它们之间的组合，为战略成本管理目标的实现提供效率保证。

总之，战略成本分析是一个由内而外、由表及里，内外结合、表里兼顾的成本分析过程，强调了竞争优势的获得。战略成本定位分析在于明确企业成本管理的机会与威胁，价值链分析在于揭示企业成本管理的优势与劣势，成本动因分析使得成本控制和改进成为可能。因此，战略成本分析可以借鉴战略管理中的 SWOT 分析方法，在外部环境分析和内部条件分析结合起来的框架下，充分认识企业成本管理的优势、劣势、机会和正在面临或即将面临的威胁，赢得成本优势和竞争优势。

案例分析

案例 12-1 财务战略的选择

科尔尼公司建立了包含世界上 20 000 多家企业的综合性数据和财务信息的数据库。这些企业的市场价值占全球的 98%，其中 8 000 家来自美洲，6 400 家来自欧洲，5 600 家是亚太企业，可以说是一项真正的全球性研究。其研究发现，采用价值增长模式造就了一批优秀企业，价值增长战略最具竞争力，远远优于收入增长或利润增长的战略。价值增长是取得价值最大化目标的有效途径，以价值增长为中心的管理将成为主宰企业经营活动的战略理念。成为价值增长型企业，将受到越来越多的重视。

查一查资料，结合自己的理解，谈一谈你对价值增长战略的理解。

案例 12-2 安然的财务战略

美国安然能源公司(Enron Corp.)，曾名列世界 500 强第 16 位，并连续 4 年荣获“美国最具创新精神的公司”称号，股价曾超过 90 美元。但其竟成为破产案的主角。

1. 投资策略

为了保住“世界领先公司”地位，安然公司经营范围、投资领域不断扩张，业务范围不断扩大，不断投资新的领域，不仅包括传统的天然气和电力业务，还包括风力、水力、煤、纸业、木材、化学药品、广告、投资和保险等，经营的产品超过了 1 500 种。

2. 融资策略

截至2001年10月末，安然公司负债达312亿美元（资产为498亿美元），资产负债率为62.7%。扩张的安然需要大量融资，但又不想增发股票或直接发行债券，以免摊薄股权或降低债信评级，安然最终选择了利用关联企业来隐藏债务，该公司在不断扩大负债时，为使债务不会立即被投资者们所了解，将债务列入另外的业务部门。

作为一家上市公司，安然公司在资本市场上筹集到资金的同时，也面临着信用风险。安然公司在证券市场上的不良表现，很快使能源交易及业务受到重大影响，曾是全美最大的在线能源交易平台的网上系统交易陷于停顿，最后被关闭。

安然陷入危机的直接原因是现金及信用不足，无法偿还债务，流动性不足，公司不能正常运转，最后破产。

说明安然财务战略在哪些方面存在失败。债务融资是否会影响公司股价的市场表现？

案例12-3 战略成本管理与传统成本管理区别在哪里？

2011福布斯亚洲上市公司50强、2008年度中国社会责任特别大奖、全国住户满意度示范社区、“胡润中国品牌榜50强”，等等，碧桂园将这些荣誉集于一身。

碧桂园是拥有包括设计、建设、装修、物业管理、管桩厂等为一体的集团化综合开发的房地产企业。综合开发不仅易于协调，更重要的是减少了中间环节，降低了开发成本，从而降低了楼盘的销售价格。碧桂园倚仗超大规模楼盘实现集约化生产，降低成本。碧桂园在珠三角地区拿地，单幅面积上千亩是平常事，其广州凤凰城项目甚至一度号称“万亩大盘”。碧桂园的房地产开发策略定位为“五星级的家”，以五星级的质量，完善小区设施，提高小区服务，不惜耗费巨资，增加了建设成本，却提升了物业品位，使其项目成为闻名遐迩的高档物业，购买者趋之若鹜。这些增加的成本在规模经济下真正成为创造企业价值的投资，靠这些成本投入，企业赢得了持续的竞争优势。

碧桂园的做法较传统的一味强调企业内部成本降低的管理，有哪些不同？

案例12-4 宜家如何实现的低价格？

宜家（IKEA）公司创立于1943年，历经半个世纪，已发展成为分布于全球42个国家、拥有180家连锁商店的庞大集团，成为全球最大的家居用品零售商。宜家以“生活，从家开始”为口号，以“提供种类繁多、美观实用、老百姓买得起的家居用品”为经营理念。那么宜家是如何在保持“种类繁多、美观实用”的基础上实现“老百姓买得起的家居用品”的呢？

宜家的供应商

宜家在全球拥有近2 000家供货商（包括其自有工厂）。供应商将各种产品由世界各地运抵宜家全球的各中央仓库，然后从中央仓库运往各个商场销售。例如，宜家亚太地区的中央仓库设在马来西亚，所有前往中国商场的产品必须先运往马来西亚。运往中国的家具这类体积较大的商品，运费在整个成本中会达到30%。随着亚洲市场特别是中国市场所占比重的不断扩大，宜家把越来越多的产品或者是产品的部分数量放在亚洲地区生产。宜家进一步实施了零售选择计划，即直接由中国的供货商进行生产，然后直接运往商店。例如，尼克折叠椅原先由泰国生产，运往马来西亚后再转运中国。采购价相当于人民币34元一把，但运抵中国后成本已达到66元一把。再加上商场的运营成本，最后定价为99元一把。年销售量仅为每年1万多把。实施这项计划后，中国的采购价为人民币30元一把，运抵商店的成本增至34元一把，商场的零售价定为59元一把，比以前低了40元，年销售量猛增至12万把。宜家除了与OEM供应商通力合作，也鼓励各供应商之间进行竞争，倾向于把订单授予那些总体上价格较低的厂商——宜家在为产品选择供货商时，从整体上考虑总体成本最低。即计算产品运抵各中央仓库的成本作为基准，再根据每个销售区域的潜在销售量来选择供货商，同时参考质量、生产能力等其他因素。

宜家的顾客

宜家把顾客看作合作伙伴：顾客翻看产品目录，光顾宜家自选商场，挑选家具并自己在自选仓库提货。由于大多数货品采用平板包装，顾客可方便地将其运送回家并独立进行组装。顾客节省了提货、组装、运输的费用。

宜家的产品设计

设计直接影响了产品的选材、工艺、储运等环节，对价格的影响很大。宜家的设计理念是"同样价格的产品，比谁的设计成本更低"。在宜家有一种说法："我们最先设计的是价签。"即设计师在设计产品之前，就已经为该产品设定了比较低的销售价格及成本，然后在这个成本之内，尽一切可能做到精美、实用。例如，邦格杯子的设计者，产品开发员Lindsten接到设计一种新型杯子的任务，她同时还被告知这种杯子在商场应该卖到多少钱。就邦格杯子而言，价格必须低得惊人——只有5个瑞典克朗。也就是说，在设计之前，宜家就确定这种杯子的价格必须能够真正击倒所有竞争对手。设计师在设计中争论的焦点常常集中在是否少用一个螺钉或能否更经济地利用一根铁棍上，这样不仅能有降低成本的好处，而且往往会产生杰出的创意。单纯靠设计师自己很难在设定的低价格内完成高难度的精美设计、选材并估计出厂家生产成本。设计师背后是一个研发团队，包括设计师、产品开发人员、采购人员等。这些人一起密切合作才能够在确定的成本范围内作出各种性能变量的最优解。他们在一起讨论产品设计、所用的材料，并选择合适的供应商，设计团队必须充分考虑产品从生产到销售的各个环节。每个人都利用自己的专门知识在这一过程中发挥作用——例如，采购人员的作用是：他们与世界范围内的供应商之间有着良好的联系，以便找到更便宜的替代材料，更容易降低成本的形状、尺寸等，因此，他们更了解哪家供应商能够在适当的时间，以适当的价格，并且保证以最高的质量来生产这种产品。为了以低价格生产出符合要求的杯子，设计师必须充分考虑材料、颜色和形状等因素，如杯子的颜色选为绿色、蓝色、黄色或者白色，因为这些色料与其他颜色(如红色)的色料相比，成本更低；为了在储运、生产等方面降低成本，设计师最后把邦格杯子设计成了一种特殊的锥形，因为这种形状使邦格杯子能够在尽可能短的时间内通过机器，从而达到节省成本的效果；邦格杯子的尺寸使得生产厂家一次能在烘箱中放入杯子的数量最大，这样既节省了生产时间，又节约了成本；后来设计师在OEM厂家的建议下，又对邦格杯子的形状和尺寸进行了重新设计，与原来的杯子相比，新型杯子的高度小了，杯把儿的形状也作了改进，可以更有效地叠放，从而节省了杯子在烧制过程、运输、仓储、商场展示以及顾客家中碗橱内占用的空间。同时，宜家发明了“模块”式家具设计方法（家具都是拆分的组装货，产品分成不同模块，分块设计，不同的模块在不同地区生产；有些模块在不同家具间也可通用）。在产品开发设计过程中，设计团队与供应商进行密切的合作。

宜家的研发

宜家从植物和客厅家居用品，到玩具和整个厨房，布置家居所需要的一切应有尽有，并不断采用新材料、新技术来提高产品性能并降低价格。以奥格拉椅子为例，在宜家人眼中，奥格拉是近乎完美的一种椅子：很漂亮、结实，重量轻而且很实用。起初，奥格拉椅子用木材生产，随着市场变化，其价格变得太高，遂采用平板包装降低成本；当平板包装也不能满足低成本要求时，宜家的设计师采用复合塑料替代木材；后来，为了进一步降低成本，宜家将一种新技术引入了家具行业——通过将气体注入复合塑料，节省材料并降低重量，并且能够更快地生产产品（并且可以对产品实行平板包装）。

宜家的储运

宜家采用平板包装，以降低家具在储运过程中的损坏率及占用仓库的空间；更主要地，平板包装大大降低了产品的运输成本，使得在全世界范围内规模化布局生产成为可能。据说平板包装的灵感来自宜家早期的一位员工——他突发奇想，决定把桌腿卸掉，这样可以把它装到汽车内，而且还可避免运输过程中的损坏。从那时起，宜家便开始在设计时考虑平板包装的问题。据统计，产品组装后运送，可能需要六倍扁平包装所需的空间。宜家在运输中所使用集装箱的平均填充率已超过65%，为了充分利用空间，有时甚至会把产品内的空气排挤出来（比如宜家的压缩包装枕头）。又如，装箱人员在装箱的过程中发现有一款沙发如果每张少5厘米，一个集装箱就可以多装一张沙发，这样节约了仓储空间和运输成本，而5厘米对于一张沙发来说，不会影响使用者的舒适度，顾客也能够得到更低的价格。“我们不想花钱运空气”，这是宜家经营者经常挂在嘴边的一句话。通过采用平板包装，降低了家具在储运过程中的损坏率，节省了占用仓库的空间，平板包装进一步降低了产品的价格。同时，宜家也开始形成了一种工作模式，即把“问题转化为机遇”。

就以上的内容，讨论宜家如何获得低成本，是否构成其竞争优势？其成本管理是否已经上升至战略成本管理的高度？

本章小结

公司财务战略是公司战略的一个层次，在各种职能战略中至关重要，是战略管理思想在财务领域的应用与发展。最大限度地创造长远的价值增长是公司的战略追求，也是公司财务战略的目标。财务战略管理作为一种综合性的价值管理，在履行了自身管理职能的同时包括了对运营过程各个环节和各个方面的全方位管理，价值链正是一种有效的分析工具。价值增长是价值链各个环节追求的目标。筹资、投资以及收益分配战略构成了公司财务战略的主要内容，其制定、实施和评价必须符合公司的战略需要。进一步地，战略成本分析构成了实现财务战略的有效手段。

思考题

1. 财务战略包含哪些内容？
2. 财务战略如何制定？

习题

试判断以下说法正确与否，并说明原因。

1. 对于公司来讲，财务战略与公司战略截然不同，并不存在从属关系。(　　)
2. 战略成本分析的目标就是使得成本越低越好。(　　)
3. 对于公司而言，财务战略的制定不用考虑宏观环境的变化。(　　)
4. 公司的财务战略服务于公司的价值目标。(　　)
5. 投资战略的目标比较单一，就是收益最大。(　　)

第13章 财务规划

本章框架体系

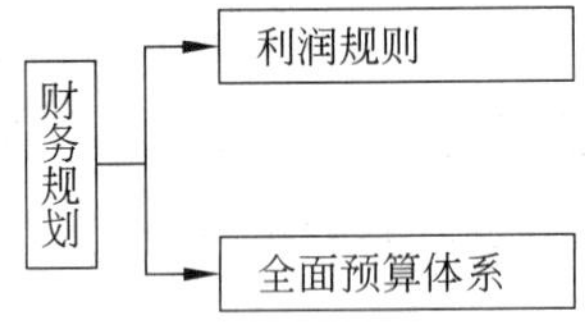

学习目标

1. 熟悉目标利润制定的要求、目标利润规划的方法。
2. 了解全面预算的含义。
3. 熟悉全面预算体系的构成。
4. 掌握全面预算的编制。

导 读

2011年11月中国国资委公布《关于进一步深化中央企业全面预算管理工作的通知》，要求各中央企业要紧紧围绕“培育具有国际竞争力的世界一流企业”目标，以全面预算作为战略实施的工具和机制，将风险可控前提下的企业价值最大化作为衡量资源配置效果的标准，以全员为基础，全过程为标准，全方位为要求，将企业的人、财、物全部纳入全面预算管理体系，统一协调配置内部资源，强化预算全过程控制，充分发挥全面预算管理的执行效率与效果。同时，要加强成本费用、投资项目、现金流量、债务规模与结构等关键指标预算控制，努力实现降本增效，严控亏损或低效投资，加快资金周转，优化债务结构，切实防范债务风险。

全面预算管理真的能对企业管理发挥上述的作用吗?

本章将会帮助你了解利润规划和全面预算管理。

本章内容

13.1 利润规划

13.1.1 目标利润的规划

作为生产经营活动最终成果的利润是企业经营所追求的目标之一，也是企业投资者和债权人进行投资决策和信贷决策的重要依据，还是收益分配的基础。利润因此而受到企业的重视。利润规划是为实现目标利润而对企业经营活动的规模和水平进行的综合调整，它是企业编制期间预算的基础。目标利润是指公司在一定时间内经过努力能够达到的预期利润水平。

进行利润规划时需注意以下几点：

(1) 目标利润必须具有可行性。它必须反映企业未来能实现的最佳利润水平，既不能过高也不能过低，既先进又合理。

(2) 目标利润必须具有客观性。规划目标利润时必须以客观存在的企业实际状况、技术条件、市场环境为基础，以实际参数为依据，以便把目标利润与未来的生产经营可能取得的收益以及要发生的成本和费用联系起来。

(3) 目标利润必须具有指导性。目标利润一经确定不能随意更改，对以后工作具有指导意义，对未来发展起约束作用。企业应根据确定的目标利润及时组织落实，纳入预算体系，确定在产量、成本、价格等方面达到的指标要求，并认真实施以确保实现目标利润。

13.1.2 利润规划方法

1. 基本的本量利分析

依据成本性态，成本分为三种：不受业务量影响的固定成本、随业务量增长而呈正比例增长的变动成本，以及混合成本。混合成本是随业务量增长而增长，但与业务量增长不成正比例变化的成本，大致可以分解成固定成本和变动成本两部分。这样成本都可以分成固定成本和变动成本两部分，把收入和利润加进来，成本、业务量和利润的关系就统一于一个数学模型中，产生了本、量、利分析法。

假设产量和销量相同，则有：

利润＝单价×销量－单位变动成本×销量－固定成本

在利润规划时，通常把单价、单位变动成本和固定成本视为稳定的常量，只有销量和利润两个自由变量。给定销量时，可利用本量利关系直接计算出预期利润；给定目标利润时，可直接计算出应达到的销量。

上述的数学关系式也可以用基本本量利图来表达，见图 13-1：①选定直角坐标系，以横轴表示业务量，纵轴表示成本和销售收入的金额。②在纵轴上找出固定成本数值，以(0，固定成本值)为起点，绘制一条与横轴平行的固定成本线 F。③以(0，固定成本值)为起点，以单位变动成本为斜率，绘制变动成本线 V；变动成本线与固定成本线之间的距离为变动成本，它随产量而呈正比例变化；变动成本线与横轴之间的距离为总成本，它是固定成本与变动成本之和。④以坐标原点 $O(0,0)$ 为起点，以单价为斜率绘制销售收入线 S。销售收入线与总成本线的交点（P）是盈亏临界点，表明企业在此销量下总收入与总成本相等，既没有利润，也不发生亏损。在此基础上，增加销量，销售收入超过总成本，S 和 V 的距离为利润值，形成利润区；反之，形成亏损区。因基本本量利图能清晰显示企业既不盈利也不亏损时需要达到的产销量，故又称为盈亏临界图或损益平衡图。

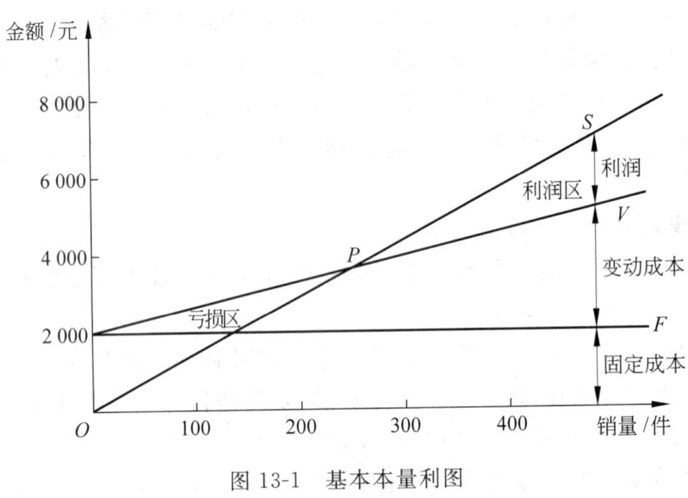

图 13-1　基本本量利图

考虑所得税（忽略应纳税所得额调整）后，本量利关系为：

税后利润＝（单价×销量－单位变动成本×销量－固定成本）×（1－所得税税率）

当已知目标利润，分析实现目标利润的有关条件时，企业可以采取单项措施以实现目标利润，如提高销售收入、降低单位变动成本、减少固定成本等方式，也可以采取同时降低单位变动成本和固定成本等综合措施以实现目标利润。

2. 边际贡献方程式分析

边际贡献方程式即用边际贡献或单位边际贡献表达的本量利关系，属于基本本量利的变换分析。如下式：

利润＝销售收入－变动成本－固定成本
＝边际贡献－固定成本
＝销量×单位边际贡献－固定成本

其中，边际贡献是指产品扣除自身变动成本后给企业所做的贡献，它首先用于收回企业的固定成本，如果还有剩余则成为利润，如果不足以收回固定成本则发生亏损。从数量上看，边际贡献等于销售收入减去其变动成本后的余额。如果用单位产品表示，则单位边际贡献为单价和单位变动成本的差值。

同样，类比于基本的本量利图，可以作出边际贡献式本量利图。用图示表达本量利的相互关系。边际贡献式本量利图的绘制步骤：①选定直角坐标系，以横轴表示业务量，纵轴表示成本和销售收入的金额；②以坐标原点(0,0)为起点，以单位变动成本为斜率，绘制变动成本线 V；③在变动成本线基础上以点(0，固定成本值)为起点画一条与变动成本线 V 平行的总成本线 T；④以坐标原点(0,0)为起点，以单价为斜率，绘制销售收入线 S。

利用该图，同样可以进行相应的利润规划分析。

进一步的，令

$$边际贡献率=\frac{边际贡献}{销售收入}\times100\%=\frac{单位边际贡献}{单价}\times100\%$$

边际贡献率是边际贡献占销售收入的比重，其高低说明该产品为补偿固定成本所做出的相对贡献的大小，直接反映该产品的获利能力。则

$$利润=销售收入\times边际贡献率-固定成本$$

若以变动成本在销售收入中所占的比率定义变动成本率，即

$$变动成本率=\frac{变动成本}{销售收入}\times100\%=\frac{单位变动成本}{单价}\times100\%$$

则

$$变动成本率+边际贡献率=1$$

3. 盈亏平衡分析

盈亏平衡分析是借助本量利关系的进一步分析。主要是确定盈亏平衡点的销售量和作业率，企业的安全边际和安全边际率。其中：盈亏平衡点，是指企业收入和成本相等的经营状态，即边际贡献等于固定成本时企业所处的既不盈利又不亏损的状态。通常用一定的业务量来表示这种状态。

(1) 盈亏平衡点销售量和作业率

根据基本的本量利关系：

$$利润=单价\times销售量-单位变动成本\times销售量-固定成本$$

令利润等于零，此时的销售量为盈亏平衡点销售量：

$$盈亏平衡点销售量=\frac{固定成本}{单价-单位变动成本}=\frac{固定成本}{单位边际贡献}$$

盈亏平衡点作业率，是指盈亏平衡点销售量占企业正常销售量的比重。这里所指的正常销售量，是指正常市场和正常开工情况下企业的销售数量。则：

$$盈亏平衡点作业率=\frac{盈亏平衡点销售量}{正常销售量}\times100\%$$

(2) 安全边际和安全边际率

安全边际，是指正常销售额超过盈亏平衡点销售额的差额。用公式表示为

$$安全边际=正常销售额-盈亏平衡点销售额$$

$$安全边际率=\frac{安全边际}{正常销售额}\times100\%$$

此差距说明现有或预计可达到的销售量再降低多少，企业才会发生损失。安全边际和安全边际率的数值越大，企业发生亏损的可能性越小，企业的经营就越安全。

4. 因素变动分析

影响利润诸因素的变动分析，主要方法是将变化了的参数代入本量利方程式，计算其对利润产生的影响。有关因素变动无非包括两种情况：单一因素变动或者多因素变动。多因素发生变化时，因素之间相互独立变化或存在一定的关联性。当有关因素发生相互关联的影响，要将所有的变动因素一并考虑。企业应根据这种预见到的变化，采取措施，设法抵消不利影响，否则，最终可能实现不了目标利润。

【例 13-1】 某企业目前的损益状况如表 13-1 所示。

表 13-1 某企业损益状况表 元

项 目	金 额
销售收入（1 000 件×10 元/件）	10 000
销货成本	
变动成本（1 000 件×6 元/件）	6 000
固定成本	2 000
销售和管理费（全部固定）	1 000
利润	1 000

试分析：

(1) 原材料价格变动使单位变动成本上升到 7 元；

(2) 由于市场状况良好，价格上涨，单价由 10 元升为 12 元，同时给工人涨工资导致了单位变动成本由 6 元升为 7 元；

(3) 企业拟实施一项技术开发计划以提高工效，使单位变动成本由 6 元降为 5 元，技术开发投入为 1 000 元。

三种相互独立的情况下，对企业的利润有何影响？

解：

(1) 利润＝10 000－1 000×7－(2 000＋1 000) ＝0(元)

(2) 利润＝1 000×12－1 000×7－(2 000＋1 000)＝2 000(元)

(3) 利润＝10 000－1 000×5－(2 000＋1 000)－1 000＝1 000(元)

对于相互关联的多因素变化，如果忽略了其中的任何一个，都将得不到正确的利润变化结果。

13.2 全面预算体系

13.2.1 全面预算概述

1. 全面预算管理的内涵

全面预算是企业在一定的时期内(一般为一年或一个既定期间)各项业务活动、财务表现等方面的总体预测，即：经营、资本、财务等各方面的收入、支出、现金流的总体计划，并用货币的形式将各种经济活动表现出来。按涉及的业务活动领域分为业务预算和财务预算。其中销售预算和生产预算统称为业务预算。财务预算包括反映现金收支活动的现金预算、反映企业财务状况的预计资产负债表、反映企业财务成果的预计利润表和预计现金流量表等内容。财务预算是总预算，其余预算是辅助预算，财务预算使决策目标具体化、系统化和定量化，有助于财务目标的顺利实现。全面预算管理被看成是"使企业的资源获得最佳生产率和获利率的一种方法"。

2. 全面预算管理的作用

"凡事预则立，不预则废"，这句话充分体现了预算管理的价值。全面预算通过合理分配人、财、物等战略资源协助企业实现既定的战略目标，并与相应的绩效管理配合监控战略目标的实施进度。全面预算管理是协调目标和监控目标实施的一种管理工具，也是一套系统的管理方法。

(1) 协调目标

企业的目标是多重的，各级各部门因其职责不同，往往会出现互相冲突的现象。如，销售部门根据市场预测，提出一个庞大的销售计划，生产部门却没有那么大的生产能力；生产部门编制一个充分发挥生产能力的计划，但销售部门却无力将这些产品全部推销出去；销售和生产部门都认为应当扩大生产能力，财务部门却无法筹集到必要的资金。

全面预算管理把销售、生产、财务等多种目标协调起来，运用货币度量来表达，具有高度的综合能力，经过综合平衡后提供各级各部门冲突的最佳解决办法，可以使各级各部门的工作在此基础上协调起来，通过预算分解成各级各部门的具体目标来安排各自的活动，协调一致地保障了企业总目标的实现。

(2) 监控目标实施

企业现代化生产由许多共同劳动构成，不能没有责任制度，而有效的责任制度离不开工作成绩的考核。通过考核，对每个人的工作进行评价，并据此实行奖惩和安排人事任免，可以促使人们更好地工作。

全面预算是管理层进行事前、事中、事后监控的有效工具，控制过程包括经济活动状态的计量、实际状态和标准的比较，两者差异的确定和分析，以及采取措施调整经济活动等。各级部门甚至个人都有为完成预算目标所需的各种计划任务，预算作为考核依据能够说明各种任务应达到的程度。全面预算通过强化内部控制，降低了企业日常的经营风险。

特别值得注意的是，协调目标和监控目标之间存在一定的冲突，在实际工作中要适当平衡。比如在销售预算的制定过程中，销售人员掌握着一些专门信息，如果预算仅仅为了管理决策服务，销售人员就会把所掌握的信息毫无保留地与各部门分享；但如果预算的目的之一是作为业绩评价标准，销售收入数值要用在未来对销售部门的业绩评价，销售人员可能对其掌握的信息"剪裁"，低估未来的销售收入金额，造成生产计划量的减少而达不到生产效率最高的状态。也就是说，若过分强调预算的目标控制功能，将不可避免地影响目标决策功能的发挥；而若要保证目标决策功能发挥到最佳状态，则无可避免地要部分放弃目标控制功能。

13.2.2 全面预算的编制

全面预算的编制包括以现金预算为中心的销售预算、生产预算、资本预算、直接材料和直接人工预算、制造费用预算、成本预算、销售及管理费用预算，以及在此基础上编制的反映经营状况和成果的预计资产负债表预计利润表和预计现金流量表。

1. 现金预算的编制

现金预算用来反映企业预算期内货币资金的流转状况，编制目的在于处理现金收支业务，调度资金，保证资金正常运转。它由四部分组成：①现金收入。包括期初现金结存数和预算期内发生的现金收入。②现金支出。即预算期内预计发生的现金支出，如采购材料支付货款、偿还应付款项、支付工资、支付部分制造费用、支付销售、管理以及财务费用、交纳税金、支付利润分配以及资本性支出的有关费用等。③现金收支差额。列示现金收入合计与现金支出合计的差额。差额为正，说明收大于支，现金有余；差额为负，说明支大于收，现金不足。④资金的筹集与运用。根据预算期现金收支的差额和企业有关资金管理的政策，确定不足部分的筹措方案或多余部分的利用方案。

现金预算的编制要根据一系列的预算。首先要按目标利润的销售预测编制销售预算，并在此基础上编制生产预算、产品成本预算、各项费用预算，而后才能汇总各预算中有关现金收支部分及计量收支差额得出现金预算。现金预算与其他预算之间的关系如图13-2所示。

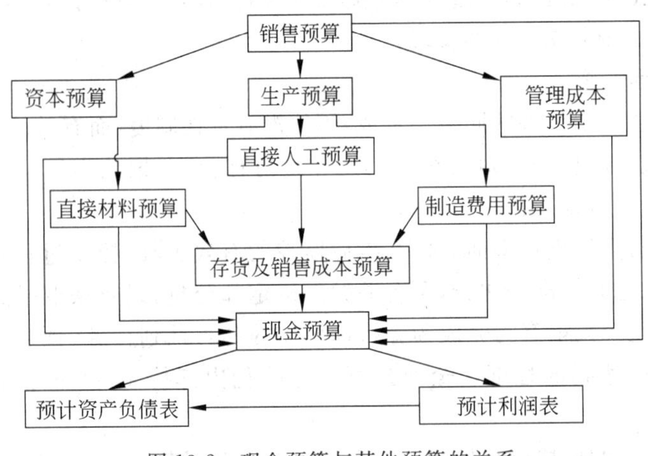

图13-2 现金预算与其他预算的关系

下面以ABC公司为例，分别介绍各项预算及其如何为编制现金预算准备数据。

(1) 销售预算

销售预算是整个预算的编制起点，是其他预算的基础。主要内容是销量、单价和销售收入，通常要分品种、分月份或季度、分销售区域、分人员等来编制（见表13-2），还包括预计现金收入的计算（见表13-3）。这里，假设企业只生产单一品种产品，当期的销售收入中有 60%当期收回现金，其余的 40%下期收回。

表 13-2　销售预算表

项　　目	1 季度	2 季度	3 季度	4 季度	全年
预计销售量/件	100	150	200	180	630
预计单位售价/元	200	200	200	200	200
销售收入/元	20 000	30 000	40 000	36 000	126 000

表 13-3　预计现金收入表　　元

项　　目	1 季度	2 季度	3 季度	4 季度	全年
上年应收账款	6 200				6 200
第一季度(销货 20 000)	12 000	8 000			20 000
第二季度(销货 30 000)		18 000	12 000		30 000
第三季度(销货 40 000)			24 000	16 000	40 000
第四季度(销货 36 000)				21 600	21 600
现金收入合计	18 200	26 000	36 000	37 600	117 800
本年应收账款				14 400	14 400

(2) 生产预算

它是在销售预算的基础上编制的，包括销售量、期初和期末存货、预计生产量等(见表 13-4)。这里，假设按下期销售量的 10%安排期末存货，年初存货 10 件，年末存货 20 件。

表 13-4　生产预算表　　件

项　　目	1 季度	2 季度	3 季度	4 季度	全年
预计销售量	100	150	200	180	630
加：预计期末存货	15	20	18	20	20
合计	115	170	218	200	650
减：预计期初存货	10	15	20	18	10
预计生产量	105	155	198	182	640

(3) 直接材料预算

直接材料预算即直接材料采购预算，以生产预算为基础编制，同时要考虑原材料存货水平。其主要内容有直接材料的单位产品材料用量、生产需用量、期初和期末存量等(见表 13-5)。这里，预计期末存量为下一季度的生产需用量的 20%，年初存量 300 千克，年末存量 300 千克，为了便于以后编制现金预算，通常要预计材料采购各季度的现金支出(见表 13-6)。这里，假设材料采购的货款有 50%在本季度内付清，另外 50%在下季度

（7）销售及管理费用预算

它以销售预算为基础，分析销售收入、销售利润与销售费用和管理费用之间的关系，力求做到费用合理化，具体如表13-10所示。

表13-10　销售费用和管理费用预算表　　元

销售费用：		管理费用：	
销售人员工资	2 000	管理人员薪金	4 000
广告费	5 500	福利费	800
包装、运输费	3 000	保险费	600
保管费	2 700	办公费	1 400
合　计			20 000
每季度支付现金(20 000÷4)			5 000

（8）现金预算

假设该企业需要保留的最佳现金余额为6 000元，不足此数时需要向银行借款。假设银行借款的金额要求是1 000元的倍数。具体如表13-11所示。

表13-11　现金预算表　　元

现金收支差额	8 200	(4 940)	17 840	11 440	11 990
项目	**1季度**	**2季度**	**3季度**	**4季度**	**全年**
期初现金余额	8 000	8 200	6 060	6 290	8 000
加：销货现金收入	18 200	26 000	36 000	37 600	117 800
可供使用现金	26 200	34 200	42 060	43 890	125 800
减各项支出：					
直接材料	5 000	6 740	8 960	9 510	30 210
直接人工	2 100	3 100	3 960	3 640	12 800
制造费用	1 900	2 300	2 300	2 300	8 800
销售及管理费用	5 000	5 000	5 000	5 000	20 000
所得税	4 000	4 000	4 000	4 000	16 000
购买设备		10 000			10 000
股利		8 000		8 000	16 000
支出合计	18 000	39 140	24 220	32 450	113 810
现金收支差额	8 200	(4 940)	17 840	11 440	11 990
向银行借款		11 000			11 000
还银行借款			11 000		11 000
借款利息(年利10%)			550		550
期末现金余额	8 200	6 060	6 290	11 440	11 440

备注：括号中的数字表示负值。

其中，所得税费用、购置设备、股利分配等分别来自另行编制的专门预算。本例中，第二季度借款额＝最低现金余额＋现金不足额。第三季度多余现金用于偿还借款。按“期初借入，期末归还”预计利息，故本例借款期为 6 个月，年利率为 10%，则应计利息为 550 元。还款后，仍需保持最低现金余额。

2. 预计财务报表

现金预算编制完成后，即可编制预计财务报表。

(1) 预计利润表

表 13-12 是 ABC 公司的预计利润表，与实际利润表的内容、格式相同，但数字是面向预算期的，由此可以了解企业预期的盈利水平。如果预算利润与最初编制方针中的目标利润有较大的不一致，就需要调整业务预算达成目标，或者经企业领导同意后修改目标利润。

表 13-12 预计利润表 元

项 目	金额	项 目	金额
销售收入(表 13-2)	126 000	利息(表 13-11)	550
销货成本(表 13-9)	56 700	利润总额	48 750
毛利	69 300	所得税(估计)(表 13-11)	16 000
销售及管理费用表 13-10	20 000	税后净收益	32 750

(2) 预计资产负债表

表 13-13 所示为预计资产负债表，与实际的资产负债表内容、格式相同，但数据反映的是预算期末的财务状况，用于判断预算反映的财务状况的稳定性和流动性。如果分析发现某些财务比率不佳，必要时可修改有关预算，以改善财务状况。

表 13-13 预计资产负债表 元

资 产			负债及所有者权益		
项 目	年初	年末	项 目	年初	年末
现金(表 13-11)	8 000	11 440	应付账款(表 13-6)	2 350	4 640
应收账款(表 13-3)	6 200	14 400	长期借款	9 000	9 000
直接材料(表 13-5)	1 500	2 000	普通股	20 000	20 000
产成品(表 13-9)	900	1 800	未分配利润	16 250	33 000
土地	15 000	15 000			
房屋及设备(表 13-11)	20 000	30 000			
累计折旧(表 13-8)	4 000	8 000			
资产总额	47 600	66 640	权益总额	47 600	66 640

(3) 预计现金流量表

表13-14是ABC公司的预计现金流量表，以现金的流入流出反映预算期内经营活动、投资活动和筹资活动所产生的现金流量。

表13-14　预计现金预算表　　元

项　　目	金　额
一、经营活动产生的现金流量	
销售商品、提供劳务收到的现金(表13-3)	117 800
收到的其他与经营活动有关的现金	
现金流入小计	117 800
购买商品、接受劳务支付的现金(表13-6、表13-8)	39 010
支付给职工以及为职工支付的现金(表13-7)	12 800
支付的其他与经营活动有关的现金(表13-10)	20 000
支付预交的所得税(表13-11)	16 000
现金流出小计	87 810
经营活动产生的现金流量净额	29 990
二、投资活动产生的现金流量	
现金流入小计	—
购建固定资产、无形资产和其他长期资产支付的现金(表13-11)	10 000
支付的其他与投资活动有关的现金	
现金流出小计	10 000
投资活动产生的现金流量净额	(10 000)
三、筹资活动产生的现金流量	
借款所收到的现金(表13-11)	11 000
收到的其他与筹资活动有关的现金	
现金流入小计	11 000
偿还债务支付的现金(表13-11)	11 000
分配股利或利润支付的现金(表13-11)	16 000
偿还利息支付的现金(表13-11)	550
支付的其他与筹资活动有关的现金	
现金流出小计	16 550
筹资活动产生的现金流量净额	(16 550)
现金及现金等价物的净增加额	3 440

(3) 预算编制的组织

实施预算管理应建立全局观，企业最高领导应作为预算编制和实施的最高决策者，必要时可以设置专门的预算管理机构——预算委员会，同时要辅以合理的预算管理制度。

(1) 企业最高领导拥有预算制定、实施的决策权。仅仅由财务部门完成预算并实施，不利于处理好各部门之间的利益关系，同时也降低了预算的权威性，造成各部门在实际工作中对预算并没有切实遵行，造成企业预算软约束问题。解决问题的方法之一是让企业最高领导参与到预算的制定中来，并对预算的制定有最后的决策权，这样才能从整个企业的大局出发，制定出切实可行的预算方案。

(2) 设置预算委员会。在西方的许多公司中，除了让企业首席执行官直接参加预算管理过程以外，还设置了预算委员会来参与预算活动。预算委员会是由各个主要职能部门的经理组成的，由首席执行官担任主席。这个委员会的工作是使公司内各部门甚至部门内各员工信息的交流更为方便，并达成一致。

(3) 制定合理的预算管理制度。为使预算发挥上述作用，除了要编制一个高质量的预算外，还应包括编制程序、修改预算的办法、预算执行情况的分析方法、调查和奖惩办法等合理的预算管理制度的制定。

案例分析

案例 13-1 中天集团公司利润预测

中天集团公司 2011 年实现利润总额为 5 880 000 元，2011 年产品销售量较 2010 有所提高，达到 500 000 件，销售单价 24.5 元，固定成本为 120 000 元。中天集团公司销售部有关人员通过市场上产品供需情况的调查，并会同财务部对公司 2012 年的销售情况进行了预测，预计 2012 年产品销售量可达 580 000 件。另外，公司因改进产品的生产工艺，预计单位变动成本可降至 10.3 元，但固定成本会增加到 135 000 元，同时，公司拟通过降低价格增加销量提高产品的市场占有率，价格拟降为单价 22.5 元。现在公司拟测算各因素变化对 2012 年利润的影响，并根据各因素的变化预测公司 2012 年的利润。

下面是财务人员的分析：

销量增加对利润的影响：(580 000－500 000)×24.5＝1960 000(元)

单价降低对利润的影响：(22.5－24.5)×580 000＝－1160 000(元)

单位变动成本降低对利润的影响：500 000×12.5－580 000×10.3＝276 000(元)

固定成本增加对利润的影响：120 000－135 000＝－15 000(元)

以上各因素对利润的总影响为：1960 000－1160 000＋276 000－15 000＝1061 000(元)

根据以上的预测，公司 2012 年利润总额为：5 880 000＋1 061 000＝6 941 000(元)

因此，管理层认为 2012 年的利润为 6 941 000 元，你同意他们的看法吗？在利润预测中，要关注的其他问题还有哪些？

本章小结

财务规划主要包括利润规划和全面预算管理。利润规划的主要工作是本量利分析、盈亏平衡分析和各因素变动分析等。全面预算管理中，介绍了全面预算的内容和编制程序。

思考题

1. 财务预算在全面预算中的作用是什么？
2. 完整的现金预算的内容是什么？

习题

1. 大海公司生产一种产品，单价 10 元，单位变动成本 5 元，固定成本 2 000 元/月，假如公司正常的销售量为 4 000 件。

（1）若本月能获得正常销售量，计算目标利润，并绘制基本的本量利图。

（2）若本月能获得正常销售量，计算其边际贡献及单位边际贡献，并作出边际贡献式本量利图。

（3）计算盈亏平衡点销售量和作业率。

2. 新宇实业集团生产单一的电子产品，2011 年实现的利润总额是 1 300 万元，2012 年，其市场调查人员发现：新进入了一家外资企业的同行业竞争对手，其销售量可能会在 2011 年销售量 6 万件的基础上减少 6 000 件，其销售价格也会在目前 2 500 元的基础上降低 100 元。现在企业管理层经过讨论，决定在两种方案中选择其一。方案一：投入一价值 300 万元的新质检设备减少浪费，产品的单位变动成本由原来的 1000 元降到 900 元，以应对竞争对手进入后的未来的销售数量和价格。方案二：在目前 2 500 元的基础上降低销售价格 200 元，其销售量会在 2011 年销售量 6 万件的基础上增加了 6 000 件。

如果忽略其他的因素，请你帮助管理者在两个方案中进行选择。

3. 可心公司 2007 年度设定的每季末预算现金的额定范围为 50 万～60 万元，其中，年末余额为 60 万元，假定当前的银行约定的单笔短期借款必须为 10 万元的整数倍，年利息率为 6%，借款发生在相关季度的期初，每季末计算并支付借款利息，还款发生在相关季度的期末。2007 年该公司无其他的融资计划。请补充完整该公司现金预算的部分数据，见表 13-15。

表 13-15　现金预算表

万元

项　　目	1 季度	2 季度	3 季度	4 季度	全年
期初现金余额	40	（请计算）	（请计算）	（请计算）	（请计算）
加：销货现金收入	1010	（请计算）	（请计算）	（请计算）	5 516.3
可供使用现金	（请计算）	1396.3	1549	（请计算）	（请计算）
减各项支出：					
经营性支出合计	800	（请计算）	（请计算）	1 302	4 353.7
资本性支出合计	（请计算）	300	400	300	1 200
支出合计	1 000	1 365	（请计算）	1 602	5 553.7
现金多余或不足	（请计算）	31.3	－37.7	132.3	（请计算）
资金筹措与运用	0	19.7	（请计算）	－72.3	（请计算）
向银行借款	0	（请计算）	0	0	0
还银行借款	0	0	0	20	0
借款利息（年利 6%）	0	（请计算）	0.3	0.3	（请计算）
购买短期有价证券	0	0	－90	（请计算）	（请计算）
期末现金余额	（请计算）	（请计算）	（请计算）	60	（请计算）

价值增值管理

第14章 流动资产管理

本章框架体系

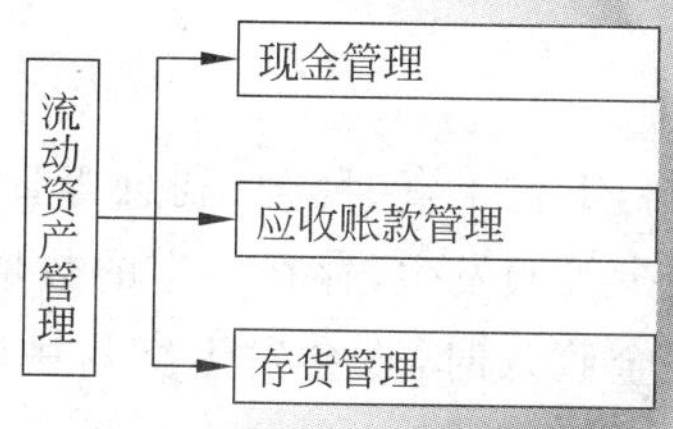

学习目标

1. 掌握现金管理方法。
2. 掌握应收账款的管理方法与信用政策制定的要素。
3. 掌握存货管理的方法。

导 读

经过几年的努力，小李设计出一种新产品。该产品的市场售价500元/件，成本200元/件，每销售一件会赚300元。因此，小李兴奋地租场地、雇佣工人、买机器和采购一年的原材料。经过两个月的生产经营，将第一批产品卖给第一个客户，客户承诺三个月后付款。但是，三个月后该客户却以各种理由拖延付款。通过调查发现，该客户在市场上以使用各种理由拖延付款而出名，并且目前他们陷入财务危机中。

此时，小李发现利润表中，虽然显示每销售一件产品会产生300元的收益，但是在资产负债表中却显示，一大笔应收账款，一大批存货，而没有一点现金。如果下个月还是这样，小李将无法支付租金和工人的工资，他只能选择破产。

现金、应收账款、存货都是企业的流动资产，本章内容讲解如何管理这些流动资产。

本章内容

14.1 现金管理

现金是指在企业生产经营过程中以货币形态存在的资金，即货币资金，包括库存现金、银行存款和其他货币资金等，即存放在企业的现钞、存放在银行的资金和在途货币资金等。

现金作为重要的支付手段，具有最大的可接受性，是企业流动性最强的流动资产；现金可随时被用来购买商品、支付有关费用和偿还债务，构成了企业再生产过程中的桥梁和纽带，是其他流动资产转化的最终对象。

14.1.1 现金管理的目标

企业必须持有一定数额的货币资金，以满足交易、预防和投机需要。

1. 交易需要

企业销售商品，购买原材料，支付工资、税金、利息等日常生产经营活动中，每天发生的现金流入量与现金流出量很少等额发生，存在一定的数量差额，保留一定的现金余额才能保证企业在现金支出大于现金收入时，不会发生交易中断而蒙受损失。如：丧失现金折扣的损失、延迟付款造成的信用损失等。

2. 预防需要

订货价格上涨、客户没有按期付款等不确定因素可能导致预算外的资金需要，企业必须持有一定数量的现金以预防这种意外需要，否则企业可能因资金需要量的增大而陷入窘境，甚至破产。企业现金收支情况的不确定性越大，所需的预防性货币资金就越多；反之，则可少些。另外，如果企业能够较容易地取得银行短期借款，也可以减少预防性现金储备；相反，则应提高现金储备。

3. 投机需要

投机需要是为了投机获利而持有现金，如随时购买偶然出现的廉价原材料或资产，或者在证券市场价格剧烈波动时，利用持有的现金从事投机活动来赚取价差等。因为投机活动有较大的风险，所以企业应当在正常现金需要量的基础上追加一定数量的投机性现金余额,不能用企业正常交易活动所需的现金进行投机活动。投机性现金的持有量主要取决于企业的风险态度以及市场上投机机会的大小。在现代金融市场的条件下,企业可以通过保持借贷能力和持有短期证券等来满足投机性需要,并不一定需要真正的现金库存。

除此之外,其他一些因素也决定了企业必须持有一定数量的现金。例如,开户银行要求有最低存款余额和银行短期贷款计划要求的补偿性存款余额等。总的来说,现金的交易需要是企业最基本也是最重要的内部需要。预防需要实质上是对交易需要的补充,目的也是保证生产经营活动的正常进行。现金的交易需要一般可以根据企业生产经营活动中的若干较为确定的因素来预测,而预防需要只能针对企业可能遇到的不确定因素来估计。多数企业不会将获取投机需要作为现金管理的主要目标,即使遇到特别的购买机遇,也常设法临时筹集资金来解决。

14.1.2 现金管理的内容

现金管理的内容如图 14-1 所示。

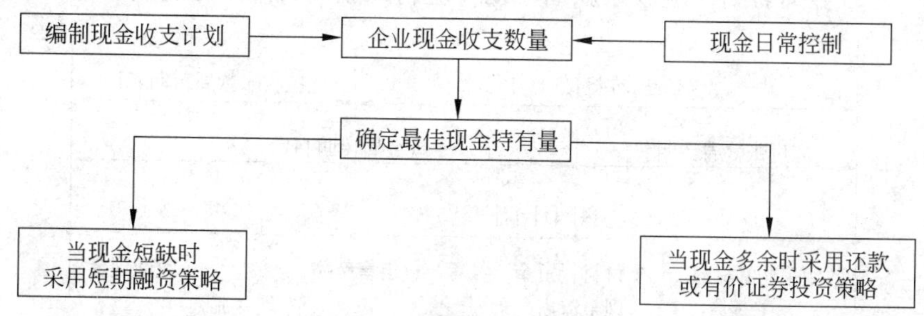

图 14-1 现金管理内容

首先,现金收支计划的编制,也就是现金预算的编制,是现金管理的重要工具。由于现金的流动性大,关系到国民经济的安全运行,中国人民银行为了控制社会上的货币流通量,制定了《现金管理暂行条例》、《银行结算办法》等规章。企业必须遵守相关规定,并在此基础上结合自身的经营特点,制定相应的货币资金的内部控制制度,杜绝和减少发生差错或舞弊的机会,防止挪用、贪污行为,加强企业的现金收支管理,保证现金的安全完整。

其次,在现金日常控制中,企业应尽快收回应收款项,增加现金流入量,同时,在允许的情况下,尽可能多地使用各种信用工具,延迟现金流出,满足生产经营的需要。具体来说,现金的收入管理,重点在于缩短客户付款时间和银行间结算时间,通常可以采用折扣、折让激励法、集中银行法、电子汇兑等方法。现金支出管理的重点在于尽可能延缓现金的支出时间,在不影响企业信誉的前提下,可以采用推迟支付应付账款法、汇票付款法、分期付款法、合理利用现金“浮游量”等方法。

进一步,通过企业现金收支数量确定最佳现金持有量。最佳现金持有量是指既能节约资金、减少资金占用成本,又能满足生产经营需要、保持企业正常支付能力的货币资金占用量。确定最佳现金持有量的方法包括现金周转模式、因素分析模式、存货模式等。由于企业必要的现金持有量会受各种突发事件的影响,所以企业寻求的最佳现金持有量实质上是努力保持的一个目标现金余额。

当企业现金余额不足最佳现金持有量时，即现金短缺，要采用短期融资策略；当企业现金余额超过最佳现金持有量时，即现金多余，要采用还款或有价证券投资策略。

14.1.3 最佳现金持有量的确定方法

1. 现金周转模式

现金周转模式是根据企业现金周转期来确定最佳现金持有量的一种方法。

按照购买原材料、付款、销售产品、收款的时间点划分各种周转期，见图 14-2，应付账款周转期是指从收到尚未付款的材料到偿还货款所需要的时间；存货周转期是指从收到尚未付款的材料到出售产品所需要的时间；应收账款周转期是指从出售产品到收回现金所需要的时间；现金周转期就是企业从因购买原料而支付应付账款的货币资金流出时起，至产成品销售而收回应收账款的货币资金流入时止的这段时间，即现金周转一次所需要的天数，计算公式为：

现金周转期＝应收账款周转期－应付账款周转期＋存货周转期

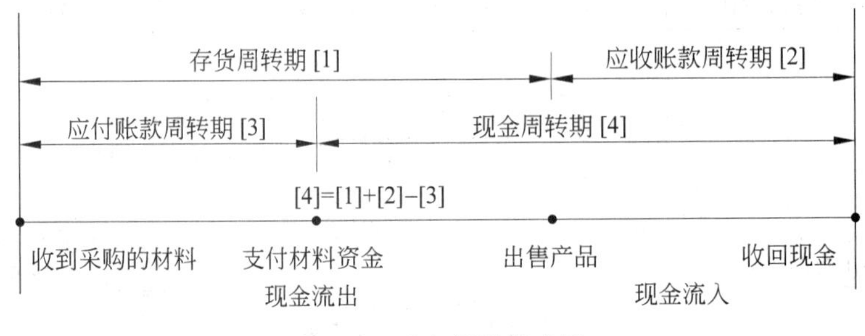

图 14-2 现金周转模式图

根据现金周转期可以计算出现金周转率，即现金在一年中周转的次数。计算公式为：现金周转率＝360/现金周转期；在企业全年现金需求总量一定的情况下，如果现金周转期越短或者现金周转率越大，则企业的最佳现金持有量就越小。

【例 14-1】 某企业的原材料采购和产成品销售都采用信用方式，其应收账款的平均收款天数为 30 天，应付账款的平均付款天数为 40 天，平均存货期为 50 天。预计该企业某年的现金需求总量为 7 200 万元，采用现金周转模式确定该企业该年的最佳现金持有量。

解： 现金周转期＝30－40＋50＝40(天)

现金周转率＝360/40＝9(次)

该企业的最佳现金持有量＝7 200/9＝800(万元)

2. 因素分析模式

因素分析模式是根据企业上年现金实际平均占用额以及本年有关因素的变动情况，对不合理的现金占用进行调整来确定最佳现金持有量的方法。一般来说，营业收入增加，现金需要量相应增加，企业现金持有量与营业收入成近似正比例关系。计算公式如下：

最佳现金持有量＝（企业上年现金平均占用额－不合理占用额）×（1±预计营业收入变动的百分比）

【例 14-2】 某企业 2012 年的现金实际平均占用额为 2 000 万元，经过分析其中不合理的现金占用额为 120 万元。2013 年企业预计营业收入可比上年增长 10%。利用因素分析模式计算该企业 2013 年的最佳现金持有量。

解：（2 000－120）×（1＋10%）＝2 068（万元）

3. 存货模式

存货模式是根据存货的经济订货批量模型来确定最佳现金持有量的方法。

（1）假设前提

假定存在以下前提：企业的现金流入量稳定并可预测，即企业一定时期内的现金收入是均匀发生并能可靠地预测其数量；企业的现金流出量稳定并可预测，即现金支出均匀发生并能可靠地预测其数量；在预测期内，企业如发生现金短缺，可以通过出售有价证券的方式来补充；有价证券短期投资收益率可知，企业每次出售有价证券的费用已知，并且是固定的。

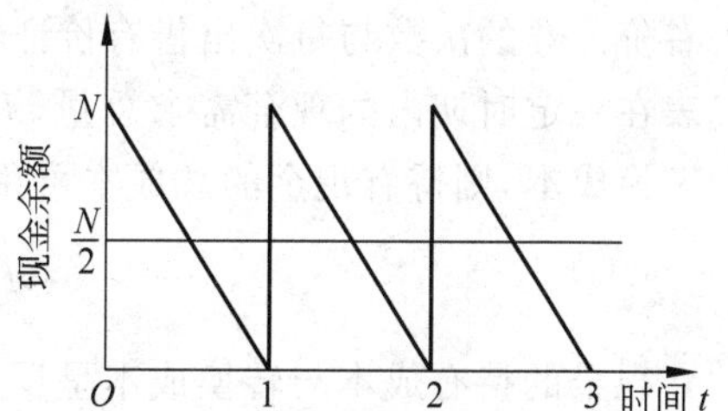

图 14-3　确定最佳现金持有量的存货模式

在具备了上述假设条件的情况下，企业在每期期初应保持必要的现金库存 N，当现金在期末耗尽时，企业将补充现金至 N，企业的现金余额变动情况如图 14-3 所示。应用存货模式确定最佳现金持有量就是要计算持有现金成本最低的 N 值。

（2）持有现金的成本

持有现金发生的相关成本涉及持有成本、管理成本、转换成本和短缺成本。

其中：持有成本是指企业因为保留现金而可能丧失的再投资收益，也称现金的机会成本，通常用有价证券的利息率来衡量。这种成本与现金的持有量成正比，持有量越大，机会成本越高。管理成本是指企业因为持有现金而发生的管理费用，如出纳人员的工资和保管的安全费用等。这种成本一般具有固定成本的性质，在一定范围内与现金持有量的多少关系不大。转换成本是指企业用现金购买有价证券或者将有价证券转换为现金所发生的交易费用，分为两类：一类是与转换金额相关的费用，如印花税等，这种费用一般按成交金额的一定比例支付，与转换次数关系不大，属于变动转换成本；二是与转换金额无关与转换次数有关的费用，如委托费等，这种费用按照交易的次数支付，每次交易支付固定的转换成本。在现金需要量既定的前提下，现金持有量越少，进行证券变现的次数越多，相应的转换成本就越大；反之，现金持有量越多，证券变现的次数就越少，转换成本就越小。短缺成本是指企业因现金持有量不足且没有能够及时变现的有价证券加以补充，给企业所带来的损失，如不能按时缴纳税金而支付的滞纳金和不能按时偿还贷款而支付的罚息等。现金的短缺成本与现金的持有量成反比，现金持有量越大，短缺成本就会越小。如果企业不发生现金短缺，就不会有现金短缺成本。

(3) 最佳现金持有量 N 的确定

随现金持有量变化的成本有持有成本和转换成本，见图 14-4。

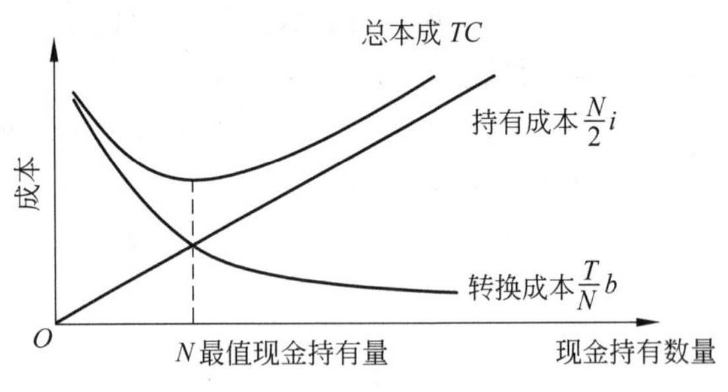

图 14-4 存货模式现金持有量成本图

N 代表企业最佳现金持有量，即每次出售有价证券或借款所得的货币资金数额，i 代表有价证券的收益率，则持有成本为 $\frac{N}{2}i$。企业出售有价证券所花费的交易费用，则为出售有价证券的次数与每次出售有价证券的固定交易费用的乘积，这就是转换成本。用 T 代表在一定时期内的现金需求总量，TC 代表持有现金的总成本，b 代表现金与有价证券的转换成本，则持有现金的总成本可用如下公式来表示：

$$TC = \frac{N}{2}i + \frac{T}{N}b$$

现金的持有成本与转换成本呈反方向变化。在现金需求总量一定的情况下，现金持有量越高，其持有成本就越大，而转换成本则越小。因此，两种成本之和最低时的现金持有量就是企业的最佳现金持有量 N。

对 TC 求导，即

$$TC'(N) = \frac{i}{2} - \frac{Tb}{N^2}$$

令 $TC'=0$，则

$$N = \sqrt{\frac{2Tb}{i}}$$

14.2 应收账款管理

应收账款是指企业因对外销售产品、材料或提供劳务等所形成的尚未收回的款项，是企业流动资产的重要组成部分。

企业在市场竞争中为了促进销售、减少存货采用信用销售方式而未采用现销方式形成了应收账款。影响企业应收账款水平的主要因素有经济状况、产品质量、产品定价和企业的信用政策等，这些因素中，信用政策是财务部门所能控制的。应收账款管理的目的，即：分析应收账款的收益与风险，比较不同信用政策的收益和成本，制定出最佳的信用政策，并控制信用政策的实施，满足企业价值最大化的经营目标。

14.2.1 应收账款的信用政策

应收账款的信用政策，一般由企业财务管理部门的负责人和其他有关部门的负责人共同制定，包括信用标准、信用条件和收账政策。

1. 信用标准

信用标准是企业同意向客户提供商业信用而提出的基本要求，通常以预期坏账损失率作为判别标准。如果客户达不到企业的信用标准，则不能享受企业的信用或只能享受带有附加条件(如提供第三方担保等)的信用。

2. 信用条件

信用条件是指提供商业信用时要求对方支付赊销款项的条件。信用条件由信用期限、折扣期限和现金折扣三部分构成。其中：信用期限是企业允许客户从购货到付清货款的最长时间。折扣期限指企业可按销售收入的一定比率给予客户现金折扣的付款期限。现金折扣就是指产品售价的扣减。信用条件的一般形式如：“2/10，N/30”，其含义是：在折扣期 10 天内付款，将享受 2%的现金折扣；在折扣期之外、信用期 30 天内付款，则支付全额货款，不享受任何的现金折扣；允许购货方付款的期限最长为 30 天。

3. 收账政策

收账政策是指当企业的信用条件被违反时，企业应采取的收账策略。它涉及对企业现有应收账款的监控和对逾期货款的追索措施。

由于应收账款而使企业增加的成本包括机会成本、管理成本和坏账成本。①机会成本(持有成本)是指企业的资金因被占用在应收账款上而可能丧失的投资收益。其大小与占用资金数量相关，占用资金越多，机会成本越高。②管理成本是指企业对应收账款进行管理所发生的各项费用支出。如：调查客户信用的费用、收集相关信息的费用、应收账款账簿记录的费用、催收到期账款发生的收账费用和其他用于应收账款的管理费用等。③坏账成本是指企业无法收回应收账款而产生的损失。

不同的收账政策给企业所带来的收益和成本也不同。企业投入收账的费用越大，收账措施越有力，可收回的应收账款越多，坏账损失就越小。但收账费用和坏账损失之间不是线性关系，少量的收账费用不会使坏账损失减少很多，随着收账费用的逐渐增加，它对坏账损失减少的作用越来越大，当达到某种限度时，收账费用的追加对进一步减少坏账损失的作用逐渐减小。收账费用和坏账损失之间的关系可用图 14-5 表示。

从图 14-5 可见，当收账费用增加时，坏账损失随之减少，随着收账费用增加到一定程度 P 点时，坏账损失减少的数量就不明显了，这一点称为饱和点。这说明在市场经济中，发生一定数量的坏账损失是不可避免的，企业在制定收账政策时，应当考虑到饱和点问题，大量地增加收账费用有时是得不偿失的。

总之，企业应该在扩大销售与增加机会成本、管理成本和坏账成本之间权衡利弊，制定合理的信用政策。

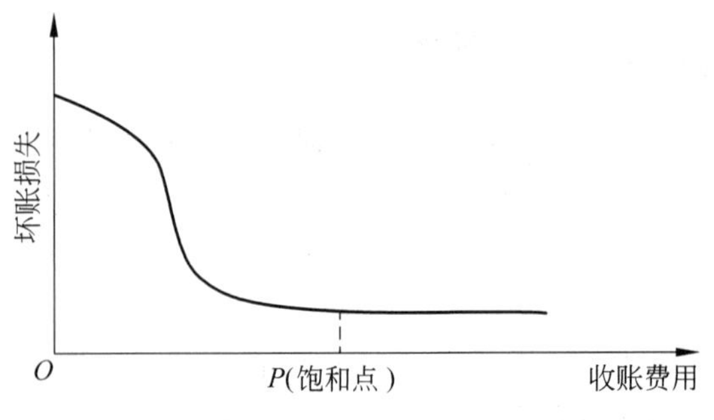

图 14-5 收账费用与坏账损失的关系

【例 14-3】 甲公司现在采用信用期限为 30 天的政策，是否应将信用期限放宽至 60 天，没有折扣？已知公司的最低资金利润率为 15%，其他数据见表 14-1。

表 14-1 信用期改变导致的经营变化 万元

项目	30 天信用期	60 天信用期
销售金额	50	60
销售成本		
变动成本(80%销售额)	40	48
固定成本	5	5
毛利	5	7
可能发生的收账费用	0.3	0.4
可能发生的坏账损失	0.5	0.9

分析：信用期限过短，不足以吸引顾客，在竞争中不利于销售额的提高；信用期限过长，对销售额增加固然有利，但应收账款及其收账费用和坏账损失增加，所得的收益有时会被增长的成本抵消。信用期限的确定，主要是分析改变现行信用期限对收入和成本的影响，若改变后收入大于成本，才可以改变信用期限。

解

(1) 收益增加＝销售增加额×边际贡献

＝(600 000－500 000)×(1－80%)

＝20 000(元)

(2) 成本增加

应收账款占用资金利息增加＝应收账款占用资金×最低资金利润率

应收账款占用资金＝应收账款平均余额×变动成本率

应收账款平均余额＝日销售额×平均收款期限

30 天信用期限占用资金利息＝500 000×80%/360×30×15%＝5 000(元)

60 天信用期限占用资金利息＝600 000×80%/360×60×15%＝12 000(元)

资金占用利息增加额＝12 000－5 000＝7 000(元)

收账费用增加＝4 000－3 000＝1 000(元)

坏账增加＝9 000－5 000＝4 000(元)

(3) 改变信用期限的净收益＝20 000－(7 000＋1 000＋4 000)＝8 000 元

所以，应采用 60 天的信用期限。

14.2.2 客户信用调查与评估

是否给予客户商业信用，以及随后对客户符合的信用标准的判断和信用条件的制定，都建立在客户信用调查与评估的基础上。客户信用调查方法包括，通过采访、询问、观察、记录等方式直接与客户接触的直接调查法，以及通过客户财务报表、或者银行及供应商、工商税务等相关部门对客户信用资料搜集与整理的间接调查法。

常用的客户信用评估的方法如下：

1. “五 C”评估系统

“五 C”是指评估顾客信用品质的五个方面：品德(character，指客户愿意履行其付款义务的可能性)、能力(capacity，指客户偿债能力)、资本(capital，指根据有关的财务比率判断的财务状况)、抵押品(collateral，指客户担保资产及担保品的质量)和环境(condition，指经济环境对客户偿还能力的影响)。

通常可对评估系统的各个构成要素设定分级，对每个要素打分后累加，得到该客户的总信用分。根据总分确定企业对其的信用政策。

2. 信用评分法

根据客户信用资料的调查，选取一组具有代表性的信用风险评价指标，并给出不同信用状况的评价标准值。在理论研究和实践发展中，一些简单实用的信用评分公式被设计出来，如下式：

信用评价分数＝3.5×收益利息倍率＋10×速动比率－25×债务资产比率＋1.3×企业经营年限

依据上式：如果分数大于 50，则信用风险小；小于 40，则信用风险大；40 和 50 之间，信用风险平均。

14.2.3 应收账款的日常管理

应收账款的日常管理包括总额控制、信用额度管理、账龄分析、坏账损失的管理。

1. 应收账款总额的控制

应收账款总额＝每日平均赊销数额×平均收账期

其中：每日平均赊销数额取决于企业的生产及销售能力和信用政策，平均收账期指企业从商品销售日算起到收到货款日之间的天数，主要取决于企业的信用政策。当企业的生产能力已经充分利用没有剩余，就应该限制信用销售，将应收账款控制在较低的水平；当企业还有过剩的生产能力，通过扩大销售依然可以获得边际贡献时，就可以考虑采用比较宽松的信用政策，扩大销售量，增加应收账款总额，从而增加企业的利润。如果企业的平均收账期超过了预计的信用期限，说明客户付款存在拖欠行为而企业催收力度不够；如果超过的天数较多，发生坏账损失的可能性就很大，可能影响企业资金的正常周转。企业要经常把自己的平均收账期与行业平均收账期以及企业不同时期的平均收账期相比较，发现差距，改进应收账款管理工作。

2. 信用额度管理

企业对不同的客户制定有不同的信用额度，信用额度是企业控制某个客户在一定时期内应收账款数额的最高限度，是企业愿意对某个客户承担的最大风险。信用额度大小与收款期限长短、预计坏账损失率和收账费用的多少有关，企业要在可能获得的收益与可能发生的费用之间权衡确定。如果应收账款金额达到了信用额度，企业要么停止对该客户的赊销业务，要么修改提高对该客户的信用额度。客户信用品质可能发生变化，因此企业每隔一段时间就要对客户的信用额度重新评定，定期或不定期地审核和修改信用额度。

3. 应收账款账龄分析

企业为了进一步了解客户的付款情况，可以编制应收账款账龄分析表。该表按照每一笔应收账款发生天数（账龄）分组，反映各账龄组的金额和占应收账款总额的比重。利用该表，企业可以了解有多少欠款尚在信用期限内，这些还没有超过信用期的欠款是正常的，但进行监督也是必要的；企业可以了解多少欠款超过了信用期限，超过时间长短不同的欠款各占多少，有多少欠款会因拖欠时间太久而可能成为坏账，充分估计其对企业利润的影响；根据制定的收账政策，对可能发生的坏账损失，采取不同的收账方法。

4. 坏账损失的管理

在市场经济条件下，只要企业采用信用销售方式，就难免会发生坏账损失。坏账管理的主要内容是坏账损失的确认以及坏账准备金制度的建立。

债务人破产或者债务人逾期未履行偿债义务，有明显的证据证明无法收回的应收账款，应当确认为坏账损失。但这并不意味着企业放弃了对该应收账款的追索权。如果债务人财务状况好转，偿还了货款或者企业通过法律诉讼追回了该项应收账款，就应当冲销已经确认的坏账损失。

坏账准备金制度是指企业按照事先确定的比例估计坏账损失，计提坏账准备金，待发生坏账时再冲减坏账准备金。建立坏账准备金制度的关键是合理地确定计提坏账准备的比例，方法主要有以下三种：销货百分比法，即按赊销货款的一定比率计提坏账准备；账龄分析法，即按照账龄长短分别确定不同的计提比例，账龄越长，计提比例越大；应收账款余额百分比法，即按应收账款期末余额的一定比率计提坏账准备。

14.3 存货管理

存货是指企业在生产经营过程中为了销售或者耗用而储存的商品和货物，是流动资产中流动性最差的部分，一般在一年内或超过一年的一个营业周期内被耗用或者经出售而转换成现金。加强存货管理对满足企业生产经营需要，充分发挥存货的效能，节约资金占用，加速资金周转和提高经济效益，都具有重要意义。

14.3.1 存货管理的相关成本

存货管理的相关成本主要有取得成本、储存成本和缺货成本。

1. 取得成本

取得成本包括订货成本和购置成本。订货成本指取得订单的成本，如办公费、差旅费、邮费、专设采购机构的经费等。订货成本分为变动性和固定性两部分，变动性订货成本与订货次数成正比，而与每次订货数量关系不大，订货次数越多，变动性订货成本越高，如通信费等；固定性订货成本与订货次数无关，如专设采购机构的经费支出等。购置成本即购买存货的单价与数量的乘积。

2. 储存成本

储存成本包括存货占用资金利息、仓库费用、保险费、保管费、搬运费等。存货的储存成本也分为变动性储存成本和固定性储存成本。变动性储存成本与储存存货的数量成正比，储存的存货数量越多，变动性储存成本就越高，如存货的保险费等；固定性储存成本与存货的储存数量无关，如仓库折旧费、仓库保管人员的固定月工资等。

3. 缺货成本

缺货成本指由于存货供应中断而造成的损失，包括材料供应中断形成的停工损失、产成品库存缺货的拖欠发货损失和销售机会损失。存货的短缺成本与存货的储备数量呈反向变化，储存存货的数量越多，发生缺货的可能性就越小，短缺成本当然就越小。

如果在一定时期内，企业需求的存货总量是固定的，不存在缺货情况，那么存货的每次订购批量越大，储存的存货就越多，储存成本就会越高，但由于订货次数的减少，则会使取得成本降低；反之，减少存货的每次订购批量，会使储存成本随之减少，但由于订货次数的增加，取得成本就会上升。因此要对这些成本进行权衡，在充分满足生产经营的存货量前提下，使总成本之和达到最小。

14.3.2 存货经济订购批量管理

使存货的取得成本和储存成本之和最低的采购批量叫作经济订购批量，可以用图 14-6 表示。

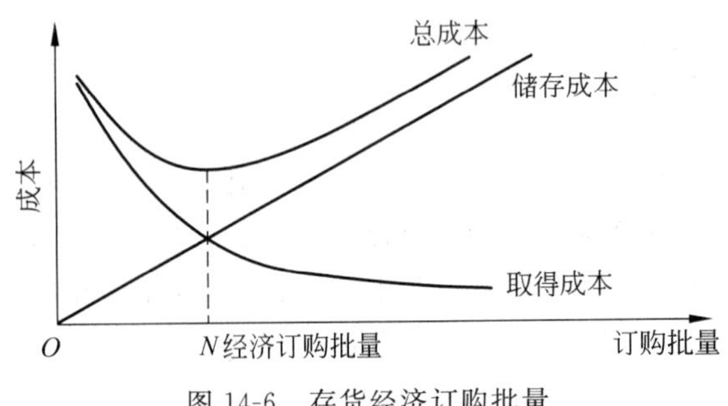

图 14-6　存货经济订购批量

1. 存货基本模型

假设：①企业在一定时期内存货的总需求量可以准确预测；②存货的耗用是均衡的，即按一个确定的比例逐渐耗用的；③不可能出现缺货情况，当存货数量降为零时，下一批存货能马上到位；④存货的价格稳定，不存在数量折扣；⑤企业现金充足，不会因现金短缺而影响进货。在这种情况下，存货变动的基本模型如图 14-7 所示。

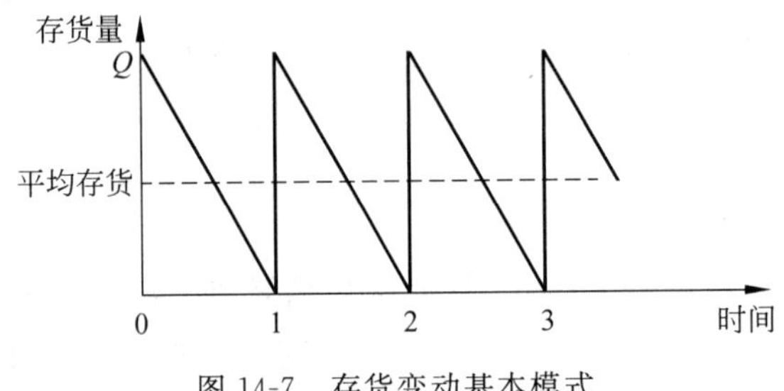

图 14-7　存货变动基本模式

设 T 为全年存货总成本，A 为全年存货总需要量，Q 为存货每批订货量，F 为每批存货订货成本，C 为每单位存货的年平均储存成本，则有

$$存货订购批数 = A/Q$$

$$存货平均库存量 = Q/2$$

$$全年订货总成本 = F \cdot A/Q$$

$$全年储存总成本 = C \cdot Q/2$$

全年存货总成本

$$T = C \cdot Q/2 + F \cdot A/Q$$

根据上面的公式，为了确定存货经济订货批量，可求 T 对 Q 的导数，有

$$T' = C/2 - AF/Q^2$$

令 $T'=0$，则 $Q=\sqrt{2AF/C}$，即为存货经济订货批量。

由此可以计算出：

$$存货经济订购批数 = A/Q = \sqrt{AC/2F}$$

$$全年订货总成本 = F \cdot A/Q = \sqrt{AFC/2}$$

$$全年储存总成本 = C \cdot Q/2 = \sqrt{AFC/2}$$

【例 14-4】 某企业全年需用甲零件 2 000 千克，每订购一次的订货成本为 80 元，每件年均储存成本为 2 元，问甲零件的经济订货批量为多少？

解：根据题意，$A=2\ 000$，$F=80$，$C=2$，则甲零件的经济订货批量

$$Q=\sqrt{\frac{2AF}{C}}=\sqrt{\frac{2\times 2\ 000\times 80}{2}}=400(\text{千克})$$

2. 存货基本模型的扩展

存货经济订货批量的基本模型是在前述各假设条件下建立的，为了使模型更接近于实际情况，需要逐步放宽假设条件，进行模型改进。

(1) 订货提前期

一般情况下，企业的存货不能做到随用随时补充，因此不能等到存货全用完后再去订货，而需要在没有用完前就提前订货。当企业再次发出订货单时，也即当订购下一批存货时本批存货的储存量称为再订货点，用 R 来表示。它的数量等于交货时间(t)和每日平均存货需用量(n)的乘积，即

$$R=n\cdot t$$

再次订货到达时，原有库存恰好用完。订货提前期对经济订货批量没有影响，仍可按基本模型情况下的经济订货批量，当达到再订货点 R 时应发出下批订货单。

(2) 保险储备

前述假定存货均衡耗用，实际上存货每日需求量可能发生变化，可能会遇到需求增大或送货延迟，这样就会发生缺货。为了防止由此造成的损失，就需要多储备一些存货。防止耗用量突然增加或交货误期等进行的储备称为保险储备(安全存量)，用 s 来表示。

设 m 为存货可能发生的日最大消耗量，n 为存货每日平均消耗量，t 为订货间隔期或订货提前期(从发出订单到货物验收完毕所用时间)。那么，保险储备可用下式计算：

$$s=(m-n)\times t$$

再订货点 R 可用下式计算：

$$R=n\cdot t+s=mt$$

影响存货订购数量的因素还有存货陆续供应问题、存货数量折扣问题、存货季节性供应问题以及通货膨胀因素等，形成了基本模型的不同扩展。

14.3.3 存货的 ABC 分类管理

存货可以按照经济内容分为商品、产成品、自制半成品、在产品、材料、包装物和低值易耗品等；按经济用途分为销售用存货和生产用存货；按存放地点分为库存存货、在途存货和委托加工存货；按照来源不同，可以分为外购存货和自制存货。

存货的 ABC 分类管理就是按照一定的标准，将存货划分为 A、B、C 三类。通常分类的标准主要有两个：一是金额标准；二是品种数量标准。其中金额标准是最基本的标准，

品种数量标准作为参考。A类是种类少、资金占用较多的存货；C类是种类繁多、资金占用不多的存货；B类是介于A类和C类之间的存货。具体划分标准可参见表14-2。

表14-2 ABC三类存货的具体划分标准 %

项　目	该类物资品种比重	该类物资资金比重
A类物资	5～15	60～70
B类物资	20～30	20～30
C类物资	60～85	10～20

ABC分类管理具体包括四个步骤：第一，将企业所要控制的全部物资，按照耗用总量，计算每一种物资的资金占用额；第二，计算每项原材料存货数量百分比和金额百分比，编制ABC分类表；第三，编制ABC分析表；第四，采取措施对ABC三类物资进行控制。对于A类存货要重点规划和控制，应分品种定量控制，即在保证生产经营需要的前提下，分品种控制采购批量、最高储备量、最低储备量和再订购点的储备量；B类存货作为次重点管理，一般采用总量控制措施，即分大类控制最高储备量、最低储备量，并按品种控制采购批量，C类存货只进行一般管理，一般以不积压为原则，可根据需要扩大进货量、减少订货次数，节约采购费用，即采用总额控制措施。

【例14-5】 某企业共有原材料存货10种，其全年耗用总数量和资金总额如表14-3所示。

表14-3 年耗用存货情况表

原材料项目	年需要量/千克	单位成本/元	总金额/元
D	500	20	10 000
E	20 000	100	2 000 000
F	600	200	120 000
G	2 000	50	100 000
H	1 500	4	6 000
I	90 000	2	180 000
J	10 000	90	900 000
K	5 000	70	350 000
L	60	300	18 000
M	90	150	13 500
合计	129 750		3 697 500

然后，计算每项原材料存货数量百分比和金额百分比，判断编制ABC分类表如表14-4所示。

表 14-4 原材料 ABC 分类表 %

原材料项目	数量百分比	金额百分比	类别确定
D	0.385	0.270	C
E	15.414	54.091	A
C	0.462	3.245	C
D	1.541	2.705	C
E	1.156	0.162	C
F	69.364	4.868	C
G	7.707	24.341	B
H	3.853	9.466	B
I	0.046	0.487	C
J	0.072	0.365	C
合计	100.00	100	

接下来，编制 ABC 分析表见表 14-5。

表 14-5 ABC 分析表

类 别	品种数	品种百分比/%	原材料金额/元	金额百分比/%
A	1	10	2 000 000	54.091
B	2	20	1 250 000	33.807
C	7	70	447 500	12.102
合 计	10	100	3 697 500	100

最后，对原材料 E 要重点管理，计算其采购批量、最高储备量、最低储备量和再订购点的储备量，加强控制。而对 D、F、G、H、I、L、M 这 7 种材料无须重点控制，以不积压为原则，采用总额控制措施。

案例分析

案例 14-1 莲花味精的应收账款管理

河南莲花味精股份有限公司是国务院确定的重点企业之一，被农业部等八部委认定为全国第一批农业产业化龙头企业，号称国内味精生产的老大。2010 年 4 月 29 日莲花味精收到河南证监局《关于对莲花味精信息披露问题的监管关注函》(豫证监函〔2010〕97 号)，函称“通过非正式调查发现公司存在涉嫌虚增会计利润、重大诉讼事项未及时履行信息披露义务等违反证券法律、法规的行为。并于 2010 年 4 月 25 日正式对公司立案调查”。这则消息引起了全社会对这个模范企业的广泛关注。

调查发现，莲花味精2006年中期，其一年以内的应收账款占总应收款比例51.5%，到了年末这一比例降至50.21%；2007年，一年以内的应收账款占总应收款比例在上半年一度提升至62%，到了年底降至31.14%；2008年，一年以内应收账款占总应收款比例降低到17.44%；到了2009年中期，一年以内应收款占比为19.07%。1～3年的应收款占比从2006年中期的43.88%增加至2009年中期的48.22%，3年以上应收款占比从2006年中期的4.27%增加至32.71%。2006年中期，一年以内的其他应收款占其他应收款比例为96.8%，到了2009年中期，一年以内其他应收款占其他应收款的比例为18.7%，三年以上的其他应收款占比从三年前的1.15%增至56.27%。莲花味精对三年以上应收账款的坏账计提比例为15%。莲花味精2009年中期报表显示，2009年1～6月公司坏账损失转回了428.5万元，2008年1～6月坏账损失转回了59.6万元。2009年中期，莲花味精应收账款周转天数为114.39天，总资产周转天数为583天。

同时，莲花味精年报中按风险类别不同将应收账款划分为以下三类：单项金额重大的应收账款、单项金额不重大但按信用风险特征组合后该组合的风险较大的应收账款和其他不重大应收账款。注释中对应收账款的种类划分做出了说明，分别为：①单项金额重大的应收账款，是指本公司单项金额在500万元(含)以上的应收账款；②单项金额不重大但按信用风险特征组合后该组合的风险较大的应收账款，是指本公司单项金额小于500万元且账龄在三年以上的应收账款；③其余为其他不重大应收账款。

截至2009年6月30日，莲花味精短期借款为7.3亿元，其中7.29亿元借款逾期且尚未办理展期手续。2009年中期报告披露，公司合并报表货币资金为1.99亿元，应收款、预付款、其他应收款合计13.6亿元，可用于自由支配的现金及现金等价物有6 581万元。

案例分析题：

1. 莲花味精的应收账款出现了哪些问题？你认为其应该如何加强应收账款管理？
2. 莲花味精单项金额重要性的确认以500万元为界限来衡量，这样做的原因有哪些？为什么不选择200万元？或者1 000万元？
3. 你了解同行业的其他企业的应收账款的管理情况吗？比如梅花集团。
4. 除了应收账款问题，你还发现莲花味精经营中存在哪些问题？

案例14-2　存货管理的问题在哪里？

青青服装公司是材料系的大学毕业生小孙、小韩和小王创立的一家合伙企业，由于采用了新的材料科技，开办三年来年年盈利，但现金却越来越紧，仓库里积压的材料、成品越来越多，三人商量了一下，认为目前的状况需要改变，但一时又无从下手。招集本公司的财务管理人员开了个会，财务人员认为现在问题的根源就是存货管理不善，但如何管理现在还无从下手。

该公司存货的详细情况见表14-6。其中：①HSFN类属于纸张、油墨等办公品，可随时买；②公司资金收益率为20%；③J为主要布料，单价100元，单位储存成本2元，每批订货成本1 000元，预计全年需求量16 000件；④E为西装产成品，库存数量2 000件，单位成本155元，近3年的销售量为3 578件、3 774件、3 670件，未来预计基本稳定。

表 14-6　存货资料表

元

存货品种	占用资金	存货品种	占用资金
D	20 000	M	9 500
E	310 000	N	3 000
F	2 000	O	30 000
G	60 000	P	5 000
H	500	Q	7 000
I	6 000	R	70 000
J	400 000	S	1 000
K	15 000	T	50 000
L	11 000	合计	1000 000

你认为财务人员说得对吗？请帮助该公司的财务人员解决目前存在的问题。

本章小结

现金日常控制及最佳现金持有量的确定、应收账款的日常控制和管理、存货的日常控制及最佳批量的管理都是流动资产管理的重要内容，也是促进流动资产价值增值的重要途径。

思考题

1. 企业的现金最佳持有量应如何测定？

2. 企业应如何控制存货量？零库存真的可以提高企业效益吗？什么样的企业可以实现零库存？

习题

1. 选择题

(1) 在存货的管理中，与建立保险储备量无关的因素是(　　)。

A. 缺货成本　　B. 平均库存量

C. 交货期　　D. 存货需求量

(2) 存货管理的经济订货量基本模型建立于下列假设条件之上：(　　)。

A. 企业能及时补充所需存货

B. 存货单价不考虑销售折扣

C. 每批订货之间相互独立

D. 存货的需求量稳定或虽有变化但可根据历史经验估计其概率

E. 存货的单位储存成本不变

(3) 下列各项因素中，影响经济订货批量大小的有（　　）。

A. 仓库人员的固定月工资　　B. 存货的年耗用量

C. 存货资金的应计利息　　D. 保险储备量

2. 判断题

(1) 企业的信用标准严格，给予客户的信用期限很短，使得应收账款周转率很高，将有利于增加企业的利润。（　　）

(2) 研究存货保险储备量的目的，是为了寻求缺货成本的最小化。（　　）

(3) 在计算经济订货批量时，如果考虑订货提前期，则应在按经济订货量基本模型计算出订货批量的基础上，再加上订货提前天数与每日存货消耗量的乘积，才能求出符合实际的最佳订货批量。（　　）

3. 计算题

(1) 已知某公司与存货有关的信息如下：

① 年需求数量为30 000单位（假设每年360天）；

② 购买价格每单位100元；

③ 库存储存成本是商品买价的30%；

④ 订货成本每次60元；

⑤ 公司希望的安全储备量为750单位；

⑥ 订货数量只能按100的倍数（四舍五入）确定；

⑦ 订货至到货的时间为15天。

要求计算：

① 最优经济订货量为多少？

② 存货水平为多少时应补充订货？

③ 存货平均占用多少资金？

(2) 某商店拟放弃现在经营的商品A，改为经营商品B，有关的数据资料如下：

① A的年销售量3 600件，进货单价60元，售价100元，单位储存成本5元，一次订货成本250元。

② B的预计年销售量4 000件，进货单价500元，售价540元，单位储存成本10元，一次订货成本288元。

③ 该商店按经济订货量进货，假设需求均匀、销售无季节性变化。

④ 假设该商店投资所要求的报酬率为18%，不考虑所得税的影响。

要求：计算分析该商店是否需调整经营的品种。

第15章 长期资产管理

本章框架体系

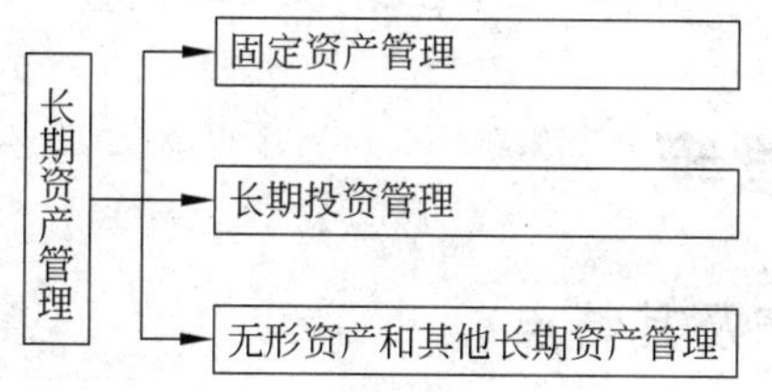

学习目标

1. 掌握固定资产的概念、特点以及更新决策。
2. 熟悉无形资产以及长期投资管理的基本概念。

导 读

1991年4月，珠海巨人新技术公司注册成立。1993年12月，该公司发展成为巨人集团并在全国成立了38家全资子公司，实现销售额3亿元，利税达4600万元，成为中国极具实力的计算机企业。

由于国际电脑公司的进入，中国电脑业于1994年步入低谷，巨人集团受到重创。于是，在生物工程刚刚打开局面但尚未巩固的情况下，巨人集团毅然向房地产这个新领域发起了进军，预想在房地产中大展宏图，拟建巨人科技大厦。

巨人科技大厦设计楼层从最初的18层涨到70层，投资也从2亿元涨到12亿元，而当时巨人集团的资产规模仅有1亿元。1994年2月，巨人大厦破土动工。到1996年7月，巨人集团未申请过一分钱的银行贷款，全凭自有资金和卖楼花的钱支撑。

1994年3月，巨人集团推行总裁负责制，史玉柱出任集团董事长。同年8月，史玉柱提出：跳出电脑产业，走产业多元化的扩展之路，以发展寻求解决矛盾的出路。巨人集团以集中轰炸的方式，一次性推出电脑、保健品、药品三大系列的30个产品。巨人产品广告以整版篇幅跃然于全国很多报刊。不到半年，巨人集团的子公司就发展到228个，人员也由200人发展到2000人。然而，此时巨人大厦的资金遇到问题，史玉柱决定从生物工程抽出部分流动资金投入到大厦的建设，而不是停工。很快，全国保健品市场销量普遍下滑，维持生物工程正常运作的基本费用和广告费用严重不足，生物产业的发展受到了极大的影响。

按原合同，巨人大厦施工三年盖到20层，1996年年底兑现，但由于施工不顺利而没有完工。大厦动工时为了筹措资金，巨人集团在香港卖楼花拿到了6 000万元港币，国内卖了4 000万元，其中在国内签订的楼花买卖协议规定，大厦一期工程（盖20层）三年完工后履约，如未能如期完工，应退还定金并给予经济补偿。而当1996年年底大楼一期工程未能完成时，卖给国内的4 000万元楼花就成了巨人集团财务危机的导火索。

巨人集团终因财务状况不良而陷入破产的危机之中，顷刻间倒塌在巨人大厦之下。

本章的学习，将主要讨论固定资产、无形资产等长期资产的管理方法和管理特点，以促进企业长期资产的保值增值，避免因长期资产的过度投资导致的问题。

本章内容

15.1 固定资产管理

15.1.1 固定资产及其特点

固定资产，是指企业为生产产品、提供劳务、出租或者经营管理而持有的、使用时间超过12个月的非货币资产，包括房屋、建筑物、机器、运输工具以及其他与生产经营活动有关的设备、器具、工具等。按照经济用途，分为生产用和非生产用固定资产；按照使用情况，分为使用中、未使用、不需用、租出等固定资产；还可以按照其他标准进行分类。固定资产可能是自行建造或者改建扩建的，也可能是通过新增资产的途径获得的，如：投资者投入、融资租入、外购等。通过企业合并、非货币性资产交换、债务重组等也会使企业取得固定资产。

固定资产具有以下特点：①使用期限长，至少超过一年，如房屋和一些机器设备的使用年限在10年或更高；②是过去的交易或者事项所形成的，能够多次参加生产过程，不改变其实物形态；③不打算在生产经营中销售，而是为生产商品、提供劳务、出租或经营管理而持有，被企业拥有或控制，会给企业带来经济利益的流入。

为了保全资产和提高使用效率，固定资产管理涉及计划、购置、验收、登记、领用、使用、维修、报废等整个过程，管理工作主要侧重于以下内容。

(1) 合理投资固定资产。

固定资产一般投资较大，会在较长时间内影响企业，投资需要几年甚至十几年才能收回。如果投资失误，会导致大量的资金浪费和占用。像专有机器设备等固定资产，不易改变用途，出售困难，变现能力较差。固定资产投资决策成败与否后果影响深远，合理决策至关重要。

(2) 健全固定资产日常管理。

固定资产的日常管理贯穿其整个生命过程，包括固定资产归口分级管理、固定资产制度管理、固定资产报废与清理的管理。

(3) 正确计算固定资产折旧。

这不仅可以确保固定资产的及时更新,而且能够合理确认固定资产的价值。

15.1.2 固定资产投资决策

固定资产投资可以分为新建企业投资、简单再生产投资和扩大再生产投资。合理的固定资产投资决策,主要从生产、技术、财务等多方面进行可行性分析。

生产上的分析从行业特征和期望规模大小来考虑。不同的行业对于固定资产的需求量是不同的,如生产型企业固定资产投资往往大于流通型企业。期望增加企业的规模,往往加大固定资产投资。技术上的分析主要考虑固定资产的技术先进程度,也就是技术使用年限,即从设备开始使用到因技术落后而淘汰为止所经历的时间,技术使用年限与固定资产的投资额度一般正相关,因此,要在两者中权衡。财务上的分析首先要预测固定资产投资项目的现金流量,运用净现值法、内含报酬率法、投资回收期法等投资决策方法,在企业可利用资本和规模的约束下,结合投资风险的考虑,进行决策和优选。

【例 15-1】 某企业有一旧设备,工程技术人员提出更新要求,有关数据如下(单位:元):

	旧设备	新设备
原值	2 200	2 400
预计使用年限(年)	10	10
已经使用年限(年)	4	0
最终残值	200	300
变现价值	600	2 400
年运行成本	700	400

假设该企业要求的最低报酬率为 15%,问是否进行更新?

分析:一般来说,用新设备替换旧设备如果不改进生产能力就不会增加营业收入,即使有少量的残值变价收入,也不会有实质性收入增加。大部分设备更新所发生的现金流量主要是现金流出量。因此,收入相同时,成本较低的方案是好方案,那么,可否通过比较两个方案的总成本来判别方案的优劣呢?旧设备尚可使用 6 年,而新设备可使用 10 年,两个方案取得的"产出"时间并不相同。因此,企业的这项长期投资决策较好的分析方法是比较继续使用和更新的年均成本,以年均成本较低的作为选择的方案。

解:固定资产的年均成本,为该资产引起的现金流出的年平均值。如果不考虑货币的时间价值,它是未来使用年限内的现金流出总额与使用年限的比值;如果考虑货币时间价值,它是未来使用年限内现金流出总现值与年金现值系数的比值。

(1) 不考虑货币的时间价值。代入数据得

$$旧设备平均年成本=\frac{600+700\times6-200}{6}=\frac{4\,600}{6}=767(元)$$

$$新设备平均年成本=\frac{2\,400+400\times10-300}{10}=\frac{6\,100}{10}=610(元)$$

(2) 考虑货币的时间价值。计算现金流出的总现值，然后分摊给每一年：

$$旧设备平均年成本=\frac{600+700(P/A,15\%,6)-200\times(P/S,15\%,6)}{(P/A,15\%,6)}=836(元)$$

$$新设备平均年成本=\frac{2\,400+400\times(P/A,15\%,10)-300\times(P/S,15\%,10)}{(P/A,15\%,10)}$$

$$=863(元)$$

通过计算可知，使用旧设备的年均成本较低，不宜进行设备更新。

企业在进行固定资产投资决策时，一般都要提出几种投资方案，进行反复比较后从中选取最佳或最合理的方案。如果固定资产投资项目可行，要积极筹措资金，实施投资。

15.1.3 固定资产的日常管理

固定资产的日常管理主要包括归口分级管理、制度管理、报废与清理的管理。

1. 固定资产归口分级管理

(1) 归口管理即按照固定资产的类型、使用性质或类别归口给有关职能部门负责管理，各归口部门负责对经营的固定资产合理使用、维护和管理，定期对固定资产的使用保管情况进行检查，并经常与会计部门沟通联系。

(2) 分级管理是在归口管理的基础上，按照固定资产的使用地点将各类固定资产分别交给企业内部各级单位管理，进一步具体分解落实到各部门、各班组或个人，并同岗位责任制结合起来，做到层层负责和物物有人管，并由财务部门和有关职能部门定期考核各职能部门、各责任单位的固定资产使用保管情况，做到使用有权限，管理有责任，考核有尺度，奖惩有标准，充分调动企业内部各部门、单位、个人管好用好固定资产的积极性。

2. 固定资产制度管理

固定资产制度管理包括固定资产登记、入账、盘点等环节，包括建立与健全固定资产卡片、建立与健全固定资产实物变动的手续制度，以及定期进行固定资产清查盘点等具体工作。

(1) 建立与健全固定资产卡片，为管好、用好固定资产提供准确详细的资料。设备管理部门应加强与财务管理和使用部门的协作，设置各项固定资产的总账和明细账，详细记载固定资产的编号、类别、名称、规格、使用单位等情况。固定资产购建、调入、内部转移、出租、调出和清理报废等变化必须经过审批程序，及时准确地记入固定资产卡片、总账和明细账。任何单位和个人，未经批准不得擅自拆除、调出、挪用、外借、变卖固定资产。

(2) 建立与健全固定资产实物变动的手续制度。要求实物变动手续必须至少经过两个不同的部门之手，实现审批与经办分离，实物管理与账务管理分离。

(3) 定期清查盘点固定资产。企业应建立至少每年盘点一次的制度。对于盘点情况以及盘点中发现的问题，应由负责保管和使用的部门查明具体原因，并写出书面报告，经企业主管人员或有关部门批准及时进行处理。对没有估价入账的固定资产，应按新旧程度、质量，参照同类固定资产价格估价入账，对因事故造成的财产损失要追究经济责任。

3. 固定资产报废与清理管理

固定资产报废，表明固定资产已经丧失了使用价值而退出使用范围，造成了固定资产价值的减少。财务部门要严格掌握固定资产的报废，做好报废清理工作。具体包括：

(1) 认真履行固定资产报废的审批手续，把好固定资产报废审批关。只有当固定资产已经超过规定的使用年限，或者因火灾、水灾、震灾等遭受严重损坏无法修复使用等情况，方可申请固定资产进行报废和清理。

(2) 财会部门确认固定资产符合报废的规定之后，提出处理意见，报请管理者审批。经管理者批准以后，方可进行固定资产清理。对专业性较强的专用设备报废，必须由专业技术人员审查、鉴定，取得技术鉴定书，申明详细理由，按规定程序报上级主管部门批准，任何基层单位和个人一律不得擅自做报废处理。

(3) 在批准固定资产清理之后，财会部门应配合有关部门正确估计报废固定资产的残值，监督清理费用开支。对报废和清理后的固定资产实物，要按照残余材料重新办理入库登记，对固定资产的剩余材料进行变卖时，要按照销售程序办理有关手续，并将收入及时入账。

15.1.4 固定资产的折旧

固定资产投资完成投入使用后，随着逐渐的磨损，其价值便有一部分脱离实物形态，以计提折旧的形式转化为货币准备金，直到固定资产报废，价值得到全部补偿，实物也能得到更新。

1. 折旧的内涵

折旧是指固定资产在使用中价值逐渐转移到产品成本中的价值。折旧不仅包括有形损耗，也就是由于使用或自然力作用产生的使用和闲置损耗，还包括由于科技进步等原因引起资产贬值的无形损耗。否则，折旧就不能在规定的时间内完成固定资产的实物更新。

折旧政策是根据固定资产预期经济利益实现方式、财务状况及其变化趋势，对折旧计算方法和年限做出的选择。折旧政策虽然在企业间可能存在差异，但对同一企业而言，具有相对的稳定性，折旧方法一经确定，不得随意变更，如果确有必要变更，要在报表中说明。

2. 折旧的计算

折旧的计算方法包括年限平均法、工作量法、双倍余额递减法和年数总和法等。

(1) 年限平均法，也叫直线法，是将固定资产的可折旧价值平均分摊于其可折旧年限内的一种方法。其计算公式如下：

固定资产年折旧额＝[固定资产原值－(预计残值收入－预计清理费用)]/预计使用年限
＝(固定资产原值－预计净残值)/预计使用年限

其中固定资产原值是企业在建造、安装、购建、改建、扩建固定资产过程中发生的全部货币支出，即固定资产的历史成本。

（2）工作量法是根据固定资产在使用期间完成的总的工作量平均计算折旧的一种方法。其计算公式如下：

单位工作量折旧额=(固定资产原值－预计净残值)/预计总工作量

月折旧额=单位工作量折旧额×当月实际完成工作量

（3）双倍余额递减法是加速折旧法的一种，是按直线法折旧率的两倍计算折旧的方法。在计算折旧率时通常不考虑固定资产残值。而且，在固定资产预计使用年限到期前的两年转换成直线法。其计算公式如下：

年折旧率(双倍直线折旧率)=2/预计使用年限×100%

年折旧额=期初固定资产账面净值×双倍直线折旧率

（4）年数总和法是以固定资产的原值减去预计净残值后的净额为基数，以一个逐年递减的分数为折旧率，计算各年折旧额的方法。计算公式如下：

年折旧率=尚可使用年限/预计使用年限的逐年数字总和

年折旧额=(固定资产原值－预计净残值)×年折旧率

3. 折旧的应用

折旧是企业非付现的经营成本或管理费用，会引起利润和所得税减少，从而减少了企业现金流出量，增加了现金净流量。折旧抵税额的计算公式为

折旧抵税额(税负减少)= 折旧额×所得税税率

折旧方法的选择影响了各年的折旧额，在考虑货币时间价值的情况下，应依法比较筹划，从中选择一种最有效的方法。同时，折旧年限是一个预计的经验值，尽管其变化并未从数字上影响到折旧抵税额的总和，但考虑到货币时间价值，在税率稳定的前提下，折旧年限缩短对企业更为有利。因此，企业要制定合理的折旧方法和折旧年限组成的折旧政策，以充分享受税收优惠，但要符合税法中有关折旧的规定。

【例 15-2】 某企业 2012 年拟购进一项原值 500 万元的固定资产，预计净残值 10 万元，预计使用寿命 5 年，与税法规定的折旧最低年限相同。在考虑货币时间价值的条件下，从折旧避税的角度，如何从年限平均法、双倍余额递减法和年数总和法三种方法中进行选择？企业适用比例税率，企业所得税税率为 25%，假定年复利利率为 10%。

解

表 15-1　折旧的三种方法分析比较

折旧方法	折旧期限的现值系数及不同方法的折旧额					各年现值累计	折旧抵税额
	1	2	3	4	5		
	0.909	0.826	0.751	0.683	0.621		
年限平均法	98	98	98	98	98	371.42	92.86
双倍余额递减法	200	120	72	49	49	398.89	99.72
年数总和法	166.33	130.67	98	65.33	32.67	394.91	98.73

对上述三种方法进行比较分析可知，采取年限平均方法抵税最少，采取双倍余额递减

法抵税最多，两者之间的差额 99.72－92.86＝6.86(万元)；采取年数总和法，较采取年限平均方法多抵税 98.73－92.86＝5.87(万元)。因此，企业从避税角度考虑，可选择双倍余额递减法进行折旧。

15.2 长期投资管理

15.2.1 长期投资及其特点

长期投资是指以现金、实物、无形资产或者购买股票、债券等有价证券方式将财力投放于一定的外部对象，不准备随时变现、持有时间在一年以上或长于一个经营周期的投资。长期投资的目的因企业经营目标的差异而不同。如与某一企业结成稳定和长期的经营伙伴关系；控制并最终兼并某企业；开辟新的销售市场，扩大经营范围；获得高于短期投资的收益；为今后某一特定用途积累资金等。

具体来说，长期投资具有如下特点：

(1) 投资回收期长。企业的长期投资很多是为了长期参与和控制受资方的经营权和决策权，因此需要经过较长时间才能收回投资额，其回收期至少在一年以上。

(2) 投资金额大。投资金额必须达到一定的比例或额度，否则就不能达到长期参与和控制受资企业经营权、决策权，以及影响或左右受资企业经营活动的目的。

(3) 变现能力差。除了已上市的证券可在证券市场上变现外，其他形式的长期投资由于合同或协议的约束，不能按投资者的意愿随时或在短时间内变现。

(4) 投资风险大。长期投资的金额大，在较长的回收期内，往往会遭到政策、市场等许多不确定因素的干扰，使原来的计划受到影响，在投入和回收中均存在较大的风险。

(5) 投资报酬率高。因长期投资风险较大，所以投资者除要求得到正常的投资报酬以外，还要求得到额外的风险报酬。

基于长期投资以上特点，企业在长期投资决策前必须按照科学的程序，分析论证，以免失误而带来重大损失。

15.2.2 长期投资的管理要求

(1) 加强投资计划管理。

长期投资关系到企业的眼前利益和长远利益，要遵循目标有计划的进行，重视实施方案的可行性研究、投资效益预测等测试，坚持正确的投资方向，把握最佳的投资时机，避免投资损失，争取最大收益。

(2) 合理安排投资比例。

这里的投资比例有两层意思，一层是指企业投出资金占企业全部资金的比例，企业在安排对外投资时，应充分协调企业内外部资金的运用，在保证主营业务资金需要的前提下，合理安排对外投资。另一层是指企业要注意对不同对象的投资比例，应将资金分散投放在不同性质、不同风险的投资项目上，进行不同的投资组合。例如，可以将高收益与高风险的投资和低收益与低风险的投资项目进行组合，合理配置投资，减少投资风险。

15.2.3 长期投资的原则

企业在长期投资时，为了保证投资取得预期的效果，应当遵循以下原则。

1. 效益性原则

长期投资必须考虑到投资的经济效益，以及对企业整体经济效益的影响，尽可能选择一个经济效益最好的项目。尤其是在证券投资的情况下，可供选择的投资对象很多，企业必须广泛收集有关的投资信息，了解市场发展的趋势，以便做出正确的投资决策。

2. 安全性原则

安全性原则就是投资能够按期收回本金和应得的投资收益。通常投资于资金雄厚的大企业要比投资于小企业安全；投资于基础产业要比投资于高技术产业安全；债权性投资要比股权性投资安全。长期投资要全面考虑被投资企业的财务状况、经营成果、行业特点以及发展前景等，以便保证安全性。

3. 流动性原则

证券投资的流动性比直接投资的流动性强。因此，企业如果要提高对外投资的流动性，以便在将来需要现金时能够及时变现，可以考虑以证券投资为主。

4. 整体性原则

长期投资是企业整体经营活动的一个组成部分，必须服从企业的整体经营活动目标。只有这样才能提高企业的整体经济效益，有利于企业的长期稳定发展。

15.3 无形资产和其他长期资产管理

15.3.1 无形资产及其特征

无形资产是指不具有实物形态，而能为企业在未来长时期内带来经济利益的特权或权利的商标标识、服务标识、企业形象、特许经营权和专有技术等。

无形资产按照不同标准可以分成不同的类别。按性质划分，可分为场地使用权、工业产权、著作权和专有技术四类。其中前三类均属权利资产，受国家法律保护，而专有技术是指企业所运用的先进的、未公开的、未申请专利的技术及诀窍，它一般不受国家法律保护。按有效期限划分，可分为有限期无形资产和无限期无形资产两类。前者如专利权、专营权、商标权等；后者如专有技术、商誉等。

无形资产作为企业资产的一个重要的组成部分，在现代企业经营中发挥着巨大作用。

首先，无形资产的价值远远高于有形资产，通常在交易中才能体现出来。如企业的专利权、商标权可在市场上进行有偿转让、拍卖等交易活动，这种交易通常会表明无形资产远高于有形资产的价值。比如，“狗不理”拍卖中，起拍价定为1 520万元时，最终以高出起拍价 7 倍的价格成交，对于起拍价到成交价之间的差异，从理论上来讲，增值部分应该是无形资产，也就是说“狗不理”的品牌价值近亿元。

其次，有形资产一旦投入使用，由于机械磨损和自然条件的侵蚀等原因发生损耗，其价值也会随之下降；而无形资产一旦进入商品交换，在商业运作过程中，可以不断地扩张，在不同的领域产生使用价值，在带来增值的同时，本身并无损耗。

15.3.2 无形资产的投资管理

1. 无形资产投资分类

无形资产投资可以按对象、形式、时间等进行分类。

按照投资对象的不同分为对内和对外的无形资产投资。对内投资是将资金投放于企业内部用于研制或开发新技术、新产品、培育商标等无形资产。对外投资是企业利用资源优势，以无形资产购并、无形资产投资作价入股等方式进行资本扩张，兼并亏损企业，横向联合等。

按照投资渠道或形式不同分为外购、自创和吸纳无形资产投资。外购投资是指企业用自己的资金直接购买或以资产交换方式取得无形资产的投资行为。自创投资是企业自己投资开发研制无形资产的投资行为。吸纳投资也就是吸收无形资产投资作价入股，或者吸收其他单位合作开发等的投资方式。

按照投资时间不同分为初始和后续无形资产投资。初始投资是企业在开始研制或开发形成无形资产时的投资，包括商标设计费用、咨询费用、申请注册费用等，还包括专利研究与开发费用、专利权申请费用、法律咨询费用等。后续投资是企业取得无形资产以后，为维护无形资产而支出的各项费用，包括专利年费、各项基础发明的改造、升级或再申请费用等；还包括商标续展费用、服务网络及营销网络的进一步拓展费用，计算机软件的升级换代费用，以及特许经营权的维持费用等。

2. 无形资产投资的特点

(1) 长期性

无形资产磨损只有无形磨损，没有有形磨损。只要没有更为先进的无形资产出现，则现有的无形资产将被长期使用，并随着其作用的加强，自身的价值会越来越高。

(2) 高风险性

企业研制与开发无形资产项目前景如何、能否顺利生产、产品销路如何等一系列关键问题难以了如指掌，投资失败的可能性大。另外，无形资产所增加的超额收益额也存在不确定性，取得超额收益的时间很难准确预测。因此，无形资产投资风险极大。

(3) 高效益性

对技术型无形资产的投资，可以使企业生产技术不断完善，产品质量不断提高，新品种不断推出；对非技术型无形资产的投资，可以使企业商标发展成为驰名商标，在公众中树立良好的企业形象，使市场份额不断扩大。这些投资都为企业创造了高效益。

(4) 周期性强

企业的成长分为创立期、扩展期、成熟期和衰落期。在创立期需要大量的资金投入进行新产品、新技术的研究与开发；随着企业逐步投产和产销率的不断提高，企业进入扩展期，产品或服务往往处于卖方市场，因而可以获得超高额的垄断利润；这时，必然会引来大量的竞争者，于是产品逐渐进入买方市场，企业进入成熟期，超额利润逐渐消失；最后，企业产品或服务走向衰落进入衰落期。企业又要投资开发更新技术的产品，所以企业的无形资产投资也具有一定的周期性。

3. 无形资产投资管理的一般要求

无形资产投资必须依据科学的程序进行充分论证，以便减少投资的盲目性，增加成功的概率，企业无形资产投资要符合以下要求。

(1) 投资目标的确定要适应环境的需要。

无形资产投资目标的确定既要考虑国家宏观经济发展的需要，又要与企业所处的周边环境相适应，如资源状况、生产力布局等；还要考虑企业内部环境对无形资产投资带来的影响，如无形资产研制人员的技术、知识水平，无形资产发挥作用的有形资产状况等。本企业与国内外先进企业技术水平上的差距等因素也会影响到企业选定何种无形资产投资项目作为首选目标。

(2) 投资方向的选择既要先进又要适用。

一项无形资产对于某个国家或某个地区来说，可能已是普及的、中间水平的，但对其他国家和地区来说，仍可能是先进的、高水平的。先进的无形资产既包括国内外尖端技术，也包括发达国家或地区已经普及，企业尚未掌握的中间技术。无形资产的投资与使用需要企业有技术人才和员工队伍与之相适应，否则再先进的无形资产也难以发挥作用。因此，企业在选择无形资产投资方向时，应将先进性建立在适用性的基础上。

(3) 投资项目的选择要进行可行性论证。

无形资产投资无论是购进还是自创都要做充分的论证，进行科学的可行性研究，方能做出选择。不仅要有技术上的保障，还要有资金上的支持，因此无形资产投资项目要纳入企业的整个投资计划以及财务收支计划中。在进行可行性论证过程中，一方面要发扬民主，广泛听取各方面意见；另一方面要利用现代科学的决策程序和决策方法，通过市场调查收集各种信息资料，预测无形资产投资相关的要素，做出科学合理的决策。

15.3.3 无形资产的日常控制

1. 无形资产增加的管理

无形资产增加主要有以下四种来源：外购、其他单位投入、自创和自然形成。外购、其他单位投入、自创的无形资产，要办理合法的交接手续，并及时入账，这其中最关键的问题是无形资产的计价问题，要按实际成本或评估价格计价。自然形成的无形资产，是在长期的生产经营过程中形成的，没有明显的、可以确认的成本支出，一般不单独进行管理，只在企业合并、改组、变卖时才实施管理。在增加无形资产时，必须结合企业的现有规模、生产条件、技术水平、销售状况统筹安排；在向外界购入无形资产或吸收其他企业投入无形资产时，必须进行可行性研究；必须根据有关法律和经济合同，合理取得无形资产。

2. 无形资产的归口分级管理

无形资产在财务部门实施综合性和指导性管理的基础上，由企业内部各有关部门按归口分级管理原则实行责任管理。例如，专利权、专有技术应归口技术部门管理，专营权、场地使用权、租赁权应归生产、销售部门管理，商标权应由销售部门管理，开办费、商誉应实行企业综合管理。各个归口管理的部门，又应按照经济责任制的原则，实行分级管理，以便明确经济责任，提高无形资产的利用效果。

3. 无形资产使用的管理

无形资产管理的根本目的就是为了提高其使用效率，因此，无形资产使用的管理是其日常管理中的重要内容。

提高无形资产的利用率可通过积极开拓市场，努力扩大企业的产销数量，使无形资产得到充分利用。企业应将暂时不用、多余的无形资产出售或向其他企业投资，以提高无形资产的利用率，增加企业收益。

15.3.4 其他长期资产管理

其他长期资产指由于某种特殊原因企业不能自由支配的，除固定资产、无形资产以外的长期资产，主要包括特准储备物资、冻结存款、封存物资等。特准储备物资是具有专门用途，但不参加企业生产经营的，经过国家批准储备的特种物资，未经批准，不得挪作他用。如国家为应付自然灾害和意外事故等所限定的特殊用途物资。银行冻结存款和冻结物资，这些资产虽仍属企业所有，但由于某种原因被司法机关依法冻结，并且在解除前无法提取、支用或转移、处置。

其他长期资产具有特定的用途或其使用被限制，不参加企业正常的生产经营活动，其动用一般需要经过批准。其管理重点就是做好资产的清查。

案例分析

案例 15-1 长期投资的回报

沃伦·巴菲特，自 2000 年至 2012 年一直位居《福布斯》全球富豪榜前三名，是伯克希尔·哈撒韦集团董事长，世界上最伟大的投资者之一，他以独特的投资策略、投资技巧成为 20 世纪金融界的传奇人物。从 1942 年 11 岁的巴菲特第一次购买股票以来，他以惊人的速度积累了财富：1961 年身家超过百万，1981 年进入了亿万富翁俱乐部，2006 年其财富达到 450 亿美元。巴菲特拥有全球许多家知名企业的股份，包括可口可乐、吉列公司以及美国捷运公司等，其投资理念是长期持有，坚持长期投资，坚持复利增长。巴菲特的投资语录是：如果你不愿意拥有一家公司 10 年，那就不要考虑拥有它 10 分钟；如果我们有坚定的长期投资期望，那么短期的价格波动对我们来说就毫无意义，除非它们能够让我们有机会以更便宜的价格增加股份。

请你分析一下长期投资适用的公司对象。

案例15-2 品牌无形资产延伸价值

企业利用现有名牌，可将其他产品实施品牌延伸，形成品牌的“王国”。这样，不仅使得新产品顺利进入市场，减少新品上市风险，而且可以降低产品促销费用，为企业带来品牌的增值和巨大的效益。海尔集团，拥有“海尔”和“海尔兄弟”两个不同的品牌，从“海尔”冰箱这一知名品牌，先后延伸至海尔彩电、空调、洗衣机、手机等其他产品。新产品依靠“海尔”品牌很快打开市场，并使品牌价值得到了巨大的增值，成为中国传统家电最有品牌价值的制造商。“海尔兄弟”是动画片中的动漫形象品牌，是两个活泼可爱、爱好科学、富有探险精神的小孩，具有相对独立于海尔的品牌形象和品牌个性，这也为“海尔兄弟”进军儿童用品市场做了良好的铺垫。后来，海尔集团与厦门华融集团战略合作，将动漫卡通品牌“海尔兄弟”授权其在童装、童鞋，以及配件等儿童用品领域的独家运营权。利用“海尔兄弟”品牌做好儿童用品市场，不仅对海尔品牌没有伤害，反而增强了海尔品牌的年轻态，避免品牌的老化。

你还能找到这样的品牌延伸企业价值的例子吗？有没有品牌延伸损毁企业价值的例子？

案例15-3 天齐石化公司固定资产管理案例

天齐石化公司兴建于1966年，经过多年的建设发展，天齐石化公司已成为一个包括石油炼制、石油化工和化纤生产、科研设计、工程建设、设备修造、产品销运、文教卫生、生活服务完善配套的现代化大型石油化工基地。公司有大型石油化工生产装置77套，其中，从美国、英国、德国等引进的装置20套。公司生产的各类石油化工产品，年商品量900余万吨。公司具有自成体系、配套完备的供电、供热、供水、污水处理、产品储运、机械制造、设备检修等生产辅助系统。截至2004年年底公司有三十多家直属企事业单位。其中，有14个生产厂，8个专业化公司，固定资产原值286亿元。2004年实现销售收入248亿元，实现利税32.98亿元。

2004年，公司通过认真分析，发现固定资产管理存在很多问题，主要表现在以下方面：

(1) 公司在建工程转为固定资产未经设备部门审查，造成资产账物不符及固定资产计价不合理。

(2) 固定资产投资计划编制不准确、不严肃，盲目性大，造成重复性投资及投资不经济，且计划与实际出入过大。

(3) 更新计划实施失控，导致计划执行准确率过低，必要性、合理性缺乏充分论证，申报审批程序不合规定。

(4) 修理费计划按额度下达控制，造成分配不尽合理、存在费用挤占及挪用现象、内外审计违规。

(5) 核销审查流于形式，公司管理层对实际费用发生情况搞不清楚。

(6) 对外委托工程管理力度不够，存在资质不符，转包严重，申报不实，计价不准，未批先干，不批已签等问题，造成事故时有发生，地方执法检查查出问题，导致公司整体工作被动。

于是，公司在通过深入调研、广泛征求意见并借鉴国内外固定资产管理新思维、新方法的基础上，对公司管理模式、习惯、思路，全方位进行了调整、改革、创新，走出了一条规范化固定资产管理创新之路，进一步理顺了关系、明确了职责、堵塞了漏洞。通过建章立制，理顺关系，推陈出新，形成一套固定资产管理新思路。其要点如下：

(1) 经反复修改，下发《天齐石化公司固定资产更新、修理项目管理办法》，并根据实际情况，有针对性、科学地制定更新、修理费具体开支划分范围及其实施细则。

(2) 明确规定，凡形成固定资产的项目，竣工验收、转资，必须经公司机动处审查，方可正式办理转资。否则，一律不纳入正常实物形态管理，不予核定并不得发生修理费用。

(3) 科学进行固定资产调配和处置，控制固定资产存量，搞好闲置资产调剂，利用二次投资管理，减少投资盲目性，使投资计划更科学。

(4) 规范固定资产更新全过程管理。从计划申报、立项、技术与方案论证，到下达、执行审批、过程控制、核销、转资，均实现专业技术人员与固定资产管理人员共同负责的项目责任制管理办法，严格执行报废更新制度，确保制约安全生产的主要装置或设备的更新步伐。

(5) 加大修理费用管理力度。重点抓外委工程管理及配件、材料消耗情况；实行月度检修计划及月度修理费明细表上报制度；结合外委工程管理，加大外委工程上报预算书审查力度，并严格控制非生产项目开支及挤占、挪用修理费现象，确保修理费开支的合理性。

案例分析题：

1. 固定资产管理涉及企业哪些职能部门？
2. 固定资产管理有哪些内容？各有什么特点？
3. 外委工程涉及哪些部门？与各部门有哪些利益牵连？

本章小结

长期资产投资金额大，风险因素多，对企业影响的时间长，与企业未来的发展紧密相连，因此，长期资产管理是企业财务管理的重要内容。固定资产、无形资产以及长期投资是重要的长期资产，是企业长期价值增长的基础。对于固定资产和无形资产，其管理的重点不仅包括其投资管理，还包括日常管理。

思考题

1. 简述固定资产的概念及特点。
2. 试述固定资产投资决策的流程。
3. 简述无形资产投资的特点以及注意事项。
4. 长期投资要遵守的基本原则是什么？

习题

试判断以下说法的正确性，并计算或者说明。

1. 在考虑货币时间价值的条件下，从折旧避税的角度，企业在年限平均法、双倍余额递减法与年数总和法三种方法中，应该选择年数总和法；在不考虑货币时间价值的条件下，从折旧避税的角度，企业在年限平均法、双倍余额递减法与年数总和法三种方法中，应该选择年限平均法。

2. 企业的无形资产投资越多越好。

3. 固定资产的投资决策影响长远，因此，要进行技术、经济等多方面的分析。

4. 企业的无形资产，就其来源来说，主要是外购、其他单位投入、自创和自然形成。

绩效管理与控制

第16章 业绩管理

本章框架体系

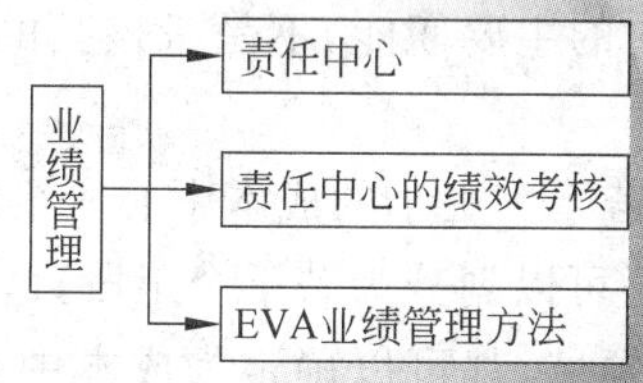

学习目标

1. 掌握成本中心、利润中心和投资中心三个责任中心的区别与联系。
2. 熟悉绩效考核的指标。
3. 了解基于EVA业绩管理方法。

导 读

一个和尚挑水吃,两个和尚抬水吃,三个和尚没水吃的故事,几乎家喻户晓。人多力气大在这儿行不通了。如何吃上水?竹子做引水渠,用技术创新解决难题;或者制定取水的管理制度,用加强管理来保证大家能吃上水。相对于技术方面的努力,管理制度的改变可以达到立竿见影的效果,节省了时间和技术创新的投入。比如,新的管理制度可以采用协作机制接力挑水,将路程等分三段,三个和尚每人一段,距离短,力气省,效率高;或者也可以采用三个和尚轮流取水的制度。但是无论哪种,都必须将责任落实到人,违者重罚;

或者同时引入激励机制，用加餐、奖金等方式来提高挑水的积极性，才能保持管理制度的充分有效。否则，还将陷入“大和尚说他挑水挑得最多，二和尚说新来的应该多干活，小和尚说他年幼身体太单薄”的怪圈之中，谁都只想“搭便车”。

本章的内容，将会告诉你如何让企业远离部门及人员责任不明、相互推诿。

本章内容

16.1 责任中心

企业内部的部门和单位有不同的职能，按其责任和控制范围的大小，这些责任单位可分为成本中心、利润中心和投资中心，三者统称为责任中心。责任中心就是承担一定经济责任，并享有一定权利和利益的企业内部(责任)单位，是一个责、权、利相结合的实体。

16.1.1 成本中心

1. 成本中心的特点

成本中心是只对成本或费用负责的责任中心，它有如下特点：

(1) 成本中心往往是没有收入的，或者不以收入为考核内容。如，一个生产车间，没有销售产品或半成品的职能，没有货币收入，它就是一个成本中心；或者一个生产车间有少量外协加工收入，但这不是它的主要职能，不是考核其的主要内容，这个生产车间也表现为成本中心。

(2) 一个成本中心可以由若干个更小的成本中心所组成。如，一个分厂是成本中心，它由几个车间组成，每个车间还可以划分为若干个工段，这些工段是更小的成本中心。

(3) 任何发生成本的责任领域，都可以确定为成本中心。大的成本中心可能是一个分公司，小的成本中心可能是一台卡车和两个司机组成的单位。

(4) 成本中心只对可控成本负责。可控成本是指在特定时期内，特定责任中心能够直接控制其发生的成本。可控成本是针对特定责任中心来说的。一项成本对某个责任中心来说是可控的，对另外的责任中心则是不可控的。如，耗用材料的进货成本，采购部门可以控制，使用材料的生产单位则不能控制。成本的可控与不可控还要考虑成本发生的时间范围。如折旧费、租赁费等在添置设备和签订租约时曾经是可控的，而使用设备或执行契约时已无法控制。

2. 成本中心的类型

成本中心有两种类型：标准成本中心和费用中心。

标准成本中心，是所生产的产品稳定而明确，并且已知单位产品所需要的投入量的责任中心。典型的代表是制造业工厂、车间、工段和班组等。在生产制造活动中，每个产品都有明确的原材料、人工和间接制造费用的数量标准和价格标准。实际上，任何一种重复性的活动都可以建立标准成本中心，只要这种活动能够计量产出的实际数量，并且能够说明投入与产出之间可望达到的函数关系。因此，各种行业都可以建立标准成本中心，如医院根据接受检查或治疗的人数、快餐业根据售出的盒饭多少建立标准成本中心。一般，标准成本中心的管理人员可以决定投入，但不能决定生产产品的品种和数量。

费用中心为本企业提供服务或进行某一方面的管理。其产出难以用财务指标来衡量，或者投入和产出之间没有密切关系的单位。这些单位包括一般行政管理部门，如会计、人事、劳资和计划等；研究开发部门，如设备改造、新产品研制等；还包括某些销售部门，如广告、宣传和仓储等。对于费用中心，可以准确计量的是实际费用，无法通过投入和产出的比较来评价其效果和效率，从而限制无效费用的支出，因此，有人称为“无限制的费用中心”。

16.1.2 利润中心

1. 利润中心的特点

利润中心是指对利润负责的责任中心。一个责任中心，如果能同时控制生产和销售，既要对成本负责又要对收入负责，但没有责任或没有权力决定该中心资产投资的水平，根据其利润的多少来评价该中心的业绩，那么该中心就是利润中心。利润中心的管理人员能够决定生产什么，如何生产，产品的质量水平，价格高低，销售办法，以及生产资源如何在不同产品间分配等，即利润中心是有权对其供货来源和市场选择进行决策的单位。小企业的利润中心通常就是企业本身，在大型企业中才可能存在众多的利润中心。

2. 利润中心的类型

利润中心有自然的利润中心和人为的利润中心两种类型。

自然的利润中心直接向企业外部出售产品，在市场上进行购销业务。如，某些公司采用事业部制，每个事业部均有销售、生产、采购的职能，有很大的独立性，这些事业部就是自然的利润中心。

人为的利润中心主要在企业内部按照内部转移价格出售产品。如，大型钢铁公司分成采矿、炼铁、炼钢和轧钢等部门，这些生产部门的产品主要在公司内部转移，少量对外销售或者全部由专门的销售机构对外销售，这些生产部门可称为人为的利润中心。再如，企业内部的修理、供电、供水、供气等辅助部门也可以确定为人为的利润中心，它们按一定的价格向生产部门收费获得收入。

其中，内部转移价格就是内部结算时所采用的计价标准。制定转移价格可以防止成本转移带来的部门间责任转嫁，使每个利润中心都能作为单独的组织单位进行业绩评价。转移价格有市场价格、协商价格、变动成本加固定费转移价格、全部成本转移价格等几种。市场价格以产品或劳务的外部市场价格为基础，减去对外的销售费用、广告费用及运输费用，其存在的条件是：有客观的市价可采用，各责任中心独立，可自由决定从外部或内部进行购销。协商价格，是通过定期共同协商确定的为双方所接受的价格。上限是市价，下限是单位变动成本。协商价格存在的前提条件：买卖双方有权自行决定是否买卖，双方能够花费人力、物力和时间来协商定价，如果协商定价各方相持不下，企业高层领导能够出面裁定。变动成本加固定费转移价格方法要求中间产品的转移用单位变动成本来定价，与此同时，还向购买部门收取固定费，作为长期以低价获得中间产品的补偿。全部成本转移价格以产品或劳务的全部成本加上一定利润作为内部转移价格。在后两种情况下，市场风险全部由购买部门承担，而供应部门仍能维持一定利润水平，显得不公平。制定内部转移价格应注重企业全局利益，以企业全局利益最大化为要求。

16.1.3 投资中心

投资中心是对投资负责的责任中心，不仅有包括制定价格、确定产品和生产方法等短期经营决策权，还有投资规模和投资类型等投资决策权。投资中心不仅控制除公司分摊管理费用外的全部成本和收入，而且能控制占用的资产，它在企业内部具有最大的决策权，也承担最大的责任。因此，投资中心不仅要衡量利润，而且要把利润与其所占用的资产联系起来。

投资中心是企业内部最高层次的责任中心，同时也是利润中心。在组织形式上，投资中心一般是独立法人，而利润中心可以是也可以不是独立法人，成本中心一般不是独立法人。

16.2 责任中心的绩效考核

绩效考核是指采用科学的定性或定量方法，运用一定的指标和相关的评价标准，针对企业中部门及员工所承担的工作，将实际业绩与其评价标准，如前期业绩、预算和外部基准尺度进行比较，对部门及员工行为的实际效果及其对企业的贡献、价值进行考核和评价，以控制目标实现的进程。

绩效考核的目的是衡量部门或员工的业绩，业绩表现为各种考核指标的完成情况，而各种考核指标以责任预算制定的指标为依据。责任预算是指以责任中心为对象，以其可控的成本、收入、利润或投资为内容编制的预算，可作为企业总预算的补充和具体化。不同的责任中心有不同的责任预算，因此形成了不同的考核指标。

16.2.1 成本中心的考核指标

成本中心的考核指标是责任成本。责任成本是以具体的责任单位（部门、单位或个人）为对象，以其承担的责任为范围所归集的成本，也就是特定责任中心的全部可控成本。计算责任成本的关键是判别每一项成本费用支出的责任归属。对于标准成本中心和费用中心来说，责任成本有所不同。

1. 标准成本中心的责任成本

标准成本中心的考核指标是既定产品质量和数量条件下的标准成本。如果能以低于预算水平的实际成本生产出相同的产品，则说明该中心业绩良好。标准成本中心不需要做出价格决策、产量决策或产品结构决策，这些决策由上级管理部门做出，或授权给销货单位做出。标准成本中心的设备和技术决策通常由职能管理部门做出，而不是自己决定。因此，标准成本中心不对生产能力的利用程度负责，只对既定产量的投入量承担责任。需要强调的是，如果标准成本中心的产品没有达到规定的质量，或没有按计划生产，则会对其他单位产生不利的影响。因此标准成本中心必须按规定的质量、时间标准和计划产量生产。这个要求是"硬性"的，很少有伸缩余地。完不成上述要求，成本中心要受到批评甚至惩罚。过高的产量，提前产出造成积压，超产以后销售不出去，同样会给企业带来损失，也应视为未按计划生产。

2. 费用中心的责任成本

由于缺少度量其产出的标准，以及投入和产出之间的关系不密切，确定费用中心的考核指标是一件困难的工作。费用中心的业绩涉及预算、工作质量和服务水平。一个费用中心的支出没有超过预算，可能该中心的工作质量和服务水平低于计划的要求。

由于很难依据一个费用中心的工作质量和服务水平来确定预算数额，一个解决办法是考察同行业类似职能的支出水平。例如，有的公司根据销售收入的一定百分比来制定研究开发费用预算。尽管很难解释为什么研究开发费与销售额具有某种因果关系，但是百分比法还是使人们能够在同行业之间进行比较。另外一个解决办法是零基预算法，即详尽分析支出的必要性及其取得的效果，确定预算标准。还有许多企业依据历史经验来编制费用预算。这种方法虽然简单，但缺点也十分明显。管理人员为在将来获得较多的预算，倾向于把能花的钱全部花掉。越是勤俭度日的管理人员，将越容易面临严峻的预算压力。预算的有利差异只能说明比过去少花了钱，既不表明达到了应有的节约程度，也不说明成本控制取得了应有的效果。因此，依据历史实际费用数额来编制预算并不是好办法。从根本上说，决定费用中心预算水平有赖于了解情况的专业人员的判断。上级主管人员应信任费用中心的经理，并与他们密切配合，通过协商确定适当的预算水平。在考核预算完成情况时，要利用有经验的专业人员对该费用中心的工作质量和服务水平做出有根据的判断，才能对费用中心的业绩做出客观评价。

16.2.2 利润中心的考核指标

利润中心的考核指标通常以边际贡献作为考核指标。同时，要区分经理业绩与部门业绩，因此增加"分部经理毛益"和"分部边际贡献"两个项目。计算公式如下：

部门边际贡献＝部门销售收入总额－部门变动成本总额

分部经理毛益＝部门边际贡献－部门经理可控固定成本

分部边际贡献＝分部经理毛益－部门经理不可控固定成本

公司税前利润＝各分部边际贡献总和－公司总部的管理费用

(1) 用分部经理毛益评价部门经理业绩

分部经理毛益反映了部门经理在其权限和控制范围内有效使用资源的能力。部门经理可以控制收入、变动成本和部分固定成本，避免了以部门边际贡献评价业绩的不客观，同时，业绩评价时包括可控制的固定成本，避免了部门经理尽可能多支出固定成本以减少变动成本支出的可能。这一衡量标准的主要问题是可控固定成本和不可控固定成本的区分比较困难，经理在固定成本和变动成本的划分上有一定选择余地。例如折旧、保险等，如果部门经理有权处理这些有关的资产，那么，它们就是可控的；反之，则是不可控的。又如，员工的工资水平通常由企业集中决定，如果部门经理有权决定本部门雇用多少职工，那么，工资成本是其可控制成本；如果部门经理既不能决定工资水平，又不能决定雇员人数，则工资成本是不可控成本。

（2）用分部边际贡献评价部门业绩

以分部边际贡献作为业绩评价依据，更适合评价该部门的贡献。由于有一部分固定成本是过去最高管理层投资决策的结果，现在的部门经理已很难改变，分部经理毛益超出了现在部门经理的控制范围。部门税前利润也是不适合部门业绩评价的。因为，公司总部的管理费用是部门经理无法控制的成本，由于分配公司管理费用而引起部门利润的不利变化，不能由部门经理负责。不仅如此，分配给各部门的管理费用的计算方法常常是任意的，部门本身的活动和分配来的管理费用高低并无因果关系。普遍采用的销售百分比、资产百分比、工资百分比等，会使其他部门分配基数的变化影响本部门分配管理费用的数额。许多企业把所有的总部管理费用分配给下属部门，其目的是提醒部门经理注意各部门提供的边际贡献必须抵补总部的管理费用，否则企业作为一个整体就不会盈利。其实，通过给每个部门建立一个期望能达到的可控边际贡献标准，可以更好地达到上述目的。这样，部门经理可集中精力增加收入并降低可控制成本，而不必在分析那些他们不可控的、分配来的管理费用上花费精力。

16.2.3 投资中心的考核指标

对于投资中心的考核包括投资报酬率、剩余收益等指标。

1. 投资报酬率

投资报酬率又称投资利润率，是最常见的考核投资中心业绩的指标，是所获得的利润与投资额（投资中心所拥有的资产额）之比。这里的利润一般为息税前利润，投资额一般指经营资产，即固定资产和流动资产的平均占用额，即

$$\text{投资报酬率}=\frac{\text{利润}}{\text{投资额}}$$

用投资报酬率来评价投资中心业绩的主要优点是根据现有的会计资料计算，比较客观，可用于部门之间以及不同行业之间的比较。投资人非常关心这个指标，公司总经理也十分关心这个指标，用它来评价部门的业绩，促使其提高本部门的投资报酬率，有助于提高整个企业的投资报酬率。

这一指标又可分解为下式：

$$\text{投资资酬率}=\frac{\text{销售收入}}{\text{投资额}}\times\frac{\text{利润}}{\text{销售收入}}=\text{资产周转率}\times\text{销售利润率}$$

即：投资报酬率可以分解为投资周转率和销售利润率两者的乘积，并可进一步分解为资产的明细项目和收支的明细项目，从而对整个投资中心经营状况做出评价。

投资报酬率指标的不足也是十分明显的，比如，以部门为代表的投资中心。当使用投资报酬率作为业绩评价标准时，部门经理可以通过加大公式分子或减少公式的分母来提高这个比率。部门经理会放弃高于资本成本而低于目前部门投资报酬率的机会，或者减少现有的投资报酬率较低但高于资本成本的某些资产。实际上减少分母更容易实现。这样做，会失去不是最有利但可以扩大企业总净利的项目造成伤害了企业整体利益的部门业绩却获得了好评。从引导部门经理采取与企业总体利益一致的决策来看，投资报酬率并不是一个很好的指标。

2. 剩余收益

为了克服由于使用投资报酬率衡量部门业绩带来的问题，许多企业采用绝对数指标来建立利润与投资之间的联系，这就是剩余收益指标。

剩余收益是指投资中心的利润扣减其最低投资收益后的余额。最低投资收益是其投资额乘以规定的最低投资报酬率，一般为资本成本，即

$$剩余收益=利润-投资额\times规定的最低投资报酬率$$

剩余收益可以使部门业绩评价与企业的目标协调一致，引导部门采纳高于企业资本成本的决策。从现代财务理论来看，不同的投资有不同的风险，要求按风险程度调整其资本成本。在使用剩余收益指标时，可以对不同部门或者不同资产规定不同的资本成本百分数，使剩余收益这个指标更加灵活。而投资报酬率评价方法并不区别不同资产，无法分别处理风险不同的资产。当然，剩余收益是绝对数指标，不便于不同部门之间的比较。规模大的部门容易获得较大的剩余收益，而它们的投资报酬率并不一定很高。因此，许多企业在使用这一方法时，事先建立与每个部门资产结构相适应的剩余收益预算，然后通过实际与预算的对比来评价部门业绩。

16.3 EVA 业绩管理方法

16.3.1 EVA 的概念及计量

EVA(economic value added)，即经济增加值，是用税后利润调整额减去企业的全部资本费用后的经济利润。由于考虑到了包括权益资本在内的所有资本的成本，EVA 体现了在某个时期企业财富价值的增加量，即股东角度所定义的利润。

EVA 的计算公式

$$EVA = R_P - C \cdot K_{WACC}$$

式中，R_P 为税后利润调整额；C 为资本投入额；K_{WACC} 为加权平均资本成本。

(1) 计算税后利润调整额 R_P：是根据报告期净利润经过研发费用、商誉、递延税项、利息费用、存货等一系列调整得到的。

(2) 计算加权平均资本成本：

$$K_{WACC} = \frac{S}{S+L} \times K_S + \frac{L}{S+L} \times K_L$$

式中：S 为权益资本总额；L 为债务资本总额；K_S 为权益资本成本；K_L 为债务资本成本。

16.3.2 EVA的主要优点

用于反映企业经营绩效的传统指标主要有投资报酬率、股权回报率、每股收益以及以销售和资产为基础的增长率指标等。与这些传统评价指标相比，EVA有以下优点。

(1) 真实全面地考虑了企业经营的全部成本。

通常人们只对权益成本的取得成本(如发行股票的费用)加以计量，权益成本在核算时往往低于借款、发行债券等负债成本，甚至有些企业把权益资本当作无成本资本来使用。事实上，权益成本大于负债成本，因为购买股票的风险高于购买债券的风险，所以股东的期望报酬率高于债券利率；如果股东得不到预期报酬，就会转向其他投资，权益成本等于转向其他投资收益的机会成本，会计核算不能确认机会成本，因而低估了当期成本而高估了当期"实际利润"，当会计利润小于资本成本的情况下，实质上没有利润。

而EVA真实全面地考虑了企业经营的全部成本，包括权益资本在内，体现了在某个时期企业财富价值的增加量，即股东角度所定义的利润。

(2) 统一的经营目标科学有效。

首先，将公司目标与管理目标统一于一个EVA指标，避免了公司多目标甚至无目标的困惑。比如，投资报酬率虽然广泛应用于公司目标，但其管理目标的基准报酬率的确定缺乏明确合理的界限，而这个界限就是资本成本。

其次，将EVA最大化作为目标，不产生负面作用。EVA理论认为公司只有所获得的资本回报超过资本的机会成本时才是真正盈利，这也正是管理者不断努力创造财富的最低要求。传统的指标在公司层面和部门层面可能会存在矛盾。比如，采用投资报酬率指标，若公司层面和部门层面的最低投资报酬率分别为15%和20%，如果部门现存一个投资报酬率为18%的项目，那么，为了保持住以往的业绩，部门不会接受投资报酬率为18%(小于20%)的这个项目，实际上，对于公司层面，部门放弃了为股东创造价值的机会。

16.3.3 EVA的应用案例

基于EVA的业绩管理方法，是指导企业资金运用、评价的较好的财务指标，便于企业建立以价值增长为目标的财务管理框架。下面结合青岛啤酒的EVA管理来说明其应用。

青岛啤酒股份有限公司(简称青岛啤酒)始建于1903年，是中国历史最为悠久的啤酒生产厂，1993年完成改制，并于同年7、8月在香港和上海公开发行了H股和A股，成为首家在香港上市的中国企业。从1997年开始，青岛啤酒开始了扩张之路，先后收购兼并了多家啤酒生产企业，2001年覆盖17个省市、拥有48家啤酒生产企业和3家麦芽厂，成为全国龙头啤酒集团，公司品牌价值跃升至全国啤酒行业榜首。但2001年年报显示，规模急剧膨胀的同时，青岛啤酒当年的净利润与预计实现目标净利润相差甚远，净资产收益率和每股收益等指标也不理想。2001年年底，青岛啤酒决定采纳以EVA为核心的管理方案。EVA 能够给青岛啤酒带来哪些好处?

(1) 建立以 EVA 为中心的全面财务管理框架

建立以 EVA 为中心的目标管理体系,改变了公司用于表达财务目标的方法多而混乱的局面,EVA 是衡量公司所有决策的单一指标,EVA 也为各个营运部门的员工提供了相互交流的统一标准,使得所有管理决策变得更有效。战略规划、资本分配、业务组合、并购和撤资的估价、投资计划等管理决策都围绕 EVA 来进行操作,即:管理层以 EVA 衡量出的企业价值增长为中心,进行价值判断,推动公司价值创造,避免盲目扩张。新增项目的可行性根据预测项目存续期的各年 EVA 或 EVA 折现是否大于零来判别,项目投产后计算实际的 EVA 以决定存续或撤销该项目。EVA 为负值时要区别情况加以分析,例如,处于初创或扩张阶段的公司在短期内往往投放大量资金,EVA 可能是负值,不一定表明其业绩不佳。

青岛啤酒的高速扩张,规模急剧增长,既充满前途又充满风险。一方面,规模扩张需要大量的资金;另一方面,庞大规模下的一些低效经营部分不仅不产生效益,还要消耗企业的资金。面对企业增产不增收的困境,2001 年下半年,青岛啤酒将"做大做强"的战略调整为"做强做大",放慢扩张步伐,和 EVA 的理念不谋而合。增产增收不增资,这正是 EVA 价值管理所要达到的目标。EVA 能够更好地整合现有资源,是预防高速规模扩张而导致的"大企业病"的一剂良方。公司改善 EVA 指标的决策有:①在现有资本基础上,提高资本报酬率,也就是促进营业利润的增长;②追加新的投资以获取"额外利润"($EVA>0$ 的利润);③从 $EVA<0$ 的投资中撤出资金和对这种项目进行清算。

(2) 用于业绩评价和薪酬管理

在传统财务评价体系下,内部业务单位(子公司)竞争公司(母公司)的投资以增加投入获取包括利润增加在内的许多好处。若公司(母公司)在资金分配上缺乏合理的依据,往往采取"政策分配"的办法,致使资金闲置或低效使用。而 EVA 方法从根本上解决了这一难题:分别考核内部各业务单位的资本投入和资本收益,便可测算出各业务单位创造价值的能力,然后以排序来评价各单位的业绩。内部业务单位争取到的资金必须创造正的 EVA,即获得的收益高于为其投入的资本加权平均成本及其风险,为股东创造新的价值;如果 EVA 为负,就需要其他业务的 EVA 或利润来补偿。因此,内部业务单位在没有把握实现正的 EVA 的情况下,不会争取公司的过度投资。EVA 方法考虑了带来利润的所有资本成本及其风险,比传统指标更能体现投资者的利益和企业的运作状况。

近年来,我国越来越多的企业不断尝试年薪制、股票期权制等激励制度。然而,再好的激励制度如果没有科学的评价体系为后盾也是枉然。年薪制多单纯以利润为中心来考核,忽略了资本成本的消耗。以 EVA 为中心设计的激励制度使经理层更加注重资本利用率,致力达到增加股东价值的目标。

青岛啤酒 2002 年起在经理层实施了以 EVA 为中心的考核和激励制度,避免了企业总部和内部单位之间目标不协调的现象,使经理层更加注重资本利用率;并弥补了青岛啤酒现有年薪制的漏洞,实行分为基本年薪和风险收入年薪两部分的年薪制,即:完成 EVA 目标的 80%拿基本年薪,超出部分则按一定比例提取风险收入年薪。由于资本成本直接和管理者的收入挂钩,管理者将更为精明审慎地利用资本,这对管理者每次决策都会产生影响，即：尽量提高企业的资本运作效率，这也意味着使用相同资本创造的价值更多。

(3) 用于管理诊断

青岛啤酒的会计报表，显示出其2000年到2002年一直在盈利，似乎经营良好。但每年的EVA却为负值，这说明，它不是在创造财富，而是在毁灭股东的财富。究其原因是多方面的，EVA的计算给相应的管理诊断提供了依据。

比如：青岛啤酒原有金字塔式结构就是原因之一，已经无法适应公司日益扩大的规模。原有组织结构存在信息传递迟钝、控制不灵等缺点。进行以EVA为基础的业务流程再造，整合组织结构，撤销原直属青岛啤酒集团总部的生产部，成立了青岛啤酒集团第九个事业部——“青岛事业部”。这意味着青岛本地几个企业的直接经营权将从青岛啤酒总部职能体系中完全剥离，使青岛啤酒“总部—事业部—子公司”三层管理架构显得更加明晰和条理化，改变机构过于庞大臃肿的情况，统一供销、统一市场管理、统一财务核算，将工作重心全部集中到了EVA创造上，建立了一个基于EVA的扁平化的组织结构，公司变得更加透明。

在应用过程中，EVA虽与会计利润不同，但其数据仍来源于财务报表，依赖于信息披露的可靠性，若报表数据存在水分，会导致EVA评价的效果大打折扣。另外，EVA计算过程的数据获得也是其应用的一个障碍，一些调整项目的数据较难获得，加权平均资本成本的估算没有一个比较具体科学的计算方法。这些缺陷都需要在实践应用中注意避免。

案例分析

案例16-1 狮王食品公司的奇迹

在竞争激烈的美国超级市场行业中，发展最快的公司当推狮王食品公司。在过去的20多年里，该公司的年销售额竟以平均20%的速度急增，被称为“不可思议的奇迹”。

狮王食品公司的成功秘诀众人皆知：品种全、价格低。公司以仅略高于成本价、甚至有时以低于成本价的价格令购物者闻风而至。最难能可贵的是：狮王食品公司能做到“天天在降价”。这种倾尽血本讨好消费者的做法不但没有使狮王食品公司元气大伤，反而让该公司获取了巨额利润，其间确有耐人寻味之处。狮王食品公司的历史可追溯到1957年12月，当时拉尔夫·凯特纳、布朗·凯特纳和威尔森·史密斯三人合伙开设了一家名为“都市食品”的超级市场。然而，开业后的近10年中，商场的生意极为清淡。周围的一些大商场对批发商施加压力，使得商场几乎到了门可罗雀的地步。三伙伴先后尝试过有奖销售、抽彩票等多种方法，使尽了浑身解数，可是顾客对都市食品公司依旧反应冷淡。到1967年开业十周年时，公司的惨淡现状深深地刺痛了拉尔夫·凯特纳，他决意寻找一个从根本上扭转颓势的方法。

拉尔夫提议：把公司货架上3 000余种商品大幅度削价，只要销售额能上升50%，公司就仍处于盈利状态。都市食品公司抱着最后拼一次的态度接受了拉尔夫的提议，把公司的商品大幅度降价。人们知道这个消息后，蜂拥而至，都想把握住这个千载难逢的机会。但出乎顾客预料的是在“大甩卖”后的第一年，都市食品公司仍以北卡罗来纳州食品最低价经营着;第二年依然如此,第三年不仅没有倒闭,反而还购入几家中小型商店。

事实证明拉尔夫的药方灵验了。其秘密就在于都市食品公司绝大多数商品以仅比成本高出些微的价格经营,而一小部分商品以低于成本价经营。这一小部分却对顾客有巨大的诱惑力,把顾客引进了商场,从而促进了那些占大多数的薄利商品的销售。大量薄利的积累,不仅弥补了小量的亏本,而且使公司在总体上处于盈利状态。

1974 年,比利时第二大超级市场连锁公司狮王公司成为都市食品公司的母公司,并邀请拉尔夫继续在都市食品公司任职,之后改名为狮王食品公司。

狮王食品公司的以低价换取高利的做法大获成功后,不少零售公司纷纷效仿,但只经营几个月就发现支撑不下去了。人们非常奇怪:为什么别的公司蚀本的生意却在狮王食品公司成了盈利的生意呢?

拉尔夫隐退后接替其职位的汤姆·史密斯亲身经历了公司从困境到繁荣的全过程,对公司薄利多销的政策深有体会。史密斯对狮王食品公司的经营宗旨做过一个著名的、一针见血的诠释:"5 个周转着的 1 分钱的价值大于 1 个闲置着的 5 分钱。"

资料来源:根据 www.chinatxi.com 资料整理。

为什么别的公司"照方抓药"却无法成功?"5 个周转着的 1 分钱的价值大于 1 个闲置着的 5 分钱",你是怎样理解这句话的?

案例 16-2 总经理的困扰

置业房屋交易公司是西安一家以房屋买卖和租赁业务为主的中介机构,其业务模式是通过收购、租赁等形式取得房屋的所有权和经营权后,再出售或对外租赁。随着写字楼租赁的火爆,加之价格优势,该公司成立后不久就进入快速发展时期,在西安市内和城郊设了 30 家分店。

每个分店的设立成本大约 10 万元,设店长一名,销售人员 5~6 名,会计核算人员 1 名,行政人员 2 名。会计核算人员和行政人员每月工资大约 1 200 元。销售人员的薪水由每月 600 元的固定工资加销售额 2%的提成组成。为了激励店长的工作热情,总经理王洋决定让每个店长出资 2 万元入股,约占 2%的股本,店长每月薪水为该店当月净利润的 2%。王洋觉得这种做法最大的优点就是将考核店长的业绩指标直接与净利润联系起来。

然而最近发生的一件事情却让王洋感到困惑。今年年初王洋到各个分店巡视的时候,有个店长向他反映了这样一个问题。这位店长的分店处于城郊,每个月的营业额只有 40 万元左右,扣除各项税费,净利润只有 20 万元左右,销售人员每月能拿到 3 000 元左右,店长本人月薪 4 000 元。令他感到不公平的是,地处市中心的同样规模的分店由于房屋成交量大,营业额高。普通销售人员的工资一般在 7 000~8 000 元,店长更是月薪过万。在城郊,一个店长的月薪却没有在市中心一个销售人员的月薪高。郊区的店长纷纷要求调到市中心来工作。

另外,由于店面的选址只能由总店决定,店长无法控制房租费用,而作为考核指标的净利润是扣除房租费用以后的净利润,因此另一个店长向总经理王洋建议,考核指标的净利润不应扣除房租费用,房租应该由总店承担。

案例分析题：

(1) 从店长的角度看，你认为店面地理位置的差异是否是决定店长薪金问题的关键因素？如果是主要因素的话，应该如何将该因素考虑进去？

(2) 如果选择不扣除房租费用的净利润作为考核指标是否合理？对各店长和总经理的利润计量将有何影响？

(3) 除了以上因素，还有哪些因素会影响店长业绩考核的公平性？

(4) 如果你是总经理王洋，你将如何解决店长薪金问题，能提出一套比较合理的解决方案对每家分店进行业绩考核吗？

本章小结

业绩管理包括业绩考核与评价，是为了加强企业的内部控制和管理。不同的部门和单位有不同的职能，按其责任和控制范围的大小，这些责任单位可以分为成本中心、利润中心和投资中心。对各中心的业绩考核应以其对企业完成目标和计划中的贡献和履行职责中的成绩为依据。经济增加值(EVA)这种方法，可以实现对公司业绩考核与管理。

思考题

1. 简述责任中心的种类及各自特点。
2. 如何进行三类责任中心的业绩考核？
3. EVA 作为一种企业业绩评价的思想，其主要优点有哪些？

习题

大鹏公司有三个子公司——甲、乙、丙，即为三个投资中心。计算填列表16-1中用字母表示的项目。

表16-1 甲、乙、丙公司的数据计算表 元

投资中心	甲	乙	丙
销售收入	500 000	(D)	450 000
销售成本费用	480 000	(E)	(G)
利润	(A)	(F)	22 500
经营资产平均占用额	(B)	100 000	90 000
经营资产周转率(次数)/次	(C)	3	(H)
投资报酬率/%	10	24	(I)

第17章 股利管理

本章框架体系

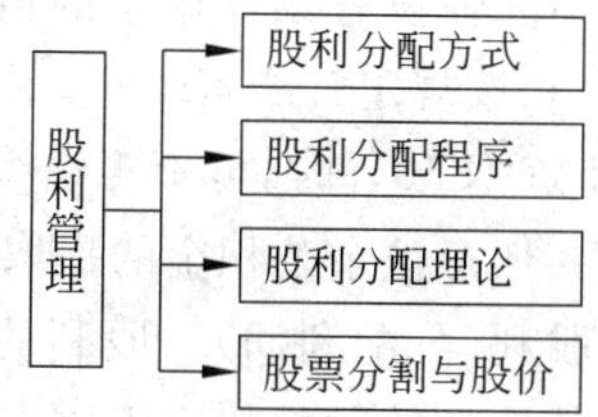

学习目标

1. 了解股利政策的基本内容和股利支付程序。
2. 明确影响股利政策的因素。
3. 掌握股利分配的程序和各种股利政策的特点与适用情况。

导 读

经过一年的经营,小李所在的企业税前盈余比上一年增加140%。经过董事会与股东大会的决议,在股利分配上,派发1.5元的股票股利(即每股派发0.15股)。这种低股利分配政策令许多投资者感到疑惑不解,因为同行业的B企业虽然税前盈余只比上一年增加10%,仍派发3元的股票股利(即每股派发0.3股)。那么,两家企业为什么会采取不同的股利分配政策?这种不同的政策对于企业的价值会产生怎样的影响?实务中在制定股利政策时需要考虑哪些因素呢?

下面就请带着上述这些问题来阅读本章内容。

本章内容

17.1 股利分配方式

股利分配是指股份制企业向股东分派股利。具体包括:日期的确定、股利支付比率的确定、股利支付形式的确定、支付现金股利所需资金的筹集方式的确定等。

17.1.1 利润分配顺序

企业利润分配包括的项目有盈余公积金和股利，其中，盈余公积金分为法定盈余公积金和任意盈余公积金。

公司向股东（投资者）分派股利（分配利润），应按一定的顺序进行。按照我国《公司法》的有关规定，利润分配应按下列顺序进行。

第一，计算可供分配的利润。将本年净利润（或亏损）与年初未分配利润（或亏损）合并，计算出可供分配的利润。如果可供分配的利润为负数（即亏损），则不能进行后续分配；如果可供分配的利润为正数（即本年累计盈余），则进行后续分配。

第二，计提法定盈余公积金。按抵减年初累计亏损后的本年净利润计提法定盈余公积金。不能用资本发放股利，也不能在没有累计盈余的情况下提取盈余公积金。法定盈余公积金主要用于弥补企业亏损和按规定转增资本金。按照税后利润10%有比例提取；当盈余公积金累计达到公司注册资本50%时，可不再继续提取。

第三，计提任意盈余公积金。任意盈余公积金的提取由股东会根据需要决定。

第四，向股东（投资者）支付股利（分配利润）。股利的分配按照各股东持有股份的数额为依据，每股东取得的股利与其持有的股份数成正比。

若公司股东会或董事会违反上述利润分配顺序，在抵补亏损和提取法定盈余公积金之前向股东分配利润的，必须将违反规定发放的利润退还公司。

17.1.2 股利分配方式

股利支付方式有多种，常见的有以下几种：

1. 现金股利

现金股利是以现金支付的股利，它是股利支付的主要方式。例如，每10股派2元等。

2. 财产股利

财产股利是以现金以外的资产支付的股利，主要是以公司所拥有的其他企业的有价证券，如债券、股票，作为股利支付给股东。

3. 负债股利

负债股利是公司以负债支付的股利，通常以公司的应付票据支付给股东，在不得已的情况下也有发行公司债券抵付股利的。

财产股利和负债股利实际上是现金股利的替代。这两种股利方式目前在我国公司实务中很少使用，但是可以采用。

4. 股票股利

股票股利是公司以增发的股票作为股利的支付方式，一般为派发股票股利，例如10

股送 2 股等。股票股利的优点在于公司既进行了股利分配，又没有动用现金，而且股东不用缴纳个人所得税。

【例 17-1】 某公司每 10 股送 3 股，相当于 10 股送 3 元钱红利，只不过这 3 元钱转变成了 3 股股票，但是红利要缴纳 20%个人所得税，而股票股利不用缴纳个人所得税。

17.2 股利分配程序

股份有限公司向股东支付股利，主要包括以下过程：股利宣告日、股权登记日、除息日和股利支付日。

股利宣告日，即公司董事会将股利支付情况予以公告的日期。公告中将宣布每股支付的股利、股权登记期限、除去股息的日期和股利支付日期。

股权登记日，即有权领取股利的股东的资格登记截止日期，也称为除权日。只有在股权登记日前在公司股东名册上有名的股东才有权分享股利。

除息日，即指领取股利的权利与股票相互分离的日期。在除息日前，股利权从属于股票，持有股票者即享有领取股利的权利；除息日开始，股利权与股票相分离，新购入股票的人不能分享股息和红利。

股利支付日，即向股东发放股利的日期。

【例 17-2】 某股份有限公司 2010 年 5 月 28 日发布股东大会决议，每 10 股送 6 股，派发现金 2 元。股利宣告日为 2010 年 5 月 28 日，股权登记日 2010 年 6 月 3 日，除息日为 2010 年 6 月 4 日，红利派发日为 2010 年 6 月 8 日。

即在 2010 年 6 月 3 日之前在公司股东名册上有名的股东，有权利分享股利。6 月 4 日新购入的股票不参加分红。6 月 8 日向股东发放股利。

17.3 股利分配理论

17.3.1 股利政策理论

股利分配政策作为财务管理决策的一部分，要考虑其对公司价值的影响。在股利分配对公司价值的影响这一问题上，存在不同的观点。

1. 股利无关论

股利无关论认为股利分配对公司的市场价值(或股票价格)不会产生影响。

这一理论建立在这样一些假定之上：

(1) 不存在个人或公司所得税；

(2) 不存在股票的发行和交易费用(即不存在股票筹资费用)；

(3) 公司的投资决策与股利决策彼此独立(即投资决策不受股利分配的影响)；

(4) 公司的投资者和管理当局可相同地获得关于公司未来投资机会的信息。

由于假定投资者处于完美无缺的市场，因而股利无关论又被称为完全市场理论。股利无关论认为：

(1) 投资者并不关心公司股利的分配。投资者对股利和资本利得并无偏好，即对于当期利益和长远利益并无偏好，送股和送红利没有区别。

(2) 股利的支付比率不影响公司的价值。既然投资者不关心股利的分配，公司的价值就完全由其投资的获利能力所决定，公司的盈余分配比率并不影响公司的价值。

2. 股利相关论

股利相关论认为公司的股利分配对公司的市场价值是有影响的。下面介绍几种较具代表性的流派。

(1) 高登"手中鸟"理论

高登"手中鸟"理论的基本观点是：从收益的确定性或低风险性考虑，投资者宁愿以较高的价格购买现在就能收到相对可靠的现金股利的股票，也不愿购入未来可能上涨与将来可能支付较高现金股利的股票。由于股利比资本利得具有相对的确定性，因此，公司应定期的向股东支付较高水平的股利。

(2) 信号传递理论

信号传递理论认为，在信息不对称的情况下，公司可以通过股利政策向市场传递有关公司未来盈利能力的信息。一般而言，保持股利的稳定，并根据收益状况增加股利发放，那么投资者可能对公司未来的盈利能力与现金流量抱有较为乐观的预期，进而刺激股价的上涨。

(3) 税收效应理论

在不存在税收因素的情况下，公司选择何种股利支付方式并不重要。但根据税制，现金股利和资本利得应课以不同的税赋，由于股利收入的所得税税率高于资本利得的所得税税率，这样在公司股东看来，支付现金股利就不再是最优的股利分配政策。另外，即便股利与资本利得按相同的税率征税，由于投资者可以通过延迟实现资本利得而延迟缴纳资本利得所得税，因此股东偏好资本利得而不是现金股利。

17.3.2 影响股利政策的因素

在现实生活中，影响股利分配的因素有以下几种。

1. 法律因素

为了保护债权人和股东的利益，有关法规对公司的股利分配经常有如下限制。

(1) 资本保全：规定公司不能用资本(包括股本和资本公积)发放股利。

(2) 企业积累：规定公司必须按净利润的一定比例提取法定盈余公积金。

(3) 净利润：规定公司年度累计净利润必须为正数时才可发放股利，以前年度亏损必须足额弥补。

(4) 超额累计利润：由于股东接受股利交纳的所得税高于其进行股票交易的资本利得税，于是许多国家规定公司不得超额累计利润，一旦公司的保留盈余超过法律认可的水平，将被加征额外税额。例如我国个人股票所得税为20%，每收到1元现金，缴纳20%所得税。而不派发股利,使股票价值升高,投资者卖出股票变现时不缴纳所得税,只缴纳印花税,支付手续费。

2. 股东因素

股东从自身需要出发,对公司的股利分配往往产生这样一些影响:

(1) 稳定的收入和避税

一些依靠股利维持生活的股东,往往要求公司支付稳定的股利;若公司留存较多的利润,将受到这部分股东的反对。另外,一些高股利收入的股东又出于避税的考虑(股利收入的所得税高于股票交易的资本利得税),往往反对公司发放较多的股利。

(2) 控制权的稀释

公司支付较高的股利,就会导致留存盈余减少,这又意味着将来发行新股的可能性加大,而发行新股必然稀释公司的控制权。

3. 公司的因素

就公司的经营需要来讲,也存在一些影响股利分配的因素:

(1) 盈余的稳定性

公司是否能获得长期稳定的盈余,是其股利决策的重要基础。盈余相对稳定的公司能够较好地把握自己,有可能支付比盈余不稳定的公司较高的股利。

(2) 资产的流动性

较多地支付现金股利,会减少公司的现金持有量,使资产的流动性降低。

(3) 举债能力

具有较强举债能力(与公司资产的流动性相关)的公司因为能够及时地筹措到所需的现金,有可能采取较宽松的股利政策,而举债能力弱的公司往往采取较紧的股利政策。

(4) 投资机会

有着良好投资机会的公司,需要有强大的资金支持,因而往往少发放股利,将大部分盈余用于投资。

17.3.3 常见的股利政策

支付给股东的盈余与留在企业的保留盈余存在此消彼长的关系。所以,股利分配既决定给股东分配多少红利,也决定有多少净利留在企业。减少股利分配,会增加保留盈余,减少外部融资需求,因此股利决策也是内部融资决策。

在进行股利分配的实务中,公司经常采用的股利政策包括 4 种。

1. 剩余股利政策

剩余股利政策是将股利的分配与公司的资金结构有机地联系起来,即根据公司的最佳资本结构测算出公司投资所需要的权益资本数额,先从盈余中留用,然后将剩余的盈余作为股利给所有者进行分配。

采用剩余股利政策支付股利的程序是:

(1) 确定公司最佳资本结构，即确定权益性资本和债务性资本结构，在这种结构下，要求公司的资金成本达到最低水平。

(2) 确定在最佳资金结构下所需权益资本数额。

(3) 最大限度地使用公司留存收益来满足投资方案对权益资本的需要数额。

(4) 投资方案所需要的权益性资本得到满足后，如果公司的未分配利润还有剩余，就将其作为股利发放给股东。

【例17-3】 某公司某年提取了公积金、公益金后的税后净利为600万元，第二年的投资计划所需资金800万元。公司的最佳资本结构为权益资本占60%、债务资本占40%。那么，按照最佳资本结构的要求，公司投资方案所需的权益资本数额为

$$800\times 60\%=480(\text{万元})$$

公司当年全部可用于分配股利的盈余为600万元，可以满足上述投资方案所需的权益资本数额并有剩余，剩余部分再作为股利发放。当年发放的股利额即为

$$600-480=120(\text{万元})$$

采用剩余股利政策的理论基础是建立在股利与公司的价值无关的基础上，保持公司最佳的资金结构，使公司资金成本达到最低，从而使公司的价值达到最大。

2. 固定股利额政策

固定股利额政策是指公司支付给股东的现金股利不随公司税后利润的多少而调整，即公司定期支付固定的股利额。采用这种股利政策的公司一般其盈利水平比较稳定或正处于成长期，许多公司都愿意采用这种股利政策。

采用这种股利政策的优点是：

(1) 公司固定分配股利可使公司树立良好的市场形象，有利于公司股票价格的稳定，增加投资者的投资信心。

(2) 稳定的股利有利于投资者。投资者可以预先根据公司的股利水平安排支出，从而降低了投资风险，而当公司股利较丰厚时，则股票价格会大幅提高。

固定股利额政策的缺点主要在于股利的支付与公司盈余相脱节。当公司盈余较低时仍需支付固定的股利额，这会导致公司资金紧张，财务状况恶化。

3. 固定股利支付率政策

固定股利支付率政策是指公司预先确定一个股利占净利润的比率，并且长期按此比率支付股利的政策。公司每年支付的股利会随其净利润额的多少而波动，从而使股利支付额极不稳定，公司支付股利后剩余部分作为公司的留存收益，用于公司投资使用。

实施固定股利支付率政策的优点是保持利润分配和留存收益之间一定的比例关系，体现了风险投资与风险收益的一致性，公平对待每一位股东，公司多盈多分、少盈少分、无盈不分。同时，当公司盈利逐年增多时，投资者可以得到更多的股利，公司也能得到更多的留存收益。

固定股利支付率政策的缺点是：

(1) 由于每年的股利支付额不稳定，容易使投资者产生公司经营不稳定的感觉，对稳

定股票价格也很不利。

(2) 固定股利支付率政策不像剩余股利政策那样能够保持相对较低的资金成本。

4. 低正常股利加额外股利政策

低正常股利加额外股利政策是公司一般情况下每年支付固定的、数额较低的股利,在盈利多的年份,再根据实际情况向股东支付额外股利。但额外股利并不固定,不意味着公司永久地提高了规定的股利率。这种股利支付政策是介于固定股利支付政策与变动股利政策之间的一种折中政策,具有较大的灵活性,可以使投资者接受正常的较低股利。

实施这种股利支付政策的优点是:

(1) 这种股利政策使公司具有较大的灵活性,当公司盈余较少或投资需要较多的资金时,可维持既定的较低的正常股利,股东不会有股利跌落感;而当公司盈余较多时,则因增发额外股利,把公司繁荣所得利益与股东分配结合起来,增强股东投资信心,有利于稳定股票价格。

(2) 这种股利政策使公司股利保持一定的稳定性,投资风险较小,从而吸引股东投资。

以上各种股利政策各有所长,公司在制定股利分配政策时应结合本公司实际情况选择采用,以促进公司的发展。

17.4 股票分割与股价

股票分割是指将面额较高的股票交换成面额较低的股票的行为。例如,将原来的一股股票交换成两股股票。股票分割不属于股利分配,但其所产生的效果与发放股票股利十分相近。

股票分割时,发行在外的股数增加,使得每股面额降低,每股盈余下降;但公司价值不变,股东权益总额、权益各项目的金额及其相互间的比例也不会改变(见表 17-1 和表 17-2)。

表 17-1 股票分割前的股东权益

元

项　目	金　额
普通股(面额为 4 元,已发行 100 000 股)	400 000
资本公积	800 000
未分配利润	4 000 000
股东权益合计	5 200 000

表 17-2 股票分割后的股东权益

元

项　目	金　额
普通股(面额 2 元,已发行 200 000 股)	400 000
资本公积	800 000
未分配利润	4 000 000
股东权益合计	5 200 000

假定公司本年净利润440 000元，已发行100 000股，那么股票分割前的每股收益为4.4(440 000÷100 000)元。

假定股票分割后公司净利润不变，分割后的每股收益为2.2元，每股市价也会因此而下降。

对于公司来讲，实行股票分割的主要目的或动机是：降低股票市价；为新股发行做准备；有助于公司兼并、合并政策的实施。

此外，股票分割往往是成长中公司的行为，所以宣布股票分割后容易给人一种“公司正处于发展之中”的印象，这种有利信息会对公司有所帮助。

对于股东来讲，虽然股票分割后各股东持有的股数增加，但持股比例不变，持有股票的总价值不变。但股票分割向社会传播的有利信息和降低了的股价可能导致购买该股票的人增加，反使其价格上升，进而增加股东财富。

一般地讲，只有在公司股价暴涨且预期难以下降时，才采用股票分割的办法降低股价；而在公司股价上涨幅度不大时，往往通过发放股票股利将股价维持在理想的范围之内。相反，若公司认为自己股票的价格过低，为了提高股价，会采取反分割(也称股票合并)的措施。反分割是股票分割的相反行为，即将数股面额较低的股票合并为一股面额较高的股票。

案例分析

案例17-1 IBM为何调整股利政策？

IBM，即国际商业机器公司，1914年创立于美国，是世界上最大的信息工业跨国公司。从很多角度而言，这家拥有95年跌宕起伏历史的公司从创立至今从未离开过人们的视线。

早在1984年，IBM公司的销售收入达到459亿美元，总资产为428亿美元，税前利润为116亿美元，净利润为66亿美元，总资产报酬率为16.4%。而此后，IBM公司的盈利开始呈现徘徊、甚至衰退趋势。

1990年，IBM似乎力挽衰退局势，再次创造了历史上的巨额利润，当年税前利润102亿美元，净利润60.2亿美元，但总资产报酬率为7.3%。

从1984年到1990年，IBM公司的销售收入从459亿美元增长到690亿美元；总资产从428亿美元增长到875亿美元；长期负债占总资本化资本的比例从10%提高到20%；公司的每股现金在13.23～17.88美元，每股利润在6.47～10.51美元，每股股利在4.10～4.87美元，股利支付率在38%～72%。

虽然IMB公司的销售收入增幅趋缓，资产周转速度下降，盈利呈现减缓和波动趋势，但是每股股利却表现出上升趋势。

1989年以前，IBM公司每股股利平均每年以7%的速度增长，在1990年达每股4.84美元，比1989年的4.73美元增长2.35%。1991年，IBM公司的销售收入648亿美元，税前利润仅为1.21亿美元，税后利润－5.64亿美元，EPS＝－0.99美元，出现首次亏损。1992年1月26日上午9时2分，《财务新闻直线》公布了IBM公司新的股利政策，第4季度每股股利仍然为 1.21 美元。

IBM 公司董事会指出：这个决定是在认真慎重考虑 IBM 的盈利和未来公司的长期发展的基础上做出的，同时也考虑到了给广大股东一个合适的回报率。这是一个为了维护股东和公司未来最好的长期利益、维持公司稳健的财务状况，综合考虑多种影响因素之后做出的决定。

1992 年，IBM 公司的销售收入 645 亿美元，税前利润为－90.26 亿美元，税后利润－68.65 亿美元，EPS＝－12.03 美元，再次出现亏损。

IBM 公司全年支付的股利还是达到 4.84 美元。

到了 1993 年，IBM 的问题累积成堆，当年 IBM 公司的销售收入 627 亿美元，税前利润为－87.97 亿美元，税后利润－79.87 亿美元，EPS＝－14.02 美元，连续三年亏损！其股利不得不从 4.84 美元/年削减到 1.58 美元/年。

在此之前，许多投资者和分析人士已经预计到 IBM 将削减其股利，因为它没有充分估计到微型计算机的巨大市场，没有尽快从大型计算机市场转向微型计算机市场。IBM 的大量资源被套在销路不好的产品上。同时，在 20 世纪 80 年代，IBM 将一些有利可图的项目，如软件开发、芯片等拱手让给微软和英特尔，使得他们后来获得丰厚的、创纪录的利润。

结局是：IBM 公司在 1992 年创造了美国企业历史上最大的年度亏损(税前利润)，股票价格下跌 60%。

面对 IBM 的问题，老的管理层不得不辞职。到了 1994 年，新的管理层推行的改革开始奏效，公司从 1993 年的亏损转为盈利，1994 年的 EPS 达到 4.92 美元，1995 年 EPS 则高达 11 美元。因为 IBM 公司恢复了盈利，股利政策又重新提到议事日程上来……

结果是，IBM 董事会批准了一个庞大的股票回购计划——回购 50 亿美元的 IBM 股票，使得股东的股利达到 1.4 美元/股。1984—1993 年 IBM 公司的盈利、股利支付和股票价格情况见表 17-3。

表 17-3　1984—1993 年 IBM 公司的盈利、股利支付和股票价格情况　　美元

年 份	1993	1992	1991	1990	1989	1988	1987	1986	1985	1984
每股资产	30.90	47.86	64.39	74.29	66.33	65.78	62.81	55.40	50.60	41.79
每股现金	5.80	3.63	8.02	17.88	13.76	15.80	14.57	13.23	15.64	16.02
每股盈利	－14.02	－12.03	－0.99	10.51	6.47	9.27	8.72	7.81	10.67	10.77
每股股利	1.58	4.84	4.84	4.84	4.73	4.40	4.40	4.40	4.40	4.10
股利支付	—	—	—	46%	72%	47%	50%	56%	41%	38%
股票价格	40～59	48～100	83～123	94～120	93～130	104～129	102～175	119～161	117～158	99～128

1993 年是 IBM 股价最为低迷的时候，最低价格是 40.75 美元；最高价格是 1987 年达到 176 美元/股。股利政策调整后，IBM 的股价上升到 128 美元。

案例讨论题：

1. 根据IBM的案例，你认为股利支付与盈利之间是什么关系，为什么？股利支付与股票价格之间是什么关系，为什么？

2. 你认为影响IBM股利政策的主要因素是什么？

3. 为什么IBM公司在1991年首次亏损时不下调股利，且在1991年和1992年两个亏损年度中坚持发放与1990年相同的每股股利4.84美元？

4. 你认为IBM在恢复盈利之后，应该采取什么样的股利政策？为什么？

案例17-2 五粮液股票股利分配政策

宜宾五粮液股份有限公司（股票代码：000858）是1997年8月19日经四川省人民政府批准，由四川省宜宾五粮液厂独家发起，采取募集方式设立的股份有限公司。

公司是在四川省宜宾五粮液酒厂的基础上经过资产重组设立。宜宾五粮液酒厂以其与生产经营有关的酿酒车间、磨粉制曲车间、陈酿勾兑车间等优质资产及其附属公司——五粮液供销公司的资产及相应负债组成本公司。

该公司在2000年前后一直保持了较高的利润水平。但是，这样一支绩优股，在1998年高派现后，就只采用送红股的方式分配股利，或者干脆不分配（2000年和2004年均未分配）。

表17-4统计了五粮液历年的分红情况。

表17-4 五粮液历年分红情况

年份	派现	送股	公积金转赠	公告日	登记日	除权日
1998	每10股派现金12.5元（含税）		每10股转赠5股	1999.05.29	1999.06.07	1999.06.08
1999		每10股送4股		1999.09.22	1999.09.27	1999.09.28
2000	未分配			2001.01.19		
2001	每10股派1元（含税）	每10股送4股	每10股转赠3股	2001.08.28	2001.09.03	2001.09.04
2001	每10股派0.2元（含税）	每10股送1股	每10股转赠2股	2002.04.10	2002.04.17	2002.04.18
2002			每10股转赠2股	2003.04.08	2003.04.15	2003.04.16
2003	每10股派2元（含税）	每10股送8股	每10股转赠2股	2004.02.27	2004.4.12	2004.4.13
2004	未分配					

数据来源：清华金融研究数据库（THFD）。

表17-5展示了五粮液历年的每股收益和净资产收益率。

表 17-5 五粮液历年每股收益和净资产收益率

年份	每股收益/元	净资产收益率/%
1998	1.749	31.60
1999	1.352	26.81
2000	1.600	24.09
2001	0.933	17.29
2002	0.543	11.56
2003	0.519	11.70
2004	0.305	12.61

数据来源：中国金融研究数据库(THFD)。

五粮液的第一大股东是宜宾市国有资产经营有限公司，持有五粮液75%的股份，属于国有非流通股。由于非流通股不能上市进行交易，股东不能通过股价增长获得收益，因此理论上非流通股股东偏好发放现金股利。五粮液在1998年的分配方案中，采用了高派现的方法，每10股派现12.5元，扣税后实际每10股派10元。通过这种方式，非流通股股东分得24 000万元。但在以后的分配中，五粮液却改变了派现的方式，而改为高比例送红股和公积金转赠股。经过若干年的送股和转赠，五粮液最初的32 000万股到2004年已经变为271 140.48万股，在不到5年的时间里，股本增长了6倍多。

虽然五粮液的大股东是宜宾市国有资产经营有限公司，但其实际控制人却是宜宾五粮液集团有限公司。对五粮液集团来说，设立五粮液股份公司，并将最具市场价值的品牌"五粮液"注入上市公司，一定会要求有所回报。五粮液集团公司正是通过各种方式从上市公司获得了大量的利益输送。其中包括：

(1) 商标和标识使用费。这是集团公司利用其影响力向上市公司收取费用的一种典型方式。五粮液股份公司自上市起，每年向集团公司缴纳不菲的商标和标识使用费。集团公司通过这些项目，至2003年度累计从上市公司获取现金54 344万元。按照国泰君安2001年8月份所出具的关联交易独立财务顾问报告，其中一些商标使用费为相应销售收入的数倍。

(2) 服务费及设备使用费。由于五粮液改制上市时，只是将主要经营性资产及供销公司划入上市公司，这样，五粮液上市公司其余所有服务都需要由集团公司提供。集团公司当然可以相应地收取一部分费用。五粮液集团每年向五粮液收取的这类费用主要包括综合服务费、货物运输、资产租赁费等，2001年起还增加收取维修服务费、土地租赁及经营管理费等。截至2003年集团公司累计收取94 334万元。

(3) 资产往来。我国资本市场一个常见的现象就是公司改制上市后，集团公司或控股公司通过各种方式，将手中的各项实物资产陆续卖给上市公司，而上市公司通常支付的都是现金。五粮液与集团公司之间的这类往来也非常多。其中比较重大的有两起：一是1999年收购集团公司下属的印刷和塑胶瓶盖厂；二是2001年的一项大额资产置换。据

2000年11月公司董事会关于资产置换的公告及2001年的独立财务顾问报告,降低关联交易是该项资产置换的一个重要动因。五粮液2000年向集团及其附属关系公司的货物采购和接受劳务为7.72亿元;资产置换完成的2001年,金额上升为14.42亿元。上市公司通过这种方式共向集团公司支付超过20亿元的现金。五粮液2001年2月20日的股东大会上,面对小投资者和机构投资者关于五粮液盈利高、账面现金充足但不分配、不转赠的不满质询时,理由就是公司要预留现金进行资产置换。

(4) 产品往来。与上面的服务费形成方式相似,五粮液在产品生产过程中还必须要向集团公司进行大量的产品往来,如由集团公司或其所属企业向五粮液提供各类产品。在生产基酒的车间于2001年完全置换进上市公司后,又新增向集团公司购买伏特加、葡萄酒等产品。五粮液向集团公司提供的产品主要是成品酒销售,两者现金流相抵后,五粮液支付给集团公司的净现金流出为281 974万元。

此外,五粮液委托集团公司技改部进行技术改造,6年间共向集团公司技改部支付或预付现金335 371万元。

不考虑往来款的影响,自1998年上市至2003会计年度结束,五粮液共向集团支付了97.17亿元的现金,平均每年超过16亿元;远远超过五粮液上市以来累计实现的净利润(41亿元)及累计从资本市场募集的现金(18.1亿元)。

为了最大化地从上市公司转移利益,大股东需要将上市公司塑造成一个高成长、绩优股的形象。五粮液为我们提供了一个较典型的例子:上市公司业绩优良,但小股东却没有取得相应的回报,相反,五粮液集团在五粮液上市后的6年里从上市公司获得超过90亿的现金。

案例讨论题:

1. 根据五粮液的案例,总结公司选择发放股票股利的原因主要是什么。

2. 在中国,大股东通过各种方式转移上市公司资金的现象普遍存在。试分析五粮液是怎样将资金留在企业里的,并分析其原理。

3. 2000年证监会出台将再融资资格与派现捆绑在一起的硬性规定是否影响了五粮液集团的利益?试分析。

本章小结

股份制企业盈利后,通过股利分配向股东分派股利,不仅是股份制企业利润分配的一部分,也是企业财务管理的重要内容。本章首先从企业利润的分配项目、支付方式及顺序三个方面介绍了股利种类;其次,通过股利宣告日、股权登记日、除息日和股利支付日这四个概念,介绍了股利支付程序;再次,介绍了两种不同的股利分配理论以及四种不同的股利分配政策的优缺点;最后,介绍了股票分割及其对股价的影响。

思考题

1. 股利分配与股东收益有何联系?
2. 股利分配有哪几种类型?投资者对股利分配类型有何偏好?
3. 简述股票分割及其作用。

习题

1. 单项选择题

(1) 由于股利比资本利得具有相对的确定性,因此公司应维持较高的股利支付率。这种观点属于(　　)。

A. 股利政策无关论　　B. 高登"手中鸟"理论
C. 差别税收理论　　D. 差别收入理论

(2) 当公司的盈余和现金流量都不稳定时,对股东和企业都有利的股利分配政策是(　　)。

A. 剩余股利政策　　B. 固定股利或稳定增长股利政策
C. 固定股利支付率政策　　D. 低正常股利加额外股利政策

(3) 不属于某种股利支付方式,但其所产生的效果与发放股票股利十分相似的方式是指(　　)。

A. 股票分割　　B. 股票回购　　C. 股票反分割　　D. 股票出售

(4) 某企业需投资100万元,目前企业的负债率为40%,现有盈余为120万元。如果采用剩余股利政策,则需要支付股利(　　)元。

A. 40万　　B. 42万　　C. 60万　　D. 70万

(5) 在盈余一定的条件下,现金股利支付比率越高,资产的流动性(　　)。

A. 越高　　B. 越低
C. 不变　　D. 可能出现上述任何一种情况

(6) 发放股票股利与发放现金股利相比,其优点是(　　)。

A. 可提高每股价格　　B. 有利于改善公司资本结构
C. 提高公司的每股收益　　D. 避免公司现金流出

2. 判断题

(1) 在连续通货膨胀的条件下,公司应采取偏紧的股利政策。(　　)
(2) 每股收益越高,意味着股东可以从公司分得股利越多。(　　)
(3) 股东为防止控制权稀释,往往希望公司降低股利支付率。(　　)
(4) 从理论上说,债权人不得干预企业的资金投向和股利分配方案。(　　)
(5) 如果发放股票股利的比例大于股价下降的比例,股东即可得到利益。(　　)

(6) 发放股票股利或进行股票分割，会降低股票市盈率，相应减少投资者的投资风险，从而吸引更多投资者。（　　）

3. 计算题

(1) 某公司现有发行在外的普通股1 000 000股，每股面额1元，资本公积3 000 000元，未分配利润8 000 000元，股票市价20元；若按10%的比例发放股票股利并按市价折算，计算该公司的资本公积在报表上列示的金额。

(2) 某公司以50%的资产负债率作为目标资本结构，公司当年税后利润为500万元，预计公司未来的总资产要达到1 400万元，现有的权益资本为300万元。

① 若采用剩余股利政策，当年股利支付率是多少？

② 若股利支付率为100%，计算在市盈率为10、每股收益为2元的条件下应增发的普通股股数。

(3) 某公司当年年底的所有者权益总额为9 000万元，普通股6 000万股。目前的资本结构为长期负债占55%，所有者权益占45%，没有需要付息的流动负债。该公司的所得税率为30%。预计继续增加长期债务不会改变目前的11%的平均利率水平。

董事会在讨论下一年资金安排时提出：

① 计划年度分配现金股利0.05元/股；

② 为新的投资项目筹集4 000万元的资金；

③ 计划年度维持目前的资本结构，并且不增发新股，不举借短期借款。

试求：测算实现董事会上述要求所需要的息税前利润。

第18章 财务控制

本章框架体系

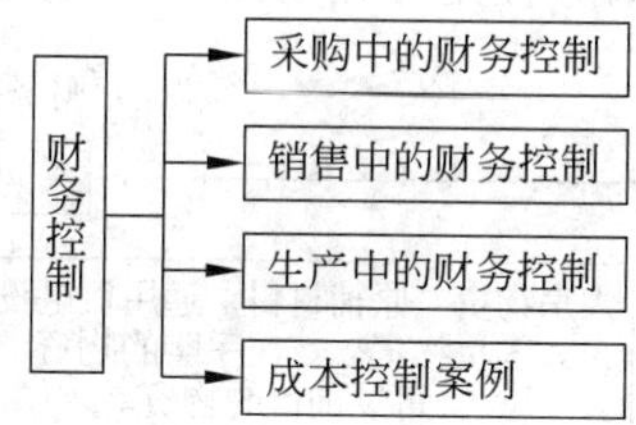

学习目标

1. 明确财务控制中采购控制、销售控制、生产控制的基本内容。
2. 了解各种控制的方式和财务评价。
3. 掌握成本差异的计算。

导 读

最近一段时间以来，东方公司问题重重。

先是采购遭遇全面价格上涨，不仅如此，众多供应商也不再允许赊购。

销售经理跳槽到同行另外一家企业，接着是产品销售全面告急，目前各区域均出现产品滞销的苗头，已售货物的应收款到期难以追回。

原材料的价格带动了产品成本的增加，加之，销售不畅，降价几乎成了解决燃眉之急的唯一办法，为了保住现有的市场经营地位，到底该怎么办？问题的症结在哪里？

本章的学习将会有助于正确分析这些问题。

本章内容

财务控制是按照一定的程序和方法，以价值为手段，实行目标控制，将不同部门、不同层次和不同岗位的各种业务活动综合起来，确保企业及其内部机构和人员全面落实及实现财务预算的过程。财务控制是保证财务管理目标实现的关键，如果没有了财务控制，财务预测、财务计划、财务决策等其他财务管理环节都将失去意义。财务控制的主要内容按照业务划分，包括采购控制、销售控制、生产控制等，在这些控制中，收入、成本都是企业财务目标达成需要控制的重要财务指标。

18.1 采购中的财务控制

从企业整体来看，采购是企业产品增值过程的起点，是企业核心业务流程的始端。采购管理工作的好坏，将对企业生产经营活动产生重要影响。

企业通过规范采购流程，加强流程中每一环节的管理，约束并合理控制采购开支，使得各项采购指标在业界最佳，以增强企业的竞争优势。采购方面的财务控制，主要目的在于控制采购费用、节约资金，在保证企业生产经营的前提下，最大限度地降低采购成本。企业的采购流程环节和对应的财务控制方式如图18-1所示。

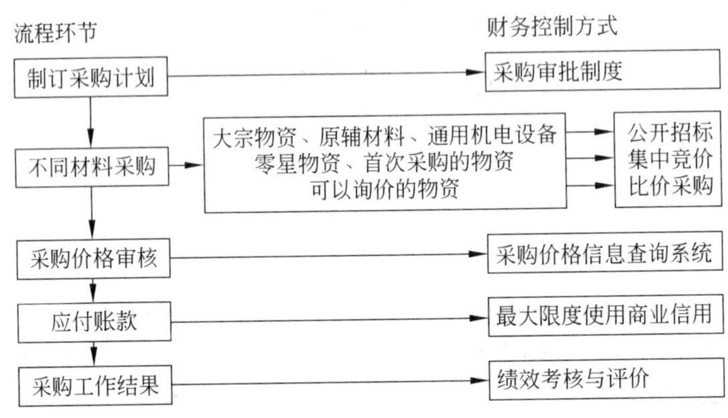

图18-1 采购流程及财务控制方式

（1）制订采购计划，实行采购审批制度。

采购部门应根据上年度的企业物资采购情况、生产情况、销售情况以及企业资金流动状况，并在对本年度生产能力以及产品市场销售趋势预测的基础上，制订物资采购计划，按月甚至按周滚动修改计划，确定最佳库存量、最佳采购量、最佳订货时间以及最佳进货渠道、最佳订货形式等，使采购物资满足企业生产经营活动需求，最大限度避免物资积压成本和因物资短缺导致的额外采购成本。

对于生产部门提出的采购请求，要严格实行采购审批制度，结合物资的库存管理，做到物资采购有计划，资金使用有控制，储备资产有考核，采购信息有反馈。

（2）不同物资采购采用不同的价格控制方式。

大宗物资、原辅材料、通用机电设备等物资的采购数量多、价值高、价格差异大，必须实行公开招标，节约管理成本，直接享受由竞争带来的降价好处。

零星物资、首次采购的物资实行集中竞价，开展定点采购。选择的定点单位首先要是信誉良好和有实力的直接生产厂家，以避免增加中间环节的费用。对价值较低的零星物资采购，可就近选择信誉良好和有供货能力的企业。对首次采购的物资，必须经有关部门的考察，在产品质量、供货信誉、价格定位等方面通过认定后，才允许采购。

在买方市场条件下，价格就是潜力，比价采购就能出效益。对可以询价的物资实行比价采购，可以有效地促进企业增收节支，提高经济效益和市场竞争力。

(3) 建立采购价格信息查询体系，为顺利开展采购价格审核奠定基础。

对采购环节的监督，必须建立物资采购价格信息查询体系，以便管理人员及时了解和掌握市场行情及价格信息的第一手资料。这可以通过互联网实现，企业可以低成本获取和发布信息，减少人为因素和信息不畅问题，节约时间和资金。

(4) 做好应付账款的管理，最大限度利用供应商给予的商业信用。

采购成本、采购费用、存货资金占用等均与供应商有密切关系，要充分开发供应商对企业的潜在价值。企业在进行采购时，供应商往往会给予一定时期的商业信用，一般应在折扣期的最后一天付款，最大限度地降低采购成本。对应付账款的财务控制至少应包括：定期由独立于付款业务之外的人员编制应付账款明细表并与供应商对账，保证记录的准确性；建立现金流运筹机制，及时调度资金以保证到期支付供应商账款；保证付款的及时性和准确性等。

(5) 定期对采购部门进行绩效考核与评价。

财务控制系统应该能够对采购部门所选择的供应商供应能力、质量、价格、财务稳定性、信誉等进行评估；能够评价采购渠道是否可靠，对一般原材料、零部件等是否保证了两个以上的供应商；是否执行了比质比价采购制度、招标采购制度等。总之，企业财务控制系统能够有效评价采购预算执行情况以及采购成本、采购费用节约额等情况。

18.2 销售中的财务控制

销售收入是实现企业财务目标的关键，是利润和现金流入的来源，而真正意义上的销售建立在顺利收款的基础上，因此销售控制是企业财务控制的重要内容。

销售流程环节和对应的财务控制方式如图 18-2 所示。

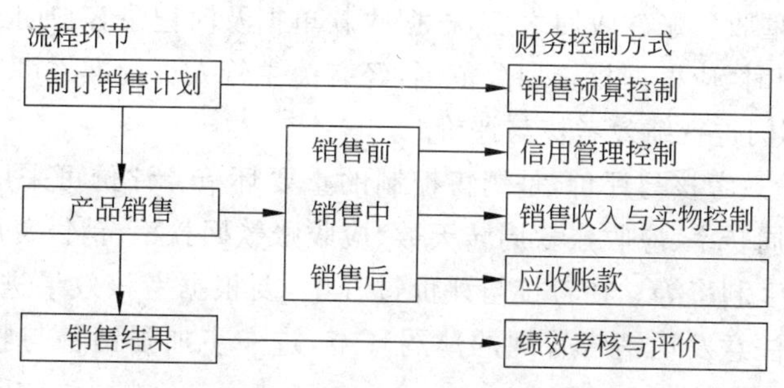

图 18-2 销售流程及财务控制方式

(1) 实施销售预算控制。

通常，销售目标是由公司最高管理层决定的。销售经理根据企业的历史、产品的特点、营销组合的方式和市场的开发程度等多方面因素，客观分析企业环境，充分调查产品市场状况，听取有关人员意见，制订客观、合理、符合实际的销售计划，在此基础上编制销售预算。销售预算是计划的工具，也是实际工作的控制基准，形成了在销售计划方面的财务控制。销售预算使销售机会、销售目标、销售定额清晰化和集中化，销售目标同时被分解为多个层次的子目标，一旦这些子目标确定后，其相应的销售费用也被确定下来，从而使得销售成本和费用等投入明确化。

(2) 加强信用管理。

产品销售前，为防止销售与收款业务中的错误、欺诈舞弊等行为，企业财务控制中的信用控制是很重要的。控制中的关键环节包括：设置专门的信用管理岗位；接受客户订单、信用调查、批准赊销、发货开票相互独立，由不同部门或人员负责处理；信用主管向财务部负责而不是向销售部门负责；对每个重要客户建立档案和明细账，根据其购货数量、付款情况等调查信息，给予相应的信用额度；对新客户必须进行信用核查，由信用主管在规定的额度内审批，超过规定额度的须由财务负责人批准后才能办理；信用额度调整由销售人员提出申请，填写申请表报有关经理审批，再交财务部审核确定；当客户信用额度超过一定标准之后，财务部门拒绝开具发票等。

(3) 实施销售收入与实物控制。

产品销售中，企业财务控制系统与销售系统之间所实现的有效控制应包括：收取货款与记账相互独立，以防止货款被贪污并篡改记录；经办销售业务的人员不得同时经办收款业务；销售部门要按月编制资金收入计划，报财务部门；销售部门产品一经发出，及时将运输单、销售合同等有关资料转交财务部门，根据销售合同登记备查，列明付款时间、条件、方式等并及时通知收款；发送货物与开票相互独立，以防止发货未经批准、销售业务没有被记录或商品被盗窃；企业财务控制系统参与比价销售，建立管理制度，为价值增长服务；对销售费用进行详细分解，具体分析，制定控制标准等。

(4) 实施应收账款管理控制。

产品销售后，企业财务控制系统应由记录应收账款之外的人员定期编制客户欠账分析表，以利于应收账款的结构分析和账龄分析，定期与客户对账，及时催收账款、按期收回。严格控制赊销商品或服务的账款回收期，对于长期不能收回的应收款，要督促经办人员查明原因，积极催收。账款收回之后，根据收款单据及时记录客户明细账和总账。当确认应收款不能收回时，应根据权责划分范围，经有关主管人员批准方可注销，防止贪污。

(5) 对销售部门进行绩效考核与评价。

销售部门的绩效考核与评价，是销售控制的重要环节。评价可采用的主要指标有营业收入、应收账款周转率、应收账款周转天数、应收账款回款率、销售费用与销售收入的比率、坏账率和销售毛利率等。在考核与评价过程中，要根据考核效果进行奖惩，达到激励与约束的目的，并注意发现销售管理的薄弱环节，进一步加强销售与收款工作的管理与控制。

18.3 生产中的财务控制

生产是企业经营的核心环节，是联系采购与销售环节的中间环节。生产相关部门多处于成本中心，因此，其财务控制主要体现在成本控制上。生产控制方式如图18-3所示。成本控制的方法有标准成本控制、责任成本控制、目标成本控制、预算成本控制等，这里仅介绍一种普遍应用并较有效的成本控制方法，即标准成本控制。

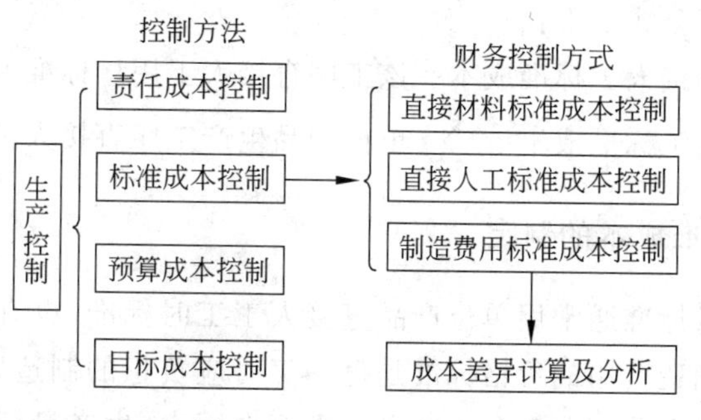

图 18-3 生产控制方式

18.3.1 标准成本控制系统

标准成本控制系统包括标准成本的制定、成本差异的分析和处理。其中,标准成本的制定与成本的前馈控制相联系,差异的分析与成本的反馈控制相联系,差异的处理则与成本的日常核算相联系。

标准成本是指在企业已经达到的生产技术水平和有效经营管理条件下应当发生的成本,基本上排除了不应该发生的浪费,被认为是一种"应该成本",是一种预定的目标成本。标准成本提供了一个具体衡量成本水平的尺度,是一种经过努力可以达到的成本标准,为成本控制提出了合理的依据,为价格决策提供了有用的信息。

18.3.2 标准成本的制定

产品的标准成本由产品的直接材料、直接人工和制造费用三部分组成,每部分又都是由用量标准和价格标准组成。用量标准主要由生产技术部门制定;价格标准由财务部门和有关的责任部门如采购部门、人力资源部门和生产部门等共同确定。

1. 直接材料标准成本的制定

直接材料的用量标准是指在现有的生产技术条件下生产单位产品所需用的各种材料的数量。价格标准是取得某种材料所支付的单位材料价格,包括材料的买价和采购费用。计算公式如下:

某单位产品耗用某种材料的标准成本=直接材料用量标准×直接材料价格标准

某单位产品的直接材料标准成本= $\sum$ 该种产品所耗用的各种材料的标准成本

2. 直接人工标准成本的制定

直接人工的用量标准是指在现有的正常生产条件下,生产单位产品所需的标准工时,包括制造过程必需的工时、必要间歇和停工时间、不可避免的废品损失所耗工时等。直接人工价格标准是指工资率标准,计件工资制下就是单位产品的计算单价,计时工资制下就是小时工资率。一般,某单位产品直接人工标准成本按产品的加工工序分别计算,然后按产品加以汇总。计算公式如下：

单位产品某工序直接人工标准成本＝该工序直接人工用量标准×直接人工价格标准

单位产品的直接人工标准成本＝$\sum$单位产品生产工序直接人工标准成本

3. 制造费用标准成本的制定

制造费用的用量标准通常用单位产品直接人工工时标准，也有的企业采用机器工时或其他用量标准。制造费用的价格标准是每一工时应负担的制造费用，即制造费用分配率标准。它取决于制造费用预算和生产量标准两个因素，生产量标准通常用直接人工工时表示，制造费用预算额是指由标准生产能力所决定的制造费用预算额，一般分为固定性制造费用和变动性制造费用两部分。计算公式如下：

固定性制造费用标准分配率＝固定性制造费用预算总额/直接人工标准总工时

变动性制造费用标准分配率＝变动性制造费用预算总额/直接人工标准总工时

固定性制造费用标准成本＝单位产品直接人工标准工时×固定性制造费用标准分配率

变动性制造费用标准成本＝单位产品直接人工标准工时×变动性制造费用标准分配率

18.3.3 成本差异的计算分析

成本差异是实际产量下实际成本与标准成本之间的差额。实际成本低于实际产量下标准成本形成的差额称为有利差异，实际成本高于实际产量下标准成本形成的差额称为不利差异。计算分析成本差异，就是要查明产生差异的影响因素，进而有针对性地采取相应措施，以加强成本控制。产品的直接材料、直接人工、制造费用都可能产生实际成本与标准成本的差异，具体的计量如表18-1所示。

表18-1 成本差异的具体内容与影响因素

差异类型	具体内容	影响因素
直接材料成本差异	直接材料用量差异＝(实际用量－标准用量)×标准价格	工人的技术熟练程度和责任心；设备的完好程度；质量控制制度；材料的质量、保管与使用情况等
	直接材料价格差异＝(实际价格－标准价格)×实际用量	供应商的选择、采购的批量、紧急订货的额外成本、价格的变动、罚款等
直接人工成本差异	人工效率差异＝(实际工时－标准工时)×标准工资率	劳动生产率、设备的完好程度、动力的供应情况、材料半成品的供应保证及质量等
	工资率差异＝(实际工资率－标准工资率)×实际工时	工资结构和水平变动、工人升级或降级使用等

续表

差异类型	具体内容	影响因素
变动性制造费用差异	变动性制造费用耗费差异＝实际工时×(变动性制造费用实际分配率－变动性制造费用标准分配率)	耗费水平脱离标准或者预算制定存在问题
	变动性制造费用效率差异＝(实际工时－标准工时)×变动性制造费用标准分配率	实际工时脱离标准工时造成的，其影响因素与人工效率差异相同
固定性制造费用差异	固定性制造费用耗费差异＝固定性制造费用实际数－固定性制造费用预算数	固定性制造费用预算特别是预算产量存在问题
	固定性制造费用数量差异＝(预算产量标准工时－实际产量标准工时)×固定性制造费用标准分配率	出现不利差异，说明现有生产能力未得到充分利用；反之说明生产能力已得到充分利用

18.4 成本控制案例

很多著名的企业都以成本管理而著名。比如：在美国，与“汽车大王”福特、“石油大王”洛克菲勒等大财阀的名字列在一起的，还有一个“钢铁大王”，他就是安德鲁·卡内基十分重视成本管理，他最爱说：“盯紧成本，利润就随之而来。”他永远不停地追问高层管理者：“成本为什么变动?”台塑的王永庆说：“经营管理要追根究底，一直把单元成本分析到最后一点，我们台塑就是靠这一点吃饭的。最近我看英国的卜内门化学公司、美国的斯坦福化学公司都没有这样做，我就晓得我们台塑会有饭吃。”下面案例中的企业成本控制各有特色。

1. 案例内容

(1) 宜家的产品颜色和材质

宜家的成本控制从细微入手。如生产一种杯子，杯子的颜色对消费者来说没有什么价格差异，但这些杯子最终选为绿色、蓝色、黄色或者白色，因为这些色料与其他颜色(如红色)的色料相比，成本更低。再以奥格拉椅子为例，起初，奥格拉椅子用木材生产；后来，采用复合塑料替代木材；再后来，通过将气体注入复合塑料，节省材料并降低重量，从而使得奥格拉(椅子)是近乎完美的一种椅子：很漂亮、结实，重量轻而且很实用。

(2) 丰田的少人化生产

丰田强调以最少的人数来配合生产需要量。自1965年开始，丰田汽车上下一致推进生产少人化的改进要求。1973年爆发石油危机，日本经济停止了高速成长，日本汽车厂商接到的订单锐减。当时的美国市场三巨头之一福特接受邀请来到日本丰田参观，看到少人化机械设备的实际情况后很吃惊，于是购买了该种设备。继福特之后，通用也决定购买丰田的压铸机。这是距今40多年前的事情了，是以通用当时提倡的尽量购买美国货为背景的产物。生产少人化强调流程式生产、作业标准化、人机可分离、一人多工程、可移动设备、非定额编制、交接互助带，从人员、设备、作业方式等有关生产结构加以探究和改进，即让在产品一个接着一个依规定顺序完成所有生产作业，并让所有的生产作业单纯化与标准化，尽量设法做到人员的工作与机器的运作能各自独立分开，并且设备应具备体积小型化与拆装简易化的机能，可在机架下方安装多只可移动的脚轮，使搬运与迁徙更为便利，人员可依生产产量的多寡而进行增减调整，在产能或人员等变动时，节省培训时间与费用，短期内迅速顺利投产，杜绝"闲人、闲时、闲事"的各项浪费。

(3) 玖龙纸业的产能扩大

玖龙纸业不遗余力扩大产能，提升产品的数量和质量。首先，扩大生产线和原料供应。2007年东莞年产50万吨涂布白卡纸的十一号线、年产40万吨牛卡纸的十二号线和太仓年产40万吨高强度瓦楞芯纸的生产线陆续投产，在内蒙古合资设立了年产优质木浆10万吨的"玖龙兴安"以丰富原料供应渠道。其次是自建基础设施。造纸厂是用电、用水和运输的大户，不仅对生产当地公用基础设施构成巨大压力，也直接制约了产能的扩张。2005年5月，玖龙纸业东莞基地210兆瓦热电机组并网发电，总装机容量达到了351兆瓦，相当于一个中型发电厂。玖龙在江苏太仓基地的热电厂的装机容量也达到240兆瓦。共计591兆瓦的发电能力不仅保证了本企业充足的电力供应，还缓解了当地电力紧张局面。从用水上，玖龙纸业现有两个25万吨级蓄水池，一个日处理量10万吨的海水淡化厂及完善的污水循环利用设施，完全可以满足生产需要。另外，公司还拥有350辆重型卡车组成的车队，和太仓港可接驳5万吨级货船的货运码头……截至2008年9月，玖龙纸业已在国内拥有21条国际化的先进包装纸造纸生产线，设计年产能达775万吨，连同于2008年5月收购设计年产能10万吨的越南正阳造纸厂60%的控股权后，集团总设计年产能达到785万吨，成为中国乃至亚洲最大的现代化包装用纸生产集团。公司还有50万吨容量的原料库、8万吨容量的成品库和1万吨容量的半成品库。

试分析一下，上面的成本控制各例中控制的是哪些成本？这些成本的控制分别适用于哪些类型的企业？

2. 案例解析

企业利润最大化的目标从成本角度讲就是成本费用的最小化。成本控制直接关系企业的生存和发展，是财务控制的重点。成本控制强调对企业生产经营的各个方面、各个环节以及各个阶段的所有成本进行控制，包括设计成本控制、采购成本控制、生产成本控制、销售成本控制和使用成本控制等内容。

上面的成本控制各例中，宜家的成本控制主要从直接材料的低成本和低用量方面努力，改变直接材料的投入来降低成本，适合于任何有原材料投入的企业；丰田主要从直接人工成本方面控制成本，以生产单纯化来降低人工成本，适合生产复杂、步骤多、人工成本在产品成本中占有很大比重的企业；玖龙纸业以规模经济来降低制造费用。

成本控制结合企业的实际情况，可以选择从直接材料、直接人工、制造费用等一个或多个方面入手，大有可为之处。成本控制的最终目的是为了获取最大的经济效益。在进行成本控制过程中，一要厉行节约，围绕提高经济效益这一目标，尽可能地降低成本支出，减少人力、物力、财力的消耗；二要广开财源，最大限度地创造收入；三要将成本控制所必需支付的成本限制在最经济的限度内,只有当成本控制取得的收益大于成本控制付出的代价时,成本控制才是可行的。

案例分析

案例18-1 打火机的成本控制

日本东海精器公司是经营打火机业务的,但最初的经营效果一直欠佳。20世纪70年代的一个晚上,总裁新田富夫在看电视节目时看到一条消息,说当时世界拳王阿里将要进行一场世界顶级挑战赛,届时全球100多个国家将会现场直播。一语点醒梦中人,他觉得自己的打火机打不开销路,主要是牌子不响,广大消费者不认识自己的"蒂尔蒂·米蒂尔"牌。

他反复思考后,决定不惜一切代价,要在拳王阿里比赛时播出自己的电视广告。经联系,在这场比赛中播出两次,需要5 000万日元,多么大的一笔开支啊,几乎等于其当年该产品营业额的全值。但新田富夫毫不犹豫,做了这次广告。结果,效果非常明显,因为当时全球有千千万万的观众在收看这场顶级拳击比赛,在比赛中间插入的广告节目,而且是两次出现,使得大家对"蒂尔蒂·米蒂尔"牌打火机有了一定的认知。这样,东海精器公司的打火机由滞销变畅销,并要不断扩大生产才能满足需求。新田富夫尝到了广告的甜头,他以后经常在世界性的有影响的比赛期间做广告,使其销售量迅速扩大。据统计,他每年花的广告费达8亿日元,平均占其营业额的5%~8%。现在,"蒂尔蒂·米蒂尔"成为一种热门名牌,它占领了日本打火机市场的90%以上,远销世界100多个国家和地区。

东海精器公司的成功除了广告作用外,还与其善于观察与改进有关。该公司创始人新田富夫从电气专科学校毕业后,到了一家打火机制造厂工作。这位善于观察的技术员在1970年发现法国已出售一次性打火机,于是他千方百计地搜集这种新式打火机的样品和资料,进行精心地研究和分析。他发现这种一次性打火机先灌好燃料,机身密封,可连续使用1 000次。它的售价比1 000支火柴要低,携带和使用要比火柴方便。鉴于此,他得出结论,这种一次性打火机大有发展前途,他决心经营这种产品。

新田富夫计算过,1 000支火柴在日本要花400日元,而一次性打火机一只可用1 000次,其成本在100日元以内,还有利可图。于是,他筹措资金设厂生产这种打火机。由于开始时技术不过关,他的产品卖不出去,密封技术不好,产生漏气,只好以失败而告终。但他却没有因失败而泄气,决心再改进技术。他到一些国家去把各种一次性打火机的样品都买回来研究,甚至到法国去了解这类产品的资料和信息。经过一番研究后,他发现当时出售的各类一次性打火机都有漏气这个通病。他向一些科学家请教,出科研费由科研部门试验如何防止漏气。结果,他终于找到了答案,使用超声波熔接接头可使密封达到高度精密,防止漏气。攻克了难关后,他又筹措500万日元生产一次性打火机,并成立东海精器公司经营。

新田富夫认识到广告的作用后,通过各种媒体介绍其一次性打火机的质优、安全、方便。他还表演介绍这种打火机克服了别人没有解决的漏气难题,能够抗230℃的高温。他还把盛装液化瓦斯的机身由金属改为透明塑胶,既可以让消费者随时看见瓦斯的剩存量，消除对漏气的担心，又可以降低成本。这样的改进和广告宣传，使大众逐步认识到“蒂尔蒂·米蒂尔”牌一次性打火机确实比别的牌子好，所以大家都乐于购买。随着市场逐步打开后，新田富夫在广告策略上进一步明确了，他把自己的产品定位在大众化商品的区域，在推销方式和广告形式上与高级打火机全不相同。他不是把其产品摆在百货公司出售，而是放在消费者经常去的香烟摊和车站等公共场所小店出售，采取与火柴一样的销售途径。

新田富夫在销售策略上采用薄利多销的法则，定出“百元打火机”的经营宗旨。为了达到每只打火机100日元以下，东海精器公司将原来许多人工操作的工序改进为自动化生产，使很多零部件由原来委托别人加工的改为自己生产。1980年竣工的富士工厂，是使用电脑控制的高度自动化生产工厂，它把塑料机身、活门、瓦斯控制杆、火焰调整轮、打火齿轮等各种部件都生产出来了，大大提高了生产效率，减少了废次品。这样，使每只打火机的成本降低了30%，每只成本仅为30日元，出厂价为50日元，市场零售价则不会突破100日元。正因为奉行了薄利政策，它已在9个国家开设了14个分厂进行大量生产，以满足不断扩大的销路所需。产品质量改进了，成本降低了，为了让更多的消费者认知这些改进，新田富夫以“百元打火机”的新形象再开展广告宣传攻势，很快就被公众认可，销路变得更广阔了。

案例分析题：

1. 新田富夫实施了哪些财务控制方法和手段？
2. 如何看待巨额的广告费用控制问题？
3. 你怎样理解成本控制的绝对性和相对性？

本章小结

财务控制包括采购控制、销售控制、生产控制等内容，主要从采购成本、销售成本控制与生产成本三方面实现控制目标。企业采购通过规范采购流程，加强采购流程每一环节管理，来约束相关采购过程业务活动，使得各项采购指标在业界最佳，并合理地控制企业采购开支的每一过程，以增强企业的竞争优势；销售与收款控制主要是企业在扩大销售额的同时，加速资金回笼、减少呆坏账；成本控制是企业降低成本、获得竞争优势的途径。

思考题

1. 企业实行销售控制时，应如何进行考核与评价？
2. 企业成本控制的重要性如何体现？成本控制有何意义？应遵守哪些原则？
3. 企业采购成本控制有哪些手段？
4. 企业生产成本控制有哪些方法？

习题

判断以下说法正确与否，并说明理由。

1. 销售方面的财务控制，主要是指售后的控制，即应收账款的收回。

2. 成本方面的财务控制，主要是指直接材料、直接人工和制造费用的控制。

3. 采购方面的财务控制，主要是价格控制，要因不同的采购项目采用不同的价格控制方法。

4. 只要实际成本和标准成本存在差异，就必须采取控制措施。

第七篇

财务管理专题

第19章 财务困境与资产重组

本章框架体系

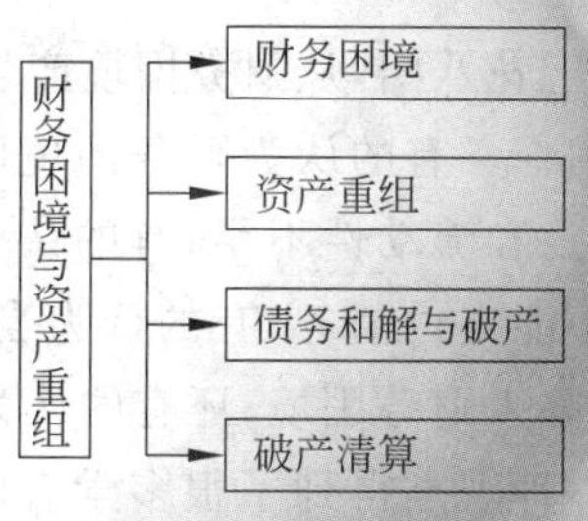

学习目标

1. 了解财务困境及发生的原因。
2. 明确企业资产重组的目的与程序。
3. 理解债务和解的意义。

导读

郑百文股份有限公司(以下简称郑百文)1996年4月成为河南首家商业类上市公司，一度号称中国商业批发行业的“龙头老大”。1997年郑百文主营业务规模与净资产收益率行业第一，进入中国上市公司100强，在上市一年间(至1997年5月)股价从8元上升至22.7元。然而，仿佛一夜之间，1999年亏损9.8亿元，创下每股亏损2.54元的纪录。据会计师事务所评估，郑百文若在1999年年底进行清算，其资产全部用来抵债也只能偿还3.99亿元，这还不算不可预见费用。随着时间的拖延，郑百文的清算价值日益减少。到2000年6月，严重资不抵债，资不抵债约13.6亿元。

对于这样严重资不抵债、主营业务已停止、无还款能力的公司，似乎只有破产清算之路可走。然而，该公司却得到山东三联集团的厚爱，斥资3亿元买下其15亿元债权进行重组，使得郑百文得以存续下来。

陷入资不抵债这种财务困境的企业，还有哪些出路，该如何选择？什么样的选择会使各利益相关方比较满意？本章的内容将会探讨相关问题。

本章内容

19.1 财务困境

19.1.1 财务困境的定义

财务困境一般是指企业不能履行对债权人的契约责任，即企业现有资产价值不足以偿还负债价值或企业经营现金流量不足以补偿现有到期债务。通常在企业财务状况变化过程中，不存在一个明确的划分企业是否陷入财务困境的分界点，财务困境包括暂时性的财务危机到破产之间的整个范围。

实践中，对财务困境的判断五花八门，从财务困境产生的原因、不同阶段的表现、可能产生的后果等多种角度来对其阐释。有的认为财务困境即债务或者优先股股息拖欠，或者债券不能偿付，表现为资金不足和流动性不足；有的认为财务困境即是一种企业失败，严重亏损，资不抵债，清算后仍不能支付债务；有的认为当注册会计师出具拒绝发表意见的审计报告，则标志着企业已经陷入财务困境；还有的认为陷入财务困境即是公司因财务状况异常而被特别处理。最后一种观点得到了很多学者的赞同，其优势在于特别处理作为一个客观发生的事件，具有可度量性。

财务困境的研究不仅关系到企业能否继续生存下来，而且还关系到如何减少这些陷入财务困境的公司给股东、债权人、国家、员工等企业的利益相关者造成的损失。

19.1.2 财务困境发生的原因

企业出现财务困境的原因很多，有时是企业无法左右的政治、经济、自然等外部原因，有时是企业盲目扩张或者经营管理不善等内部原因，但陷入财务困境通常是由一系列的决策失误所致。

1. 外部原因

国家宏观经济环境的变化，金融体系、资本市场以及产权市场的不完善，法律体系不健全，企业所在行业进入衰退期或者不景气，产品市场的激烈竞争，会计准则的变更，信用体系的缺失及由此导致企业三角债和债权回收困难等客观原因会在一定程度上影响企业的业绩，使某些对环境变化不具有适应和应变能力的企业遭遇财务困境。

2. 内部原因

财务困境的根本原因是内因。

(1) 债务融资过高。财务杠杆是一把"双刃剑"，当借款利率小于总资产收益率时，举债能够为企业带来积极效应；相反，当借款利率大于总资产收益率时，举债就会给企业带来巨大的负面效应，甚至是财务困境。

(2) 盲目投资扩张。投资项目盲目上马，与企业经营优势不匹配，与市场需求不匹配，急功近利大做广告，管理费用居高不下，缺乏资金控制和资金管理意识，都能导致企业陷入困境。

(3) 管理层经营理念落后，管理不善，内部人控制，大股东或管理层操纵，公司治理结构缺陷，重大决策失误等，也是使企业陷入财务困境的内部原因。

因此，当企业陷入财务困境后，一般程序即为改善管理，并筹集足够资金，及时清偿债务，力求避免转入破产清算。

19.1.3 财务困境的表现

在我国，当一家企业因财务状况异常而被特别处理，就可以认为其陷入了财务困境。根据《股票上市规则》中对特别处理的相关规定，符合下列内容之一的公司都表现为财务困境：①最近两个会计年度的审计结果显示的净利润均为负值；②最近一个会计年度的审计结果显示其股东权益低于注册资本，即每股净资产低于股票面值；③注册会计师对最近一个会计年度的财务报告出具无法表示意见或否定意见的审计报告；④最近一个会计年度经审计的股东权益扣除注册会计师、有关部门不予确认的部分，低于注册资本；⑤最近一份经审计的财务报告对上年度利润进行调整，导致连续两个会计年度亏损。

"冰冻三尺非一日之寒"，财务困境也有一个发生发展的过程。财务困境最初的表现通常是延期或无力支付，随着情况的渐渐明朗，最终表现为资产重组或破产清算。

1. 延期或无力支付

企业延期付款、偿还债券本金或利息，无力支付优先股股利，都表明企业遇到了财务困境。延期付款破坏了企业与短期债权人的事先约定，降低了企业的商业信誉，从而给企业价值带来负面影响；当发行企业不能按期履行偿还债券本金或支付利息的法定责任时，企业的资本实力和支付保障就受到了怀疑，公司债券评级或信用评级下降，债券的市场价值与发行企业的价值则同时下降；当企业减少或未能分配股利，甚至无力支付应当定期支付的优先股股利时，企业价值将会受到市场投资者的重新确认，使企业价值贬值。

2. 资金流动中断

当财务困境进一步恶化，企业将无力从外界购买生产所需的原材料，由于债务的拖欠，无法取得新的贷款支持，原材料短缺、现金流不足造成日常生产经营的停滞，无法完成生产任务。如果产品销售不畅，销售资金不能回笼，企业还债压力加大，再生产的资金更加短缺，无异于雪上加霜。资金流动的中断将会导致企业被竞争对手挖走优秀的员工和管理人员；资本市场上的投资者抛出或停止购买其发行的股票，导致股价下跌，市值受损；出现公司关闭或出售其部分产业、被会计师出具对持续经营的保留意见等企业正常经营严重打断的信号，企业信用和社会形象将会大打折扣。同时，各级监管部门将加强对陷入财务困境企业的监管，企业的日常经营如履薄冰。

3. 资产重组或破产清算

财务困境的结局是由公司财务杠杆、偿债能力困难程度、债权人一致性等共同决定的。如果财务困境的原因在于财务管理不善，尚处于盈利状况，企业在可预见的未来具有较好的发展前景，且其持续经营价值大于清算价值，则债权人就认为该企业值得通过重组而继续生存下去；否则，企业将被迫转入破产清算。

企业通过资产重组，出售部分非核心资产或业务、与其他企业合并、减少资本支出等方法，取得现金流以偿还到期债务，使企业得以维持和复兴。通过这种抢救措施，濒临破产企业中的一部分，甚至大部分能够重新振作起来，摆脱破产厄运，走上继续发展之路。

严重资不抵债、主要经营业务已停止、无还款能力的企业只有破产清算。企业破产清算是企业在解散或者依法破产过程中，为了终结企业现存的各种法律关系，由专门的工作机构对企业的资产、债权债务关系进行全面清查、作价及处理的一项财务工作，即收取债权、清偿债务和分配剩余财产的行为。

重组可以避免公司破产清算可能造成的社会动荡，并降低资不抵债企业破产清算的社会成本，最大限度地减少利益相关方的损失。

19.2 资产重组

19.2.1 资产重组的基本目的

资产重组就是在社会或企业范围内，对企业间或单个企业的生产要素之间进行分拆整合的过程，包括对企业的资产和债务重新配置和战略调整，从而提高企业的运行效率和竞争力。一些公司经过资产重组后，脱胎换骨，实现了由“乌鸡”到“凤凰”的转变。但需要明确的是，资产重组只是为公司业绩改善提供一种可能，并不等同于公司的业绩改善。

资产重组的方式可分为债务重组、收购与兼并、资产剥离、资产置换、股权转让、资产托管、分立、出售、其他重组方式等，但实际上某些方式之间存在着重合。国内在资产重组的实践和研究主要集中在资产出售与转让、资产置换、债务重组等方式。

1. 资产出售与转让

其目的是实现资产总体的重新选择和组合，提高公司资产的质量和经营效率。一般的做法是出售或转让与生产经营关系不紧密的非重点资产，或者经营不善的资产，可以实现盘活存量资源，增加企业的营运资本，优化企业资产结构和资源配置，增强盈利能力。当企业规模太大，导致效率不高、效益不佳时，企业就应当出售或转让部分亏损或成本、效益不匹配的资产。企业还可以通过资产出售与转让从而获得发展资金，用于设备的投资和更新，从而加大重点资产投入，提高企业资产的总体质量，建立起更富有竞争力的资产组合。

2. 债务重组

债务重组的基本目的包括改变企业的资本结构，达到合理的资产负债率和债务结构，降低必须支付的固定利息费用，避免企业陷入"高负债—融资能力降低—高筹资成本—低利润—更高债务"的恶性循环。债务重组以解决债权债务问题为根本目的，包括正式重组、私下重组、预包装破产重组三种模式。正式重组，也就是在破产保护下重组，即在第三方——法院的领导下重组，也称庭内重组；私下重组也称庭外重组，企业与债权人私下达成债务重组协议，一般适合质量较好的困境企业；预包装破产重组，即先与债权人达成协议，再通过法律程序重组。

债务重组的方式主要包括：以资产清偿债务、将债务转为资本、修改债务条件或者前面三者的组合方式。其中，以资产清偿债务，是指债务人转让其资产给债权人以清偿债务，资产包括现金资产及存货、固定资产、无形资产、股权投资等非现金资产。债务转为资本是指债务人将债务转为资本，同时债权人将债权转为股权。修改其他债务条件，是指修改不包括上述两种情形在内的债务条件进行债务重组的方式，如减少债务本金、降低利率、免去应付未付的利息等。

3. 资产置换

资产置换是指公司将其拥有的资产（包括股权、债权等）与其他公司的资产相交换，目的是调整资产结构、提高资产质量、加强主营业务、调整企业主营业务方向等。资产置换使得公司剥离掉不良资产，引入新的优良资产，进入新的业务领域，有效避免同业竞争。资产置换是劣势上市公司资产重组的首选，可以为上市公司扭转当前不利的财务状况。

实务中要警惕以利润操纵为目的的资产重组，往往通过以下途径使上市公司一夜扭亏为盈：①由上市公司将一些闲置资产高价出售给非上市的企业；②由非上市企业将盈利能力较高的下属企业廉价出售给上市公司；③由非上市企业以优质资产置换上市公司的劣质资产，进行以"垃圾换取黄金"的利润转移。

19.2.2 资产重组的程序

依据2011年9月1日起施行的《上市公司重大资产重组管理办法》，资产重组的一般程序分为如下四个步骤。

1. 重组前的准备

上市公司聘请独立的财务顾问、律师事务所以及具有相关证券业务资格的会计师事务所等证券服务机构就资产重组出具意见，审慎核查重大资产重组是否构成关联交易，以资产评估结果为资产交易定价情况下的资产评估报告，以及拟购买资产的盈利预测报告，并经会计师事务所审核。在初步磋商阶段以及对聘请的证券服务机构应采取保密措施，制定保密制度。

2. 重组申请及核准

上市公司进行资产重组，应当由董事会依法作出决议，并提交股东大会批准。重大资产重组构成关联交易的，独立董事可以另行聘请独立财务顾问就本次交易对上市公司非关联股东的影响发表意见。董事会决议后的次一工作日至少披露《董事会决议及独立董事的意见》、《上市公司资产重组预案》等文件，同时抄报上市公司所在地的中国证监会派出机构。文件的内容包括资产重组的方式、交易标的和交易对方；交易价格或者价格区间；定价方式或者定价依据；相关资产自定价基准日至交割日期间损益的归属；相关资产办理权属转移的合同义务和违约责任；决议的有效期；对董事会办理本次重大资产重组事宜的具体授权；其他需要明确的事项。

中国证监会依照法定条件和法定程序对资产重组申请做出予以核准或者不予核准的决定。上市公司收到中国证监会核准或者不予核准的决定后，应当在次一工作日予以公告。

3. 重组实施

被核准的资产重组申请，上市公司应当及时实施重组方案，并于实施完毕之日起3个工作日内编制实施情况报告书，向中国证监会及其派出机构、证券交易所提交书面报告，并予以公告。自收到中国证监会核准文件之日起60日内，本次重组未实施完毕的，上市公司应当于期满后次一工作日将实施进展情况报告中国证监会及其派出机构，并予以公告；此后每30日应当公告一次，直至实施完毕。超过12个月未实施完毕的，核准文件失效。

4. 重组后

上市公司应当在资产重组实施完毕后的有关年度报告中单独披露上市公司及相关资产的实际盈利数与利润预测数的差异情况，并由会计师事务所对此出具专项审核意见。

19.2.3 资产重组的计划

资产重组作为对企业经营有重大影响的事项，定价、支付方式等构成了资产重组计划的重要工作内容。

1. 资产重组的定价

资产重组的交易双方都希望交易价格有利于自己，重组价格是双方谈判、讨价还价的焦点。资产交易价格是重组双方对资产或产权购入或出售做出的一种价值判断，价格的形成是双方博弈的过程。通常使用的方法包括重置成本法、假设开发法、现行市价法和收益现值法等。这些方法并无绝对的优劣之分，运用上主要根据资产重组的动机而定，并且各种方法可以交叉使用。

比如，重组方企业采用收益现值法确定定价的最大值，即以估算的未来收益为依据，按某一恰当的资本化率折算现值。例如某重组后的未来年度收益预计为80万元，同类企业的平均资本化率为5%，则该重组的最高价格可确定为1 600万元。由于预计未来收益和确定相应的资本化率十分困难，易受到各种变量的影响，因此这一估价要根据具体情况加以调整。例如，如果被重组企业的财产拥有较高的清算价值或未来收益可预见的增长等都要将其价格向上调整，而被重组企业发展中的任何不确定因素都会造成估价的向下调整。如果估价数低于企业的清算价值，股东将更愿意企业清算而不是重组。

2. 资产重组的支付方式

在实践中，常有现金支付、股票支付、负债支付等多种形式。股票支付和负债支付方式是支付与融资相结合，而现金支付通常涉及融资问题。在使用现金支付方式时，如果公司现金或流动资产充裕，可以首先考虑用自己的流动资产（变现后）进行支付，但通常情况下，资产重组涉及的资金数量相当庞大，要寻求外部融资，采用增资扩股、向金融机构贷款、发行债券或者是几种方式综合运用。一般而言，要以目标资本结构来确定重组支付方式。

19.3 债务和解与破产

对企业困境的处理方式，实质上取决于企业财务困境的程度，以及债权人的态度。债权人可能会采取债务和解或者要求破产清算。

19.3.1 债务和解

当企业陷入财务困境而不能按期偿还债务时，债权人出于自身利益考虑可能会同意债务人提出的债务和解的补救措施，以防止企业破产后的更大损失，从而帮助失败企业走出困境。一般而言，企业破产程序复杂冗长，而且费用昂贵，所以，除非因企业的清算价值超过其持续经营价值而按法律规定必须清算外，债权人在更多的情况下不愿向法院提出诉讼，而愿意主动让步，采取双方私下协商解决的办法，尽可能使企业有机会继续生存下去，从而得到对债权人和企业双方都有利的结果。

债务和解是企业与债权人就原债务合同进行谈判以确定新的债务合同，包括的主要办法有债务展期、债务减免和债转股等。

1. 债务展期

债务展期是指推迟到期债务的偿付日期，以使陷入财务困境的企业有机会生存下去，并在未来偿还其全部债务。一般适用于企业的财务失败是暂时的，若能给予其资金周转上的帮助，企业就有希望从困境中解脱出来，并偿还其全部债务。债务展期必须得到所有债权人的同意，故往往由主要债权人组成一个债权人委员会，负责与全体债权人协商，并与债务人协商确定能满足各方利益的计划。如果反对债务展期的债权人所占比例较大，则企业只能终止经营，转入清算。为取得债权人的同意，困境企业的所有者通常同意债权人在债务展期期间，有权对企业经营管理进行一定程度的干预，例如，限制产品赊销、限制股利支付等，以期企业能早日还债。

2. 债务减免

债务减免是指债权人以收回部分现金的形式与债务人解除契约。亦即，所有未还债务按一定的百分比由债务人用现金支付给所有债权人，便视同全部结清，相当于减少债务本金或者降低利息率。例如，A企业向银行借款30万元，现已到期。由于某种原因，该企业已陷入财务困境。银行研究后，同意A企业以现金形式按50%的比例结清此项贷款。即，A企业只要支付15万元现金，就可以结清此项贷款。债务减免的具体比例由双方协商确定。如果债权人认为债务减免所收回的款项高于或接近其在企业清算中支付法律费用后的所得，则债权人一般愿意接受债务减免。这种处理方法必须得到所有债权人的同意，否则，企业也必须提交法院进行清算。

3. 债转股

债转股是指债务人将债务转为资本，同时债权人将债权转为股权的债务重组方式。债转股的结果是，债务人因此而增加股本(或实收资本)，债权人因此而增加股权。债务人根据转换协议，将可转换公司债券转换为资本的，属于正常情况下的债务转资本，不能视同此处所讲的债转股。

19.3.2 企业破产

当企业资产的公允价值低于其全部债务，亦无债务和解、重组的可能性时，企业实际上已经破产。《中华人民共和国破产法(试行)》第一章第三条对破产提出了一种定义，即企业因经营管理不善造成严重亏损，不能清偿到期债务，依法宣告破产。破产有两层含义：其一是资不抵债时发生的实际意义上的破产，即债务人因其负债超过其资产的公允价值，不能清偿其到期债务而发生的一种状况；其二是指债务人因不能清偿到期债务而被法院宣告破产，此时债务人资产的公允价值可能低于负债，也可能等于或超过负债，这种破产是法律意义上的破产。通常有定性和定量的判断。

1. 定量判断方法

代表性的有F预警模型和Z预警模型。

(1) F预警模型

$$F=-0.1774+1.1091X_1+0.1074X_2+1.9271X_3+0.0302X_4+0.4961X_5$$

通过上式计算的F值如果大于0.0274，企业可以继续生存；反之预测为破产。式中：

X_1＝期末营运资本/期末总资产，反映企业资产的流动性；

X_2＝期末留存盈利/期末总资产，反映积累能力和全部资产中来自留存盈利的比重；

X_3＝(税后净利＋折旧)/平均总负债，反映现金流量的还债能力；

X_4＝期末股东权益的市场价值/期末总负债，反映企业资本结构；

X_5＝(税后净利＋折旧＋利息)/平均总资产，反映企业总资产创造现金流量的能力。

(2) Z 预警模型

$$Z = (1.2X_1 + 1.4X_2 + 3.3X_3 + 0.6X_4 + 0.999X_5)/100$$

式中：X_1＝营运资本/总资产；

X_2＝累计留存盈利/资产总数；

X_3＝息税前利润/资产总额；

X_4＝股票市价/负债账面价值；

X_5＝销售收入/资产总额。

计算出的 Z 值如果大于 2.99，则企业破产的概率低；如果小于 1.81，则企业破产的概率高；若 Z 值介于 1.81 与 2.99 之间，较难估计破产的可能性，应结合其他方法具体分析。

当然，企业财务困境不能仅仅依靠数学模型来预测，必须结合实际，将定性方法与定量方法相结合，才能更好地实现财务困境的预测与管理。

2. 定性判断方法

破产通常存在一个破产界限。所谓破产界限，即法院据以宣告债务人破产的法律标准。在破产立法上，对破产界限有两种规定方式：一种是列举方式，即在法律中规定若干种表示债务人丧失清偿能力的具体情况，凡出现情况之一者便认定达到破产界限；另一种是概括方式，即对破产界限作抽象性规定，它着眼于破产发生的一般性原因，而不是具体行为。通常有三种概括：不能清偿或无力支付；债务超过资产，即资不抵债；停止支付。

我国采用概括方式来规定企业破产的界限。我国因经营管理不善造成严重亏损的企业，在不能清偿到期债务时，才予以宣告破产；而世界上许多国家不管企业亏损原因，只要不能清偿到期债务时便可依法宣告破产。其中，债务到期不能偿还，除指不能以现金偿还外，还包括不能以债权人指定的其他方式偿还，或没有足够的财产作担保，也没有良好的信誉可以借到新债来偿还到期债务。而且，不能清偿债务通常是指债务人对全部或部分债务在可以预见的一定时期内持续不能清偿，而非资金一时周转不灵而暂时停止支付的情况。

19.4 破产清算

破产清算是解决财务困境最为极端的方式。破产清算属于司法清算，是在资不抵债的条件下进行的，要停止支付行为。按申请破产的主体，可分为企业申请破产清算和债权人申请破产清算，即债权人可以向债务人所在地法院申请宣告债务人破产；债务人经过董事会或类似权力机构批准，报有关部门同意，也可以向当地法院申请破产。提出破产清算后，应对破产清算企业的资产、负债进行全面清查，然后由会计师事务所全面审计，并出具资不抵债的审计报告。

1. 破产清算机构的工作程序

清算机构是依法成立对企业清算实施组织管理的机构，在不同性质的企业清算中其法律地位是不同的。对企业清算进行适当分类有利于根据具体情况成立清算机构并对其实施组织管理。自愿清算和行政清算时，清算企业仍然是独立民事主体，清算机构只是一个代理机构；破产清算时，清算企业失去了法人资格，清算机构则依法取得了民事主体地位。但两类清算中清算机构的职权和工作程序基本是一致的。在我国，清算机构的组成人员一般包括财政部门、企业主管部门、国有资产管理部门、审计部门、劳动部门、国土管理部门、社会保障部门、人民银行和工商管理部门的人员。清算机构可以依法进行必要的民事活动，接管破产企业的一切财产、账册、文书、资料和印章等，并负责破产企业财产的保管、清理、估价、处理和分配。清算机构的工作程序如下：

（1）清查企业债务；

（2）清查企业财产和债权；

（3）清偿企业债务和分配企业剩余财产。经债权人会议通过，并报请法院裁定后，按一定的债务清偿顺序进行分配。

（4）编制清算报告；在债权人与债务人达成和解协议、在破产企业财产不够支付破产费用和破产企业财产分配完毕时，都应提请法院终结破产程序。

（5）办理停业登记。清算机构在接到法院终结破产程序的裁定后，应及时办理破产企业注销登记工作。至此，破产清算工作宣告结束。

2. 清算财产

清算财产是指用于清偿企业无担保债务和分配给投资者的财产，它包括宣布清查时，企业所拥有的可用于清偿无担保债务和向投资者分配的全部账内和账外财产，清算期间按法律规定应追回的财产，如清算前无偿转移或低价转让的财产、对原来没有财产担保的债务在清算前提供财产担保的财产、对未到期的债务在清算前提前清偿的财产、清算前放弃的债权。不包括租入、借入、代外单位加工和代外单位销售存放在企业的财产，以及相当于担保债务数额的担保财产。

根据清算财产的账面价值与实际价值的比较关系，选择相应的方法对其进行估价。通常可以按情况采用账面价值法（账面价值与实际价值一致）、现行市价法（清算存货、固定资产、有价证券等与实际价值有较大差距）、招标作价法（清算大宗财产和成套设备）、收益现值法（房地产、无形资产）、调查分析法（财务报表、偿债历史资料）、变现收入法（价值较小的清算财产）对清算财产进行估价。

估价以后，一般都应变卖收回现款。从企业清算财产中扣除那些明确不需要变现的财产以外，其余财产都要变现。一般有整体变现和单项变现两种方式。清算财产变现要遵循一定的原则要求：

（1）凡是能整体变现的财产应尽量避免单项变现；

（2）法律禁止或限制自由买卖的财产不得上市出售；

（3）财产变现时应选择尽可能高的价格出售；

(4) 清算企业对外投资的实物性资产不得要求退还原物。

3. 清算损益

清算损益是企业清算过程中净收益与净损失的统称。清算过程中收益高于损失及费用的为净收益;反之为净损失。

企业在清算过程中为开展清算工作所支付的费用称为清算费用,包括清算人员工资、办公费、差旅费、公告费、诉讼费、财产保管费、财产清查费、财产估价费、变卖费、审计费、公证费等,通过清算企业预付或者清算机构垫付,这部分费用应由清算财产优先支付,并将其总额列为清算损失。企业清算收益大于清算损失的清算净收益,应依法缴纳所得税,税后的清算净收益并入清算财产。

案例分析

案例 19-1 长江电力公告——公司重大资产重组计划正在执行

本公司董事会及全体董事保证本公告内容不存在任何虚假记载、误导性陈述或者重大遗漏,并对其内容的真实性、准确性和完整性承担个别及连带责任。

一、重组工作进展

本公司于 2009 年 5 月 15 日与中国长江三峡工程开发总公司签署了《中国长江三峡工程开发总公司与中国长江电力股份有限公司之重大资产重组交易协议》。同日,召开第二届董事会第二十九次会议,审议通过了本次重大资产重组的相关事项,并于 2009 年 5 月 16 日在《中国证券报》、《上海证券报》、《证券时报》及上海证券交易所网站公告了《中国长江电力股份有限公司重大资产重组预案》。

本公司和相关各方正在积极推进本次重大资产重组工作,本次重大资产重组相关的资产评估及审计核准、盈利预测等工作正在进行。

待上述工作完成后,本公司将再次召开董事会审议本次重大资产重组的相关事项,公告重大资产重组报告书,发出召开股东大会的通知,提请股东大会审议本次重大资产重组的相关事项。

二、特别提示

1. 本次重大资产重组尚须满足多项条件方可完成,包括但不限于取得本公司股东大会的批准,以及国务院国有资产监督管理委员会与中国证券监督管理委员会的核准。因此,本次重大资产重组方案获得股东大会批准及取得有权部门的核准,并最终成功实施存在不确定性。

2. 截至本公告披露之日,本公司未发现存在可能导致本公司董事会或者中国长江三峡工程开发总公司撤销、中止本次重大资产重组方案或者对本次重大资产重组方案作出实质性变更的相关事项。

就本次重大资产重组的进展情况，本公司将按照相关规定，及时予以公告，敬请广大投资者注意投资风险并关注本公司的相关公告。

特此公告。

中国长江电力股份有限公司
董事会
二〇〇九年六月十二日

资料来源：中国证券报，中证网：http://news.bjx.com.cn，2009-06-15，9:52:50。

资产重组计划有哪些重要工作内容？

案例19-2 国内首家航空公司破产案

东星航空有限公司（简称东星航空）作为中部首家民营航空公司，于2005年经中国民用航空总局批准设立，注册资本为8 000万元人民币，是我国第四家投入运营的民营航空公司，执行包括香港、澳门、广州、杭州、南京在内的20多条航线，拥有广州、郑州、武汉三个基地，已租赁9架空客飞机。东星航空首航不久，除了机票价格下跌外，香港游等旅游线路价格也更加“亲民”。武汉航空市场竞争更加激烈，“价格战”风生水起。随后进入武汉市场的春秋航空，也抛出武汉飞上海“99系列”特价机票。2008年下半年起，票价卖不上去，飞机租赁费、机场起降费及停机费、航油费、保险费等费用很大，加之此前服务成本投入过高，媒体先后多次报道东星航空资金链紧张问题。审计结果表明，截至2008年12月31日，东星航空资产总额是6.296 1亿元，而负债则是10.327 9亿元，已处于严重资不抵债的状况。2009年1月，东星航空曾与中航集团达成转让协议，后因收购价从最初的6亿元下调到1.6亿元，双方无法达成一致。2009年3月13日，东星航空董事长兰世立突然声明拒绝与中航集团的合作。2009年3月15日，由武汉市政府申请，东星航空停飞。3月30日，武汉市中级人民法院立案受理通用电气商业航空服务有限公司、天穹航空贸易第一有限公司等六家公司申请东星航空破产清算一案。2009年4月7日，东星航空解除了与通用公司等的飞机租赁合同，同意通用公司等取回飞机。随着武汉市中院裁定东星航空破产清算的一纸公告，东星航空成为国内首家破产的航空公司。法院公告如下：

中华人民共和国湖北省武汉市中级人民法院公告

〔2009〕武民商破字第4-21号

本院于2009年8月26日依法裁定宣告东星航空有限公司破产清算。现就本案的有关事宜说明如下：

一、本院于2009年3月30日依法受理了通用电气商业航空服务有限公司、天穹航空贸易第一有限公司、天穹航空贸易第二有限公司、天穹航空贸易第三有限公司、艾特尔飞机租赁有限公司、天穹航空贸易第五十有限公司六家公司申请东星航空有限公司破产清算一案，并于2009年3月31日在《长江日报》作出了〔2009〕武民商破字第4-2号公告，该公告的内容效力于本公告。

二、依据《中华人民共和国企业破产法》第六十二条的规定，本院决定于2009年9月14日上午9:00召开第一次债权人会议，会议地点在武汉市委党校学习报告厅2楼会议室（地址：武汉市江汉区杨汊湖小区党校路100号）。

三、参加东星航空有限公司债权人会议的债权人应当携带法人身份证明、授权委托书，公民应携带本人身份证明。同时，债权人应当携带有效债权凭证，便于债权人会议对其债权审查确认。

湖北省武汉市中级人民法院

2009 年 8 月 27 日

依据破产程序“一审终审制”原则，支持重组方已没有了再上诉的权利。相关解释条文指出，破产程序实行一审终审制，主要是为了尽快结束破产后的善后处理工作，避免旷日持久的诉讼，使债权人遭受更大的损失。由此，持续了近半年的东星航空破产案终于谢幕。有网民看到东星航空破产消息后，其留言是：“1 折、2 折机票将一去不复返了。”

多方重组未获成功

2009 年 3 月的国航与东星航空的重组未能取得成功，双方因收购价格无法达成一致，谈判破裂。面对资不抵债 4 亿余元的东星航空，中航油等数家国有、民营企业的重组意愿也接连落空。破产管理人坚持称，重整东星需要 9.2 亿元现金，尽管东星方面认为重整只需 2 亿元即可首批起飞 3 架飞机，进入良性运转后再进一步加大投资扩大规模，但这个方案没赢得法院及武汉市政府方面的赞同。东星航空的国有债权人中国航空油料有限责任公司（简称中航油），东星航空的另一股东东星国旅，联合上海宇界实业有限公司，在上海召开新闻发布会，高调宣布投入 5 亿元参与重整，包括新郑机场等在内的多家机场也随之提出重整申请，美国通用电气商业航空服务有限公司等几家企业均向武汉市中院递交了重整申请。然而，重整计划未获认可。2009 年 6 月 12 日，武汉中院驳回中航油递交的重整申请。2009 年 6 月 22 日，东星航空大股东东星国旅向法院递交申请，引进上海宇界作为战略投资者，投资 5 亿元重组东星航空，武汉中级法院作出不予受理的裁定。信中利集团以“白衣武士”的姿态在最后时刻杀入，其董事长汪潮涌为湖北商会副会长，这让东星集团看到了希望，双方很快宣布达成合作协议，联手重整。湖北省高院给了信中利集团一次机会，在其余重整方案均再次被驳回的情况下，汪潮涌拿出的材料被发回武汉市中院再审。8 月 25 日下午，武汉市中院组织召开的听证会结束后，汪潮涌接到了重整申请被驳回的通知，26 日，武汉市中院发出了最终的裁定。最初积极牵线搭桥的政府最终放弃寻找新的投资人，转而支持 6 家债权人的破产清算申请。

行业状况

2009 年上半年，国内航空发展态势良好，全民航业盈利额超 30 亿元，其中民营航空公司发展也不错。民营航空如春秋航空有限公司，2009 年上半年盈利额达 4 000 万元，并在 7 月份获得了国际航线经营权。这似乎表明，民营航空发展空间并未缩水，有的甚至好于国有航空公司。但人们也依稀记得，2005 年 7 月营运的全国首家民营航空公司——鹰联航空有限公司曾欠下数千万元的燃油和机场费用，被民航管理部门暂停新航线，并被四川省机场集团有限公司、云南机场集团有限责任公司追债。此后鹰联航空多方寻找新股东，并引入四川航空集团公司注资 2 亿元，置换鹰联航空 76% 股份，后者也因此由民营变身为国有控股企业。

还有机会吗？

东星航空立足华中五省，区域范围内有 3 亿多人口、有丰富的旅游资源和便捷的交通网络，武汉成为中国重要的航空枢纽港。东星航空拥有的航空牌照无疑是一笔稀缺资源。

2008年，中国民用航空局发布有关客运航空公司的禁令：2010年之前暂停受理新设立航空公司的申请，对已受理的申请严格审核，每年批准筹建的数量不超过三家。即便债务缠身的东星航空，其牌照也尤显珍贵。试图入主东星航空的公司，也是看中该公司的牌照、已经培育几年的市场、航线、时刻，及国内稀缺的飞行员、空乘人员等资源，毕竟东星航空固定资产其实已经很少。目前，东星航空原有航线资源已经由相关航空公司在执飞，但仍有千余名员工，一旦破产，这些员工将变成下岗者，给社会造成不稳定因素；另外，东星航空的破产还会影响武汉的投资环境，给旅游业、物流业都会带来冲击。东星集团的内部人士仍在试图拯救这家航空公司，他们寄希望于可能存在的机会以及9月14日召开的债权人大会上。此前，约有65%的债权人持重整态度。不过，武汉中院此次公布破产结果后，债权人态度如何，较难预料。如果东星航空重整再飞，行业内在武汉市场就多了一个竞争对手。一些航线也要重新归还，比如，国航现在飞的航线就不能再飞了，还要重新招录机务人员。

谁在破产中受益?

国航轰轰烈烈地成立了武汉分公司，顺利地接收了东星航空的部分飞行员和地勤人员，租用了原来东星航空的办公大楼，6月25日开飞。而且，通用取回的原本租给东星航空的飞机，也将转租给国航，据悉，飞机目前正在成都喷漆改装。国航现在飞的几个航线、时刻是东星航空原来飞的，航班号都没有改。比如，原来东星早上9点飞深圳的航班号是东星8233，现在直接改为国航8233。从人员到基地再到航线，国航成为东星航空破产的一大获益者。

案例讨论：东星航空还有什么资产可以瓜分？为什么多家公司的重整计划被法院驳回？试讨论重整应具备的条件。东星航空破产有积极意义吗？

资料来源：民航资源网，每日经济新闻。

案例19-3 浙江海纳的财务危机

2005年4月，浙江海纳因巨额担保、关联方占款等违规事项浮出水面，财务危机爆发。邱忠保和其控制的原公司高管人员违规挪用上市公司巨额资金高达2.53亿元，为其关联公司向银行贷款或个人借款提供连带保证担保本金总额高达3.95亿元。因涉嫌虚假信息披露，2005年4月14日被中国证监会立案调查。2006年2月起，邱忠保和“飞天系”高管、财会等人员相继被捕。2006年5月8日，因最近两年连续亏损，其股票被实行退市风险警示。2007年4月23日，因协商债务重组及资产重组等事宜，公司股票停牌。2007年5月9日，公司接到证监会《关于对邱忠保等3人实施市场禁入的决定》。2007年9月13日，公司被债权人向杭州中院申请破产重整，10月24日公司第一次债权人会议通过了《重整计划草案》；11月20日法院裁定批准公司债权人会议通过的《重整计划》，终止重整程序。全国首例上市公司破产重整案在杭州市审理终结。

一、公司简介

浙江海纳科技股份有限公司（以下简称海纳）由浙江大学企业集团控股有限公司主发

起设立，1999 年 6 月 7 日在浙江省工商行政管理局登记注册，注册资本 9 000 万元，股份总数 9 000 万股，公司股票于 1999 年 6 月 11 日在深交所挂牌上市。该公司主营单晶硅及其制品、半导体元器件的开发、制造、销售与技术服务等业务。公司成立之初的股本构成是法人股 6 000 万股，流通股 3 000 万股，其法人股东为浙江大学企业集团控股有限公司（以下简称浙大企业集团）、浙江省科技风险投资公司以及四位自然人，其中浙大企业集团持有 5 620 万股、占 62.45%。在广大投资者面前呈现的海纳曾是以浙江大学为技术依托并具良好经营业绩的高科技企业。

二、事件发生的背景

2003 年 2 月，浙大企业集团分别与珠海经济特区溶信投资有限公司（以下简称珠海溶信）、海南皇冠假日滨海温泉酒店有限公司（以下简称海南皇冠）签订了《股权转让协议》。根据该协议，浙大企业集团将其持有的 2 560 万股（占总股本的 28.44%）和 2 160 万股国有法人股（占总股本的 24%）分别转让给珠海溶信和海南皇冠。珠海溶信和海南皇冠的实际控制人为“飞天系”掌门人邱忠保。2004 年 3 月，股权转让完毕，海纳的实际控制人变更为邱忠保。

邱忠保 1964 年出生于上海。1995 年，他创立了西安飞天科工贸集团有限责任公司（以下简称西安飞天）。邱忠保不断进行资本运作。首先，2000 年 12 月，福建三农原大股东三明市国资局、三明市财通公司和西安飞天签署了股权转让协议书，由西安飞天收购了上述两家持有的福建三农 20.67%股权，成为第一大股东。之后，邱忠保又相继入主中油龙昌、浙大海纳，形成了一个拥有 3 个上市公司、40 余家控股及全资子公司的“飞天系”，一跃成为国内资本市场的大鳄。邱忠保也在 2003 年、2004 年连续登上由《新财富》杂志评选的富人榜，分列第 56 名和第 144 名。

海纳与其实际控制人之间的产权和控制关系如图 19-1 所示。

在邱忠保全面掌控浙江海纳后，公司高管变动频繁。截至 2004 年 12 月 31 日，即邱忠保正式入驻海纳的第一年年末，公司董事、监事和高级管理人员中，有确切迹象表明与邱忠保相关联的人员有 9 名，占总人数 18 人的 50%，且在公司担任董事长、总裁、财务总监等要职的人员均曾在邱忠保控制的相关企业中担任高层领导。

三、财务状况日益恶化

1. 为多家关联企业提供担保

自邱忠保入驻海纳后，海纳为其多家关联企业提供担保。资料显示：2004 年 5 月，海纳为中油飞天实业投资开发有限公司的 8 000 万元银行借款提供连带责任担保；2004 年 6 月，为武汉民生石油液化器有限公司 3 000 万元的银行借款提供担保；2004 年 8 月，海纳和中油龙昌又共同为南京恒牛工贸实业有限公司 3 500 万元的银行借款提供连带责任担保；同时还为珠海溶信和海南皇冠 1.46 亿元债务承担连带责任担保等。根据浙江监管局 2005 年 4 月 5 日发布的《关于要求浙江浙大海纳科技股份有限公司进行限期整改的通知》（以下简称《通知》），公司违规担保涉及金额高达 2.91 亿元。

2. 控股股东直接占用上市公司资金

根据《通知》，海纳被“飞天系”直接占用的资金包括：招商银行上海大木桥支行账户

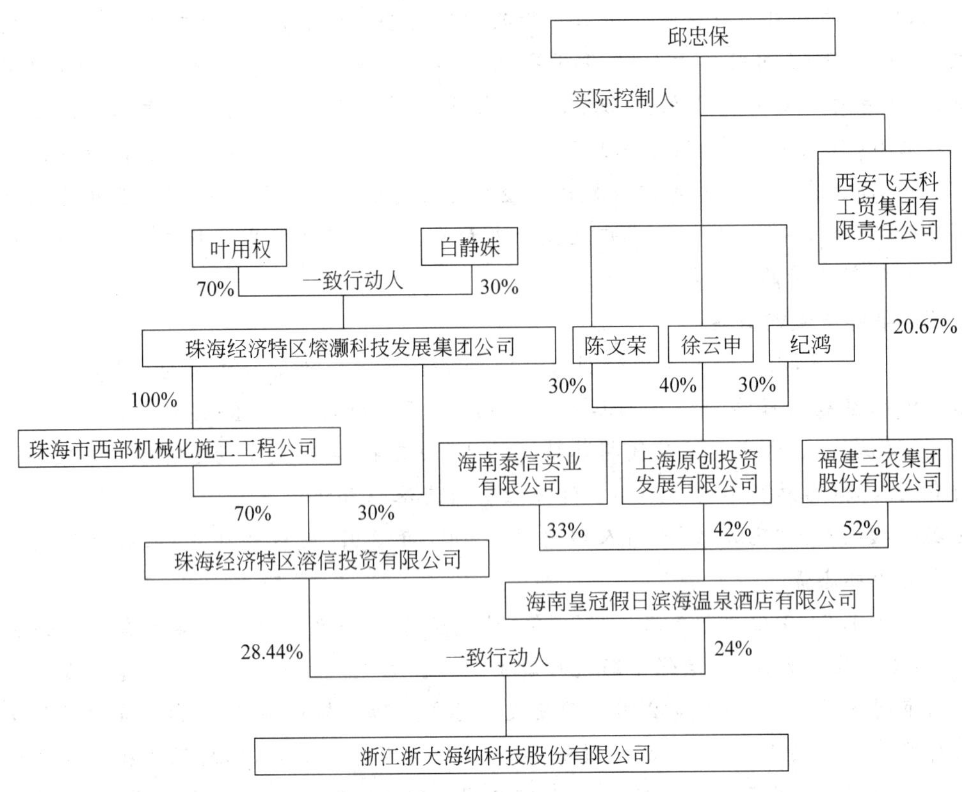

图 19-1 海纳与实际控制人之间的产权和控制关系

余额与公司该银行存款账户余额之间的差额 20 200 万元，国债投资 1 845 万元，关联方资金折借 8 804 万元及其在中国银行廊坊分行的银行存款 1 350 万元，金额合计 32 199 万元。

从公司历年的其他应收款净额和当年计提的坏账准备可以看到(如表 19-1 所示)，公司的其他应收款在 2002 年以前数值较为平稳，维持在 1 100 万元左右，而在 2004 年，其他应收款高达 3 亿多元，几乎全部为关联方占用资金。

表 19-1 浙江海纳 1999—2006 年其他应收款 万元

年份	1999	2000	2001	2002	2003	2004	2005	2006
其他应收款	925.70	1 172.91	1 154.02	1 185.62	2 523.99	30 761.55	3 265.96	3 350.76

3. 主要高层人员受实际控制人控制

邱忠保全面掌控公司之后，公司高管人员变动频繁。在 2003 年中期、2003 年年底、2005 年股东大会后均发布了关于更换公司总裁、公司财务总监及董事长等高管要职的公告。

4. 公司主要财务指标

表 19-2 列示了邱忠保入驻海纳后公司主要财务指标的变动情况。

表 19-2　海纳 2003—2006 年主要财务指标

年　　份	2003	2004	2005	2006
主营业务收入/万元	13 421.11	17 361.76	11 096.13	12 526.64
每股经营活动现金流/元	0.29	−2.90	0.37	0.19
每股净资产/元	4.34	4.03	−3.03	−3.20
每股收益/元	0.13	−0.31	−7.07	0.13
净利润/万元	1 186.45	−2 814.37	−63 585.69	1 207.37
净利润增长率/%	−6.24	−337.21	−2 159.32	101.90
预计负债/万元	0.00	0.00	36 948.43	46 391.61
负债总额/万元	17 766.41	19 470.63	44 185.93	50 582.02
负债比率/%	30.32	33.40	255.54	227.12
审计意见	标准无保留意见	保留意见	无法表示意见	无法表示意见

四、路在何方？

1. 破产重整还是破产清算？

2007 年 9 月 13 日，海纳被债权人向杭州中院申请破产重整。2007 年 9 月 14 日，杭州市中级人民法院依法受理了债权人申请海纳破产重整一案；10 月 19 日，15 家债权人向海纳管理人申报了债权；10 月 24 日，海纳第一次债权人会议召开，并通过了《海纳破产重整计划(草案)》(以下简称《草案》)；11 月 21 日杭州市中级人民法院裁定，批准海纳重整计划。海纳成为 2007 年 6 月《破产法》颁布实施后按破产重整程序成功实施债务重整的第一家公司。

《草案》提出海纳的实际大股东深圳市大地投资发展有限公司(以下简称大地投资)以海纳持续经营条件下的资产价值 11 072.87 万元为基数，提供等值现金，用于完成海纳重整计划。其中 1 227.26 万元现金用于购买海纳截至重整受理日的全部对外应收款，以提高海纳的资产质量，转让价格为资产的账面价值，公司收到转让款后，优先支付重整期间发生的重整费用和共益债权 799 万元，剩余 428.26 万元全部用于清偿债权人；另外 9 845.61 万元现金由大地投资代海纳直接用于清偿债权人，大地投资代偿后，形成对海纳 9 845.61 万元新的债权。因此，可用于清偿债权的现金合计达 10 273.87 万元。普通债权人在重整计划执行期内获得上述现金一次性清偿后，免除海纳剩余本金债权和全部利息债权及其他债权，免除债务近 3 亿元。

2. 破产重整与破产清算的财务比较

经专业评估机构评估，海纳债权总金额为 5.42 亿元，债权本金总额为 4.05 亿元，资产价值仅为 1.107 亿元。如果海纳破产清算，其重整申请受理日的资产清算价值为 99 640 667.51 元，而在持续经营假设条件下，其重整申请受理日的资产价值为 110 728 700.00 元；破产清算条件下，海纳债权人可获得的本金清偿率为 19.84%，而在破产重整条件下，可获得 25.35% 的清偿；若海纳破产清算，所有非流通股股东和所有中小流通股股东的投资权益为零，且其资产将大幅贬值，海纳本部及下属企业的员工也将会失业，增加社会负担，造成社会不稳定因素，而破产重整可避免此类不良结果产生。

3. 浙江海纳的股权重整

海纳在债务重组以后，公司生产经营基本恢复正常，相应的对外违规担保、主要经营性资产的冻结及查封也得到解除，公司于2008年4月3日公布了股改说明书，正式启动股改，成为浙江省最后一家股改的公司。海纳的股改方案采用了资本公积金定向转增、非流通股送股、债务豁免和定向发行股份购买资产相结合的方式。

(1) 资本公积金定向转增和非流通股送股

海纳以现有流通股股本3 000万股为基数，用资本公积金向股改方案实施股权登记日登记在册的全体流通股股东每10股定向转增1.6股。非流通股股东向股改方案实施股权登记日登记在册的全体流通股股东送出180万股。公司流通股股东每10股实际共获得1.61股对价安排。

(2) 债务豁免

根据杭州市中级人民法院〔2007〕杭民二初字第184-3号《民事裁定书》及〔2007〕杭民二初字第184-4号《民事裁定书》，大地投资通过代浙江海纳偿还对外债务方式取得和享有对海纳9 844.29万元债权。大地投资将其中的2 650万元债权转让给网新教育，且大地投资和网新教育承诺豁免对海纳的9 500万元债务。

(3) 资产重组

为提升持续盈利能力，海纳拟以(定价基准日前20个交易日股票均价)12.21元/股向浙大网新科技股份有限公司(以下简称浙大网新)发行44 724 054股收购浙大网新所持有的网新机电100%的股权(经评估机构评估价值为546 080 700.00元)，认购完成后，浙大网新持有海纳32.05%的股份，成为其第一大股东。并且浙江浙大网新集团有限公司承诺，在2009年6月30日前将轨道交通类资产以合规、合理的方式注入海纳，优化资产，提高盈利能力。

(4) 追送现金承诺

海纳非流通股东浙大网新及其一致行动人还做出特别承诺：自公司非公开发行股份发行结束且股权分置改革方案实施之日起，在36个月内不转让所持有的公司股份。为保护浙江海纳及全体股东利益，网新集团有限公司承诺当本次与股改同步实施的非公开发行完毕后，相关财务指标不达标时追送现金1 000万元。

五、尾声

2009年7月16日，海纳公告公司资产重组和股权分置改革已全面完成。公司主营业务将从原来单一的半导体节能材料拓展为节能减排和轨道交通业务为主营业务方向的大机电产业。由于机电脱硫类资产经营实现的收入占公司主营业务收入的91.07%。经核准，从2009年7月16日起，公司所属行业将变更为“专用设备制造业”。同时，公司中文名称缩写由“浙江海纳”更名为“众合机电”。

资料来源：中国管理案例共享中心案例库，有所删改。

案例分析题：

1. 浙江海纳财务危机的根源是什么？从哪些方面可以预防此类财务危机的发生？
2. 浙江海纳的哪些现象表明其已陷入财务危机？

3. 根据案例资料，运用 Z 分数模型对浙江海纳进行财务危机预警。

4. 当公司陷入财务危机时，一般可运用哪些方法解决问题？浙江海纳为什么选择重整而不是破产清算？

5. 浙江海纳重整成功给上市公司以哪些启示？

本章小结

财务困境是任何企业都可能遭遇到的，资产重组或者债务和解是常用的解决方案，若财务困境预测不及时或者应对策略无效，企业则可能遭遇破产。

思考题

1. 企业遭遇财务困境时，有几种解决办法？

2. 企业资产重组的程序如何？

3. 企业破产界限如何界定？破产程序是怎样的？

4. 当企业遭遇财务困境时，对各方而言，如何解决才能使财务困境成本最低，毁损价值最小？

5. 结合我国证券市场与上市公司发展现状，举例分析上市公司资产重组的目的。

习题

判断以下说法的正确性，并说明原因。

1. 企业陷入财务困境的原因包括内部原因和外部原因，其中外部原因是主要的。

2. 财务困境企业的解决方案，主要是债务重组，别无其他办法。

3. 企业延期付款就表明企业遇到了财务困境。

4. 提出破产清算的企业，应对其资产、负债进行全面清查，然后由会计师事务所进行全面审计，并出具资不抵债的审计报告。

第20章 兼并与收购

本章框架体系

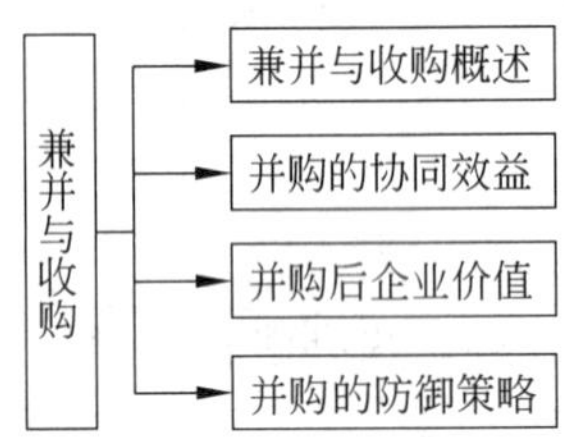

学习目标

1. 掌握兼并与收购的概念。
2. 了解并购的协同作用以及并购企业价值的评估方法。

导　读

以《时代》杂志享誉全球的时代公司，1924年成立后，在20世纪七八十年代先后收购了几家出版商；1989年，公司发行了包括《时代》、《幸福》在内的十余种杂志，其中的广告约占全美杂志广告的20%；时代—生活图书公司成为直接邮寄丛书的最大出版商；公司同时经营着家庭票房(HBO)、塞恩麦克斯两个网络和拥有82%股权的美国电视通讯公司(ATC)。

时代公司通过一系列收购活动巩固了公司在市场中的地位，并适时扩展业务领域，形成了以出版业为核心业务的兼营新闻、娱乐的行业领导者。

企业间竞争日趋激烈的今天，兼并与收购事件屡屡发生，如何成功实施兼并与收购策略，使企业迅速发展壮大？时代公司的发展历程给予我们十分有益的启示。

本章对兼并与收购进行了系统阐述，在介绍兼并与收购的概念以及兼并与收购的异同点之后，分析了兼并与收购的协同效益和兼并与收购的企业价值，并对兼并与收购的防御策略等内容做了阐述。

本章内容

20.1 兼并与收购概述

20.1.1 兼并与收购的异同

兼并通常是指一家企业以现金、证券或其他形式购买取得其他企业的产权，使其他企业丧失法人资格或改变法人实体，并取得对这些企业决策控制权的经济行为。

兼并等同于我国《公司法》中的吸收合并，指一个公司吸收其他公司而存续，被吸收公司解散。《公司法》规定的另一种合并形式为新设合并，指两个或两个以上公司合并设立一个新的公司，合并各方的法人实体地位都消失。所以合并是个大概念，兼并是合并形式之一。无论是兼并(吸收合并)还是新设合并，合并各方的债权债务都应由合并后存续的公司或者新设的公司承担。

收购是指企业用现金、债券或股票购买另一家企业的部分或全部资产或股权以获得该企业的控制权。收购作为企业资本经营的一种形式，其经济意义是指一家企业的经营控制权易手，原来的投资者丧失了对该企业的经营控制权。所以，收购的实质是取得控制权，被收购企业可以继续存在。

收购的对象一般有两种：股权和资产。收购股权与收购资产的主要差别在于：收购股权是购买一家企业的股份，收购方将成为被收购方的股东，因此要承担该企业的债权和债务；而收购资产则仅仅是一般资产的买卖行为，由于在收购目标公司资产时并未收购其股份，收购方无须承担其债务。

收购与兼并有许多相似之处，主要表现在：

(1) 都是以外部扩展策略增强企业实力为基本动因。通过扩大企业市场占有率或者拓宽经营范围，实现规模经营、分散经营或综合化经营。

(2) 都以企业产权为交易对象。

兼并与收购的区别在于：

(1) 在兼并中，被合并企业作为法人实体不复存在；而在收购中，被收购企业可仍以法人实体存在，其产权可以是部分转让。

(2) 兼并后，兼并企业成为被兼并企业新的所有者和债权债务的承担者，是资产、债权债务的一同转换；而在收购中，收购企业是被收购企业的新股东，以收购出资的股本为限承担被收购企业的风险。

(3) 兼并多发生在被兼并企业财务状况不佳、生产经营停滞或一半停滞之时，兼并后一般需调整其生产经营、重新组合其资产；而收购一般发生在企业正常生产经营状态，产权流动比较平和。

由于在运作中它们的联系远远超过其区别，所以兼并与收购常作为同义词一起使用，统称为“购并”或“并购”，泛指在市场机制作用下企业为了获得其他企业的控制权而进行的产权交易活动。通常，我们不强调两者的区别，把并购一方称为“买方”或“并购企业”，被并购一方称为“卖方”或“目标企业”。

20.1.2 并购的类型

企业并购的形式多种多样，按照不同的分类标准可划分为许多不同的类型。

1. 按并购双方产品与产业的联系划分

(1) 横向并购

当并购方与被并购方处于同一行业、生产或经营同一产品，并购使资本在同一市场领域或部门集中时，称为横向并购。如奶粉罐头食品厂合并咖啡罐头食品厂，两厂的生产工艺相近，并购后可按并购企业的要求进行生产或加工。这种并购投资的目的主要是确立或巩固企业在行业内的优势地位，扩大企业规模。

(2) 纵向并购

纵向并购是对生产工艺或经营方式上有前后关联的企业进行的并购，是生产、销售的连续过程中构成购买者和销售者(即生产经营上互为上下游关系)的企业之间的并购。如加工制造企业并购与其有原材料、运输、贸易联系的企业。其主要目的是组织专业化生产和实现产销一体化。纵向并购较少受到各国有关反垄断法律或政策的限制。

(3) 混合并购

混合并购是对处于不同产业领域、产品属于不同市场，并与其产业部门之间不存在特别的生产技术联系的企业进行的并购。如钢铁企业并购石油企业，因而产生了一个多种经营的企业。采取这种方式可实现分散投资和多样化经营以降低企业风险，达到资源互补、优化组合和扩大市场活动范围的目的。

2. 按并购的实现方式划分

(1) 承担债务式并购

在被并购企业资不抵债或资产债务相等的情况下，并购方以承担被并购方全部或部分债务为条件，取得被并购方的资产所有权和经营权。

(2) 现金购买式并购

现金购买式并购有两种情况：①并购方筹集足额的现金购买被并购方全部资产，使被并购方除现金外没有持续经营的物质基础，成为有资本结构而无生产资源的空壳，不得不从法律意义上消失。②并购方以现金通过市场、柜台或协商购买目标公司的股票或股权，一旦拥有其大部分或全部股本，目标公司就被并购了。

(3) 股份交易式并购

股份交易式并购也有两种情况：①以股权换股权。这是指并购公司向目标公司的股东发行自己公司的股票，以换取目标公司的大部分或全部股票达到控制目标公司的目的。通过并购，目标公司或者成为并购公司的分公司或子公司，或者解散并入并购公司。②以股权换资产。并购公司向目标公司发行并购公司自己的股票，以换取目标公司的资产，并购公司在有选择的情况下承担目标公司的全部或部分责任。目标公司也要把拥有的并购公司的股票转让给自己的股东。

3. 按涉及被并购企业的范围划分

(1) 整体并购

整体并购指资产和产权的整体转让。其目的是通过资本迅速集中,增强企业实力,扩大生产规模,提高市场竞争能力。整体并购有利于加快资金、资源集中的速度,迅速提高规模水平与规模效益。实施整体并购也在一定程度上限制了资金紧缺者的潜在购买行为。

(2) 部分并购

部分并购指将企业的资产和产权分割为若干部分进行交易而实现企业并购的行为。具体包括三种形式:①对企业部分实物资产进行并购;②将产权划分为若干份等额价值进行产权交易;③将经营权分成几个部分(如营销权、商标权、专利权等)进行产权转让。部分并购的优点在于可扩大企业并购的范围,弥补大规模整体并购的巨额资金缺口,有利于企业设备更新换代,将企业不需要的厂房、设备转让给其他并购者,更容易调整资产存量结构。

4. 按企业并购双方是否友好协商划分

(1) 善意并购

善意并购指并购公司率先与目标公司协商,征得其同意并通过谈判达成收购条件的一致意见而完成收购活动的并购方式。善意并购有利于降低并购的风险与成本,使双方能够充分交流与沟通,目标公司主动向并购公司提供必要的资料,可避免因目标公司抗拒而带来额外的支出。但是,善意并购使并购公司不得不牺牲自身的部分利益,以换取目标公司的合作,而且漫长的协商、谈判过程也可能使并购策略丧失其部分价值。

(2) 敌意并购

敌意并购指并购公司在收购目标公司股权时虽然遭到目标公司的抗拒,仍然强行收购,或者并购公司事先并不与目标公司进行协商,而突然直接向目标公司股东开出价格或收购要约的并购行为。其优点在于并购公司完全处于主动地位,不用被动权衡各方利益,而且并购行动节奏快、时间短,可有效控制并购成本。但敌意并购通常无法从目标公司获取其内部实际运营、财务状况等重要资料,给公司估价带来困难,同时还会招致目标公司抵抗甚至设置种种障碍。所以敌意并购的风险较大,要求并购公司制定严密的收购行动计划并严格保密、快速实施。另外,由于敌意并购易导致股市的不良波动,甚至影响企业发展的正常秩序,各国政府都对敌意并购予以限制。

5. 按并购交易是否通过证券交易所划分

(1) 要约收购

要约收购指并购公司通过证券交易所的证券交易持有一个上市公司(目标公司)已发行股份的一定比例时,依法向该公司所有股东发出公开收购要约;按符合法律的价格以货币付款方式购买股票,获取目标公司股权的收购方式。要约收购直接在股票市场中进行,受到市场规则的严格限制,风险较大但自主性强,速战速决。敌意并购多采取要约收购的方式。

（2）协议收购

协议收购指并购公司不通过证券交易所，而是直接与目标公司取得联系，通过谈判、协商达成共同协议，据以实现目标公司股权转移的收购方式。协议收购易取得目标公司的理解与合作，有利于降低收购行动的风险成本，但谈判过程中的契约成本较高。协议收购一般都属于善意并购。

20.1.3 并购的目的与动力

收购的最直接的目的，是为了实现收购方的资产、销售和市场份额的增长与企业扩张，并通过收购给收购方增加或创造巨大的竞争优势，从而为股东增加财富。然而，收购行为可能受管理自我主义、对权力的欲望、建立绝对统治地位或追求与公司规模相匹配的特权等因素所驱动。

并购通常会引致公司运作合理化，包括重新协商雇佣条件等，譬如，近年来有一些案例，收购方试图降低被购方雇员在原公司所享有的津贴补助。这种运作合理化也有可能导致工厂关闭，以及由此引发大量冗余人员，这甚至会对该地区产生灾难性的影响。因此，影响并购过程能否成功的另一方面，是公司之外的市场动力。因在市场中存在一批中介机构，他们的盈利能力取决于他们手中的所掌握的收购量。这样一来，就会促使诸如商业银行之类的中介机构，在并购方与其顾问公司之间产生利益冲突，并可能导致“交易中止”的压力。在这种情况下，由于收购方承受不了这种压力，可能会向被购方出更高的价，甚至导致收购后的增加值都无法抵偿这笔费用。只要收购的动机是出于对市场的控制和增加市场份额，公司股东和管理层就有可能从中获利，但对消费者却不然。竞争的减少还会对竞争力以及整体经济增长有长期的影响。基于上述原因，英国和其他国家的收购都必须遵守反托拉斯法，反托拉斯管理当局有权依法中止某项收购案，或者让其遵循某些可接受的条件。

20.1.4 并购与商业战略

并购行为构成并购方商业战略（business strategy）与公司战略（corporate strategy）的一部分。商业战略的目的是为公司创造持久的竞争优势，这种优势可能来自规模经济或市场能力，或取得被购方所拥有的某种独特的力量。

并购方通常试图将其优秀的管理经验运用到目标企业上来，通过对并购对象的有效改善，从而增强其目标资产的盈利能力，产生附加值。并购有助于建立一项与公司业务不相关的新业务，在有效的资本市场框架下，这种为股东创造价值的公司战略能发挥多大效果尚未有定论。早期的证据表明，从并购方的观点看，并购的作用顶多是中性的，甚至会将公司价值耗损到最低限度，而近期的证据则为并购能为股东创造价值的观点提供了某些支持。大多数人认为，被购方在招标中也会取得较大的主动权。

在共赢的并购活动中，并购方与被购方均得利，似乎自相矛盾，这涉及并购方的并购动机，以及通过并购为股东带来预期利益这两个方面，其中包括主导并购的管理动机。管理层的自身利益至少会驱使其从事并购活动，除此之外，还包括并购过程的其他方面。

在大公司中，并购这类重大投资决策，取决于公司内部诸多争论的最终结果，因为选取的并购对象若有问题，以及若存在肮脏的政治妥协交易，均可能会导致糟糕的并购决策。

20.2 并购的协同效益

公司并购实质上包括收购和整合两个过程，前者主要体现了并购成本的支付，而后者更多是收益的表现。协同效应是指一个公司通过收购另一家公司，使得公司的整体业绩好于两个公司原来业绩的总和。若企业A准备兼并企业B，企业A的价值是V_A，企业B的价值是V_B。联合企业AB的价值V_{AB}与未实施并购情况下A、B两企业价值之和的差额即为并购的协同效益，表示为

$$协同效益 = V_{AB} - (V_A + V_B)$$

对并购方而言，并购成败主要由这两方面的综合利益决定。首先是并购收益，协同效应体现在两个方面，一是并购方对被并购对象加以改造，从而实现其价值提升；二是并购形成的规模经济给收购者带来的成本节约等。其次，并购本身也是一种交易行为，价格自然是关键的因素，如果收购价格过高，对收购方可能是得不偿失。

企业合并产生的协同效应可能来源于经营方面，也可能来源于财务方面。前者称为经营协同，后者称为财务协同。

20.2.1 经营协同

经营协同是指企业合并后，因经营效率提高而产生的效益，主要包括以下两个方面：

1. 规模经济效益

企业在达到最优产量之前存在规模经济，而在此之后则会出现规模不经济的现象，即当超过一定的产量后，产量的增加给企业带来的益处会小于给企业带来的负效应，从而降低企业经营的效率。

2. 纵向一体化效益

合并企业通过纵向合并，可以获得以下好处：降低了供应商或买主的重要性，提高了企业讨价还价的能力；能对企业不同的经营阶段进行统一协调，提高了经营管理的效率；实现了生产一体化或产销一体化；减少了商品流通的中间环节，节约了成本，等等。

20.2.2 财务协同

财务协同是指企业合并对企业财务方面所产生的有利影响，主要包括：

1. 自由现金流量的充分利用

产品处于成熟期的企业，其营业现金流量往往超过内部投资的需要，从而存在大量的

自由现金流量；而处于发展中的企业，虽然有很多有利可图的机会，但往往面临严重的现金短缺。如果上述两个企业能合二为一，则自由现金流量就能得到充分有效的利用。

2. 节税利益

许多国家的税法规定，某一企业在某一年度出现了亏损，那么它不但可以免缴当年的所得税，而且其亏损可以向后结转若干年。这一规定促成了为数众多的企业合并。如果一个盈利丰厚、发展前景良好的企业与一个有大量累计亏损的企业合并，就可以带来巨大节税利益。

20.3 并购后企业价值

20.3.1 并购目标企业的价值评估

1. 价值评估的意义

(1) 目标企业评估的核心内容就是价值评估，是决定并购是否可行的先决条件。

(2) 双方对目标企业的价值评估是决定交易是否成交的价值基础，也是谈判的焦点。

(3) 聘请中介机构从经济技术的角度做出价值评估，可使交易价格相对公正合理，从而提高交易成功的几率，避免决策失误。

2. 价值评估的方法

(1) 资产价值基础法

资产价值基础法指通过对目标企业的资产进行估价来评价其价值的方法。主要包括四种方法：

① 账面价值法：以企业某时点所拥有的资产总额减去负债总额即为公司的账面价值，再减去优先股价值，即为普通股价值。这种估价是一种静态的估价方法。

② 市场价值法：把企业的资产视为一种商品，在市场上公开竞争，在供求关系平衡状态下确定的价值。

③ 清算价值法：当企业出现财务危机而面临破产清算时，以企业中的实物资产逐个分离而单独出售的资产价值来评估企业价值的方法。

④ 续营价值法：假设目标企业仍然会持续经营，以未来的收益能力为基础来评估目标企业价值。

(2) 收益法

收益法又称为市盈率法，是根据目标企业的收益和市盈率确定其价值的方法，即

$$目标企业价值=估计收益指标\times标准市盈率$$

(3) 贴现现金流量法

将目标企业并购后引起的现金流量的期望增量按一定的折现率进行折现，作为目标企业的价值。

20.3.2 并购对企业价值的影响

并购活动会对并购双方的财务指标产生明显影响。这里从企业盈余、股价及股票账面价值等方面探讨并购对双方的意义及影响。

1. 并购对企业盈余的影响

由于企业并购投资决策以投资对股票价格的影响为依据，而股票价格的影响又取决于投资对企业每股收益的影响，所以企业评估并购方案的可行性时，应将其对并购后存续企业每股盈余的影响列入考虑范围。假设企业 A 计划以发行股票方式收购企业 B，并购时双方相关财务资料见表 20-1。

表 20-1 并购时双方相关的财务数据

项 目	企业 A	企业 B	项 目	企业 A	企业 B
净利润/万元	1 000	250	每股市价/元	32	15
普通股股数/万股	500	200	市盈率/倍	16	12
每股收益/元	2	1.25			

若企业 B 同意其股票每股作价 16 元由企业 A 以其股票相交换，则股票交换比率为 16/32，即企业 A 每 0.5 股相当于企业 B 的 1 股。企业 A 需发行 200×0.5＝100 万股股票才能收购企业 B 的所有股份。

现假设两企业并购后收益能力不变，则并购后存续企业 A 的盈余总额等于原 A、B 两企业盈余之和，见表 20-2。

由此，企业 A 实施并购后每股收益将提高 0.083 元。但原企业 B 股东的每股收益却有所降低，因其所持有的企业 B 股票每股相当于并购后企业 A 股票 0.5 股，所以其原持有股票的每股盈余仅相当于 0.5×2.083＝1.041 5(元)，较原来降低了 1.25－1.041 5＝0.208 5(元)。

若企业 B 股票的作价不是 16 元而是 24 元，则交换比例为 24/32，即 0.75 股。企业 A 为取得企业 B 的全部股票，总计需新发行股票 200×0.75＝150(万股)，并购之后盈余情况见表 20-3。

表 20-2 并购后企业 A 的每股收益(一)

项 目	数 值
并购后净利润/万元	1 250
并购后股本总数/万股	600
每股收益/元	2.083

表 20-3 并购后企业 A 的每股收益(二)

项 目	数 值
并购后净利润/万元	1 250
并购后股本总数/万股	650
每股收益/元	1.923

所以在这种情况下，并购后企业 A 的每股收益降低了，而原企业 B 股东的每股收益为 0.75×1.923＝1.44(元)，较并购前有所提高。

由这一思路可以推断出保持企业 A 每股收益不变的股票交换比率，假定 A、B 两企业合并、并购后收益能力不变，即并购后存续企业 A 的盈余总数等于原 A、B 两企业盈余之和 1 250 万元，设股票交换率为 R_1，则

并购前企业 A 的每股收益 $EPS_1=2$ 元。

并购后 A 企业的每股收益 $EPS_2=\frac{1\,250}{500+200R_1}$。

保证并购前后企业 A 的每股收益不变，所以 $EPS_1=EPS_2$，即

$$\frac{1\,250}{500+200R_1}=2$$

求得，$R_1=0.625$，即企业 A 对企业 B 的每股股票作价为 $0.625\times32=20$(元)。

依此原理，还可推算出确保企业 B 股东每股收益不变的股票交换率，在此从略。

企业 A 实施并购方案后，存续的企业 A 每股收益保持不变或适量摊薄降低应是短期现象。从长远分析，并购后收益率一般将不断提高，每股收益将比合并前提高，即产生并购协同效应。

2. 并购对股票市场价值的影响

并购过程中，每股市价的交换比率是谈判的重点。公开上市的股票，其价格反映了众多投资者对该企业内在价值的判断。因此，股价可反映该企业的获利能力、股利、企业风险、资本结构、资产价值及其与评价有关的因素。股票市价的交换比率为

股票市价的交换比率＝对被并购企业每股作价/被并购企业每股市价

若这一比率大于 1，表示并购对被并购企业有利，企业因被并购而获利；若该比率小于 1，则表示被并购企业因此而遭受损失。

20.3.3 并购的风险

企业并购属于高风险经营方式，财务分析在关注其各种收益、成本的同时，更应重视并购过程中的各种风险。

1. 营运风险

它是指并购方在并购完成后，可能无法使整个企业集团产生经营协同效应和市场份额效应，难以实现规模经济和经验共享互补，甚至整个企业集团的经营业绩都为被并购进来的新企业所拖累。

2. 信息风险

信息风险指并购中因未掌握准确信息、贸然行动而导致失败的风险。

3. 融资风险

并购动机以及目标企业并购前资本结构的不同，会造成并购所需的长期资金与短期资金、自有资本与债务资金投入比率的种种差异。与并购相关的融资风险具体包括资金

是否可以保证需要、融资方式是否适应并购动机、现金支付是否会影响企业正常的生产经营，以及杠杆收购的偿债风险等。

4. 反收购风险

被收购的企业通常对收购行为往往持不欢迎和不合作态度，尤其在面临敌意并购时，他们可能会"宁为玉碎，不为瓦全"，不惜一切代价布置反收购战役，其反收购措施可能是各种各样的。

5. 法律风险

各国关于并购、重组的法律、法规的细则，一般都通过增加并购成本而提高并购难度。如我国目前的收购规则，要求收购方持有一家上市企业5%的股票后必须公告并暂停买卖（针对上市企业非发起人），以后每递增5%就要重复该过程，持有30%股份后即被要求发出全面收购要约。这套程序造成的收购成本之高，收购风险之大，收购程度之复杂，足以使收购者气馁，反收购则相对比较轻松。

6. 体制风险

在我国，国有企业资本经营过程中相当一部分企业的收购兼并行为都是由政府部门强行撮合而实现的，但是并购行为毕竟应是一种市场化行为。政府依靠行政手段对企业并购大包大揽不仅背离市场原则，难以达到预期效果，而且往往还会给并购企业带来风险。比如，以非经济目标代替经济目标，过分强调"优帮劣、强管弱、富扶贫"的解困行为，将使企业并购偏离资产最优化组合的目标。

总之，并购风险复杂和广泛，企业应谨慎对待，多谋善选，将风险消除在并购的各个环节中，最终实现并购成功。

20.4 并购的防御策略

很多公司从自身利益出发，在投资银行等外部顾问机构的帮助下，开始重视采用各种积极有效的防御性措施进行反收购，以抵御来自其他公司的敌意并购。

20.4.1 反收购的经济手段

经济手段主要有四大类：提高收购者的收购成本、降低收购者的收购收益、收购收购者和适时修改公司章程等。

1. 提高收购者的收购成本

（1）股份回购

公司在收到收购威胁时可回购股份，其基本形式有两种：一是公司将可用的现金分配给股东，这种分配不是支付红利，而是用于购回股票；二是换股，即发行公司债、特别股或其组合以回购股票，通过减少在外流通股数抬高股价，迫使收购者提高每股收购价。但此法对目标企业颇危险，因负债比例提高，财务风险增加。

（2）寻找“白衣骑士”

“白衣骑士”是指目标企业为免遭敌意收购而自己寻找的善意收购者。公司在遭到收购威胁时，为不使本企业落入恶意收购者手中，可选择与其关系密切的有实力的公司，以更优惠的条件达成善意收购。

（3）“金色降落伞”

公司一旦被收购，目标企业的高层管理者将可能遭到撤换。“金色降落伞”则是一种补偿协议，它规定在目标公司被收购的情况下，高层管理人员无论是主动还是被迫离开公司，都可以领到一笔巨额的安置费。类似地，还有针对低层雇员的“银色降落伞”。但这种策略也存在弊端——支付给管理层的巨额补偿反而有可能诱导管理层低价将企业出售。

2. 降低收购者的收购收益或增加收购者风险

（1）“皇冠上的珍珠”对策

从资产价值、盈利能力和发展前景诸方面衡量，在混合公司内经营最好的企业或子公司被喻为“皇冠上的珍珠”。这类公司通常会诱发其他公司的收购企图，成为兼并的目标。目标企业为保全其他子公司，可将“皇冠上的珍珠”这类经营好的子公司卖掉，从而达到反收购的目的。作为替代方法，也可把“皇冠上的珍珠”抵押出去。

（2）“毒丸计划”

“毒丸计划”包括“负债毒丸计划”和“人员毒丸计划”两种。前者是指目标公司在收购威胁下大量增加自身负债，降低企业被收购的吸引力。例如，发行债券并约定在公司股权发生大规模转移时，债券持有人可要求立刻兑现，从而使收购公司在收购后立即面临巨额现金支出，降低其收购兴趣。“人员毒丸计划”的基本方法则是公司的绝大部分高级管理人员共同签署协议，在公司被以不公平价格收购并且这些人中有一人在收购后被降职或革职时，则全部管理人员将集体辞职。企业的管理层越强大、越精干，实施这一策略的效果将越明显。

（3）“焦土战术”

这是公司在遇到收购袭击而无力反击时，所采取的一种两败俱伤的做法。例如，将公司中引起收购者兴趣的资产出售，大大提高公司的负债，使收购者因考虑收购后严重的负债问题而放弃收购。

3. 收购收购者

这是作为收购对象的目标企业为挫败收购者的威胁企图进行反收购，并开始购买收购者的普通股，以达到保卫自己的目的。

4. 适时修改公司章程

这是公司对潜在收购者或诈骗者所采取的预防措施。反收购条款的实施、直接或间接提高收购成本、董事会改选的规定都可使收购方望而却步。常用的反收购公司章程条款包括：

(1) 董事会轮选制

董事会轮选制使公司每年只能改选很小比例的董事。即使收购方已经取得了多数控股权,也难以在短时间内改组公司董事会或委任管理层,实现对公司董事会的控制,从而进一步阻止其操纵目标公司的行为。

(2) 超级多数条款

公司章程都需规定修改章程或重大事项(如公司的清盘、并购、资产的租赁)所需投票权的比例。超级多数条款规定公司被收购必须取得 2/3 或 80%的投票权,有时甚至会高达 95%。这样,若公司管理层和员工持有公司相当数量的股票,那么即使收购方控制了剩余的全部股票,收购也难以完成。

(3) 公平价格条款

公平价格条款规定收购方必须向少数股东支付目标公司股票的公平价格。所谓公平价格,通常以目标公司股票的市盈率作为衡量标准,而市盈率是以公司的历史数据并结合行业数据确定的。

20.4.2 反收购的法律手段

诉讼策略是目标公司在并购防御中经常使用的策略。诉讼的目的通常包括:逼迫收购方提高收购价以免被起诉;避免收购方先发制人,提起诉讼,延缓收购时间,以便另寻"白衣骑士"。

目标公司提起诉讼的理由主要有三条:第一,反垄断。第二,披露不充分。即目标公司认定收购方未按有关法律规定向公众及时、充分或准确地披露信息等。第三,犯罪。除非有十分确凿的证据,否则目标公司难以以此为由提起诉讼。

反收购防御的手段层出不穷,除经济、法律手段以外,还可利用政治等手段,如迁移注册地、增加收购难度等。

20.5 并购案例

1. 背景

2000 年 6 月,仅被 ST 一个月的长江包装与泰港签订了转让部分国家股的《股权转让意向协议》。2000 年 11 月 26 日,泰港集团将评估价值高达 1.99 亿元的青神中岩旅游公司的 95%股权无偿赠送给长江控股。青神旅游注册资本为 4 400 万元,而根据东方资产评估事务所在该公司注册成立后的第二天(2000 年 11 月 23 日)提供的评估报告,该公司价值竟然在 1 日之内暴涨到 1.99 亿元,其中,无形资产占了 1.96 亿元。

ST 包装的准大股东四川泰港公司刚刚签署了股权受让协议,就立即向上市公司 ST 包装赠予了高达 1.89 亿元的资产。大股东拟向上市公司赠予的资产为四川青神中岩风景区旅游开发有限公司 95%的股权。这家于 2000 年 11 月才刚刚成立的旅游公司尚未产生经营效益，其评估前账面净资产值仅为4 581万元，但评估值却高达1.99亿元，评估增值约1.5亿多元，增值率为335%，原来，该旅游开发公司的土地使用权由原来的账面价值4 279万元评估增值为19 642万元，增值率高达358.98%。相应地，四川泰港将持有该公司95%的股权，价值增加到1.89亿元。

2. 合并后的影响

2001年2月22日，泰港集团注册成立四川甘孜大香格里拉旅游开发有限公司，注册资本高达2.968亿元，其中无形资产则达到2.94亿元！为此作出评估的依然是东方资产评估事务所。短短的1年内，长江控股为泰港集团及其关联企业泰港生物、西藏金山等公司的21笔贷款提供担保，平均每个月担保1.7笔，担保金额高达2.05亿元。通过各种各样的途径，泰港总共向银行骗贷整整10多亿元，而这些资金大多有去无回。2002年8月9日，四川泰港集团总裁刘邦成和公司董事汤建海等人涉嫌诈骗被拘。骗局结束了，但留下的疑问却很多：一是，很多企业比泰港更好，但为何统统被长江包装排除在外？二是，为泰港的21笔贷款担保中，长江控股"泰港系"外的另外7名，为什么不投反对票？三是，长江控股财务状况根本就不具备担保能力，但银行为何却仍源源不断地贷款给泰港及其关联企业？四是，东方资产评估事务所到底是怎样评估资产的？

试思考：泰港实业对ST包装的并购事件说明国内的并购机制还存在哪些问题？2000年发生了较多的并购上市公司行为，具体的原因有哪些？

3. 案例分析

(1) 第一，资产评估不透明；第二，并购机制不透明；第三，金融信贷问题。

(2) 原因主要有两个：从出让方和上市公司的角度来说，随着上市公司数量的越来越多，陷入经营亏损困境的上市公司数量也不断增加，部分上市公司的经营状况也越来越恶化，为了保牌和保壳，许多上市公司不得不从外面引入有实力的战略股东，对其实施重组；从买壳方来说，由于近年来中国股票发行机制和方式发生了很大的变化，日益朝着市场化发展，根据规定，企业在实施IPO发行上市以前，必须先注册成立后再由券商至少辅导一年，这无疑加长了企业发行上市的周期。与此相对应，中国证监会2000年5月至7月份相继出台了增发新股的政策规定，即实施重大资产重组且符合其他条件的上市公司可以增发新股，这无疑给非上市企业通过买壳借壳上市提供了一个契机，可以说，这两个因素的共同作用推动了2000年并购上市公司行为的大量发生。

案例分析

案例20-1 国美并购永乐案例

(1) 背景

2006年10月18日凌晨零时整，香港联合交易所发布了国美电器控股有限公司关于收购中国永乐电器销售有限公司的联合公告。国美于10月17日星期二下午4时整已就

2 245 898 565 股永乐股份接获收购建议的有效接纳，占永乐已发行股本约 95.3%，本次收购为无条件收购，在 11 月 1 日下午 4 时整之前仍接纳股份，之后，国美可根据法律强制收购未根据收购建议收购的永乐股份。

在完成强制收购后，永乐将成为国美的全资子公司，并将根据香港上市规则，撤销永乐在联交所的上市地位。收购建议的最后截止日期将为 2006 年 11 月 7 日。同年 8 月 29 日，永乐电器、国美电器以及保荐机构高盛、永乐财务顾问分别在香港联交所发布了公告，并分别致函双方股东，确定最后收购期限在 2006 年 10 月 17 日下午 4 时。按照上述双方在 8 月 29 日发布的联合公告所公布的合并时间表，10 月 17 日下午 7 时或之前，国美将于港交所网页刊发有关收购建议结果的公告。但到了 18 日凌晨零时整香港联合交易所才公布了国美电器与中国永乐的联合公告。至此国美收购永乐一事终于尘埃落定。从 2007 年 2 月起到 2007 年 12 月 31 日，国美电器将向上海永乐出售或者购买产品。国美承认，订立该协议是为了发挥更佳的统一采购优势并确保国美和永乐货源充足，从而使得国美和永乐都能受益于此项合并。此项协议中最关键的一笔是，无论是购买还是销售，国美电器与上海永乐之间的交易均以“成本价”展开。

(2) 合并的具体方案

由于载于合并文件及接纳表格内的收购建议，所有其他条款维持不变，因此按照 7 月 25 日晚 19：30 左右两公司首先联合发布的《国美、永乐合并背景及公告内容》，双方多轮博弈后达成的“股权＋现金”收购方案是：永乐 1 股换 0.324 7 股国美股份加 0.173 6 港元现金补偿。按照此价格，永乐股份相当于以 2.235 4 港元价格被收购，较 7 月 17 日永乐停牌价溢价 9%。而国美在换股后，需向永乐再支付 4.09 亿港元现金。至此，国美为收购永乐付出的“总代价”为 52.68 亿港元，约合 55.97 亿元人民币。

试思考：

(1) 国美和永乐的合并有哪些协同效应？

(2) 国美和永乐的合并方式有什么特点？

本章小结

本章对兼并与收购进行了系统的阐述，在介绍兼并与收购的概念以及兼并与收购的异同点之后，分析了兼并与收购的目的意义、商业策略、并购的风险，协同效益和兼并与收购的企业价值，并对兼并与收购的防御策略及反收购的法律手段等内容做了阐述。

兼并(merger)与收购(acquisition)是企业扩张与增长的一种方式，而且也是通过内部或有机的资本投入实现增长的一种可供选择的方法。有时，公司宁愿选择收购这种外部的增长方式，来实现内部增长。

思考题

1. 什么是兼并与收购？两者有何异同？
2. 什么是并购的协同效应？体现在哪些方面？
3. 有哪些反收购的策略可以采取？分别有哪些局限性？

习题

1. 单项选择题

(1) 通过产权的有偿转移而实现的企业间的购并，称为(　　)。

A. 企业兼并　　B. 企业分立　　C. 企业联营　　D. 股权交易式并购

(2) 并购后企业的净收益超过并购前企业的净收益，是由于(　　)的作用。

A. 商誉　　B. 协同效应　　C. 财务杠杆　　D. 规模效益

(3) 企业能通过兼并活动实现外部增长的原因在于(　　)。

A. 降低代理成本　　B. 协同效应

C. 实现战略重组，开展多元经营　　D. 以上答案都对

(4) 当并购公司与目标公司处于同一个行业，生产或经营同一产品时，属于(　　)。

A. 横向并购　　B. 纵向并购　　C. 混合并购　　D. 综合并购

(5) 公司的普通股的市场价格低于公司净资产的重置价值，这家企业被认为可能是(　　)。

A. 抵押贷款企业　　B. 杠杆赎买企业

C. 接管企业　　D. 集团公司

2. 多项选择题

(1) 企业并购的主要动机有(　　)。

A. 协同效应　　B. 获取特殊资产

C. 管理层动机　　D. 多元化经营

(2) 并购所产生的协同效应主要包括的内容有(　　)。

A. 管理协同效应　　B. 财务协同效应

C. 组织协同效应　　D. 经营协同效应

(3) 一家有实力、有前途的公司，并购一家经营不善、所处行业萎缩、不景气的公司的可能动机包括(　　)。

A. 土地资源　　B. 有效的管理队伍，优秀的科研力量

C. 多元经营　　D. 品牌、商誉

(4) 采用资产置换的方式作为并购的支付手段，价值评估时要评估(　　)。

A. 目标公司的未来收益的大小和时间预期

B. 置换资产或股权的未来收益

C. 目标公司的价值

C. 市场风险

3. 计算分析题

公司 A 以每股 20 元的价格收购公司 B 的股票，(1)目前公司 A 的股价为每股 26 元，而公司 B 股价为每股 16 元，并购后，公司 A 股价预计可达到每股 29 元，试问交换比率为多少？(2)购并公司 B 后，公司 A 的每股收益为 1.50 元，若购并前公司 A 的 P/E 为 14，而购并后的股价为每股 28 元，试问购并后 A 公司的 P/E 为多少？

第21章 跨国公司财务

本章框架体系

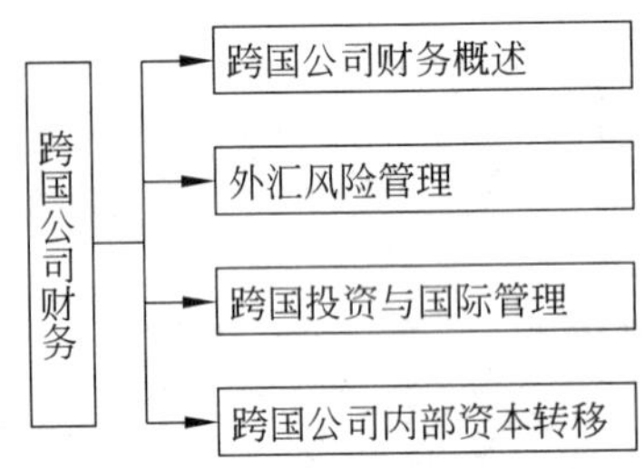

学习目标

1. 掌握跨国公司财务管理的基本内容和基本方法。
2. 掌握外汇的定义特征,外汇风险的概念、规避方法和外汇风险管理决策程序。
3. 了解跨国投资和筹资管理的相关内容。

导 读

当公司步入“鲤鱼跳龙门”阶段时,只靠自有资金滚动发展很有可能会错失良机。此时,创业者都希望能与境外成熟的战略投资者牵手,完成国际化的蜕变。

2004年6月16日,腾讯QQ正式在香港挂牌上市,简称为腾讯控股。在此次上市中,其超额认购的首次公开募股(IPO)将带来总计14.4亿港元的净收入,拥有公司14.43%股权的马化腾个人资产接近9亿港元。

腾讯此次IPO成功无疑是国内民营企业牵手境外资本的成功范例。从1998年注册资本仅为50万元人民币的腾讯计算机(腾讯控股的前身)到今天价值约60亿港元的腾讯控股,国际投资机构功不可没。

2000年4月,IDG和香港盈科共投入220万美元风险投资,分别持有腾讯控股总股本的20%,马化腾及其团队持股60%。220万美元的风险资金,为腾讯日后的迅速崛起奠定了基础。

2001年6月,在以110万美元的投资,不到一年即获得一千余万美元的回报后,香港盈科又以1 260万美元的价格将其所持腾讯控股20%的股权悉数出售给MIH米拉德国际控股集团公司。起源于南非的MIH传媒巨头不满足于从盈科手中购得20%腾讯股权,又从 IDG 手中收购了腾讯控股 13%的股份。此后的 2002 年 6 月，MIH 又从腾讯控股其他主要创始人购得 13.5%的股份。此时，MIH 的连连出手使得腾讯的股权结构变为创业者占 46.3%、MIH 占 46.5%、IDG 占 7.2%，MIH 成为腾讯最大的股东。

按常规来看，一旦看清了腾讯的成长潜力，MIH 下一步将不甘仅仅成为一个参股投资的角色。事实却证明 MIH 最终仍然扮演着参股投资的安分角色。这就会引出一个疑问：在曾经占据股权优势的背景之下，MIH 为何放弃绝对控股而接受与腾讯创业团队各占 50%的股权安排？腾讯又有什么撒手锏让对方没有对自己进一步"蚕食鲸吞"呢？

业内人士认为，尽管 MIH 拥有强大的资金实力，但对于腾讯控股而言，一旦没有马化腾及其他主要创办"人"的努力，公司的运营和进一步发展就会失去方向，甚至对公司的运营和财务状况都会产生很大影响。除了马化腾创业团队的不可取代的地位外，腾讯控股自身的技术支持也成为 MIH 不敢仅仅凭借股权优势就对腾讯控股实施绝对控股的掣肘之一。

正是因为腾讯在正确取悦投资者的同时，仍然不放弃保持和发掘自身的优势，从而掌握了与境外"天使"们较量的底牌。得与失的平衡，自身优势才是制胜砝码。

跨国公司财务管理是财务管理的一个新领域，在经济全球化的今天，跨国公司不断壮大，跨国公司的财务管理成为新课题。

本章内容

21.1 跨国公司财务概述

1. 跨国公司的定义

跨国公司通常是以本国为基地，通过对外直接投资，在其他国家或地区建立分支机构，从事国际化生产经营活动。跨国公司一般由母公司、分公司和子公司等基本单位组成。

母公司是拥有直接投资，并对接受投资的经济实体(分公司和子公司)进行控制的法人组织。它在本国(称为母国)注册，负责组织和管理跨国公司在国内外的全部经营活动。分公司是受托代表母公司在其所在国进行各项业务活动的非独立经济实体，是母公司的派出机构，所有权全部属于母公司，没有自己独立的名称、章程、资产，不进行独立的财务核算，日常的经营直接受母公司的控制。子公司是指在法律上独立于母公司，但实际上受制于母公司的经济实体。跨国公司的国外子公司是在其所在国(称为东道国)注册的法人组织，一般拥有自己独立的名称、章程、资产等，实行独立的财务核算，并对各项业务活动进行决策和管理。但是，其所有权部分或全部属于母公司，生产经营活动间接受控于母公司，母公司通过子公司的董事会、股东大会或常驻代表对子公司进行控制，这种控制作用与母公司在子公司控股比例成正比。

2. 跨国公司的特征

跨国公司与单一的国内企业相比，有许多不同之处，由此形成了跨国公司鲜明的特征。

(1) 跨国公司具有全球战略目标

一般情况下，跨国公司在全球范围内至少拥有几个生产和经营单位，一些庞大的跨国公司则拥有数百甚至成千上万个子公司、分公司、工厂和销售点等。这些分布全球的分支机构的生产经营活动都围绕母公司的战略目标——整个跨国公司的利益最大化进行。

(2) 跨国公司实行一体化的经营管理

跨国公司有一套强有力的管理体制和方法，在整个公司范围内实行一体化的集中管理。跨国公司的最高决策机构是董事会，下面设有总经理或各种执行委员会，它们对各子公司的资金筹措、投资活动、人事安排、利润上缴等重大生产经营活动拥有全部或大部分的决定权。

(3) 跨国公司运用灵活多样的经营策略

跨国公司面临着复杂的国际政治、经济、军事、文化和社会环境，以及极其众多强大的竞争对手，同时各地子公司所在东道国情况也瞬息万变，因而，跨国公司在采取一体化领导的前提下，会运用灵活多样的经营策略。

(4) 跨国公司具有强大的研究和开发能力

许多资料和研究表明，跨国公司是当今世界上最主要的研究和开发力量之一。实际上，众多跨国公司，尤其是美国的制造业跨国公司正是依赖雄厚的技术优势和开发能力，在技术密集型行业从事生产经营活动，形成了一个个庞大的企业王国。为了保持已有的领先地位，跨国公司又投入大量资金用于研究和开发高新技术，进一步巩固自己的竞争优势地位。

(5) 跨国公司具有较大的经营风险

跨国公司与单一的国内企业相比，更多地暴露于国际政治经济环境，并面临着特有的东道国经营环境。因而，跨国公司除了国内企业所具有的经营风险外，还面临着三类风险。一是政治风险，即指国际经济往来活动中的由于政治因素而造成经济损失的风险；二是财务风险；三是其他风险。

(6) 跨国公司从事综合性的生产经营活动

单一的国内企业的生产经营活动领域主要局限于本国国内，即使它们的触角伸向国外也只是从事少数业务或活动，零星地、偶然地与国际市场相联系。但是跨国公司的生产经营活动与之完全不一样。跨国公司在国外从事的生产经营活动包括资本、商品、技术、人员、管理、信息、资源等多种生产要素的运动和配置。这种综合性的、一揽子的活动是长期的、经常的、主动的，并且和东道国企业一样，参与了当地再生产的全过程。

3. 跨国公司财务管理的环境

从系统论的观点看，环境是指被研究系统之外的、对被研究系统有影响作用的一切系统的总和。因此，跨国公司财务管理以外的并对跨国公司财务管理系统有影响作用的一切系统的总和，便构成了跨国公司财务管理的环境。与单纯的国内企业财务管理相比，跨国公司财务管理的环境要复杂很多，它是一个多层次、多方位的复杂系统，纵横交错、互相制约，对跨国公司财务管理产生重要的影响。

4. 跨国公司财务管理的目标

跨国公司财务管理的目标是跨国公司进行财务管理活动所希望实现的结果，是评价跨国公司财务活动是否有效、合理的标准。跨国公司财务管理的目标具有以下特点。

(1) 跨国公司财务管理的目标具有多元性

跨国公司财务管理目标的多元性是指跨国公司财务管理的目标不是单一的，而是适应多因素变化的综合目标群。跨国公司财务管理是一个系统，其目标也是一个多元的有机构成体系。

(2) 跨国公司财务管理的目标具有层次性

跨国公司财务管理目标的层次性是指跨国公司财务管理的目标是由不同层次的系列目标所构成的目标体系。该目标体系有整体目标、分部目标和具体目标三个层次。

整体目标是跨国公司进行跨国公司财务管理所要达到的目标，它决定着分部目标和具体目标；分部目标则是指在整体目标的制约下，进行某一部分财务活动所要实现的目标；具体目标是在整体目标和分部目标的制约下，从事某项具体财务目标所要达到的目标。

(3) 跨国公司财务管理目标具有复杂性

跨国公司的经营业务分布在多个国家，跨国公司财务管理受到多种复杂的理财环境的影响，并受到各国固有的财务管理惯例的制约。因此，跨国公司对财务管理目标的选择变得更为复杂。

5. 跨国公司财务管理的内容

跨国公司的管理系统按照其功能分成生产管理系统、市场管理系统、财务管理系统、人力资源系统和研究与开发系统。跨国公司的财务管理系统要求能够适应公司的生产管理和市场营销管理系统，适应世界有关国家的金融、财政、税收、财务和会计法规及惯例，对各海外子公司的筹资决策、投资决策、财务预算、利润分配决策进行控制。由此，跨国公司的财务管理较之国内企业的财务管理有更为丰富的内容。跨国公司财务管理是财务管理的一个新领域，它是按照国际惯例和国际经济法的有关条款，根据跨国公司财务收支的特点，组织跨国公司的财务活动，处理跨国公司的财务关系的经济管理工作。

跨国公司财务管理应包括如下内容：跨国公司财务管理环境、外汇风险管理、跨国公司投资和筹资管理、跨国资本运作等。

21.2 外汇风险管理

21.2.1 外汇及外汇汇率

外汇(foreign exchange)是“国际汇兑”这一名词的简称。其动态的含义是把一个国家的货币兑换成另一个国家的货币，借以清偿国际间债权债务关系的一种专门性的经营活动；其静态的含义是指以外币表示的用于国际结算的支付手段。财务管理中的外汇一般都是指其静态的含义。

外汇一般需要具备三个条件：①必须是以外币表示的资产；②必须可以兑换成其他形式的资产或以外币表示的支付手段；③必须能被实行一定货币制度的一国政府所控制。

外汇是以外币表示的信用工具和有价证券。我国外汇管理条例规定，外汇的具体内容包括：

(1) 外国货币，包括纸币、铸币；

(2) 外币支付凭证，包括票据、银行存款凭证、邮政储蓄凭证；

(3) 外币有价证券，包括政府债券、公司债券、股票等；

(4) 特别提款权(SDR)、欧洲货币单值(ECU)；

(5) 其他外汇资产。

外汇汇率是两种货币兑换的比率，即一国货币用另一国货币表示的价格。汇率(exchange rate)称为汇价或外汇行市。

确定两种不同货币之间的比价，首先要确定用哪个国家的货币作为标准。由于确定的标准不同，在国际外汇市场上便产生了两种不同的外汇汇率标价方法——直接标价法(direct quotation)和间接标价法(indirect quotation)。

直接标价法是指以一定单位(1个外币单位或100个外币单位)的外国货币作为标准，折算成若干本国货币来表示其汇率的标价方法。间接标价法是指以一定单位的本国货币为标准，折算成若干数额的外国货币来表示其汇率的标价方法。

21.2.2 外汇风险

外汇风险是指国际债权债务中约定以外币支付时，因汇率变动给公司持有的以外币计价的资产、负债、收入和支出带来的不确定性。这种不确定性所带来的影响是双向的，既可能是有利影响，给公司带来收益；也可能是不利影响，使公司发生损失。从规避风险的角度分析，通常把外汇风险视为外汇损失的可能性。

1. 外汇风险对象

承担外汇风险的不是公司持有的全部外币资产和负债，而只是其中的一部分。这部分承担外汇风险的外币资本通常称为受险部分、外汇敞口或风险头寸。

2. 外汇风险的构成要素

外汇风险一般是由外币、时间和汇率变动三个因素共同构成的。从成交到收款的时间越长，汇率变动的可能性越大，外汇风险就大；外币与本币的汇率变动幅度越大，外汇风险也越大。

3. 外汇风险的类型

企业的外汇风险一般可以分为交易风险、折算风险和经济风险。

(1) 交易风险

交易风险是指企业以外币计价的各种交易过程中，如以信用方式进行的进出口交易、外汇借贷交易、外汇买卖、远期外汇交易以外汇进行投资等，由于汇率变动使折算为本币的数额增加或减少的风险。

(2) 折算风险

折算风险(translation exposure)也可以称为会计风险。所谓折算是指将国外附属公司的外币会计报表，采用一定的方法，按照一定的汇率进行折算，以母公司所在国的货币来表示，以便汇总编制整个公司的合并会计报表。折算风险就是指由于汇率变动，报表的不同项目采用不同汇率折算，因而产生损失或利得的风险。

(3) 经济风险

经济风险(economic exposure)是指由于汇率变动对企业产销数量、价格、成本等经济指标产生影响，从而使企业未来一定时期利润和现金净流量减少或增加，引起企业价值变化的一种潜在风险。

上述三种风险对公司的影响程度是不同的。对交易风险来说，汇率变化随时间的变化而不断对交易过程产生影响；对折算风险来说，汇率变化只对某一变动点之前或到这一变动点时的过去情况发生影响；对经济风险来说，汇率变化只对变动后的情况产生影响。在这三种风险中，按其影响的重要性不同排序依次为交易风险、折算风险和经济风险。

21.2.3 外汇风险的规避方法

1. 交易风险的管理

对交易风险进行管理，一般可以采取以下方法。

(1) 选择有利的计价货币

① 进出口商品如果能够采用本国货币计价的话，则不论汇率如何变动，也没有外汇风险，进出口以本国货币计价比用外币计价更有利。

② 在进出口贸易中，对出口收汇应争取用硬货币，进口付汇应争取用软货币。为了使交易双方分担汇率风险，还可以采取软硬货币各半的方式，硬货币币值上升，软货币币值下降，相互抵消，可以减少汇率变动的风险。

③ 在进行外币借款时，一般应争取借软货币。当然，还要考虑利率的高低。对一家企业来说，借入多种货币比较适宜。借入多种货币，汇率有升有降，利率有高有低，可以分

散风险；借入一种货币，往往很难准确判断其汇率变动情况。

（2）适当调整商品的价格

在进出口贸易中，一般应坚持出口收硬货币、进口付软货币的原则，但有时由于某些原因使出口不得不用软货币成交、进口不得不用硬货币成交，这样就存在外汇风险。为了弥补风险，可以采取调整价格法，主要包括加价保值和压价保值两种。

（3）在合同中订立货币保值条款

在交易谈判时经过双方协商，在合同中订立适当的保值条款，以防止汇率变动的风险，可以采用的货币保值工具有硬货币保值、"一篮子"货币保值和黄金保值等。

（4）提前或延期结汇

这种方法是指在国际支付中，通过预测支付货币汇率的变动趋势，提前或延期支付有关款项，即通过更改外汇资本收付日期来抵补外汇风险或得到外汇汇率上升的好处。

（5）在合同中加列汇率风险分摊条款

当使用某一种货币计价成交时，可以在合同内加列风险分摊条款，注明如计价货币汇率发生变动，则以汇率变动幅度的一半重新调整货物价格，由双方共同分摊汇率变动带来的损失或收益。

（6）以远期外汇交易防范风险

在进行远期外汇交易时，企业与银行签订合同，在合同中规定买入、卖出货币的名称、金额、远期汇率、交割日期等。从签订合同到交割这段时间内汇率被以远期外汇合约的方式固定下来，可以及早确定企业收支的数额，排除日后汇率变动的风险。

（7）以外汇期权交易防范风险

所谓外汇期权，是指外汇期权交易双方按照协定的汇率，就将来是否购买某种货币的选择权，或是否出售某种货币的选择权，预先签订的一个合约。外汇期权合约给期权买方的是权利，而不是义务，即在将来规定的日期内按规定的汇率，买或卖一定数量的外汇。外汇期权交易与远期外汇交易相比具有一定的灵活性，到期是否执行合同可以选择，能使企业避免汇率的不利变动所带来的影响，又能从汇率的有利变动中获得好处，但支付的费用较多。

2. 折算风险的管理

对折算风险进行管理，主要采用资产负债平衡的方法。此外，远期外汇合同法以及货币市场借款和投资法也可用于折算风险的管理。

资产负债平衡法主要是将有风险的资产和有风险的负债进行平衡。当风险资产数额大于风险负债数额时，有两种类型的资产负债平衡法可以应用，一是减少风险资产；二是增加风险负债。资产负债平衡法通常用于减少折算风险，但也用来抵消交易风险和经济风险。

3. 经济风险的管理

经济风险涉及销售、生产、原料供应以及工厂布局等各个方面，对经济风险管理的决策超越了财务经理的职能，往往需要总经理直接参与决策。因此，对经济风险进行管理的重要方法是走多元化道路，不仅是财务方面，更重要的是经营方面的多元化。经营多元化既是指在不同业务领域经营，又是指在不同地区、不同国家经营。财务方面的多元化指筹资多元化、投资多元化，企业可以将外币应收款与外币应付款进行配合。

21.2.4 外汇风险管理决策程序

外汇风险管理是一项复杂的工作，必须按科学的决策程序进行。

(1) 确定恰当的计划期

确定计划期的目的是为了预测汇率变动，估计受险金额而确定一个时间范围。

(2) 确定外汇风险受险额及结构

确定计划期后，计算该期间内的外汇风险受险额以及外汇风险受险额的分布结构，如币种、结算期。

(3) 预测汇率变化情况

外汇风险产生的根本原因是汇率的变动，预测汇率的变动情况是外汇风险管理的关键和难点。汇率变化的预测包括相互联系的三个方面：变动的趋势、变动的时间点和变动的幅度。进行汇率预测需要综合考虑以下因素：

① 国际货币储备额定变化；

② 国际收支的变化；

③ 通货膨胀程度；

④ 金融与财政政策；

⑤ 其他影响汇率的因素。

(4) 综合分析外汇风险，采取适当的避险方法。

这个步骤要求在前面步骤的基础上，综合考虑各方面的影响因素，针对国际企业的外汇业务的实际情况，判断外汇汇率的变动对本企业外汇业务的影响，以及存在风险的程度，采取规避措施，选择最有效、最经济的规避方法。

21.3 跨国投资与国际筹资

所谓跨国投资，是指投资者将其资金投放到其他国家。跨国投资是跨国公司重要的财务活动之一。通过国际投资，不仅有利于企业学习国外的先进技术和管理经验，也有利于企业了解国际市场动态，使产品进入国际市场分散企业的经营风险；但国际投资面临的环境比国内投资更复杂，承担的风险也更大。因此，在进行跨国投资之前必须进行详细的分析论证。

21.3.1 跨国投资

(1) 跨国投资的作用

跨国投资通常有以下几方面的作用：

① 一个企业在外国投资经营时，可以达到优势互补的作用，发挥当地竞争者不具有的一些技术、管理等优势，利用当地廉价劳动力、自然资源及市场的有利条件，使企业获得

更多的利润。

② 通过跨国投资，往往可以带动本国产品的出口及技术的输出，开拓并占领国际销售市场，增加外汇收入。

③ 通过跨国投资，便于从国外直接获取先进技术和管理经验，也便于国内企业从国外引进技术设备及其管理方法。

④ 通过跨国投资，便于了解国外经济发展动态及市场动态，及时为国内企业提供经济信息。

⑤ 对于原材料供应依赖进口的企业，通过在原材料供应国投资设厂，可使原材料的供应得到保证。

2. 跨国投资的方式

跨国投资按其方式的不同，可分为国际直接投资和国际间接投资。

(1) 国际直接投资

国际直接投资又称对外直接投资，是指投资者在国外创办企业或与当地资本合营企业，投资者对所投入的生产要素使用过程的管理拥有直接控制的权力。

(2) 国际间接投资

国际间接投资又称国际证券投资，是指投资者在国际金融市场上购买外国的公债、公司的债券或公司股票等而进行的投资。

国际投资除了直接投资和间接投资外，还包括一些灵活的投资方式，如国际租赁、国际承包等。无论采用哪种形式进行投资，投资者都必须做出投资决策，对各种具体方案进行可行性分析，从而做出选择。

3. 国际投资决策

国际投资决策是指国际企业运用科学的方法对众多投资项目进行筛选，从中选出若干个可行的项目进行综合分析比较，最后确定一个最优的投资项目的过程。

国际投资决策是国际企业执行全球性投资的一种战略决策。由于世界各国地理位置不同，经济发展不平衡，政治法律不一致，导致各国的投资环境不同，在不同的投资环境中进行投资是一种分散投资风险的途径。因此各个国家的大公司都纷纷组成国际企业，在许多国家之间进行直接或间接投资，以期带来可观的经济效益。国际投资决策与国内投资决策相比，两者有很多共同之处，它们所运用的基本原则和方法是相同的。但国际投资涉及的面很广，国际环境比较复杂，在做出投资决策之前，要充分考虑其他国家的政治、经济、东道国政府的态度等因素对投资的影响。因此，国际投资决策比国内的投资决策更为复杂。

一般讲，依据全球战略目标，测算各种方案的现金流量、投资收益率、投资回收期等指标是用来评估是否要投资或如何取得最佳投资效果的基础；同时，在测算各种指标的基础上还要考虑到各种不同投资环境所带来的影响，以便使投资决策更为合理。

国际投资决策与国内投资决策的指标测算中的不同之处在于：①现金流量的测算的复杂性不同；②资本成本测算不一致。

4. 国际投资风险分析

在进行投资决策时，首先要对风险因素进行分析，以便于国际投资者做出较为明智的决策。国际投资除了遇到像国内投资的经营风险、财务风险外，还会遇到许多国内投资不曾有的风险，概括来讲有两类：经济上的风险和政治上的风险。

(1) 经济上的风险

① 外汇风险：是指由于各国货币汇率的变动而造成投资者损失的风险。

② 利率风险：主要是指在投资过程中因受利率的变动对该投资者的收益带来的影响。

③ 通货膨胀风险：物价变动对投资者来说是个无法控制又直接影响投资决策的因素。

(2) 政治上的风险

① 国家政治变动的风险：国际投资需要东道国有一个相对稳定的投资环境，因为政局不稳定会给经济的发展带来影响，从而会影响每个投资者的利益。

② 法律政策变动的风险：投资者在没有了解东道国国家法律政策、法规出台的目的和内容时，是不会轻易进行投资的，当东道国国家的法律、政策发生变化时，投资者必须适应新的法律、政策。

无论是经济上的风险还是政治上的风险，投资者都应认真对待，在做出投资决策前要仔细分析。产生投资风险的各个因素不是单个在起作用，而是互相交错地共同影响着投资者的投资决策，因此投资者应全面考虑各风险因素的影响。

5. 国际投资可行性分析

国际投资可行性分析是对各个具体的国际投资项目进行分析、预测和评价，来判断投资者能否达到预期的目的，然后决定其可行或不可行。具体地说，是要研究该项目在技术上是否可行、经济上是否有生命力、财务上是否有利，需要多少人力、物力和财力等一系列问题。为了减少投资的风险，在国际投资的可行性分析中一定要进行不确定性分析，以预测投资项目可能承担的风险，确定投资项目在经济上是否可行、可靠。

不确定性分析包括盈亏平衡分析、敏感性分析和概率分析。盈亏平衡分析是静态的不确定性分析，敏感性分析和概率分析是动态的不确定性分析。

21.3.2 国际筹资

国际筹资是指企业在本国之外的资本市场筹集资金。国际企业具有比国内企业更多的资金来源。

国际企业的跨国资金来源包括：

1. 子公司东道国的资金来源

国际企业的海外子公司是在其所在国(称为东道国)注册的法人组织，因此国际企业也可从其海外子公司的东道国筹集资金，海外子公司可以在当地银行借款。

2. 国际金融市场和国际金融机构的资金来源

国际企业除了从内部、母公司、子公司东道国取得资金来源外，还可以从国际金融市场和国际金融机构获得资金。国际金融市场是在全球范围内进行融通、有价证券买卖以及相关的国际金融活动的场所。国际金融机构是由许多国家共同兴办的，为达到某些共同目的，在国际上进行金融活动的机构，按照其业务范围，可分为全球性金融机构和区域性金融机构两大类。

国际企业跨国筹资方法包括：股票融资；国际债券筹资；银行贷款；平行融资；欧洲货币、亚洲货币贷款；美国预托凭证和国际预托凭证。

跨国筹资必须重视以下两个问题：

(1) 必须重视利率、汇率和税率这三个基本要素。这三个基本要素决定筹资相对成本——国际企业在国家之间筹资所承受的成本之比较。

(2) 必须考虑资金来源地的管制程度。这里的管制是一个广义的概念，不仅包括外汇的管制、进出口管制，还包括对贷款本身的管制。

21.4 跨国公司内部资本转移

跨国公司内部资本转移有多种方式：

1. 股利汇出

股利汇出是跨国公司的子公司向母公司转移资本最重要的手段。股利汇出通常占全部汇出资本的一半。跨国公司采取股利汇出资本时，应着重考虑以下几个因素：税收因素；外汇风险因素；外汇管制因素；筹资因素。

2. 特许权使用费和管理费

特许权使用费和管理费作为资本内部转移方式，相对于转移价格和股利来说，对跨国公司更为有利。特许权使用费和管理费可以看作是无形资产要素的转移价格，但无形资产要素与有形物质产品不同的是，它们往往没有相应的市场价格作参考。因此，跨国公司运用特许权使用费和管理费就更便于对付东道国税务机关的监督和检查。而对股利，当东道国的税率高于母国税率时，特许权使用费和管理费又有节税的好处。因为股利汇付必须在所得税缴纳之后，而各种费用却可以作为税收基础的减项在所得税之前扣除。

3. 提前与延期结汇

跨国公司内部资本转移的一个重要原因是公司内部有商品的交换。母公司可通过修改子公司间的信用期限以便提前与延迟结汇，也是子公司间资本转移的一个重要手段。一般来说，提前结汇相当于把资本从买方子公司转移给了卖方子公司，而延迟结汇则相当于把资本从卖方子公司转移到买方子公司。从理论上讲，提前或延迟结汇可为跨国公司内部资本转移提供较大的灵活性。

4. 多边冲销与再开票中心

多边冲销是指多家子公司之间进行相互交易的账款抵消结算。多边冲销技术给跨国公司带来两方面的好处：①收支冲销技术能降低资本的实际转移额；②由于冲销一般是以固定汇率在确定的日期统一进行的，因此就为跨国公司外汇风险管理和现金需求预测带来了更大的迫切性。

5. 公司内部贷款

对资本抽回管制较严格的地区，一般可以采取公司内部信贷的方式转移资本，即以母公司或其他子公司向该地区贷款的方式供应资本，并按高利率收取利息，以便在短期内将资本调回本国。通过内部信贷的方式转移资本还可以利用不同地区间利率的高低差别，将低利率地区的资本调到高利率地区使用。一般来说，由地处利率较低地区的子公司在当地借款，然后将这笔资本贷给投资收益率较高或利率较高地区的子公司使用。

6. 转移价格

对跨国公司来说，转移价格既可以加速跨国公司内部的资本转移，也可以降低整个公司的税负和保持外汇平衡。其作用主要表现在：资本配置；降低税负；调节利润水平。

案例分析

案例 21-1 宣化钢铁的外汇管理

宣化钢铁集团有限责任公司是国家大中型钢铁企业(以下简称宣钢)，自 2001 年开始，企业规模不断扩大、水平不断提高，设备更新改造和技术改进节奏加快，进出口贸易额大幅度增加，从而导致贸易过程中潜在的外汇风险加剧。为规避外汇风险，宣钢利用远期外汇结售汇、押汇、期权等金融工具对自营进出口货物进行外汇风险管理，取得了显著成效。2001—2003 年，公司总贸易额 35 亿元人民币，通过化解外汇风险，产生直接经济效益 1 968 万元人民币。同时宣钢整体外汇风险管理水平也不断提高，不仅较大程度地应用了现有的金融工具，同时也为在未来汇率即将开放的环境下规避外汇风险奠定了基础。

一、宣钢实施外汇风险管理的背景

我国目前已成为一个进出口贸易大国，2004 年，对外贸易再创新高，全国进出口贸易总额达 11 547 亿美元，名列美国、德国之后，成为世界第三大贸易国，比上年增长 35.7%，净增长 3 037 亿美元。在 2004 年海关统计的进出口额度中，我国与欧盟国家贸易量的比重很大，居日本之后列我国十大进口国的第二位。我国从欧盟国家进口产品中很大一部分是技术含量高的机械设备、精密仪器。这部分贸易目前都直接或间接地使用欧元来报价和进行成本核算。由于人民币汇率目前仍与美元挂钩，与欧元的兑换率随外汇市场自由浮动，这就使得企业不可避免地要面对汇率风险。

经营进出口业务的外贸企业和生产企业一般在国际贸易中面临三种风险：一是由于外汇汇率波动使企业的未来收益变得不确定的经济风险；二是由于外币汇率波动而使企

业的应收外币资金与应付外币价值变得不确定的交易风险；三是由于外币汇率变化而使涉外企业的资产负债表中某些外汇项目金额发生变动的会计风险。宣钢同样也要面对这些风险。

二、以保值的理念控制外汇风险

正确的保值理念首先要树立“固定成本”的概念：锁定成本、规避风险是保值交易的根本出发点。其次不应以投机的思维看待保值，保值者的盈利状况能够进行事前的估算与衡量。因此，保值者关注市场的主要目的应是寻找降低成本和锁定成本的市场时机。

为控制未来现金流并保持长期项目的连续性，宣钢以保值的理念规避与管理汇率风险，将债务成本固定在公司财务所能承受与认可的范围之内。保证预算支出，维持稳定与可预见的现金流。不断降低公司的债务成本支出，从而保障持续盈利；同时，防范外汇汇率向不利方向波动而导致公司债务成本增加。

宣钢在外汇管理中随着管理目标的不同，采取固定汇率、期权等金融工具来消除汇率波动的影响，从而达到多种保值增值的目标。经过近几年的实践，目前在组织结构、管理模式、实施步骤、风险评价上已经形成了一套办法。宣钢公司成立了外汇风险管理办公室，秘书处设在进出口公司，成员单位是财务处、计划处、工程指挥部、进出口公司、企管办及具体设备或原料的使用单位。公司董事长直接负责，并由董事会授权操作外汇额度、最高成本。管理模式是项目负责制，具体到每个项目。

由相关的成员单位提出成本要求，并根据市场状况确定公司能承受的风险水平。董事长签字确认项目计划和风险水平以及最高成本线。进出口公司根据宣钢公司对项目签署的意见，选择可以实现预期目标的金融工具后，与银行等金融机构签署意向协议。公司项目计划、银行协议、资金申请三单备妥后，进出口公司将有关材料报宣钢公司财务处进行审核、批准和资金拨付。然后，与银行签定正式协议并进行外汇锁定或期权买卖。项目进行完毕，设备或原料入库，按照实际执行汇率确定进厂价格，公司将价格与计划价比较，确定无超支的情况下完成交接。财务处对公司进出口业务分季度、年进行项目风险评价。按照事先确定的计划目标，判断项目完成情况和实施水平，并与考核指标挂钩进行奖罚。通过以上办法，宣钢把外汇风险管理纳入正常的管理程序，建立了良好的运行机制，设立专门的操作和监管部门进行管理，由董事会负责保值政策的制定与重大问题的决策。成立专门的风险管理办公室，负责保值交易的具体实施并将相关情况向董事会汇报；建立、健全内部授权机制，明确办公室职责与权利，确保成功保值；将进出口业务与财务核算衔接起来，通过有效沟通使董事会能够掌握资金的整体运作。

三、外汇金融工具在宣钢的应用

1. 即期外汇买卖

宣钢进口产品包括铁矿石和设备、备件，出口产品主要为钢材和化工产品。按照国际大宗原料贸易惯例，铁矿石的进口和钢铁、化工产品出口均以美元计价。1995—2000年，宣钢还没有外汇风险管理的概念，收款和付款同样为美元，而美元相对人民币多年保持稳定，因此，所有的业务都采用即期外汇买卖。以2002年3月15日提单的一船6.2万吨矿石为例，该船矿石价格为：天津新港到岸价为36美元/吨。宣钢于2月10日开出100%的即期信用证，卖方实际交单日期为3月15日。3月21日，银行通知议付，3月25日，宣钢通知银行付款，付款金额为 223.2 万美元。3 月 25 日，国内美元现汇卖出价为 8.28，宣钢按照这个价格购汇，实际付款为 1 848.096 万元人民币。

2. 远期结售汇的操作

宣钢使用远期外汇买卖是从 2002 年大量进口成套设备时开始的。当时的进口设备供货商 90% 为欧盟成员国，如德国、法国、意大利、卢森堡等，这些国家的公司在投标时无一例外是用欧元报价的，具体执行时可以换算成美元，但换算比例是按签订合同当日的汇率中间价格确定的。下面以 2002 年 5 月宣钢进口"15 000 立方米制氧机组"为例说明远期结售汇的操作过程和成本核算。

(1) 进口项目说明：2002 年 5 月 20 日宣钢以国际招标的方式签订该项目，最后中标单位为德国 ATLAS 公司，中标价格为 279 万欧元，交货时间为 2003 年 4 月 30 日之前。付款方式：预付款在合同签订以后一个月之内支付，金额为合同总价的 15%；合同交货前 3 个月，即在 2003 年 1 月 30 日之前，开立受益人为卖方的不可撤销即期信用证，金额为合同总额的 85%。

(2) 实际执行情况(敞口管理)：当时由于欧元刚刚开始运行，汇率波动不明显，同时宣钢也没有汇率风险的管理意识，因此采用了即期外汇买卖。成本分析如下：2002 年 5 月 20 日，欧元汇率银行卖出价为 7.631 1，成本预算为 2 129.076 9 万元人民币。2002 年 6 月 19 日，支付 15% 的合同预付款：金额为 41.85 万欧元。当天中国银行欧元卖价为 789.2，实际付款额为 330.280 2 万元人民币。

(3) 损失计算：2003 年 4 月 30 日，外方交货，5 月 28 日，设备到达天津新港。宣钢于 5 月 15 日从银行赎单，当天欧元汇率为 9.514 1，实际付款额为 2 256.268 8 万人民币。由于欧元汇率的变化，宣钢购买该设备总计支出资金为 2 586.549 万元人民币，比预算成本 2 129.076 9 万元增加 457.472 1 万元。可见，如果对外汇风险不加以管理，企业将会因汇率波动产生极大的损失。

(4) 假设 A：若 15 000 立方米制氧机组项目采用远期结售汇。支付成本如下：2002 年 5 月 20 日签订合同后，按照结售汇具体操作办法，分两笔向银行提出《保值外汇买卖申请书》，签订远期结售汇协议，一笔金额为合同总值的 15%，即：41.85 万欧元，到期时间为一个月。当时远期汇率为 7.559 3。另一笔到期时间为 180 天，远期汇率为 7.521 2，到 11 月 15 日申请展期，汇率不变。宣钢第一次付款 41.85 万欧元，合人民币 316.36 万元。第二次付 237.154 万欧元。合人民币 1 783.68 万元。总计采购成本 2 100.04 万元。

(5) 假设 B：如果签订合同时与外商协议换算成相对人民币较为稳定的美元计价，根据国际惯例，2002 年 5 月 20 日当天中国银行的欧元汇率中间价为 7.631 1，实际付汇成本为 2 129.11 万元。

通过实际操作与 A、B 两种假设方式的比较可以看出：在欧元不断升值的情况下，使用远期结售汇是最为有效的规避风险手段。因此，从 2003 年 6 月份开始，宣钢进口设备、原料均采用了远期结售汇操作方式。到 2003 年 11 月底之前，宣钢进口的 80 万吨铁矿石全部采用了远期结售汇。由于美元远期汇率一直处于贴水状态，汇率相对稳定，但总体水平低于美元的即期汇率水平，因此，使用远期结售汇比采用即期外汇买卖节约了 312.12 万元人民币的支出。

3. 外汇期权的使用

从2003年开始，宣钢的产品在质量和品种上有了很大的改观，出口额达到2 300万美元，银行经常项目账户可存放300万～500万美元，完全可以支付单台套设备的货款，可以实现欧元兑美元的直接交易，同时也满足了期权工具的使用条件即外币之间的直接兑换。因此宣钢开始尝试使用期权工具，最先使用的是美式期权。利用公司经常账户中的美元，在即期价1.331 0，买入一个执行价在1.34的欧元买权，同时卖出一个执行价在1.326 5的欧元卖权。有效期限为3个月，即期参考汇率为1.08。当3个月以后的欧元价格高于1.34时，企业有权在1.34的价格买入欧元。当3个月以后的价格低于1.326 5时，企业只能在1.326 5的价格买入欧元。当3个月以后的欧元价格处于1.326 5和1.34之间时，企业可以以市场价格买入欧元。上述期权的优势在于手续费为0，而且可以将汇率风险锁定在1.34以下，消除了欧元涨到1.34以上的风险，其劣势在于欧元低于1.326 5以下，企业只能在1.326 5的价位买入欧元，造成损失。

宣钢在现有的银行体制和外部环境下，通过研究风险水平和现有金融工具，有选择地采取远期、即期外汇合约，在特殊情况下通过押汇等办法规避一定程度和一定时期内的汇率风险，从而达到风险管理目标。随着外汇风险管理的深入和管理手段的不断完善，宣钢在2001—2003年通过外汇风险管理取得的经济效益也不断提高，分别取得13.3万元、746.8万元和1 208万元人民币的收益。

案例分析题：

1. 在本案例该公司有哪些外汇风险存在？
2. 该公司用哪些风险规避的方法来化解外汇风险？
3. 你从本案例得到哪些值得借鉴的知识？

案例21-2 TCL集团：国际化走向新生

从TCL国际化的三阶段我们可以充分认识到国际化经营对于一个企业发展的重要性，自20世纪90年代以来，TCL就开始海外经营的探索，在新兴市场开拓推广自主品牌，在欧美市场并购成熟品牌，成为中国企业国际化进程中的“领头羊”。它的企业愿景就是成为受人尊敬和最具创新能力的全球领先企业。

2004年，TCL并购法国Thomson彩电业务，成立TTE（TCL-Thomson Electronics），同年8月正式运营。并购后就出现连续两年的亏损，到2008年才扭转亏损的局面，开始健康发展。到2009年，TCL实现营业总收入442.95亿元，净利润4.70亿元。2010年公司实现营业收入518.70亿元，其中销售收入502.53亿元，实现净利润4.33亿元。

目前，5万多名员工遍布亚洲、美洲、欧洲、大洋洲等多个国家和地区。在全球四十多个国家和地区设有销售机构，销售旗下TCL、Thomson、RCA等品牌彩电及TCL、Alcatel品牌手机。TCL集团旗下主力产业在中国、美国、法国、新加坡等国家设有研发总部和十几个研发分部。在中国、波兰、墨西哥、泰国、越南等国家拥有近20个制造加工基地。通过对TCL国际化的总结，可以清楚地看到TCL经历了三个阶段，从最初的国际贸易，然后到东南亚国家进行跨国投资建厂，再到进入欧洲行跨国并购，一步一步地成为了今天的国际化公司。

国际贸易——积累海外经验

从20世纪90年代初到1997年亚洲金融危机其间，TCL以OEM、ODM模式为国外企业代工制造，进行国际贸易，这是TCL海外业务的基本模式。这期间TCL出口额得到稳步提升，TCL实现了规模积累和品牌创立。通过代工和国际贸易，TCL熟悉了国外企业生产标准，了解了国外企业运作流程，积累了从事国际化生产、管理经验。亚洲金融风暴接下来的1998年和1999年两年间，在出口额大幅下滑的局面下，TCL就开始重新思考企业的国际化业务模式。

投资越南——跨国投资初探

TCL(越南)有限公司于1999年6月1日开始筹建，1999年10月29日获得新营业执照，同年年底完成生产工厂的更新改革，于1999年12月开始正式运营，是一家100%的中资企业。它是TCL集团海外设立自营机构的方式推进国际市场的第一站，也是TCL实施跨国投资经营的初探。TCL在越南的经营战略目标是以一流的产品、一流的服务和越南普通消费者买得起的价格，创建具有国际竞争力的品牌，以改变目前越南家电市场国际品牌产品价格居高不下、消费者有心购买但无力支付的局面，让越南广大普通消费者以能支付的价格享受国际一流的产品和服务。正是通过在越南积累的宝贵的国际化经验，TCL逐渐开始向东南亚市场不断扩张，由相对简单的市场向复杂的欧洲市场拓展。

跨国并购——挫后重生

2002年，TCL尝试企业国际化的另一种方式——跨国并购。TCL集团以820万欧元收购德国"百年老店"施耐德公司。TCL集团旗下的TCL国际控股有限公司通过其新成立的全资附属公司Schneider Electronics GmbH，与Schneider Electronics AG之破产管理人达成收购资产协议，根据双方协议，Schneider Electronics GmbH收购Schneider的生产设施、存货及多个品牌，其中包括"施耐德"(SCHNEIDER)及DUAL等著名品牌的商标权益。Schneider Electronics GmbH同时协议租用位于Tuerkheim面积达2.4万平方米的生产设施，用以建立其位于欧洲的生产基地。

2003年11月，TCL实施"泰山项目"即与法国汤姆逊公司的合作，向国际化经营又迈出了具有重要意义的一步。2003年11月4日，汤姆逊和TCL签署了谅解备忘录，将他们的电视机业务合并成TTE(TCL-汤姆逊电子)公司。2003年汤姆逊的股票价格上升了14%，以年内新高收盘，而TCL的股票价格上升了24%，以3年内的最高点收盘。

并购中，波士顿咨询公司和摩根士丹坦利分别作为TCL的咨询顾问和投资顾问，而麦肯锡和荷兰银行分别作为汤姆逊的咨询顾问和投资顾问。在协议下，双方都将把各自的电视机转入TCL-汤姆逊电子公司(TTE)。两家公司对TTE进行投资。TCL注入了现有电视机生产及销售业务相关的所有工厂等固定资产和运营资金。汤姆逊则注入了位于墨西哥、印度、波兰的生产工厂和位于德国、美国、印度的研发中心等的固定资产及流动资金和负债。TTE的资产总额超过4亿欧元，持股比例为TCL占67%，汤姆逊占33%。双方达成协议，TCL通过TTE公司取得汤姆逊公司的品牌Thomson(主要面向欧洲)和

RCA（主要面向北美）20年的有偿使用权；而汤姆逊一方则可以在18个月内用TTE的33%股份置换TCLM 30%以下的股权。

老欧洲业务模式是由设立在法国和波兰的工厂来解决采购和生产环节，生产出来的产品被送往在欧洲分布的8个仓库，销售由法国总部和下属的分布在欧洲主要国家的7个分公司来承担。老欧洲业务模式的弊端是居高不下的固定运营成本（达到10%～15%）、庞大的组织结构和员工队伍，效率低下和反应较慢。有一名总裁，五名副总裁，销售和管理员工超过400人，在欧洲区的主要国家设立了7家独立销售的法人公司。供应链复杂，效率低，库存风险大且仓储费用高，8个仓库产品种类和型号太多，对客户的价格补差损失大，高达10%。

由于TCL对CRT产业升级的估计不足，欧洲CRT电视向平板电视过渡得非常快，超出了所有厂商的预期，2003年时平板只占20%，CRT占80%，但2005年，欧洲市场平板要占75%。而汤姆逊的组织体系、管理模式等还是基于CRT时代，在应对处理上有很多失误，导致在并购的第二年和第三年，TTE连续产生较大亏损。

作为TCL和汤姆逊的合资企业，TTE的政治影响颇具象征意味。关于这个不成功的合资企业，谣言流传甚广。李东生更有长远考虑。他担心直接破产会导致一家中国公司被贴上“无社会责任感”的标签，担心它从此会永远被欧洲市场拒之门外，及由此引发的无休止诉讼。

2006年8月，TCL与汤姆逊提出了重组方案：汤姆逊方面将以现金的形式支付2 000万欧元，而TCL方面则将出售市值2 500万欧元的部分TTE资产为重组筹资。2006年10月，TCL宣布了这项共涉资4 500万欧元的重组方案以用来停止其在欧洲的大部分电视机业务。该重组方案将优先偿付法国政府及雇员（税金及养老金等），其次是供应商和消费者。李东生回忆道，“如果现在再来看这件事，我想我们当时严重地低估了重组欧洲业务的难度和成本。我们本打算用几百万欧元来提升系统运作的效率，可实际成本要远远超过原预算。”

最终，TTE不得不于2007年1月向当时剩余的TTE Europe SAS（TTE欧洲）欧洲雇员每人支付平均10万欧元的遣散费。由于没有足够的资金清偿供应商与客户消费者，尽管已进行了多次谈判，到2007年5月底，TTE宣布破产以后，新任的副总裁阎飞需要重新开始。他通过TCL（澳门公司）建立起一个新的法人实体，开始了欧洲新的商业模式。与此同时阎飞也洞察到了市场上的两点变化：其一，液晶平板显示器的技术正日趋成熟。除了韩国的制造商以外，越来越多的公司也能够生产液晶屏平板显示器，它们的产品质量相当，在价格方面也具有竞争力。其二，欧洲将于2007年8月停止对电视机产品征收反倾销关税。

2007年TCL正式启动全新的无边界集中模式，这样在组织结构和经营模式上能够适应从CRT彩电向平板电视快速变化的竞争要求，不断推出创新产品。2008年一季度，实现销售收入55亿港元，实现净利润5 400万港元，这是TCL多媒体继2006年第三季度以来取得的首个季度盈利，成功实现了扭亏的战略。

案例分析题：

1. 在本案例中，TCL公司运用哪些方法最终实现了国际化的蜕变？
2. 在国际化经营过程中，我们应着重注意跨国公司财务的哪些问题？
3. 通过本案例，我们能得到哪些启示？

本章小结

本章主要讨论了外汇与外汇风险的类型；分析了交易风险、折算风险、经济风险的特点及管理方法；阐述了跨国投资和跨国筹资方法；讨论了跨国公司资本转移的基本策略。

外汇是“国际汇兑”这一名词的简称。其动态的含义是把一个国家的货币兑换成另一个国家的货币，借以清偿国际间债权债务关系的一种专门性的经营活动；其静态的含义是指以外币表示的用于国际结算的支付手段。财务管理中的外汇一般都是指其静态含义。

汇率是两种货币兑换的比率，即一国货币用另一国货币表示的价格。在国际外汇市场上有两种不同的外汇汇率标价方法，即直接标价法和间接标价法。

外汇风险是指国际债权债务中约定以外币支付时，因汇率变动给公司持有的、以外币计价的资产、负债、收入和支出带来的不确定性。企业的外汇风险一般可以分为交易风险、折算风险和经济风险。

对交易风险进行管理，一般可以采取以下方法：选择有利的计价货币，在合同中订立货币保值条款，适当调整商品的价格，在合同中加列汇率风险分摊条款，提前或延期结汇，以远期外汇交易防范风险，以外汇期权交易防范风险。对折算风险进行管理，主要采用资产负债平衡的方法。此外，远期外汇合同法以及货币市场借款和投资法也可用于折算风险的管理。对经济风险进行管理的重要方法是走多元化道路，不仅是财务方面，更重要的是经营方面的多元化。

跨国投资按其方式的不同，可分为国际直接投资和国际间接投资。国际投资决策是指国际企业运用科学的方法对众多投资项目进行筛选，从中选出若干个较有希望的项目进行综合分析比较，最后确定一个最优的投资项目的过程。国际投资通常从经济上的风险和政治上的风险进行风险分析。

国际筹资的资金来源有子公司东道国的资金来源和国际金融市场和国际金融机构的资金来源。国际企业跨国筹资方法包括：股票融资，国际债券筹资，银行贷款，平行融资，欧洲货币、亚洲货币贷款，美国预托凭证和国际预托凭证。

跨国公司内部资本转移有多种方式，包括股利汇出、特许权使用费和管理费、提前与延期结汇、多边冲销与再开票中心、公司内部贷款、转移价格。

思考题

1. 什么是外汇？什么是外汇汇率？
2. 外汇风险有哪些？如何识别外汇风险？
3. 如何防范外汇风险？
4. 跨国投资的方法有哪些？
5. 跨国筹资有哪些方式？
6. 跨国公司内部资本转移方式有哪些？

习题

1. 名词解释题

汇率，外汇市场，外汇风险，折算风险，内部转移价格，跨国筹资

2. 简答题

(1) 什么是跨国公司？
(2) 跨国公司的财务管理有哪些特点？
(3) 跨国公司内部各子公司之间如何降低结算带来的汇率风险？
(4) 为什么跨国公司青睐纵向投资？
(5) 跨国公司内部资本转移方式有哪些？
(6) 跨国筹资必须注意哪些问题？

3. 计算题

跨国公司A设在法国的子公司每月向设在德国的子公司发出1 000个部件，每个部件在法国的成本是50美元。德国的子公司按标明的转移价格加上当地进一步加工的成本40美元，然后按每件200美元的价格售出最终产品。法国和德国的税率不同，法国的税率为50%，德国的税率为40%。

试问：当法国子公司和德国子公司所定的转移价格分别是80美元和60美元时结果如何？

参 考 文 献

[1] 李延喜,周颖,刘彦文. 财务管理[M]. 大连：大连理工大学出版社,2006.

[2] 贝斯利,布里格姆. 财务管理精要[M]. 北京：机械工业出版社,2003.

[3] 道格拉斯·R.埃默瑞,等. 公司财务管理[M]. 2 版. 北京：中国人民大学出版社,2007.

[4] 弗兰克·J.法博齐,帕梅拉·P.彼得森. 财务管理分析(上)[M]. 2 版. 北京：中国人民大学出版社,2000.

[5] 斯蒂芬·罗斯,伦道夫·韦斯特菲尔德. 公司理财精要[M]. 4 版. 北京：人民邮电出版社,2006.

[6] 张思强,卞继红,陈素琴. 财务管理理论与实务[M]. 北京：北京大学出版社,中国农业大学出版社,2008.

[7] 陈玉菁. 财务管理[M]. 北京：中国人民大学出版社,2008.

[8] 彭浩涛. 财务管理概论[M]. 上海：复旦大学,2008.

[9] 尹晓冰. 公司财务管理[M]. 天津：南开大学,2007.

[10] 彼得·S.罗斯,米尔顿·H.马奎斯. 金融市场学(原书第 2 版)[M]. 北京：机械工业出版社,2009.

[11] 戴欣苗. 财务报表分析技巧·策略[M]. 2 版. 北京：清华大学出版社,2008.

[12] 王德发. 财务报表分析[M]. 2 版. 北京：中国人民大学出版社,2007.

[13] 卢雁影. 财务分析[M]. 北京：科学出版社,2009.

[14] 张新民. 企业财务报表分析——教程与案例[M]. 2 版. 北京：对外经济贸易大学出版社,2004.

[15] 张先治,陈友邦. 财务分析[M]. 4 版. 大连：东北财经大学出版社,2007.

[16] Kester W,Fruhan W, Piper, Ruback. Case Problems in Finance[M]. 冯梅,刑连平,宋衍蘅,王庆华,译. 北京：北京大学出版社,2004.

[17] 刘淑茹, 赵明晓. 财务管理案例精选精析[M]. 北京：中国社会科学出版社,2008.

[18] Brigham E F, Ehrhardt M C. 财务管理理论与实践(第 10 版)[M]. 狄瑞鹏,胡谨颖,侯宇,译. 北京：清华大学出版社,2005.

[19] Kim W C, Mauborgne R A. Value Innovation: The Strategic Logic of High Growth[M]. Harvard Business Review. 1997(1/2): 103-112.

[20] 刘海生. 战略成本管理研究[J]. 会计之友,2009(1): 11-15.

[21] 谢志华. 资产收益双重存在[J]. 首席财务官, 2006(6): 15.

[22] 王化成. 财务管理案例点评[M]. 杭州：浙江人民出版社,2003.

[23] 李延喜,秦学志,张悦玫. 财务管理[M]. 北京：清华大学出版社,2010.

附录：货币时间价值计算表

复利终值系数表（一）

N \ i	1%	2%	3%	4%	5%	6%	7%	8%	9%	10%	11%	12%	13%	14%	15%
1	1.010 0	1.020 0	1.030 0	1.040 0	1.050 0	1.060 0	1.070 0	1.080 0	1.090 0	1.100 0	1.110 0	1.120 0	1.130 0	1.140 0	1.150 0
2	1.020 1	1.040 4	1.060 9	1.081 6	1.102 5	1.123 6	1.144 9	1.166 4	1.188 1	1.210 0	1.232 1	1.254 4	1.276 9	1.299 6	1.322 5
3	1.030 3	1.061 2	1.092 7	1.124 9	1.157 6	1.191 0	1.225 0	1.259 7	1.295 0	1.331 0	1.367 6	1.404 9	1.442 9	1.481 5	1.520 9
4	1.040 6	1.082 4	1.125 5	1.169 9	1.215 5	1.262 5	1.310 8	1.360 5	1.411 6	1.464 1	1.518 1	1.573 5	1.630 5	1.689 0	1.749 0
5	1.051 0	1.104 1	1.159 3	1.216 7	1.276 3	1.338 2	1.402 6	1.469 3	1.538 6	1.610 5	1.685 1	1.762 3	1.842 4	1.925 4	2.011 4
6	1.061 5	1.126 2	1.194 1	1.265 3	1.340 1	1.418 5	1.500 7	1.586 9	1.677 1	1.771 6	1.870 4	1.973 8	2.082 0	2.195 0	2.313 1
7	1.072 1	1.148 7	1.229 9	1.315 9	1.407 1	1.503 6	1.605 8	1.713 8	1.828 0	1.948 7	2.076 2	2.210 7	2.352 6	2.502 3	2.660 0
8	1.082 9	1.171 7	1.266 8	1.368 6	1.477 5	1.593 8	1.718 2	1.850 9	1.992 6	2.143 6	2.304 5	2.476 0	2.658 4	2.852 6	3.059 0
9	1.093 7	1.195 1	1.304 8	1.423 3	1.551 3	1.689 5	1.838 5	1.999 0	2.171 9	2.357 9	2.558 0	2.773 1	3.004 0	3.251 9	3.517 9
10	1.104 6	1.219 0	1.343 9	1.480 2	1.628 9	1.790 8	1.967 2	2.158 9	2.367 4	2.593 7	2.839 4	3.105 8	3.394 6	3.707 2	4.045 6
11	1.115 7	1.243 4	1.384 2	1.539 5	1.710 3	1.898 3	2.104 9	2.331 6	2.580 4	2.853 1	3.151 8	3.478 6	3.835 9	4.226 2	4.652 4
12	1.126 8	1.268 2	1.425 8	1.601 0	1.795 9	2.012 2	2.252 2	2.518 2	2.812 7	3.138 4	3.498 5	3.896 0	4.334 5	4.817 9	5.350 3
13	1.138 1	1.293 6	1.468 5	1.665 1	1.885 6	2.132 9	2.409 8	2.719 6	3.065 8	3.452 3	3.883 3	4.363 5	4.898 0	5.492 4	6.152 8
14	1.149 5	1.319 5	1.512 6	1.731 7	1.979 9	2.260 9	2.578 5	2.937 2	3.341 7	3.797 5	4.310 4	4.887 1	5.534 8	6.261 3	7.075 7
15	1.161 0	1.345 9	1.558 0	1.800 9	2.078 9	2.396 6	2.759 0	3.172 2	3.642 5	4.177 2	4.784 6	5.473 6	6.254 3	7.137 9	8.137 1
16	1.172 6	1.372 8	1.604 7	1.873 0	2.182 9	2.540 4	2.952 2	3.425 9	3.970 3	4.595 0	5.310 9	6.130 4	7.067 3	8.137 2	9.357 6
17	1.184 3	1.400 2	1.652 8	1.947 9	2.292 0	2.692 8	3.158 8	3.700 0	4.327 6	5.054 5	5.895 1	6.866 0	7.986 1	9.276 5	10.761 3
18	1.196 1	1.428 2	1.702 4	2.025 8	2.406 6	2.854 3	3.379 9	3.996 0	4.717 1	5.559 9	6.543 6	7.690 0	9.024 3	10.575 2	12.375 5
19	1.208 1	1.456 8	1.753 5	2.106 8	2.527 0	3.025 6	3.616 5	4.315 7	5.141 7	6.115 9	7.263 3	8.612 8	10.197 4	12.055 7	14.231 8
20	1.220 2	1.485 9	1.806 1	2.191 1	2.653 3	3.207 1	3.869 7	4.661 0	5.604 4	6.727 5	8.062 3	9.646 3	11.523 1	13.743 5	16.366 5
21	1.232 4	1.515 7	1.860 3	2.278 8	2.786 0	3.399 6	4.140 6	5.033 8	6.108 8	7.400 2	8.949 2	10.803 8	13.021 1	15.667 6	18.821 5
22	1.244 7	1.546 0	1.916 1	2.369 9	2.925 3	3.603 5	4.430 4	5.436 5	6.658 6	8.140 3	9.933 6	12.100 3	14.713 8	17.861 0	21.644 7
23	1.257 2	1.576 9	1.973 6	2.464 7	3.071 5	3.819 7	4.740 5	5.871 5	7.257 9	8.954 3	11.026 3	13.552 3	16.626 6	20.361 6	24.891 5
24	1.269 7	1.608 4	2.032 8	2.563 3	3.225 1	4.048 9	5.072 4	6.341 2	7.911 1	9.849 7	12.239 2	15.178 6	18.788 1	23.212 2	28.625 2
25	1.282 4	1.640 6	2.093 8	2.665 8	3.386 4	4.291 9	5.427 4	6.848 5	8.623 1	10.834 7	13.585 5	17.000 1	21.230 5	26.461 9	32.919 0
26	1.295 3	1.673 4	2.156 6	2.772 5	3.555 7	4.549 4	5.807 4	7.396 4	9.399 2	11.918 2	15.079 9	19.040 1	23.990 5	30.166 6	37.856 8
27	1.308 2	1.706 9	2.221 3	2.883 4	3.733 5	4.822 3	6.213 9	7.988 1	10.245 1	13.110 0	16.738 7	21.324 9	27.109 3	34.389 9	43.535 3
28	1.321 3	1.741 0	2.287 9	2.998 7	3.920 1	5.111 7	6.648 8	8.627 1	11.167 1	14.421 0	18.579 9	23.883 9	30.633 5	39.204 5	50.065 6
29	1.334 5	1.775 8	2.356 6	3.118 7	4.116 1	5.418 4	7.114 3	9.317 3	12.172 2	15.863 1	20.623 7	26.749 9	34.615 8	44.693 1	57.575 5
30	1.347 8	1.811 4	2.427 3	3.243 4	4.321 9	5.743 5	7.612 3	10.062 7	13.267 7	17.449 4	22.892 3	29.959 9	39.115 9	50.950 2	66.211 8

复利终值系数表(二)

N \ i	16%	17%	18%	19%	20%	21%	22%	23%	24%	25%	30%
1	1.160 0	1.170 0	1.180 0	1.190 0	1.200 0	1.210 0	1.220 0	1.230 0	1.240 0	1.250 0	1.300 0
2	1.345 6	1.368 9	1.392 4	1.416 1	1.440 0	1.464 1	1.488 4	1.512 9	1.537 6	1.562 5	1.690 0
3	1.560 9	1.601 6	1.643 0	1.685 2	1.728 0	1.771 6	1.815 8	1.860 9	1.906 6	1.953 1	2.197 0
4	1.810 6	1.873 9	1.938 8	2.005 3	2.073 6	2.143 6	2.215 3	2.288 9	2.364 2	2.441 4	2.856 1
5	2.100 3	2.192 4	2.287 8	2.386 4	2.488 3	2.593 7	2.702 7	2.815 3	2.931 6	3.051 8	3.712 9
6	2.436 4	2.565 2	2.699 6	2.839 8	2.986 0	3.138 4	3.297 3	3.462 8	3.635 2	3.814 7	4.826 8
7	2.826 2	3.001 2	3.185 5	3.379 3	3.583 2	3.797 5	4.022 7	4.259 3	4.507 7	4.768 4	6.274 9
8	3.278 4	3.511 5	3.758 9	4.021 4	4.299 8	4.595 0	4.907 7	5.238 9	5.589 5	5.960 5	8.157 3
9	3.803 0	4.108 4	4.435 5	4.785 4	5.159 8	5.559 9	5.987 4	6.443 9	6.931 0	7.450 6	10.604 5
10	4.411 4	4.806 8	5.233 8	5.694 7	6.191 7	6.727 5	7.304 6	7.925 9	8.594 4	9.313 2	13.785 8
11	5.117 3	5.624 0	6.175 9	6.776 7	7.430 1	8.140 3	8.911 7	9.748 9	10.657 1	11.641 5	17.921 6
12	5.936 0	6.580 1	7.287 6	8.064 2	8.916 1	9.849 7	10.872 2	11.991 2	13.214 8	14.551 9	23.298 1
13	6.885 8	7.698 7	8.599 4	9.596 4	10.699 3	11.918 2	13.264 1	14.749 1	16.386 3	18.189 9	30.287 5
14	7.987 5	9.007 5	10.147 2	11.419 8	12.839 2	14.421 0	16.182 2	18.141 4	20.319 1	22.737 4	39.373 8
15	9.265 5	10.538 7	11.973 7	13.589 5	15.407 0	17.449 4	19.742 3	22.314 0	25.195 6	28.421 7	51.185 9
16	10.748 0	12.330 3	14.129 0	16.171 5	18.488 4	21.113 8	24.085 6	27.446 2	31.242 6	35.527 1	66.541 7
17	12.467 7	14.426 5	16.672 2	19.244 1	22.186 1	25.547 7	29.384 4	33.758 8	38.740 8	44.408 9	86.504 2
18	14.462 5	16.879 0	19.673 3	22.900 5	26.623 3	30.912 7	35.849 0	41.523 3	48.038 6	55.511 2	112.455 4
19	16.776 5	19.748 4	23.214 4	27.251 6	31.948 0	37.404 3	43.735 8	51.073 7	59.567 9	69.388 9	146.192 0
20	19.460 8	23.105 6	27.393 0	32.429 4	38.337 6	45.259 3	53.357 6	62.820 6	73.864 1	86.736 2	190.049 6
21	22.574 5	27.033 6	32.323 8	38.591 0	46.005 1	54.763 7	65.096 3	77.269 4	91.591 5	108.420 2	247.064 5
22	26.186 4	31.629 3	38.142 1	45.923 3	55.206 1	66.264 1	79.417 5	95.041 3	113.573 5	135.525 3	321.183 9
23	30.376 2	37.006 2	45.007 6	54.648 7	66.247 4	80.179 5	96.889 4	116.900 8	140.831 2	169.406 6	417.539 1
24	35.236 4	43.297 3	53.109 0	65.032 0	79.496 8	97.017 2	118.205 0	143.788 0	174.630 6	211.758 2	542.800 8
25	40.874 2	50.657 8	62.668 6	77.388 1	95.396 2	117.390 9	144.210 1	176.859 3	216.542 0	264.697 8	705.641 0
26	47.414 1	59.269 7	73.949 0	92.091 8	114.475 5	142.042 9	175.936 4	217.536 9	268.512 1	330.872 2	917.333 3
27	55.000 4	69.345 5	87.259 8	109.589 3	137.370 6	171.871 9	214.642 4	267.570 4	332.955 0	413.590 3	1 192.533 3
28	63.800 4	81.134 2	102.966 6	130.411 2	164.844 7	207.965 1	261.863 7	329.111 5	412.864 2	516.987 9	1 550.293 3
29	74.008 5	94.927 1	121.500 5	155.189 3	197.813 6	251.637 7	319.473 7	404.807 2	511.951 6	646.234 9	2 015.381 3
30	85.849 9	111.064 7	143.370 6	184.675 3	237.376 3	304.481 6	389.757 9	497.912 9	634.819 9	807.793 6	2 619.995 6

复利现值系数表（一）

N \ i	1%	2%	3%	4%	5%	6%	7%	8%	9%	10%	11%	12%	13%	14%	15%
1	0.990 1	0.980 4	0.970 9	0.961 5	0.952 4	0.943 4	0.934 6	0.925 9	0.917 4	0.909 1	0.900 9	0.892 9	0.885	0.877 2	0.869 6
2	0.980 3	0.961 2	0.942 6	0.924 6	0.907 0	0.890 0	0.873 4	0.857 3	0.841 7	0.826 4	0.811 6	0.797 2	0.783 1	0.769 5	0.756 1
3	0.970 6	0.942 3	0.915 1	0.889 0	0.863 8	0.839 6	0.816 3	0.793 8	0.772 2	0.751 3	0.731 2	0.711 8	0.693 1	0.675 0	0.657 5
4	0.961 0	0.923 8	0.888 5	0.854 8	0.822 7	0.792 1	0.762 9	0.735 0	0.708 4	0.683 0	0.658 7	0.635 5	0.613 3	0.592 1	0.571 8
5	0.951 5	0.905 7	0.862 6	0.821 9	0.783 5	0.747 3	0.713 0	0.680 6	0.649 9	0.620 9	0.593 5	0.567 4	0.542 8	0.519 4	0.497 2
6	0.942 0	0.888 0	0.837 5	0.790 3	0.746 2	0.705 0	0.666 3	0.630 2	0.596 3	0.564 5	0.534 6	0.506 6	0.480 3	0.455 6	0.432 3
7	0.932 7	0.870 6	0.813 1	0.759 9	0.710 7	0.665 1	0.622 7	0.583 5	0.547 0	0.513 2	0.481 7	0.452 3	0.425 1	0.399 6	0.375 9
8	0.923 5	0.853 5	0.789 4	0.730 7	0.676 8	0.627 4	0.582 0	0.540 3	0.501 9	0.466 5	0.433 9	0.403 9	0.376 2	0.350 6	0.326 9
9	0.914 3	0.836 8	0.766 4	0.702 6	0.644 6	0.591 9	0.543 9	0.500 2	0.460 4	0.424 1	0.390 9	0.360 6	0.332 9	0.307 5	0.284 3
10	0.905 3	0.820 3	0.744 1	0.675 6	0.613 9	0.558 4	0.508 3	0.463 2	0.422 4	0.385 5	0.352 2	0.322 0	0.294 6	0.269 7	0.247 2
11	0.896 3	0.804 3	0.722 4	0.649 6	0.584 7	0.526 8	0.475 1	0.428 9	0.387 5	0.350 5	0.317 3	0.287 5	0.260 7	0.236 6	0.214 9
12	0.887 4	0.788 5	0.701 4	0.624 6	0.556 8	0.497 0	0.444 0	0.397 1	0.355 5	0.318 6	0.285 8	0.256 7	0.230 7	0.207 6	0.186 9
13	0.878 7	0.773 0	0.681 0	0.600 6	0.530 3	0.468 8	0.415 0	0.367 7	0.326 2	0.289 7	0.257 5	0.229 2	0.204 2	0.182 1	0.162 5
14	0.870 0	0.757 9	0.661 1	0.577 5	0.505 1	0.442 3	0.387 8	0.340 5	0.299 2	0.263 3	0.232 0	0.204 6	0.180 7	0.159 7	0.141 3
15	0.861 3	0.743 0	0.641 9	0.555 3	0.481 0	0.417 3	0.362 4	0.315 2	0.274 5	0.239 4	0.209 0	0.182 7	0.159 9	0.140 1	0.122 9
16	0.852 8	0.728 4	0.623 2	0.533 9	0.458 1	0.393 6	0.338 7	0.291 9	0.251 9	0.217 6	0.188 3	0.163 1	0.141 5	0.122 9	0.106 9
17	0.844 4	0.714 2	0.605 0	0.513 4	0.436 3	0.371 4	0.316 6	0.270 3	0.231 1	0.197 8	0.169 6	0.145 6	0.125 2	0.107 8	0.092 9
18	0.836 0	0.700 2	0.587 4	0.493 6	0.415 5	0.350 3	0.295 9	0.250 2	0.212 0	0.179 9	0.152 8	0.130 0	0.110 8	0.094 6	0.080 8
19	0.827 7	0.686 4	0.570 3	0.474 6	0.395 7	0.330 5	0.276 5	0.231 7	0.194 5	0.163 5	0.137 7	0.116 1	0.098 1	0.082 9	0.070 3
20	0.819 5	0.673 0	0.553 7	0.456 4	0.376 9	0.311 8	0.258 4	0.214 5	0.178 4	0.148 6	0.124 0	0.103 7	0.086 8	0.072 8	0.061 1
21	0.811 4	0.659 8	0.537 5	0.438 8	0.358 9	0.294 2	0.241 5	0.198 7	0.163 7	0.135 1	0.111 7	0.092 6	0.076 8	0.063 8	0.053 1
22	0.803 4	0.646 8	0.521 9	0.422 0	0.341 8	0.277 5	0.225 7	0.183 9	0.150 2	0.122 8	0.100 7	0.082 6	0.068 0	0.056 0	0.046 2
23	0.795 4	0.634 2	0.506 7	0.405 7	0.325 6	0.261 8	0.210 9	0.170 3	0.137 8	0.111 7	0.090 7	0.073 8	0.060 1	0.049 1	0.040 2
24	0.787 6	0.621 7	0.491 9	0.390 1	0.310 1	0.247 0	0.197 1	0.157 7	0.126 4	0.101 5	0.081 7	0.065 9	0.053 2	0.043 1	0.034 9
25	0.779 8	0.609 5	0.477 6	0.375 1	0.295 3	0.233 0	0.184 2	0.146 0	0.116 0	0.092 3	0.073 6	0.058 8	0.047 1	0.037 8	0.030 4
26	0.772 0	0.597 6	0.463 7	0.360 7	0.281 2	0.219 8	0.172 2	0.135 2	0.106 4	0.083 9	0.066 3	0.052 5	0.041 7	0.033 1	0.026 4
27	0.764 4	0.585 9	0.450 2	0.346 8	0.267 8	0.207 4	0.160 9	0.125 2	0.097 6	0.076 3	0.059 7	0.046 9	0.036 9	0.029 1	0.023 0
28	0.756 8	0.574 4	0.437 1	0.333 5	0.255 1	0.195 6	0.150 4	0.115 9	0.089 5	0.069 3	0.053 8	0.041 9	0.032 6	0.025 5	0.020 0
29	0.749 3	0.563 1	0.424 3	0.320 7	0.242 9	0.184 6	0.140 6	0.107 3	0.082 2	0.063 0	0.048 5	0.037 4	0.028 9	0.022 4	0.017 4
30	0.741 9	0.552 1	0.412 0	0.308 3	0.231 4	0.174 1	0.131 4	0.099 4	0.075 4	0.057 3	0.043 7	0.033 4	0.025 6	0.019 6	0.015 1

复利现值系数表(二)

N \ i	16%	17%	18%	19%	20%	21%	22%	23%	24%	25%	30%
1	0.862 1	0.854 7	0.847 5	0.840 3	0.833 3	0.826 4	0.819 7	0.813 0	0.806 5	0.800 0	0.769 2
2	0.743 2	0.730 5	0.718 2	0.706 2	0.694 4	0.683 0	0.671 9	0.661 0	0.650 4	0.640 0	0.591 7
3	0.640 7	0.624 4	0.608 6	0.593 4	0.578 7	0.564 5	0.550 7	0.537 4	0.524 5	0.512 0	0.455 2
4	0.552 3	0.533 7	0.515 8	0.498 7	0.482 3	0.466 5	0.451 4	0.436 9	0.423 0	0.409 6	0.350 1
5	0.476 1	0.456 1	0.437 1	0.419 0	0.401 9	0.385 5	0.370 0	0.355 2	0.341 1	0.327 7	0.269 3
6	0.410 4	0.389 8	0.370 4	0.352 1	0.334 9	0.318 6	0.303 3	0.288 8	0.275 1	0.262 1	0.207 2
7	0.353 8	0.333 2	0.313 9	0.295 9	0.279 1	0.263 3	0.248 6	0.234 8	0.221 8	0.209 7	0.159 4
8	0.305 0	0.284 8	0.266 0	0.248 7	0.232 6	0.217 6	0.203 8	0.190 9	0.178 9	0.167 8	0.122 6
9	0.263 0	0.243 4	0.225 5	0.209 0	0.193 8	0.179 9	0.167 0	0.155 2	0.144 3	0.134 2	0.094 3
10	0.226 7	0.208 0	0.191 1	0.175 6	0.161 5	0.148 6	0.136 9	0.126 2	0.116 4	0.107 4	0.072 5
11	0.195 4	0.177 8	0.161 9	0.147 6	0.134 6	0.122 8	0.112 2	0.102 6	0.093 8	0.085 9	0.055 8
12	0.168 5	0.152 0	0.137 2	0.124 0	0.112 2	0.101 5	0.092 0	0.083 4	0.075 7	0.068 7	0.042 9
13	0.145 2	0.129 9	0.116 3	0.104 2	0.093 5	0.083 9	0.075 4	0.067 8	0.061 0	0.055 0	0.033 0
14	0.125 2	0.111 0	0.098 5	0.087 6	0.077 9	0.069 3	0.061 8	0.055 1	0.049 2	0.044 0	0.025 4
15	0.107 9	0.094 9	0.083 5	0.073 6	0.064 9	0.057 3	0.050 7	0.044 8	0.039 7	0.035 2	0.019 5
16	0.093 0	0.081 1	0.070 8	0.061 8	0.054 1	0.047 4	0.041 5	0.036 4	0.032 0	0.028 1	0.015 0
17	0.080 2	0.069 3	0.060 0	0.052 0	0.045 1	0.039 1	0.034 0	0.029 6	0.025 8	0.022 5	0.011 6
18	0.069 1	0.059 2	0.050 8	0.043 7	0.037 6	0.032 3	0.027 9	0.024 1	0.020 8	0.018 0	0.008 9
19	0.059 6	0.050 6	0.043 1	0.036 7	0.031 3	0.026 7	0.022 9	0.019 6	0.016 8	0.014 4	0.006 8
20	0.051 4	0.043 3	0.036 5	0.030 8	0.026 1	0.022 1	0.018 7	0.015 9	0.013 5	0.011 5	0.005 3
21	0.044 3	0.037 0	0.030 9	0.025 9	0.021 7	0.018 3	0.015 4	0.012 9	0.010 9	0.009 2	0.004 0
22	0.038 2	0.031 6	0.026 2	0.021 8	0.018 1	0.015 1	0.012 6	0.010 5	0.008 8	0.007 4	0.003 1
23	0.032 9	0.027 0	0.022 2	0.018 3	0.015 1	0.012 5	0.010 3	0.008 6	0.007 1	0.005 9	0.002 4
24	0.028 4	0.023 1	0.018 8	0.015 4	0.012 6	0.010 3	0.008 5	0.007 0	0.005 7	0.004 7	0.001 8
25	0.024 5	0.019 7	0.016 0	0.012 9	0.010 5	0.008 5	0.006 9	0.005 7	0.004 6	0.003 8	0.001 4
26	0.021 1	0.016 9	0.013 5	0.010 9	0.008 7	0.007 0	0.005 7	0.004 6	0.003 7	0.003 0	0.001 1
27	0.018 2	0.014 4	0.011 5	0.009 1	0.007 3	0.005 8	0.004 7	0.003 7	0.003 0	0.002 4	0.000 8
28	0.015 7	0.012 3	0.009 7	0.007 7	0.006 1	0.004 8	0.003 8	0.003 0	0.002 4	0.001 9	0.000 6
29	0.013 5	0.010 5	0.008 2	0.006 4	0.005 1	0.004 0	0.003 1	0.002 5	0.002 0	0.001 5	0.000 5
30	0.011 6	0.009 0	0.007 0	0.005 4	0.004 2	0.003 3	0.002 6	0.002 0	0.001 6	0.001 2	0.000 4

年金终值系数表(一)

N \ i	1%	2%	3%	4%	5%	6%	7%	8%	9%	10%	11%	12%	13%	14%	15%
1	1.000 0	1.000 0	1.000 0	1.000 0	1.000 0	1.000 0	1.000 0	1.000 0	1.000 0	1.000 0	1.000 0	1.000 0	1.000 0	1.000 0	1.000 0
2	2.010 0	2.020 0	2.030 0	2.040 0	2.050 0	2.060 0	2.070 0	2.080 0	2.090 0	2.100 0	2.110 0	2.120 0	2.130 0	2.140 0	2.150 0
3	3.030 1	3.060 4	3.090 9	3.121 6	3.152 5	3.183 6	3.214 9	3.246 4	3.278 1	3.310 0	3.342 1	3.374 4	3.406 9	3.439 6	3.472 5
4	4.060 4	4.121 6	4.183 6	4.246 5	4.310 1	4.374 6	4.439 9	4.506 1	4.573 1	4.641 0	4.709 7	4.779 3	4.849 8	4.921 1	4.993 4
5	5.101 0	5.204 0	5.309 1	5.416 3	5.525 6	5.637 1	5.750 7	5.866 6	5.984 7	6.105 1	6.227 8	6.352 8	6.480 3	6.610 1	6.742 4
6	6.152 0	6.308 1	6.468 4	6.633 0	6.801 9	6.975 3	7.153 3	7.335 9	7.523 3	7.715 6	7.912 9	8.115 2	8.322 7	8.535 5	8.753 7
7	7.213 5	7.434 3	7.662 5	7.898 3	8.142 0	8.393 8	8.654 0	8.922 8	9.200 4	9.487 2	9.783 3	10.089 0	10.404 7	10.730 5	11.066 8
8	8.285 7	8.583 0	8.892 3	9.214 2	9.549 1	9.897 5	10.259 8	10.636 6	11.028 5	11.435 9	11.859 4	12.299 7	12.757 3	13.232 8	13.726 8
9	9.368 5	9.754 6	10.159 1	10.582 8	11.026 6	11.491 3	11.978 0	12.487 6	13.021 0	13.579 5	14.164 0	14.775 7	15.415 7	16.085 3	16.785 8
10	10.462 2	10.949 7	11.463 9	12.006 1	12.577 9	13.180 8	13.816 4	14.486 6	15.192 9	15.937 4	16.722 0	17.548 7	18.419 7	19.337 3	20.303 7
11	11.566 8	12.168 7	12.807 8	13.486 4	14.206 8	14.971 6	15.783 6	16.645 5	17.560 3	18.531 2	19.561 4	20.654 6	21.814 3	23.044 5	24.349 3
12	12.682 5	13.412 1	14.192 0	15.025 8	15.917 1	16.869 9	17.888 5	18.977 1	20.140 7	21.384 3	22.713 2	24.133 1	25.650 2	27.270 7	29.001 7
13	13.809 3	14.680 3	15.617 8	16.626 8	17.713 0	18.882 1	20.140 6	21.495 3	22.953 4	24.522 7	26.211 6	28.029 1	29.984 7	32.088 7	34.351 9
14	14.947 4	15.973 9	17.086 3	18.291 9	19.598 6	21.015 1	22.550 5	24.214 9	26.019 2	27.975 0	30.094 9	32.392 6	34.882 7	37.581 1	40.504 7
15	16.096 9	17.293 4	18.598 9	20.023 6	21.578 6	23.276 0	25.129 0	27.152 1	29.360 9	31.772 5	34.405 4	37.279 7	40.417 5	43.842 4	47.580 4
16	17.257 9	18.639 3	20.156 9	21.824 5	23.657 5	25.672 5	27.888 1	30.324 3	33.003 4	35.949 7	39.189 9	42.753 3	46.671 7	50.980 4	55.717 5
17	18.430 4	20.012 1	21.761 6	23.697 5	25.840 4	28.212 9	30.840 2	33.750 2	36.973 7	40.544 7	44.500 8	48.883 7	53.739 1	59.117 6	65.075 1
18	19.614 7	21.412 3	23.414 4	25.645 4	28.132 4	30.905 7	33.999 0	37.450 2	41.301 3	45.599 2	50.395 9	55.749 7	61.725 1	68.394 1	75.836 4
19	20.810 9	22.840 6	25.116 9	27.671 2	30.539 0	33.760 0	37.379 0	41.446 3	46.018 5	51.159 1	56.939 5	63.439 7	70.749 4	78.969 2	88.211 8
20	22.019 0	24.297 4	26.870 4	29.778 1	33.066 0	36.785 6	40.995 5	45.762 0	51.160 1	57.275 0	64.202 8	72.052 4	80.946 8	91.024 9	102.443 6
21	23.239 2	25.783 3	28.676 5	31.969 2	35.719 3	39.992 7	44.865 2	50.422 9	56.764 5	64.002 5	72.265 1	81.698 7	92.469 9	104.768 4	118.810 1
22	24.471 6	27.299 0	30.536 8	34.248 0	38.505 2	43.392 3	49.005 7	55.456 8	62.873 3	71.402 7	81.214 3	92.502 6	105.491 0	120.436 0	137.631 6
23	25.716 3	28.845 0	32.452 9	36.617 9	41.430 5	46.995 8	53.436 1	60.893 3	69.531 9	79.543 0	91.147 9	104.602 9	120.204 8	138.297 0	159.276 4
24	26.973 5	30.421 9	34.426 5	39.082 6	44.502 0	50.815 6	58.176 7	66.764 8	76.789 8	88.497 3	102.174 2	118.155 2	136.831 5	158.658 6	184.167 8
25	28.243 2	32.030 3	36.459 3	41.645 9	47.727 1	54.864 5	63.249 0	73.105 9	84.700 9	98.347 1	114.413 3	133.333 9	155.619 6	181.870 8	212.793 0
26	29.525 6	33.670 9	38.553 0	44.311 7	51.113 5	59.156 4	68.676 5	79.954 4	93.324 0	109.181 8	127.998 8	150.333 9	176.850 1	208.332 7	245.712 0
27	30.820 9	35.344 3	40.709 6	47.084 2	54.669 1	63.705 8	74.483 8	87.350 8	102.723 1	121.099 9	143.078 6	169.374 0	200.840 6	238.499 3	283.568 8
28	32.129 1	37.051 2	42.930 9	49.967 6	58.402 6	68.528 1	80.697 7	95.338 8	112.968 2	134.209 9	159.817 3	190.698 9	227.949 9	272.889 2	327.104 1
29	33.450 4	38.792 2	45.218 9	52.966 3	62.322 7	73.639 8	87.346 5	103.965 9	124.135 4	148.630 9	178.397 2	214.582 8	258.583 4	312.093 7	377.169 7
30	34.784 9	40.568 1	47.575 4	56.084 9	66.438 8	79.058 2	94.460 8	113.283 2	136.307 5	164.494 0	199.020 9	241.332 7	293.199 2	356.786 8	434.745 1

年金终值系数表(二)

N \ i	16%	17%	18%	19%	20%	21%	22%	23%	24%	25%	30%
1	1.000 0	1.000 0	1.000 0	1.000 0	1.000 0	1.000 0	1.000 0	1.000 0	1.000 0	1.000 0	1.000 0
2	2.160 0	2.170 0	2.180 0	2.190 0	2.200 0	2.210 0	2.220 0	2.230 0	2.240 0	2.250 0	2.300 0
3	3.505 6	3.538 9	3.572 4	3.606 1	3.640 0	3.674 1	3.708 4	3.742 9	3.777 6	3.812 5	3.990 0
4	5.066 5	5.140 5	5.215 4	5.291 3	5.368 0	5.445 7	5.524 2	5.603 8	5.684 2	5.765 6	6.187 0
5	6.877 1	7.014 4	7.154 2	7.296 6	7.441 6	7.589 2	7.739 6	7.892 6	8.048 4	8.207 0	9.043 1
6	8.977 5	9.206 8	9.442 0	9.683 0	9.929 9	10.183 0	10.442 3	10.707 9	10.980 1	11.258 8	12.756 0
7	11.413 9	11.772 0	12.141 5	12.522 7	12.915 9	13.321 4	13.739 6	14.170 8	14.615 3	15.073 5	17.582 8
8	14.240 1	14.773 3	15.327 0	15.902 0	16.499 1	17.118 9	17.762 3	18.430 0	19.122 9	19.841 9	23.857 7
9	17.518 5	18.284 7	19.085 9	19.923 4	20.798 9	21.713 9	22.670 0	23.669 0	24.712 5	25.802 3	32.015 0
10	21.321 5	22.393 1	23.521 3	24.708 9	25.958 7	27.273 8	28.657 4	30.112 8	31.643 4	33.252 9	42.619 5
11	25.732 9	27.199 9	28.755 1	30.403 5	32.150 4	34.001 3	35.962 0	38.038 8	40.237 9	42.566 1	56.405 3
12	30.850 2	32.823 9	34.931 1	37.180 2	39.580 5	42.141 6	44.873 7	47.787 7	50.895 0	54.207 7	74.327 0
13	36.786 2	39.404 0	42.218 7	45.244 5	48.496 6	51.991 3	55.745 9	59.778 8	64.109 7	68.759 6	97.625 0
14	43.672 0	47.102 7	50.818 0	54.840 9	59.195 9	63.909 5	69.010 0	74.528 0	80.496 1	86.949 5	127.912 5
15	51.659 5	56.110 1	60.965 3	66.260 7	72.035 1	78.330 5	85.192 2	92.669 4	100.815 1	109.686 8	167.286 3
16	60.925 0	66.648 8	72.939 0	79.850 2	87.442 1	95.779 9	104.934 5	114.983 4	126.010 8	138.108 5	218.472 2
17	71.673 0	78.979 2	87.068 0	96.021 8	105.930 6	116.893 7	129.020 1	142.429 5	157.253 4	173.635 7	285.013 9
18	84.140 7	93.405 6	103.740 3	115.265 9	128.116 7	142.441 3	158.404 5	176.188 3	195.994 2	218.044 6	371.518 0
19	98.603 2	110.284 6	123.413 5	138.166 4	154.740 0	173.354 0	194.253 5	217.711 6	244.032 8	273.555 8	483.973 4
20	115.379 7	130.032 9	146.628 0	165.418 0	186.688 0	210.758 4	237.989 3	268.785 3	303.600 6	342.944 7	630.165 5
21	134.840 5	153.138 5	174.021 0	197.847 4	225.025 6	256.017 6	291.346 9	331.605 9	377.464 8	429.680 9	820.215 1
22	157.415 0	180.172 1	206.344 8	236.438 5	271.030 7	310.781 3	356.443 2	408.875 3	469.056 3	538.101 1	1 067.279 6
23	183.601 4	211.801 3	244.486 8	282.361 8	326.236 9	377.045 4	435.860 7	503.916 6	582.629 8	673.626 4	1 388.463 5
24	213.977 6	248.807 6	289.494 5	337.010 5	392.484 2	457.224 9	532.750 1	620.817 4	723.461 0	843.032 9	1 806.002 6
25	249.214 0	292.104 9	342.603 5	402.042 5	471.981 1	554.242 2	650.955 1	764.605 4	898.091 6	1 054.791 2	2 348.803 3
26	290.088 3	342.762 7	405.272 1	479.430 6	567.377 3	671.633 0	795.165 3	941.464 7	1 114.633 6	1 319.489 0	3 054.444 3
27	337.502 4	402.032 3	479.221 1	571.522 4	681.852 8	813.675 9	971.101 6	1 159.001 6	1 383.145 7	1 650.361 2	3 971.777 6
28	392.502 8	471.377 8	566.480 9	681.111 6	819.223 3	985.547 9	1 185.744 0	1 426.571 9	1 716.100 7	2 063.951 5	5 164.310 9
29	456.303 2	552.512 1	669.447 5	811.522 8	984.068 0	1 193.512 9	1 447.607 7	1 755.683 5	2 128.964 8	2 580.939 4	6 714.604 2
30	530.311 7	647.439 1	790.948 0	966.712 2	1 181.881 6	1 445.150 7	1 767.081 3	2 160.490 7	2 640.916 4	3 227.174 3	8 729.985 5

年金现值系数表（一）

N \ i	1%	2%	3%	4%	5%	6%	7%	8%	9%	10%	11%	12%	13%	14%	15%
1	0.990 1	0.980 4	0.970 9	0.961 5	0.952 4	0.943 4	0.934 6	0.925 9	0.917 4	0.909 1	0.900 9	0.892 9	0.885	0.877 2	0.869 6
2	1.970 4	1.941 6	1.913 5	1.886 1	1.859 4	1.833 4	1.808 0	1.783 3	1.759 1	1.735 5	1.712 5	1.690 1	1.668 1	1.646 7	1.625 7
3	2.941 0	2.883 9	2.828 6	2.775 1	2.723 2	2.673 0	2.624 3	2.577 1	2.531 3	2.486 9	2.443 7	2.401 8	2.361 2	2.321 6	2.283 2
4	3.902 0	3.807 7	3.717 1	3.629 9	3.546	3.465 1	3.387 2	3.312 1	3.239 7	3.169 9	3.102 4	3.037 3	2.974 5	2.913 7	2.855 0
5	4.853 4	4.713 5	4.579 7	4.451 8	4.329 5	4.212 4	4.100 2	3.992 7	3.889 7	3.790 8	3.695 9	3.604 8	3.517 2	3.433 1	3.352 2
6	5.795 5	5.601 4	5.417 2	5.242 1	5.075 7	4.917 3	4.766 5	4.622 9	4.485 9	4.355 3	4.230 5	4.111 4	3.997 5	3.888 7	3.784 5
7	6.728 2	6.472 0	6.230 3	6.002 1	5.786 4	5.582 4	5.389 3	5.206 4	5.033 0	4.868 4	4.712 2	4.563 8	4.422 6	4.288 3	4.160 4
8	7.651 7	7.325 5	7.019 7	6.732 7	6.463 2	6.209 8	5.971 3	5.746 6	5.534 8	5.334 9	5.146 1	4.967 6	4.798 8	4.638 9	4.487 3
9	8.566 0	8.162 2	7.786 1	7.435 3	7.107 8	6.801 7	6.515 2	6.246 9	5.995 2	5.759 0	5.537 0	5.328 2	5.131 7	4.946 4	4.771 6
10	9.471 3	8.982 6	8.530 2	8.110 9	7.721 7	7.360 1	7.023 6	6.710 1	6.417 7	6.144 6	5.889 2	5.650 2	5.426 2	5.216 1	5.018 8
11	10.367 6	9.786 8	9.252 6	8.760 5	8.306 4	7.886 9	7.498 7	7.139 0	6.805 2	6.495 1	6.206 5	5.937 7	5.686 9	5.452 7	5.233 7
12	11.255 1	10.575 3	9.954 0	9.385 1	8.863 3	8.383 8	7.942 7	7.536 1	7.160 7	6.813 7	6.492 4	6.194 4	5.917 6	5.660 3	5.420 6
13	12.133 7	11.348 4	10.63 5	9.985 6	9.393 6	8.852 7	8.357 7	7.903 8	7.486 9	7.103 4	6.749 9	6.423 5	6.121 8	5.842 4	5.583 1
14	13.003 7	12.106 2	11.296 1	10.563 1	9.898 6	9.295 0	8.745 5	8.244 2	7.786 2	7.366 7	6.981 9	6.628 2	6.302 5	6.002 1	5.724 5
15	13.865 1	12.849 3	11.937 9	11.118 4	10.379 7	9.712 2	9.107 9	8.559 5	8.060 7	7.606 1	7.190 9	6.810 9	6.462 4	6.142 2	5.847 4
16	14.717 9	13.577 7	12.561 1	11.652 3	10.837 8	10.105 9	9.446 6	8.851 4	8.312 6	7.823 7	7.379 2	6.974 0	6.603 9	6.265 1	5.954 2
17	15.562 3	14.291 9	13.166 1	12.165 7	11.274 1	10.477 3	9.763 2	9.121 6	8.543 6	8.021 6	7.548 8	7.119 6	6.729 1	6.372 9	6.047 2
18	16.398 3	14.992 0	13.753 5	12.659 3	11.689 6	10.827 6	10.059 1	9.371 9	8.755 6	8.201 4	7.701 6	7.249 7	6.839 9	6.467 4	6.128 0
19	17.226 0	15.678 5	14.323 8	13.133 9	12.085 3	11.158 1	10.335 6	9.603 6	8.950 1	8.364 9	7.839 3	7.365 8	6.938 0	6.550 4	6.198 2
20	18.045 6	16.351 4	14.877 5	13.590 3	12.462 2	11.469 9	10.594 0	9.818 1	9.128 5	8.513 6	7.963 3	7.469 4	7.024 8	6.623 1	6.259 3
21	18.857 0	17.011 2	15.415 0	14.029 2	12.821 2	11.764 1	10.835 5	10.016 8	9.292 2	8.648 7	8.075 1	7.562 0	7.101 6	6.687 0	6.312 5
22	19.660 4	17.658 0	15.936 9	14.451 1	13.163 0	12.041 6	11.0612	10.200 7	9.442 4	8.771 5	8.175 7	7.644 6	7.169 5	6.742 9	6.358 7
23	20.455 8	18.292 2	16.443 6	14.856 8	13.488 6	12.303 4	11.272 2	10.371 1	9.580 2	8.883 2	8.266 4	7.718 4	7.229 7	6.792 1	6.398 8
24	21.243 4	18.913 9	16.935 5	15.247 0	13.798 6	12.550 4	11.469 3	10.528 8	9.706 6	8.984 7	8.348 1	7.784 3	7.282 9	6.835 1	6.433 8
25	22.023 2	19.523 5	17.413 1	15.622 1	14.093 9	12.783 4	11.653 6	10.674 8	9.822 6	9.077 0	8.421 7	7.843 1	7.330 0	6.872 9	6.464 1
26	22.795 2	20.121 0	17.876 8	15.982 8	14.375 2	13.003 2	11.825 8	10.810 0	9.929 0	9.160 9	8.488 1	7.895 7	7.371 7	6.906 1	6.490 6
27	23.559 6	20.706 9	18.327 0	16.329 6	14.643 0	13.210 5	11.986 7	10.935 2	10.026 6	9.237 2	8.547 8	7.942 6	7.408 6	6.935 2	6.513 5
28	24.316 4	21.281 3	18.764 1	16.663 1	14.898 1	13.406 2	12.137 1	11.051 1	10.116 1	9.306 6	8.601 6	7.984 4	7.441 2	6.960 7	6.533 5
29	25.065 8	21.844 4	19.188 5	16.983 7	15.141 1	13.590 7	12.277 7	11.158 4	10.198 3	9.369 6	8.650 1	8.021 8	7.470 1	6.983 0	6.550 9
30	25.807 7	22.396 5	19.600 4	17.292 0	15.372 5	13.764 8	12.409 0	11.257 8	10.273 7	9.426 9	8.693 8	8.055 2	7.495 7	7.002 7	6.566 0

年金现值系数表(二)

N \ i	16%	17%	18%	19%	20%	21%	22%	23%	24%	25%	30%
1	0.862 1	0.854 7	0.847 5	0.840 3	0.833 3	0.826 4	0.819 7	0.813 0	0.806 5	0.800 0	0.769 2
2	1.605 2	1.585 2	1.565 6	1.546 5	1.527 8	1.509 5	1.491 5	1.474 0	1.456 8	1.440 0	1.360 9
3	2.245 9	2.209 6	2.174 3	2.139 9	2.106 5	2.073 9	2.042 2	2.011 4	1.981 3	1.952 0	1.816 1
4	2.798 2	2.743 2	2.690 1	2.638 6	2.588 7	2.540 4	2.493 6	2.448 3	2.404 3	2.361 6	2.166 2
5	3.274 3	3.199 3	3.127 2	3.057 6	2.990 6	2.926 0	2.863 6	2.803 5	2.745 4	2.689 3	2.435 6
6	3.684 7	3.589 2	3.497 6	3.409 8	3.325 5	3.244 6	3.166 9	3.092 3	3.020 5	2.951 4	2.642 7
7	4.038 6	3.922 4	3.811 5	3.705 7	3.604 6	3.507 9	3.415 5	3.327 0	3.242 3	3.161 1	2.802 1
8	4.343 6	4.207 2	4.077 6	3.954 4	3.837 2	3.725 6	3.619 3	3.517 9	3.421 2	3.328 9	2.924 7
9	4.606 5	4.450 6	4.303 0	4.163 3	4.031 0	3.905 4	3.786 3	3.673 1	3.565 5	3.463 1	3.019 0
10	4.833 2	4.658 6	4.494 1	4.338 9	4.192 5	4.054 1	3.923 2	3.799 3	3.681 9	3.570 5	3.091 5
11	5.028 6	4.836 4	4.656 0	4.486 5	4.327 1	4.176 9	4.035 4	3.901 8	3.775 7	3.656 4	3.147 3
12	5.197 1	4.988 4	4.793 2	4.610 5	4.439 2	4.278 4	4.127 4	3.985 2	3.851 4	3.725 1	3.190 3
13	5.342 3	5.118 3	4.909 5	4.714 7	4.532 7	4.362 4	4.202 8	4.053 0	3.912 4	3.780 1	3.223 3
14	5.467 5	5.229 3	5.008 1	4.802 3	4.610 6	4.431 7	4.264 6	4.108 2	3.961 6	3.824 1	3.248 7
15	5.575 5	5.324 2	5.091 6	4.875 9	4.675 5	4.489 0	4.315 2	4.153 0	4.001 3	3.859 3	3.268 2
16	5.668 5	5.405 3	5.162 4	4.937 7	4.729 6	4.536 4	4.356 7	4.189 4	4.033 3	3.887 4	3.283 2
17	5.748 7	5.474 6	5.222 3	4.989 7	4.774 6	4.575 5	4.390 8	4.219 0	4.059 1	3.909 9	3.294 8
18	5.817 8	5.533 9	5.273 2	5.033 3	4.812 2	4.607 9	4.418 7	4.243 1	4.079 9	3.927 9	3.303 7
19	5.877 5	5.584 5	5.316 2	5.070 0	4.843 5	4.634 6	4.441 5	4.262 7	4.096 7	3.942 4	3.310 5
20	5.928 8	5.627 8	5.352 7	5.100 9	4.869 6	4.656 7	4.460 3	4.278 6	4.110 3	3.953 9	3.315 8
21	5.973 1	5.664 8	5.383 7	5.126 8	4.891 3	4.675 0	4.475 6	4.291 6	4.121 2	3.963 1	3.319 8
22	6.011 3	5.696 4	5.409 9	5.148 6	4.909 4	4.690 0	4.488 2	4.302 1	4.130 0	3.970 5	3.323 0
23	6.044 2	5.723 4	5.432 1	5.166 8	4.924 5	4.702 5	4.498 5	4.310 6	4.137 1	3.976 4	3.325 4
24	6.072 6	5.746 5	5.450 9	5.182 2	4.937 1	4.712 8	4.507 0	4.317 6	4.142 8	3.981 1	3.327 2
25	6.097 1	5.766 2	5.466 9	5.195 1	4.947 6	4.721 3	4.513 9	4.323 2	4.147 4	3.984 9	3.328 6
26	6.118 2	5.783 1	5.480 4	5.206 0	4.956 3	4.728 4	4.519 6	4.327 8	4.151 1	3.987 9	3.329 7
27	6.136 4	5.797 5	5.491 9	5.215 1	4.963 6	4.734 2	4.524 3	4.331 6	4.154 2	3.990 3	3.330 5
28	6.152 0	5.809 9	5.501 6	5.222 8	4.969 7	4.739 0	4.528 1	4.334 6	4.156 6	3.992 3	3.331 2
29	6.165 6	5.820 4	5.509 8	5.229 2	4.974 7	4.743 0	4.531 2	4.337 1	4.158 5	3.993 8	3.331 7
30	6.177 2	5.829 4	5.516 8	5.234 7	4.978 9	4.746 3	4.533 8	4.339 1	4.160 1	3.995 0	3.332 1

教学支持说明

▶▶ 课件申请

尊敬的老师：

您好！感谢您选用清华大学出版社的教材！为更好地服务教学，我们为采用本书作为教材的老师提供教学辅助资源。鉴于部分资源仅提供给授课教师使用，请您直接手机扫描下方二维码实时申请教学资源。

任课教师扫描二维码
可获取教学辅助资源

▶▶ 样书申请

为方便教师选用教材，我们为您提供免费赠送样书服务。授课教师扫描下方二维码即可获取清华大学出版社教材电子书目。在线填写个人信息，经审核认证后即可获取所选教材。我们会第一时间为您寄送样书。

任课教师扫描二维码
可获取教材电子书目

清华大学出版社

E-mail: tupfuwu@163.com
电话：8610-62770175-4506/4340
地址：北京市海淀区双清路学研大厦B座509室
网址：http://www.tup.com.cn/
传真：8610-62775511
邮编：100084